불변사를
철저하게 분석하여 쓴

이기동
영어 구동사
연구 3판

불변사를
철저하게 분석하여 쓴

이기동 영어 구동사 연구

3판

이기동 지음

THE PHRASAL VERB IN ENGLISH

교문사

1975년도에 대학에서 가르치고 연구를 하기 시작한 지 40년이 되었습니다. 그 사이 50여 권의 책과 100여 편의 논문을 썼습니다. 여기까지 오는 데는 여러 사람들의 도움이 있었습니다.

먼저 나를 가르쳐 주신 스승님들이 계십니다. 학부 시절 영어학 강의를 통해서 내가 영어학에 관심을 갖게 해 주신 고 조성식 교수님께 감사함을 전합니다.

또 박사과정을 지도해 주신 Byron W. Bender 교수님께서는 대학원 재학 중 아시아 태평양 언어학 연구소에 추천하여 언어학자로서는 경험하기 어려운 태평양에 있는 섬나라 Kusaie의 말을 연구하고 기술하는 기회를 주셨습니다. 그 연구 결과로 나는 하와이대학교 출판부에서 펴낸 Kusaie어의 문법 책 《A Kusaiean Reference Grammar》와 사전 《A Kusaiean-English Dictionary》라는 두 권의 책을 펴내게 되었습니다. 또 교수님께서 박사 논문을 쓰는 내내 강조하신 바가 있습니다. 내가 쓰는 내용이 고등학교 학생들도 읽어서 이해할 수 있을 정도로 쉽게 쓰라고 일러 주셨습니다. 처음에는 이것이 쉬운 주문인 것 같았으나 결코 쉬운 일이 아니었습니다. 그러나 지나고 보니 이보다 더 좋은 교훈은 없었습니다.

또 나는 한 번도 만나 뵙지 못한 스승이 계십니다. 고 Dwight D. Bolinger 교수님은 문학자인 동시에 언어학자로도 보기 드문 박식하고 통찰력이 깊은 분이십니다. 나는 이 교수님의 저서 《Meaning and Form》

과 《The phrasal verb in English》를 통하여 언어학자로서의 자리를 확실하게 잡을 수 있었습니다. 불변사는 뜻이 없는 것으로 간주되던 시기에 교수님의 주장은 불변사를 새로운 각도에서 보게 해 주었습니다. 교수님은 'different form, different meaning'임을 주장하셨습니다. 즉 형태가 다르면 언제든지 의미가 다르다는 주장입니다. 제가 쓴 《영어전치사 연구》도 Bolinger의 《Meaning and Form》을 읽고 쓴 책입니다. 《The phrasal verb in English》에서 Bolinger 교수님은 영어 구동사도 분석될 수 없는 한 덩어리가 아니라 분석될 수 있음을 보여주었습니다. 그래서 이 책도 그분의 영향을 받고 쓴 것입니다.

내가 형식문법에 회의를 느끼고 있을 때 Ronald W. Langacker 교수님이 인지문법을 세상에 내놓았습니다. 이 문법은 어느 특정한 문장을 분석하는 것이 아니라 한 언어 전체를, 그리고 형식과 의미를 동시에 기술하는 문법이었습니다. 바로 내가 찾고 있던 문법이었습니다. 나는 언어학 이론을 배웠으나 이론만을 연구하고 싶지 않았습니다. 내게 이론은 도구였습니다. 미생물을 보기 위해서 현미경이 필요하듯이, 멀리 있는 별들을 관찰하기 위해 망원경이 쓰이듯이, 언어 자료를 기술하기 위해서 언어 이론이 필요했습니다. 그러므로 내게 필요한 이론은 언어 자료를 얼마나 일반적으로 일관성 있게 설명적으로 기술할 수 있는가 하는 것이었습니다. 나는 이 문법을 현미경 삼아 영어 전치사, 동사, 형용사를 연구했고, 이 책도 인지문법의 산물입니다. 인지문법에 쓰이는 용어는 의식적으로 쓰지 않았지만, 이 책의 바탕에 깔려 있는 것은 인지문법입니다.

1981년 서울에서 한국언어학회가 주최한 국제 언어학 대회가 열렸을 때, 나는 이 대회에서 영어 전치사 over를 영상을 써서 분석하여 발표하였습니다. 발표가 끝나자 George Lakoff 교수님이 내 분석이 자기가 추구하는 연구 방법과 같다고 하면서 격려를 해 주셨습니다. 이를 계기로 그 후 계속 Lakoff 교수님께서는 나의 연구에 관심을 가져 주시고 격려해 주셨습니다. 그의 저서 《Metaphors we live by》는 이 연구에 큰 도움이 되었습니다. 책 제목이 암시하듯 은유와 환유는 우리의 언어와 생활 전역에 찾아볼 수 있는 현상입니다. 영어 구동사도 은유와 환유를 생각하지 않고는 해결할 수 없는 현상이 많습니다. 교수님의 책이 이 연구에 많은 도움을 주었습니다. 또 Eve Sweetser 교수님과는 국제 인지언어학회 학술지인 〈Cognitive Linguistics〉의 편집을 2년 같이한 바 있고, UC at Berkeley에 있을 때 여러 가지 도움을 주어서 내가 연구를 잘할 수 있었습니다. 돌이켜보면 내게는 다행스럽게도 훌륭한 스승님들이 계셨습니다.

30여 년간의 교수 생활을 하는 동안 좋은 학생들을 가르칠 수 있었던 것은 큰 축복이었습니다. 이 학생들을 가르치고 지도하면서 내가 오히려 많이 배웠습니다. 특히 내가 투병 중에 찾아와 위로와 쾌유를 빌어 주고 시련을 겪고 있을 때 나를 믿어주고 자기 일처럼 나서서 도와준 동료 교수와 제자들인 고 이정화, 김두식, 김해연, 박정운, 이성하, 구현정, 나익주, 박미라, 박충연, 서소아, 서진희, 송장수, 안승신, 지인영, 최혜경 교수님들께 깊은 감사를 드립니다.

이 책을 만드는 데 나를 도와준 학생들도 빼놓을 수가 없습니다. 권혜준과 노형은, 민은혜, 박송희, 성탄재량, 이희조, 차지은은 내게 필요한 자료를 읽어 주고 내가 불러주는 것을 받아 적고 또 자료를 입력해 주는 일을 해 주었습니다. 나는 이 학생들과의 작업시간이 즐거웠습니다.

이 출판을 맡아주신 류제동 회장님, 편의와 지원을 아끼지 않으신 류원식 사장님, 수고하신 편집진 여러분께 감사드립니다. 교정의 마지막 단계에 내용의 표현을 잘 다듬어주고 체제를 일관성 있게 해 준 최혜경 선생님께도 감사드립니다. 그리고 이 책을 처음부터 끝까지 자세하게 살피고 여러 가지를 지적해준 광주 지산중학교장 나익주 박사님께도 감사를 드립니다.

내가 마음 편히 일할 수 있도록 여러모로 도와준 아내 서병옥에게 사랑과 감사를 드립니다. 마지막으로 제게 제2의 삶을 주셔서 내가 좋아하는 일을 계속할 수 있게 해주신 하느님께 무한한 감사를 드리며, 보답으로 드리는 저의 노력이 많은 사람들에게 도움이 되길 빕니다.

이기동

이기동 교수님의 그간의 학자로서의 업적을 돌이켜보면 하나하나가 놀라운 일이다. 대학에 재직 중이시던 때에는 새로운 언어학 이론의 소개와 활발한 연구 활동으로 한국 언어학계를 이끄셨고, 그 후 오랜 시간 동안 투병을 하시는 가운데에도 활발한 연구로 후학들이 흠모할 진정한 학자의 모습을 보여 주셨다. 특히 2006년 1,600페이지에 이르는 대작인 《인지문법에서 본 영어 동사 사전》을 출간하셨고, 2015년 6월에는 10여 년간의 자료수집과 연구의 결실로 《영어 형용사 연구》를 출간하셔서 학계를 놀라게 하셨는데, 올해에는 《구동사 연구》를 출간하셔서 다시 한 번 학계를 놀라게 하셨다.

영어는 동사와 불변사가 결합하여 만들어낸 이른바 구동사라고 하는 특별한 부류의 동사가 있다. 그런데 불변사라고 하는 것은 그 형태가 전치사와 동일한데다가 영어의 전치사는 그 형태가 부사와 동일한 경우가 많아서 불변사는 많은 언어학자들에게 잘 풀리지 않는 수수께끼 같은 문법범주이다. 따라서 이처럼 모호한 불변사가 포함된 구동사는 분석하기가 매우 까다로워서 많은 언어학자들에게 외면을 당해온 것이 현실이다. 그러나 이 불변사는 그 정체가 이상한 만큼이나 매우 신비롭고도 매력적인 문법형태로서 구동사가 갖고 있는 의미적인 특수성을 잘 돋보이게 해주는 것이어서, 심지어는 구동사를 얼마나 자유롭게 사용하느냐에 따라 영어 유창성 정도를 가늠할 수가 있다고 볼 수도 있을 정도이다.

이처럼 어려운 구동사를 인지문법의 바탕 위에서 매우 세밀하게 분석하고 다시 일반인들도 이해하기 쉬울 정도로 명쾌하게 설명을 해 주신 것은 학계에 대한 큰 공헌이며 탁월한 성과라고 할 수 있다. 이러한 성과 뒤에는 그동안 이기동 교수님이 관심을 갖고 연구해 오신 전치사, 동사, 구절동사에 대한 연구 성과물인 100여 편의 논문과 수십 권의 저서들이 있다. 이 연구들을 통해서, 전치사와 매우 유사한 성격을 갖고 있는 불변사와, 다양한 의미적 특성을 가진 동사가 결합하여 만들어 낸 구동사에 대해 매우 정밀하면서도 명쾌한 분석을 이끌어 내신 것으로 생각된다.

특히 이 책은, 구동사를 동사와 불변사의 단순한 의미조합에 의한 의미적 언어형태로 나열함으로써 이른바 숙어나 관용표현처럼 매 항목마다 그 특징을 외워야 한다고 하거나, 매우 추상적인 수준의 의미 분석만을 제시하여 개별 형태의 경우에는 그 의미적인 섬세함이 치밀하게 대응되지 않는 그동안의 분석 방식과는 근본적으로 다른 방법을 선보이고 있다. 즉 불변사와 동사가 갖고 있는 인지문법적인 도상적 의미를 매우 상세하게 제시하고 이러한 도상적 의미가 서로 결합함으로써 구동사가 갖고 있는 섬세한 의미들이 정교하게 잘 드러나는 세밀한 분석을 보여 주고 있다. 이런 점에서 이 책은 영어에 관심을 가진 일반인은 물론, 언어학 학습자와 연구자에게도 큰 도움이 될 것으로 기대한다.

본격적인 현대언어학 이론이 거의 부재한 상태였던 1970년대부터 인지문법을 국내에 처음으로 소개하고 학문적 지평을 넓혀주신 이기동 교수님께서 새 책을 내신 것은 언어학을 공부하고 있는 사람으로서 크게 기뻐할 일이다. 그런데 이 책의 출간이 더욱 뜻 깊은 것은, 그동안 건강상의 문제로 거동도 할 수 없고 시력에 문제가 있어 글도 읽을 수 없는 절망적인 상황에서 직접 눈과 손이 되어 주신 사모님의 내조에 힘입어 10년여에 걸쳐 준비해 온 이 저서가 드디어 빛을 보게 되었다는 것이다. 이기동 교수님의 학자적 열정과 사모님의 아름다운 헌신은 교수님을 뒤따라 공부하는 사람들에게 저절로 겸손과 존경심을 불러일으킨다. 몸이 불편하신 중에 두어 차례 찾아뵐 기회가 있었는데, 그 어려우신 중에도 학술적인 주제에는 늘 활기가 넘치시고 표정이 환해지시는 것을 볼 수 있었다. 늘 마음 깊이 존경해 마지않는 이기동 교수님의 《영어 구동사 연구》의 출간을 축하드리며 다양한 독자층에게 두루 유익할 이 책을 적극적으로 추천하는 바이다.

– 한국외국어대학교 영어학과 교수 이성하

인지언어학을 공부하는 사람으로 선생님의 논문이나 저서를 접해 보지 않은 사람은 아마도 없을 것이다. 이 분야를 가르치거나 연구하는 분들 대부분이 직간접적으로 선생님의 영향을 받았다고 생각한다. 선생님의 연구와 책을 통해서 가르침을 받은 사람의 하나로 그저 선생님의 새 책이 반갑고 또 선생님의 건재하심을 확인한 것 같아 우선 기쁨이 앞선다. 책에 대한 간단한 느낌을 적는 것으로 추천인의 임무를 다하고자 한다.

영어전치사는 다양한 이름으로 학습자에게 단순암기의 고통을 안겨주는 영역으로 인식되어 왔다. 대부분의 문법서나 영어교재에서 간간이 숙어나 구동사 등 동사와 함께 고정된 표현으로 제시되거나 영어문법의 외곽으로 치워진 창고로 문법서의 부록처럼 간주되는, 그러면서도 기계적인 암기가 요구되는 뜨거운 감자와 같은 존재였다. 영어전치사를 인지언어학적으로 해석하는 방법은 Lindner(1982)로부터 시작되었다고 볼 수 있고, 이후로도 개별 전치사의 의미에 대한 연구는 지속되어 왔지만 소수 전공 학자들의 연구 영역에 갇혀 있었다. 하지만 1986년 초판 발행된

저자의 《영어전치사 연구》는 처음으로 거의 모든 전치사를 망라하여 복잡한 의미를 인지언어학 이론을 바탕으로 비전공자도 쉽게 접근할 수 있도록 다룬 저서이다. 원형, 영상도식, 탄도체와 지표, 주관화, 은유와 환유 이론 등을 제시하여, 그야말로 거대한 안개 속과 같던 전치사의 의미를 시원하게 풀이하였다.

이전의 《영어전치사 연구》가 《이기동 영어 구동사 연구》로 더 화사하고 풍성하게 단장되어 세상에 나왔다. 영어 학습에 대한 새로운 패러다임을 제공하는 《이기동 영어 구동사 연구》는 영어 동사와 함께 전치사의 복잡한 의미를 지도하고 학습하는 영어교사나 학생에게 필독서로 권한다. 또한 인지언어학을 처음 시작하는 전공학생들의 참고문헌으로 적극 추천한다.

– 충남대학교 영어영문학과 교수 백미현

고교시절 영어 구동사를 배울 때 'John ate up the lunch.'나 'A girl walked up to me.'와 같은 문장의 up은 의미가 거의 없어서 생략해도 좋다.'는 영어 선생님의 설명에 '의미도 없는 up은 도대체 왜 들어가 있을까?'라는 의문이 들곤 했다. 대학에서 전통문법과 구조주의 언어학, 변형생성문법을 배우고 나서도 이 의문은 여전히 남아 있었다. 대학원 시절 이 책의 저자이신 이기동 선생님의 수업 시간에 인지문법을 배우고 난 후에야 이 의문은 사라졌다.

'형태가 다르면 의미가 다르다.'는 주장을 바탕으로 X walk to Y 구조와 X walk up to Y 구조의 의미 차이를 설명해 주시던 선생님의 모습이 지금도 또렷이 기억난다. X가 Y보다 더 낮은 위치에 있는 경우의 이동뿐만 아니라, X가 Y와 수직적으로 동일한 높이에 있는 경우의 이동을 묘사할 때에도 이 두 구조는 다 사용된다. 후자의 경우에 이 두 구조는 어떤 의미 차이를 지닐까? 이 책은 이 의문에 대해 타당한 해명을 제시한다. 그 차이는 바로 X가 두 발을 교차로 움직여 Y 쪽으로 이동하는 장면을 해석하는 방식에 있다. X walk to Y는 단지 그 이동만을 묘사하는 반면, X walk up to Y는 X가 Y를 향해 이동할 때 X의 물리적 높이에 실제적인 변화는 없지만 관찰자인 Y의 시각에서는 X가 가까이 올수록 X가 더 크게 (따라서 더 높게) 보이는 원근법을 반영한다.

이 밖에도 영어 구동사를 학습하는 과정에서 부딪치는 난제는 많다. 가령 Stars are out.이 어떻게 '별이 떴다.'와 '별이 졌다.'라는 정반대의 두 의미를 지닐 수 있는지, 반의적으로 보이는 fill out과 fill in이 어떻게 동일한 상황을 묘사하는 데 사용될 수 있는지, roll up the carpet('카펫을 말아 올리다')의 반대 표현이 roll down the carpet이 아니라 왜 roll out the carpet('카펫을 펼치다')이 되는지, He listened in to me.와 He listened in on me.가 어떠한 의미 차이를 지니는지 등의 난제에 대해서도 이 책은 인지언어학의 틀 안에서 타당한 해명을 제시한다.

이 책이 영어 구동사에 대한 정확한 이해에 도달하려는 독자들에게 많은 도움이 되리라 확신하며, 특히 초·중등 영어교사들과 대학의 영어전공자들에게 필독을 권한다.

– 광주 지산중학교장, 영어학 박사 나익주

《영어 구동사 연구》는 2016년에 초판이 출간되었으니 벌써 3년이 지났습니다. 그 사이 이 책을 다시 보면서 수정 및 보완을 하는 것이 독자들에게 도움이 되리라는 생각이 들었습니다. 그래서 이 개정판을 내놓게 되었습니다.

이 개정판에는 다음 사항이 보완 혹은 수정되었습니다. 초판 일반 개요 부분에는 구동사, 동사, 불변사, 비유언어, 도상성 등이 취급되었습니다. 개정판에는 이에 더해 영어 구동사와 한국어 합성동사를 비교하였습니다. 영어 구동사는 영어에만 있는 특이한 표현으로 생각되고 있습니다. 그러나 우리말에도 비슷한 현상이 있음을 보여줍니다.

영어 구동사는 「동사-불변사」로 이루어지고, 한국어 합성동사는 두 동사가 접미사 '-어'로 이어집니다[동사-어 동사]. 다음을 비교하여 봅시다.

	영어 구동사	한국어 합성동사
put	put down	내리-어 놓다
	put up	올리-어 놓다
pull	pull in	끌-어들이다
	pull out	끌-어내다

이와 같은 비교가 가능한 것은 영어 불변사의 뜻이 부사보다 동사성이 강하다는 점에 착안해서 얻은 결과이기 때문입니다. 예로서 down이 구

동사에 쓰일 때, '아래로'보다는 '내리다'나 '내려'와 같이 동사의 뜻에 가깝다는 점이 한국어 합성동사와 비교가 가능하다는 것을 보여줍니다. 이러한 사실을 알게 되면, 영어 구동사에 대한 생각이 달라질 것입니다.

구동사를 이루는 동사와 불변사는 그 의미가 추상적입니다. 특히 불변사는 더 그러합니다. 이런 추상적인 개념을 구체적으로 만들기 위해서 도식을 사용하였습니다. 이 도식도 지금 들여다보니, 좀 다듬었으면 이해에 더 도움이 되었겠다고 생각했습니다. 예로서, 다음 문장을 살펴보겠습니다.

> He came **around** to my view.
> 그는 내 견해에 돌아왔다.

위 문장에 쓰인 around의 개념을 초판에서는 다음과 같이 도식화하였습니다.

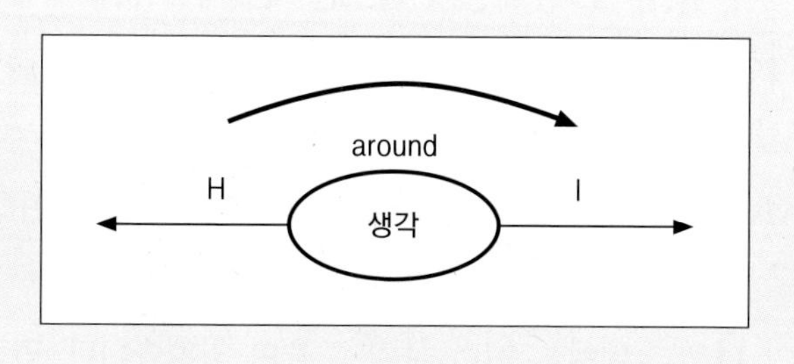

위 그림은 H의 생각이 I의 생각으로 돌아가는 관계를 나타냅니다. 그러나 이 도식을 좀 더 구체적으로 나타내는 것이 좋을 것이라고 생각하여 다음과 같이 제시하였습니다.

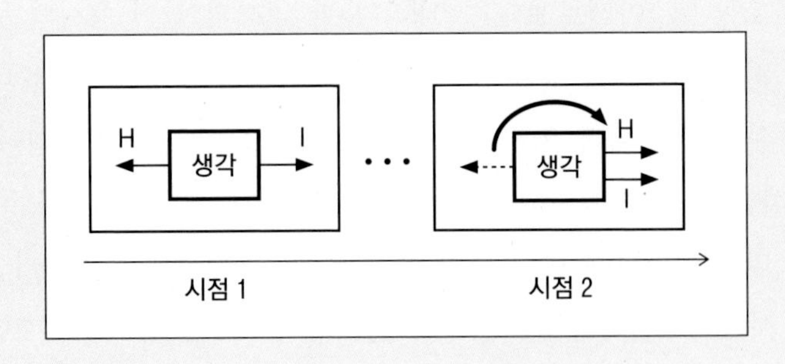

시점 1에서 H와 I의 생각이 서로 다른 방향으로 향하고 있습니다. 그러나 다른 시점 2에서 H가 생각을 돌려 I와 같은 방향이 되어 있습니다. 즉, 생각을 돌리는 관계가 around로 표현되고 있습니다. come around의 도식뿐만 아니라, 다른 도식들도 다듬어서 좀 더 쉽게 이해할 수 있게 하였습니다.

다음으로, 예문도 손질을 하였습니다. 초판을 낼 때, 예문이 많으면 많을수록 구동사 이해에 도움이 될 수 있다고 생각하여 많은 예문을 제시하였습니다. 그러나 뒤돌아보니 예문이 많으면 학습자들에게 위압감을 줄 수 있다는 생각이 들었습니다. 그래서 예문은 약 5~6개 정도로 줄였습니다.

마지막으로, 초판에는 section 번호와 예문 번호가 없어서 이용하는 불편함이 있었습니다. 이 개정판에는 번호를 넣어 책 이용을 편리하게 하였습니다.

이 재판이 나오는 데에는 여러 분의 도움이 있었습니다. 먼저, 이 책의 재판에 기꺼이 응해 주신 류원식 사장님과 편집에 애를 써 주신 성혜진 과장님께 감사를 드립니다. 그리고 보충자료 원고를 입력하는 데 많은 도움을 준 이수영(연세대 영어영문학과 대학원생)에게 감사를 드립니다. 오자를 잡고, 번역을 다듬어주고, 도식을 일관성 있게 해주며, 마지막으로 글의 흐름을 바로잡아 준 아내 서병옥 여사에게도 감사를 드립니다.

이 책은 완전하지는 않지만, 영어 구동사를 바로 이해하고 배우는 데 첫 걸음이 되길 빕니다.

2019년 9월

이 기 동

큰 조각 그림 한 장을 짜 맞추었습니다. 40여 년간의 긴 여정이 힘든 때도 있었지만 지루하지는 않았습니다. 단계마다 도전이 도사리고 있어서 이것을 뛰어넘느라고 지루할 시간이 없었습니다.

고등학교에 다닐 때 나는 《DIXON 총서》 가운데 영어 관용어를 다룬 책을 가지고 영어 구동사를 배웠습니다. 그 책에서 구동사를(당시에는 관용어(idiom)라 불렀음) 동사와 불변사의 뜻은 생각지 않고 한 덩어리로 외우게 했습니다. 예로서 get on은 get이나 on의 뜻을 생각하지 않고 get on은 한 덩어리로 '타다'의 뜻으로 외우게 했습니다. 그래서 구동사 공부가 어렵고 지루했습니다. 이 어려움이 계기가 되어 내가 구동사에 관심을 가지게 된 것 같습니다. 재직 중에 내가 영어 구동사에 관심을 가지고 있다고 말하면, 대부분의 동료들은 잘해보라는 반응을 보였습니다. 나는 이 불가능에 도전해보고 싶었습니다. 그래서 나는 구동사의 한 요소인 전치사를 연구하여 《영어전치사 연구》를 펴냈고, 그 다음 동사를 연구하여 《동사의 의미》와 《영어구절동사》를 펴냈습니다.

이 책은 앞선 세 가지 연구의 바탕 위에 쓴 것입니다. 앞선 연구의 전치사 부분은 부사적 용법을 보강하고 구동사는 많은 실례를 들어 보완했습니다. 많은 예를 제시하여 독자들이 전치사나 구동사의 뜻을 스스로 찾을 수 있게 했습니다.

나는 이 책이 전치사의 뜻이 어렵다고 하는 분, 그리고 구동사를 아직도 분석 없이 외우고 계시는 분들에게 큰 도움이 되리라고 생각합니다. 요즈음 라디오나 텔레비전에서 영어를 가르치는 시간이 많으나 영어 구동사를 제대로 가르치는 것을 거의 보지 못했습니다. 몇 가지 예를 들어 보겠습니다. 어떤 한국인 강사는 다음 문장에 쓰인 up을 전치사라고 여러 번 강조하고 있었습니다.

I will pick you **up**.

up은 전치사로도 쓰이고 부사로도 쓰입니다. 위 문장에 쓰인 up은 부사입니다. 전치사나 부사의 차이는 다음과 같습니다. 전치사는 X up Y와 같이 선행사(X)와 목적어(Y)가 있고, 부사 up은 선행사만 있고 목적어가 없습니다. 비단 up만이 문제가 아니라 down, in, out, on, off도 전치사와 부사로 다 쓰이나 이들을 구별하여 가르치는 강의가 없었습니다. 구동사의 한 예를 들어 보겠습니다. 영어를 모국어로 쓰는 강사가 다음 문장에 쓰인 in은 쓰여도 안 쓰여도 좋다고 말했습니다.

He sent **in** his car for repairs.
그는 몇 군데 수리를 받기 위해서 그의 차를 들여보냈다.

위 문장에서 in이 쓰이든 안 쓰이든 문장은 문법에 맞습니다. 그러나 문법에 맞는다고 해서 뜻도 같은 것은 아닙니다. '보내다'와 '들여보내다'를 같다고 할 수 없기 때문입니다. in은 into와 비교가 됩니다. X into Y에서 X가 들어가는 곳은 Y입니다. in이 쓰일 때는 Y가 명시되지 않습니다. 이때 Y가 쓰이지 않는 것은 무엇이 들어가는 곳을 화맥, 문맥, 세상 지식으로 추리할 수 있기 때문입니다. 위의 주어진 문장에서 그의 차가 들어간 곳은 자동차를 수리하는 곳임을 for repairs와 같은 말에서 추리해 낼 수 있습니다.

한 가지 예를 더 들어보겠습니다. 구동사 take off는 의미가 없는 두 요소 take와 off가 모여서 '출발하다'는 뜻을 갖게 된다고 설명합니다. 그러나 take에서도 이동의 뜻이 있고 off는 무엇이 어떤 장소에서 떨어지는 관계를 나타냅니다. 어떤 장소는 문맥, 화맥, 세상지식에서 추리됩니다.

The plane took **off** at noon.
그 비행기가 (비행장에서) 정오에 떠났다. (즉, 이륙했다.)

위 문장에 쓰인 off는 비행기가 땅에서 떨어지는 관계로 나타냅니다. off의 뜻을 이렇게 보면 다음 표현도 자연스럽게 됩니다.

The rocket lifted **off.**
그 로켓이 (발사대를) 떠나 올라갔다.
The spacecraft blasted **off.**
그 우주선은 큰 폭풍을 일으키며 (발사대를) 떠났다.

나는 이 책을 통해 많은 사람들이 전치사와 구동사를 정확하고 의미 있게 배우거나 가르칠 수 있게 되기를 바랍니다.

이기동

차 례

2 구동사 분석

이 책을 읽는 독자들에게 몇 가지 미리 말씀드리고 싶습니다.

처음 이 책을 쓸 때에는 모든 불변사를 포함시켰습니다. 하지만 이들을 다 포함하니 책이 너무 두꺼워서 이 책에서는 구동사에 많이 쓰이는 불변사만 택했습니다. 그래서 35개의 불변사만 넣고 나머지는 제외했습니다. 제외된 불변사들은《영어전치사 연구》에 수록되어 있으므로 그 책을 참고하면 되겠습니다.

이 책을 읽을 때, 어느 책을 읽을 때나 마찬가지겠으나 먼저 제목을 읽어 보면서 불변사의 윤곽을 파악하십시오. 처음부터 차례대로 읽어 나가다 보면 전체가 파악되지 않을 수 있습니다. 예로서 in은 전치사가 먼저 제시되고 그 다음 부사가 제시되며 전치사와 부사는 각각 다시 세부적으로 제시됩니다.

이 책을 읽는 또 한 가지 방법으로 80여 년 전 덴마크 출신 영문법 대학자 Otto Jespersen이 권장한 방법을 권하고 싶습니다. 그는 문법책을 다음과 같이 읽으라고 했습니다.

> To the student I may perhaps offer two pieces of advice: to read in general the examples before the rules.
>
> - Jespersen(preface, 1933)

즉 문법책을 공부하는 학생들은 규칙을 읽기 전에 예문을 먼저 읽으라는 충고입니다.

전치사이든 부사이든 어느 용법을 제시할 때 간단한 설명을 하고 그 밑에 예를 많이 제시했습니다. 먼저 이들 예문을 읽어보시고 나름대로 일반화를 해보십시오. 용례를 읽어가면서 이들 용례 밑에 깔려 있는 공통점을 찾아보고 책에 제시된 일반화와 비교하여 보십시오. 이렇게 하면 적극적 읽기가 될 것이고, 좀 더 배운 것을 오래 기억하게 될 것이라 믿습니다.

각 용례 밑에는 가능한 한 많은 예문을 실었습니다. 이 예를 한꺼번에 다 외우려 하지 마시고 아는 것만 표를 하고 다음으로 넘어가십시오. 이런 식으로 각 불변사의 전체를 파악하도록 하십시오.

예문 번역에 대해서 양해를 구하겠습니다. 어떤 예문의 경우 우리말로 의역하면 영어 예문의 뜻이 드러나지 않는 경우가 있습니다. 예로 'put a shirt on'을 '셔츠를 입다'로 번역하면 어디에서 이 뜻이 나오는지 알 수가 없습니다. 그러나 영어의 뜻을 살려서 '셔츠를 몸에 닿게 놓다'라고 하면 우리말이 이상하게 됩니다. 이런 경우 영어 예문의 뜻을 드러나게 한 다음 우리말 의역을 덧붙이는 방법으로 예문을 번역했습니다.

또 한 예로 'take a shirt off'를 생각해 봅시다. 이것을 '셔츠를 벗다'로 번역하면, take와 off의 뜻이 드러나지 않습니다. 이 두 요소의 뜻이 드러나게 하려면 셔츠를 잡아서(take) 이것을 몸에서 뗀다(off)로 번역됩니다. 이 번역은 우리말에는 자연스럽지 않습니다. 그래서 글자 그대로 번역을 하고 그 다음 우리말의 의역을 더했습니다. 이런 점을 참고하면서 읽어 주시면 고맙겠습니다.

또 나는 이 책을 완전하게 만들고 싶었습니다. 그러나 말이란 너무 복잡한 체계이므로 아직도 이 책은 부족한 점이 많습니다. 그러니 앞으로도 계속해서 보완하여 나가겠습니다. 이 책은 이 분야에 관심 있는 분들이 연구를 시작할 수 있는 초석이 되길 바랍니다.

THE
PHRASAL
VERB
IN ENGLISH

일반 개요

구동사
동사
불변사
구동사 이해에 필요한 개념
영어 구동사와 우리말 합성동사 비교

구동사

구동사는 동사와 불변사의 결합이다. 구동사에 쓰인 이 두 요소는 보통 뜻이 없는 것으로 생각되어 왔으나, 이 책에서는 두 요소가 뜻이 있음을 분명히 밝혀 보려고 한다. 두 요소는 각각의 뜻이 있고, 이 둘의 뜻이 맞아야 결합된다. 이 점은 형용사가 동사로 쓰이는 과정에서 찾아볼 수 있다. 형용사 가운데는 꼴이 바뀌지 않고 그대로 동사로 쓰이는 것도 있고, -en과 같은 접미어나 en-과 같은 접두어와 쓰여서 동사로 쓰인 것이 있다. 어떤 형태로 쓰이든 형용사에서 파생된 동사는 그 의미를 강약의 선상에 놓을 수 있다. 긍정이나 강한 쪽 의미를 갖는 파생동사는 up과 같이 쓰이고, 반대로 부정이나 약한 쪽의 의미를 갖는 동사는 down과 같이 쓰인다. 부정-약함 쪽 파생동사는 down 외에 off가 같이 쓰일 수 있으나, 긍정-강함 쪽의 파생동사는 이들과 같이 쓰일 수 없다.

1.1 형용사와 구동사

1.1.1 강함 형용사

다음에서는 형용사가 접미사 -en과 결합하여 동사가 된다. 이런 동사는 강함의 뜻을 갖기 때문에 불변사 up과 같이 쓰인다.

형용사	동사
bright 밝다	brighten up 밝아지다
fat 뚱뚱하다	fatten up 뚱뚱해지다
light 가볍다	lighten up 가벼워지다
quick 빠르다	quicken up 빨라지다
sharp 날카롭다	sharpen up 날카로워지다
tight 조이다	tighten up 조여지다
wide 넓다	widen up 넓어지다

1.1.2 약함 형용사

다음은 약함의 의미를 갖는 형용사다. 이러한 동사는 불변사 down과 같이 쓰인다.

형용사	동사
calm 고요하다	calm down 고요해지다
cool 시원하다	cool down 시원해지다
damp 축축하다	damp down 축축해지다
narrow 좁다	narrow down 좁아지다
quiet 조용하다	quiet down 조용해지다
thin 묽다	thin down 묽어지다

앞에서 살펴본 바와 같이 동사와 불변사의 결합은 임의적인 것이 아니고, 동사의 뜻에 따라 불변사의 선택이 좌우됨을 알 수 있다. 이 책의 큰 목적은 구동사에 쓰이는 동사와 불변사의 결합이 임의적이 아니고 체계적임을 밝히는 데 있다.

1.2 구동사의 분석 가능성

나는 영어 구동사를 한 덩어리로 외우면서 배우기 시작했다. 또 지금도 그렇게 학생들을 가르치고 있음을 보고 있다. 다음은 동사 take가 쓰이는 구동사이다.

take away	take aside	take down
take off	take on	take up ...

오랫동안 위와 같은 구동사는 분석할 수 없는 한 덩어리로 생각되어 왔다. 이런 주장에 따르면 우리는 구동사를 하나하나 따로 외워 써야 한다. 그러나 이 주장에는 문제가 있다. 우리가 외워야 하는 구동사의 수가 그만큼 많아지기 때문이다.

구동사는 분석될 수 없는 것이 아니라, 분석될 수 있는 것이다. 어떻게 이런 생각이 가능한가? 이것이 가능한 것은 동사의 뜻과 불변사의 뜻을 알면 구동사 전체의 뜻을 찾아낼 수 있기 때문이다. 동사에도 기본적인 뜻이 있고 불변사에도 기본적인 뜻이 있다. 불변사는 기본적으로 움직임과 관계가 있다. 예를 몇 가지 들면, away, down, up, in, out 등은 모두 움직임의 뜻을 갖는다.

이 움직임의 뜻이 은유적으로 확대되어 쓰이는데, 이 은유적 확대의 뜻은 무한정한 것이 아니라, 이들은 우리의 경험과 관계가 된다. 그러므로 각 불변사의 뜻은 한정적이다. 예로써 hole out을 살펴보자.

The bear **holes out** in the winter.
곰은 겨울을 소굴에서 지낸다.

명사 hole은 구멍이나 소굴을 가리키고, out은 어느 기간을 지내거나 버티는 관계를 나타낸다. 이러한 표현을 분석해서 알고 나면 다음과 같은 표현의 뜻도 쉽게 알아낼 수 있을 것이다.

a. The animals den **out** in winter.
그 동물들은 겨울에 굴에서 지낸다.

b. The animals lair **out** in summer.
그 동물들은 여름에 굴에서 지낸다.

den : 사자나 여우와 같은 야생동물의 굴
lair : 야생동물이 숨는 곳

나는 이 책을 통해서 구동사가 덩어리로 배우거나 외우지 않아도 되는 것임을 보여주고 싶다. 간단한 산수를 해보자. 동사가 100개 있고, 각각의 동사에 10개씩의 구동사가 있다고 가정하면, 우리는 몇 개의 표현을 외워야 할까? 100×10 = 1,000개의 표현을 외워야 한다. 반대로 100개의 동사가 있고 10개의 불변사의 뜻만 알면, 우리가 배워야 하는 표현의 개수는 100 + 10 = 110개이다. 이 책이 추구하는 목표는 동사의 의미와 불변사의 의미를 이해하여 구동사를 바르고, 효과적으로 학습할 수 있게 하는 데 있다.

1.3 구동사의 다의성

구동사는 주어나 목적어의 성질에 따라 서로 다른 뜻을 갖는다. 다르긴 해도 서로 환유나 은유적으로 연결되기 때문에 전혀 다른 뜻이 아니다. 구동사 wipe out을 예로 들어 보자(out의 뜻은 괄호 안에 제시되어 있다).

a. He emptied the drawer, and **wiped** it **out**.
그는 그 서랍을 비우고, 그 속을 닦아 내었다.
(out은 속에 있는 것을 밖으로 꺼내는 관계를 나타낸다.)

b. The flood **wiped out** the whole village.
그 홍수가 그 마을 전체를 쓸어가서 없애버렸다.
(out은 있던 것을 없애는 관계를 나타낸다.)

c. The polluted water **wiped out** the crops.
그 오염된 물이 그 작물들을 모두 죽였다.
(out은 살아 있던 것이 죽는 관계를 나타낸다.)

d. The marathon **wiped** me **out**.
그 마라톤이 내 기운을 완전히 빠지게 했다.
(me는 환유적으로 나의 기운을 가리키고, out은 이 기운이 몸에서 빠져나가는 관계를 나타낸다.)

위에서 wipe out은 다의어이며 각각의 뜻은 서로 다르긴 해도 완전히 다른 것이 아니다. 왜냐하면 위에 쓰인 out의 여러 가지 뜻은 서로 연관이 되어 있기 때문이다.

다음으로 blow up을 살펴보자.

a. We **blew up** the tire.
우리는 그 타이어에 바람을 넣어 커지게 했다.
(up은 양이나 크기가 증가하는 관계를 나타낸다.)

b. The story got **blown up** by the press.
그 이야기는 기자들에 의해서 부풀려졌다.
(up은 중요성 등이 커지게 되는 관계를 나타낸다.)

c. A diplomatic crisis is **blowing up**.
한 외교상의 위기가 일어나고 있다.
(up은 없던 것이 발생하는 관계를 나타낸다.)

d. The rebels **blew up** the building.
그 반군들이 그 건물을 폭파했다.
(up은 무엇이 폭파되어 공중으로 올라가는 상태를 나타낸다.)

blow up이 위에서와 같이 몇 가지의 의미로 다르게 쓰이지만, 모두 불변사 up의 의미 영역 안에 속해 있는 것이다. 따라서 모두 예측이 가능하다. 이 책에서는 out, up 등의 여러 가지 의미가 서로 어떻게 관련되는지를 보여준다.

1.4 구동사의 전통적 분석

구동사는 동사와 불변사의 의미 유무에 따라서 전통적으로 다음의 네 가지로 통상 나뉘어 왔다. 다음 [표 1]에 볼 수 있는 바와 같이 동사는 뜻이 있는 것도 있고 없는 것도 있다. 마찬가지로 불변사도 뜻이 있는 것과 없는 것이 있다. 그러나 이 책에서는 구동사를 이루는 동사와 불변사는 모두 뜻이 있음을 보여주려 한다.

표 1. 구동사의 전통적 분류

구분	동사 의미	불변사 의미
go out 밖으로 나가다	있음	있음
break up 헤어지다	있음	없음
get up 일어나다	없음	있음
put out 끄다	없음	없음

위 표를 보면 동사 get은 의미가 없는 것으로 취급되어 왔다. 그러나 실제로 이 동사는 come이나 go보다 더 일반적인 이동동사이다. 동사 get을 동사 come, go와 비교해 보면 이 동사의 이동의 뜻이 분명해진다. come과 go는 이동동사이기 때문에 거의 모든 불변사와 같이 쓰일 수 있다. get도 이동동사이기에 come이나 go와 함께 쓰이는 불변사와 같이 쓰일 수 있다.

불변사에 의미가 없다고 생각되는 것은 이 둘의 공간적인 뜻만 생각하고, 여기서 확대되어 나오는 비유적 의미를 의미로 보지 않기 때문이다. 이 책의 제1편 3장에서는 불변사의 의미를 비교적 상세하게 다룬다. 각 불변사의 공간적 의미를 먼저 살피고, 이 개념에서 다른 의미가 어떻게 확대되어 의미 망(semantic network)을 이루는지를 살펴본다.

구동사에 쓰이는 동사와 불변사는 각각의 뜻이 있고 이 두 요소의 뜻이 서로 맞아야 결합될 수 있다. 이것은 명사 유래 동사의 구동사를 살펴보면 분명해진다. 명사 clip을 생각해 보자. 이 명사가 가리키는 물건 clip의 원래 기능은 이것을 사용해서 여러 장의 종이를 묶어놓거나, 이것을 사용하여 한 물건을 다른 물건에 갖다 대는 데에 쓰인다. 동사 clip이 쓰인 다음 예를 살펴보자.

⑤ Mother **clipped** the name tag **onto** her child.
엄마가 이름표를 아이에게 클립으로 달았다.

만약 동사도, 불변사도 의미가 없다면, 동사 clip은 임의적으로 어떤 불변사와도 같이 쓰일 수 있을 것이다. 그러나 실제는 그렇지 않다. 동사와 불변사의 의미가 양립할 때에만 구동사가 이루어진다.

이것은 clip에만 국한된 것이 아니다. 명사 pin의 경우, 그것이 가리키는 물건은 무엇을 어디에 꽂거나 고정시키는 데 쓰인다. 따라서 pin의 유래 동사는 이 기능과 부합되는 불변사와 쓰인다. 문장 (7)에서 톱(saw)으로 할 수 있는 일은 나무를 베어 넘기거나, 큰 나무에 톱질을 해 들어가는 일이다.

⑥ **a.** He **pinned down** the paper.
그는 그 종이를 핀으로 고정시켰다.

b. He **pinned up** his girlfriend's photo.
그는 여자 친구의 사진을 (벽 같은 곳에) 꽂아서 잘 보이게 했다.

⑦ **a.** He **sawed down** the tree.
그는 그 나무를 톱으로 베어 넘어뜨렸다.

b. He **sawed into** the timber.
그는 그 목재에 톱질해 들어갔다.

위에서 살펴본 바와 같이 구동사를 이루는 동사는 그 의미 속성에 부합되는 불변사와 함께 쓰임을 알 수 있다.

1.5 동사의 의미와 구동사

동사에 따라서 구동사가 많은 것도 있고 그렇지 않은 것도 있다. 이동의 뜻이나 이동의 방법을 나타내는 동사는 많은 구동사를 갖는다. 예로서 come, go, move, run 등은 이동의 뜻이 있으므로 거의 모든 불변사와 같이 쓰일 수 있다.

다른 한편, 명사에서 유래된 동사는 구동사의 수가 제한되어 있다. 왜냐하면 이들의 뜻이 매우 제한되어 있기 때문이다. 예로서, scoop은 명사와 동사로 쓰이는데 동사의 뜻은 명사의 기능이나 특성과 관계가 있다. scoop(국자)은 무엇을 떠내거나 떠올리는 데 쓰인다. 그러므로 동사 scoop은 불변사 out이나 up과 쓰인다.

동사 smoke는 명사 smoke(연기)에서 나왔다. 연기로 할 수 있는 일은, 그것을 이용해 굴 속에 들어 있는 동물을 끌어내거나 연기로 그을리는 정도이다.

표 2. 불변사와 동사의 결합

불변사 \ 동사	come	go	move	run
about	✔	✔	✔	✔
across	✔	✔	✔	✔
against	✔	✔	✔	✔
around	✔	✔	✔	✔
at	✔	✔	✔	✔
away	✔	✔	✔	✔
back	✔	✔	✔	✔
by	✔	✔	✔	✔

a. Police **smoked** the robber **out of** the house.
경찰이 최루탄을 써서 그 강도를 그 집에서 나오게 했다.

b. Don't smoke here. You are going to **smoke** my house **up**.
여기서 담배를 피우지 마세요. 우리 집이 완전히 그을리겠어요.

위에서 살펴봄과 같이 동사의 의미에 따라서 그 동사는 많은 불변사와 같이 쓰일 수 있고 그렇지 않을 수도 있다.

1.6 구동사의 정의

구조상 구동사는 정의하기가 쉽다. 구조상 구동사는 동사와 불변사로 이루어진다. 이렇게 보면 wind down, wind up은 구동사이다. 그러나 의미상으로는 구동사의 정의가 그렇게 간단하지 않다. wind up을 살펴보자. 이 구동사는 다음과 같이 쓰인다.

a. He **wound up** the car window.
그는 (손잡이를) 돌려서 차 창문을 올렸다.

b. He is **winding up**.
그는 긴장이 심화되고 있다.

c. He **wound up** the watch.
그는 그 시계의 태엽을 다 감았다.

위 (9a, b) 문장에 쓰인 wind up의 차이는 무엇인가? wind는 문장 (9a)에서는 타동사이고, 문장 (9b)에서는 자동사로 쓰였다. 이 밖에 up은 문장 (9a)에서는 공간상 이동의 뜻이 있으나 문장 (9b)에서는 공간 이동의 뜻이 없다. 그러면 이 두 문장은 서로 전혀 관계가 없는 것인가? 다음을 살펴보자.

위 (9c) 문장은 시계의 태엽을 감으면 태엽에 긴장이 생긴다는 것을 의미한다. 이러한 의미에서 바로 문장 (9b)에 사용된 wind up의 뜻이 생겨난 것으로 볼 수 있다.

다음 두 문장을 더 비교해 보자.

a. The wind **blew** leaves **up**.
그 바람이 낙엽들을 불어서 올라가게 했다.

b. They **blew up** the buildings.
그들이 그 건물들을 폭파했다.

불변사 up은 문장 (10a)에서는 낙엽들이 아래에서 위로 움직이는 공간관계를 나타내고, 문장 (10b)에서는 이러한 뜻이 드러나지 않는다. 동사 blow도 위 문장 (10a)에서는 '바람을 부는'이라는 뜻을 찾아볼 수 있으나, 문장 (10b)에서는 이러한 뜻이 거의 드러나지 않는다.

그러나 건물이 폭파되는 일을 생각해 보면, 문장 (10b)에도 up과 blow의 뜻이 모두 포함되어 있음을 알 수 있다. 건물이 폭파되면 심한 바람이 일어나고 파편이나 먼지가 바람의 힘으로 위로 올라간다. 바로 여기에 up의 뜻이 있다.

구동사는 의미상 두 가지로 나눌 수 있다. 하나는 공간적 의미가 뚜렷한 것이고 다른 하나는 공간적 의미가 없는 것이다. 학자들에 따라서 공간적 의미가 없는 것만을 구동사로 취급하는 경우도 있으나 이 책에서는 이러한 이분을 하지 않았다. 그 이유는 공간적 의미와 비공간적 의미는 연속 변차선 상에 놓여 이 둘을 뚜렷이 구별할 수 없기 때문이다. 또 공간적 의미를 알면 비유적 의미를 이해하는 데 도움이 되기 때문에 공간적 의미와 비유적 의미를 구분하지 않았다.

1.7 구동사의 창의성

구동사를 분석할 수 없는 하나의 단위로 생각하지 않고, 동사와 불변사가 결합되어 생겨나는 식으로 이해를 하면, 우리가 처음 만나게 되는 구동사도 쉽게 이해할 수 있다.

a. He **gutted out** anchovy.
그는 멸치의 내장을 꺼내었다.

b. He **tweeted out** his message.
그는 트위터로 그의 전달 내용을 여러 사람들에게 보냈다.

gut은 명사 '내장'에서 온 뜻이고, out은 '안에서 밖으로 꺼내는'의 뜻이며, 멸치에는 내장(똥)이 있음을 알면 이 문장을 이해할 수 있다.

또 tweet out도 생각해 보자.

tweet은 social media의 의사소통 방법 중 하나이고, out은 여러 사람에게 전달되는 관계를 그린다. 그래서 tweet out은 전달 내용을 여러 사람에게 보낸다는 뜻이다. 이것은 처음 쓰이는 구동사이지만 send out, give out, hand out 등과 같은 패턴이라는 것을 알 수 있다.

위의 몇 가지 예에서 본 바와 같이 구동사의 수는 고정되고 한정된 것이 아니라 새로운 구동사가 생겨나기도 하고 이미 있는 구동사에 새로운 뜻이 더해지기도 한다. 위에서 쓰인 tweet이 좋은 예가 되겠다. 이것은 social media가 발달함으로써 필요에 따라 생겨난 말이다. 그러나 tweet와 out의 뜻을 알면 전에 이것을 들어본 적이 없더라도 쉽게 이해할 수 있다.

1.8 유사 구동사

영어에는 다음 네 가지 유형의 유사 구동사가 있다.

make it 불변사
동사 one's way 불변사
be on one's way 불변사
동사 things 불변사

다음에서는 위에 열거된 네 가지의 유사 구동사를 하나하나씩 살펴보겠다.

1.8.1 make it 불변사

대명사 it은 다음과 같이 크게 두 가지 용법으로 나뉜다. 첫째, 대명사 it은 한번 언급된 명사를 다시 가리킨다. 둘째, 대명사 it은 화자가 생각할 때 청자도 알고 있다고 생각되는 분위기 등을 가리킬 수 있다.

a. I have bought a car, and I drive **it** to work.
나는 자동차를 한 대 구입해서 그것을 타고 출근한다.

b. **It** is cold out here.
(화자, 청자가 알고 있는) 여기 바깥은 춥다.

c. **It** is oozing all over here.
(화자, 청자가 알고 있는) 이곳 전체에 무엇이 새고 있다.

위 문장의 it은 화자, 청자가 식별할 수 있는 분위기(ambience) 또는 장소이다. 대명사 it은 구동사에도 쓰인다. 대표적인 예로 make it이 있으며 화자, 청자가 알고 있는 **어려운 일**을 해냈을 때 쓰이는 표현이다. 다음 예를 살펴보자.

아래에서 made it은 해냈다는 뜻인데, 이 문장만으로는 그것이 무엇인지 알 수가 없다. 그러나 달리기 경기를 이야기할 때 이 말이 쓰인다면 made it은 100미터를 달려냈다는 뜻이 된다. 이와 같이 it은 화자가 청자도 알고 있다고 생각하는 상황을 가리킬 수 있다.

a. He **made it** in 10 seconds.
그는 10초 만에 해내었다.

b. He **made it** in time/on time.
그는 (화자, 청자가 아는) 일을 시간 내에/정시에 해내었다.

make it이 불변사와 쓰이면 구동사와 같은 역할을 한다. 다음 예를 살펴보자.

a. He **made it** across the river.
그는 그 강을 건너 내었다.

b. He **made it** around the world in 80 days.
그는 80일 안에 세계일주를 해내었다.

c. He **made it** home safely.
그는 무사히 집에 돌아왔다.

d. He **made it** there in time.
그는 그곳에 시간 내에 이르렀다.

e. He **made it** into space.
그는 우주로 들어가는 데 성공했다.

1.8.2 동사 one's way 불변사

영어에서는 동사 one's way의 구조가 다음과 같이 유사 구동사로 쓰인다.

a. He finds his **way** into the room.
그는 길을 찾아 그 방으로 들어갔다.

b. He made his **way** through the wood.
그는 길을 만들어 가면서 그 숲을 지나갔다.

위에 쓰인 동사 find는 길을 찾는 방법을 나타내고, 뒤에 오는 불변사는 길을 찾은 다음에 이동하는 관계를 나타낸다. 이 구조는 매우 생산적이어서 필요하면 거의 모든 동사가 이 구조에 쓰일 수 있다. 몇 가지 예를 살펴보자.

a. He felt his **way** out of the cave.
그는 더듬어서 길을 찾아 동굴을 빠져나갔다.

b. They beat their **way** out of the bushes.
그들은 덤불을 쳐서 길을 만들어 그 덤불을 빠져나왔다.

위 구조에 흔히 쓰이는 동사들은 다음과 같다.

chop one's way	무엇을 자르고 길을 만들다
eat one's way	파먹으면서 길을 만들다
fight one's way	싸우면서 길을 만들다
flutter one's way	날갯짓을 하며 길을 만들다
get one's way	길을 만들다
grope one's way	손으로 더듬어서 길을 찾다
hack one's way	가지 등을 치면서 길을 만들다
head one's way	앞으로 나아가다
make one's way	길을 만들어 나가다
nose one's way	냄새를 맡으면서 길을 찾다
paddle one's way	노를 저으면서 나아가다
pick one's way	뽑으면서 길을 만들다
plough one's way	파헤치면서 길을 만들다
push one's way	밀면서 길을 만들다

1.8.3 be on one's way 불변사

be on one's way는 가는 도중에 있다는 뜻이고, 이에 불변사가 더해지면 어디로 가는 도중이라는 뜻이 된다.

a. The storm is on its **way** toward Taiwan.
그 폭풍은 타이완을 향해 진행 중에 있다.

b. The army is on its **way** to the front line.
그 군대는 최전선으로 가는 중에 있다.

c. He is on his **way** to school.
그는 학교에 가는 중에 있다.

d. They are on their **way** up the river.
그들은 그 강을 올라가는 중에 있다.

e. They are on the **way** down to Busan.
그들은 부산에 내려가는 중에 있다.

1.8.4 동사 things 불변사

thing은 명사로서 물건, 사람, 일 등을 가리킬 수 있다.

a. A stone is a real **thing.**
돌은 진짜 물건이다. (물건)

b. He is a poor **thing.**
그는 불쌍한 사람이다. (사람)

c. The next **thing** is to clean the house.
다음 일은 집을 청소하는 것이다. (일)

또 thing은 가산 명사이므로 복수형을 가질 수 있다.

this/that thing　　　　these/those things

복수형 things는 these나 those와 같은 수식어 없이 홀로 쓰일 수 있다. 이 표현은 어떤 사건에 관련된 물건, 사람, 일 등을 모두 가리킨다. 다음 세 표현을 생각해 보자.

라디오 진행자는 프로그램을 끝내면서 다음과 같이 표현할 수 있다.

a. Let's wrap the show up.
이 쇼를 마무리지읍시다.

b. Let's wrap **it** up.
그것을 마무리합시다.

c. Let's wrap **things** up.
모든 일을 마무리지읍시다.

(19a) 문장에서는 show가 쓰였고, (19b)에서는 대명사 it이 the show를 가리키며, (19c)에서는 things가 the show에 관련된 모든 것을 가리킨다. 이와 같이 things는 어떤 주어진 상황에 관련된 모든 일을 가리킨다. 이러한 뜻으로 things가 구동사에 쓰일 수 있다.

change things up	주어진 상황을 크게 바꾸다
line things together	여러 일들을 연결하다
put things into perspective	모든 상황을 거리를 두고 보다
shake up things	모든 일을 바꿔놓다
sort things out	상황을 정리하다
turn things around	상황을 되돌리다

1.9 구동사와 외래어

영어 구동사를 이루는 동사는 주로 짧은 음절의 토박이 동사들이며 예로서 call, come, get, go, run, take 등이 있다. 그러나 토박이 동사 외에 필요하면 외래어 동사도 불변사와 쓰일 수 있다. 다음의 몇 가지 예들을 살펴보자.

accelerate away	속도를 내서 사라지다
calculate out	계산해 내다
conjure up	불러일으키다
connect up	연결하다
contract out	외주를 주다
depress down	내리 누르다
donate away	기부하다
encourage on	격려해서 계속하게 하다
exercise away	운동을 해서 없애다
explain away	설명을 해서 없애다
extend out	확장해 내다
install in	설치해 넣다
propel up/down	추진해서 올리다/내리다
receive back	도로 받다
return back	도로 돌아오다

위에서 우리는 토박이 영어 동사가 아닌 라틴어나 그리스어에서 온 동사도 불변사와 쓰임을 살펴보았다. 그런데, 한 가지 재미있는 점은 이들 동사 자체에 불변사의 뜻을 가진 요소가 있음에도 불구하고 불변사가 쓰

이는 점이다. 이것은 우리말 '역전(驛前) 앞'과 같은 현상이다. 역전의 前에는 '앞'이라는 뜻이 있는데도 다시 앞이 쓰인다. 영어 extend에는 ex-에 'out'의 뜻이 있음에도 다시 out이 쓰이고, return의 re-에는 'back'의 뜻이 있는데도 back이 쓰인다.

이것은 외래어라도 영어 규칙을 따라가는 현상이다. 영어에서 단동사는 과정을 나타내고, 이에 상응하는 구동사는 결과를 나타낸다. 이렇게 보면 외래어 동사가 구동사로 쓰이는 이유를 알 수 있다.

a. He **returned**.
그는 돌아왔다.

b. He **returned back**.
그는 되돌아왔다.

return이 과정만을 나타낸다면, return back은 돌아와 있는 결과에 초점이 주어진다.

02

동사

2.1 단동사와 구동사

구동사는 동사와 불변사로 이루어진다. 이 책에서는 구동사의 한 요소가 되는 동사를 구동사와 구별하기 위해 단동사라고 부르겠다. 하나의 단동사는 여러 가지 불변사와 같이 쓰일 수 있다. 예로 단동사 go는 다음과 같이 여러 불변사와 같이 쓰인다.

표 1. go와 여러 불변사

구분	go가 쓰인 구동사	
go	go about	go around
	go ahead	go along
	go apart	go at
	go away	go back
	go before	go by

구동사의 이해에 단동사의 의미가 필수적이므로 몇 가지 기본동사의 의미를 지금부터 살펴보겠다. 먼저 동사 go부터 살펴본다. 이 동사는 기

본적으로 장소 이동을 나타내지만 이 과정은 공간의 이동, 시간의 흐름, 소유의 이동, 상태 변화 등에 확대되어 쓰인다.

2.1.1 공간의 이동

a. He went to Busan.
그는 부산에 갔다.

b. He went out.
그는 나갔다.

2.1.2 시간의 흐름

a. Years went by.
몇 년이 (우리 곁을) 지나갔다.

b. The holiday went by quickly.
그 휴일이 빨리 지나갔다.

2.1.3 소유의 이동

a. The prize went to Bob.
그 상은 밥에게 갔다.

b. The award went to the best student.
그 (부상이 딸린) 상이 최고의 학생에게 갔다.

2.1.4 상태 변화

상태 변화를 지시하는 경우 동사 go는 좋은 쪽에서 나쁜 쪽으로의 변화나 중립적인 변화를 나타내는 데 쓰인다. 반대로 동사 come은 나쁜 쪽에서 좋은 쪽으로의 변화를 나타내는 데 쓰인다. 다음 예문을 보자. * 표시는 문법에 맞지 않음을 나타낸다.

▬ go : 나쁜 상태로의 변화

a. The milk went bad. (*The milk **came** bad.)
그 우유가 상했다.

b. The plan went wrong. (*The plan **came** wrong.)
그 계획은 어긋났다.

c. He went mad. (*He **came** mad.)
그는 미쳤다.

▬ come : 좋은 상태로의 변화

a. His dream **came** true. (*His dream went true.)
그의 꿈이 실현되었다.

b. He **came** alive. (*He went alive.)
그는 살아났다.

위에서 단동사 go의 의미를 살펴보았는데, 이것을 도식화하면 다음과 같다.

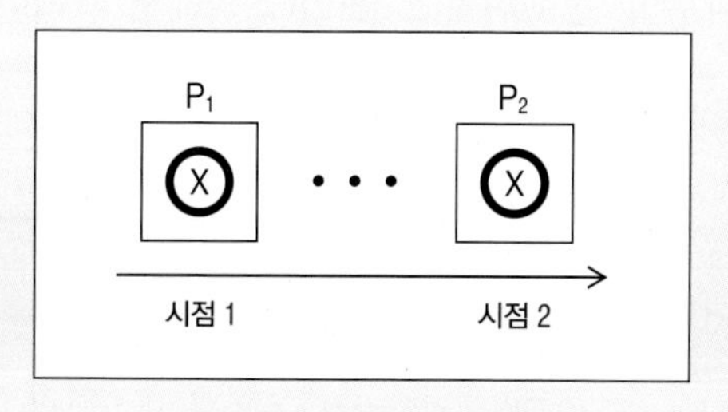

도식 1 동사 go의 도식

위 도식은 어느 시점에서 이동체(X)가 출발지(P_1)에서 다른 장소(도착지, P_2)로 움직이는 과정을 나타낸다. 이것은 기본적으로 공간관계이다. 이 동사 도식은 상태 변화에도 확대되어 쓰인다. 즉, 어떤 물건이 한 상태에서 다른 상태로 바뀌는 상태 변화의 도식도 된다.

2.2 타동사와 자동사

영어는 동사의 쓰임에 따라 자동사와 타동사로 나뉘지만, 많은 동사는 꼴바꿈 없이 타동사와 자동사로 쓰인다. 아래에서는 구동사에 자주 쓰이는 동사의 타동사와 자동사 용법을 살펴보겠다.

2.2.1 get

먼저 동사 get은 자동사와 타동사로 쓰인다. 다음 도식에서 안쪽 네모를 먼저 보면 이동체(X)가 시점 1에서는 출발지(P_1)에 있고, 시점 2에서는 도착지(P_2)에 있다. 즉, 시간이 지나면서 이동체의 자리가 바뀌는 과정이다. 다음 바깥 네모에서는 행위자가 안 네모에 힘을 가하여 이동체가 움직인다. 자동사의 경우 이동체(X)가 스스로 자리이동을 하고 타동사의 경우 이동체가 외부의 힘(행위자, Agent)에 의해서 자리이동을 하게 된다.

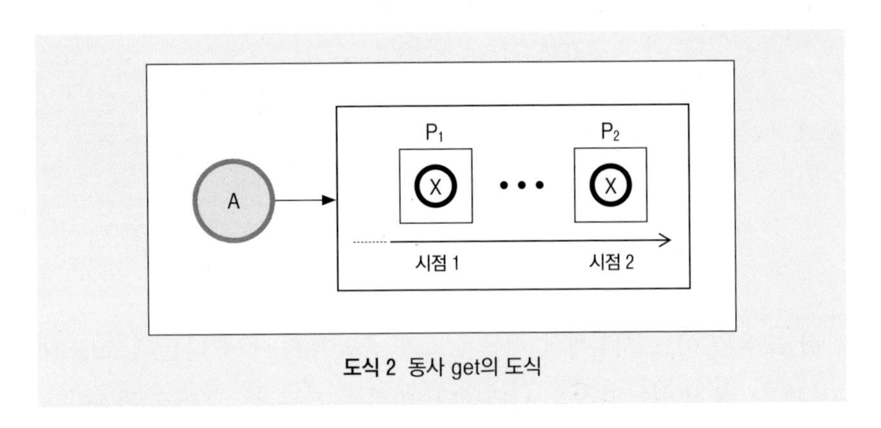

도식 2 동사 get의 도식

다음은 get의 자동사와 타동사에 해당하는 예이다. 각 장소의 뜻은 상태나 상태 변화의 뜻으로 확대되어 쓰인다.

▬ 자동사

a. He **got** there at 6.
그는 그곳에 6시에 도착했다. (장소 이동)

b. We **got** over the hill.
우리는 그 언덕을 넘어갔다. (장소 이동)

c. He **got** well/angry.
그는 건강이 좋아졌다/화가 났다. (상태 변화)

■ 타동사

a. He **got** the troops across the bridge.
그는 그 부대가 다리를 건너가게 했다. (장소 이동)

b. He **got** the money back.
그는 그 돈을 돌려받았다. (소유 이동)

c. He **got** the children ready.
그는 그 아이들을 준비시켰다. (상태 변화)

d. She **got** breakfast ready.
그녀는 아침 식사를 준비했다. (상태 변화)

2.2.2 keep

동사 keep도 자동사와 타동사로 쓰인다. 먼저 다음 도식에서 안쪽 네모에 주의를 기울여 보자. 이의 이동체는 시점 1에서 출발지(P_1)에 있고, 또 시간이 지나도 그대로 P_1에 있다. 즉, 장소 이동이 없다. 바깥 네모에는 행위자가 안 네모에 힘을 가하는 관계이다. 자동사의 경우 이동체가 스스로 제자리에 있고 타동사의 경우 외부의 힘(행위자)에 의해서 X가 제자리를 유지하게 된다.

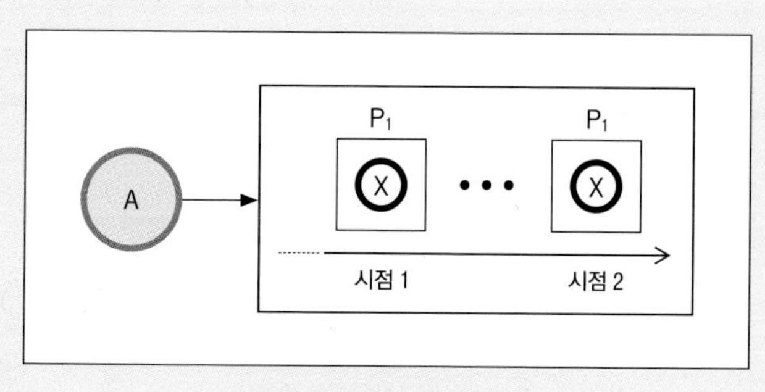

도식 3 동사 keep의 도식

다음은 keep의 자동사 및 타동사가 쓰인 예이다. keep은 일차적으로 장소 유지를 나타내지만 상태 유지를 나타내는 데도 쓰인다.

■ 자동사

⑧ **a.** He **kept** to his bed all day long.
그는 하루 종일 계속 침대에 있었다. (장소)

b. They **kept** warm/cool.
그들은 계속 따뜻하게/차갑게 있었다. (상태 유지)

■ 타동사

⑨ **a.** He **keeps** his hands in his pockets.
그는 그의 손을 계속 그의 호주머니에 넣고 있었다. (장소)

b. Work **kept** him at the office.
일이 그를 계속 사무실에 있게 했다. (장소)

c. Cold weather **kept** them quiet.
추운 날씨는 그들을 계속 조용하게 했다. (상태 유지)

d. They **kept** him in prison.
그들은 그를 계속 감옥에 있게 했다. (상태 유지)

03 불변사

영어에서 불변사(particle)는 꼴바꿈을 하지 않는 전치사, 파생부사, 원부사를 가리킨다. 예로서 전치사 about, around와 away 등은 꼴바꿈을 하지 않는다. 불변사에 속하는 세 가지의 예를 살펴보자.

3.1 불변사의 종류

3.1.1 전치사

전치사는 일차적으로 공간관계를 나타낸다. 이 관계에 참여하는 두 개체를 X와 Y라고 하자. X는 선행사(Antecedent)이고, Y는 목적어(Object)이다. 이 두 문자 X와 Y를 쓰면 전치사는 다음 구조를 갖는다.

전치사 구조 : X(선행사)   전치사   Y(목적어)

다음에서 전치사의 몇 가지 예를 들어보자. 예 (1a)에서 a house는 X이고, river는 Y이다.

a. a house **across** the river
그 강 건너에 있는 집

b. the car **behind** the tree
그 나무 뒤에 있는 그 자동차

c. a cottage **by** the river
그 강 곁에 있는 별장

d. the top **of** the mountain
그 산의 정상

3.1.2 파생부사

위에서 전치사는 **X 전치사 Y**의 구조를 갖는다고 했다. 그러나 화맥, 문맥, 세상지식으로부터 Y가 파악될 수 있는 경우에는 Y가 생략될 수 있다. 즉 'X 전치사 ◌'의 구조를 갖게 된다. Y가 쓰이지 않은 경우 이것을 파생부사라고 하겠다.

전치사와 파생부사

다음에서 전치사와 이에서 파생된 파생부사를 살펴보자.

a. They live **above** us. (전치사)
그들은 우리 위에 산다.

b. We live on the 6th floor and they live **above**. (부사)
우리는 6층에 살고, 그들은 (우리) 위에 산다.

③ **a.** We got **across** the bridge. (전치사)
우리는 그 다리를 건너갔다.

b. We came to a bridge, and got **across.** (부사)
우리는 다리에 이르러 (그것을) 지나갔다.

④ **a.** The hill is **beyond** the field. (전치사)
그 언덕은 그 밭 너머에 있다.

b. The field is behind the house, and the hill is **beyond**. (부사)
그 밭은 그 집 뒤에 있고, 그 언덕은 그 (밭) 너머에 있다.

⑤ **a.** The price was **under** $20. (전치사)
그 가격은 20달러 이하였다.

b. Everything at the garage sale was $5 or **under**. (부사)
그 차고 세일 때 모든 것은 5달러나 그 이하였다.

영어 전치사 가운데는 전치사로만 쓰이는 것도 있고, 부사로도 쓰이는 것이 있다(59페이지의 [표 1] 참조).

3.1.3 원부사

불변사 가운데는 전치사에서 파생되지 않는 원부사가 있다. 이 부사의 특징은 선행어(X)만 있고 목적어(Y)가 없다는 점이다. Y가 필요한 경우에는 적절한 전치사와 함께 쓰인다. 이러한 점에서 원부사는 파생부사와 다르다.

이것을 다음과 같이 정리할 수 있다. 원부사는 목적어가 없으나 목적어가 필요한 경우 이것을 전치사를 써서 표현한다.

전치사	X on Y
파생부사	X on ø (목적어 제거)
원부사	X away ø
목적어 추가	X away from Y

다음 예를 살펴보자. 다음 문장에서는 원부사가 쓰였는데 목적어가 필요할 때 전치사가 쓰인다.

⑥ **a.** He is **ahead** (of us).
그는 우리 앞에 있다.

b. They are **away** (from home).
그들은 집을 떠나 있다.

c. They are **back** (to school).
그들은 학교로 돌아가 있다.

3.2 불변사 목록

영어 구동사에 쓰이는 불변사가 다음 표에 열거되어 있다. 불변사 가운데 어떤 것은 전치사로만 쓰이고, 어떤 것은 전치사와 부사로 쓰이며, 또 어떤 것은 부사로만 쓰인다. 다음 표에서 이들 불변사의 기능을 살펴볼 수 있는데, ✔ 표시는 특정 기능이 있음을 나타낸다.

표 1. 불변사 목록

불변사	전치사	파생부사	부사
about	✔	✔	
across	✔	✔	
after	✔	✔	
against	✔		
along	✔	✔	
among	✔		
apart			✔
aside			✔
at	✔		
away			✔
before	✔	✔	
behind	✔	✔	
beneath	✔	✔	
beyond	✔	✔	
by	✔	✔	

불변사	전치사	파생부사	부사
down	✔	✔	
for	✔		
forward			✔
in	✔	✔	
into	✔		
of	✔		
off	✔	✔	
on	✔	✔	
over	✔	✔	
through	✔	✔	
throughout	✔	✔	
to	✔		
together			✔
up	✔	✔	
with	✔		

3.3 불변사의 의미

불변사의 원래 의미는 공간 관계를 나타낸다. 이 공간 관계가 우리의 경험과 결부되어 여러 가지의 비유적인 뜻을 갖게 된다. 불변사 out을 예로 들어 보자. 파생부사 out은 기본적으로 '안에서 밖으로 나오는 관계'를 그린다. 이 이동관계는 여러 가지 의미로 확대되어 쓰인다.

He (walked/ran/moved) **out.**
그는 (걸어서/뛰어서/움직여서) 나왔다.

3.3.1 평면적 확장

He rolled **out** the dough.
그는 그 반죽을 밀어서 펼쳤다.

Ripples moved **out**.
물결이 동그라미를 그리며 퍼져 나갔다.

3.3.2 선적 확장

다음에서 out은 보폭과 주말이 늘어남을 타나낸다.

a. He lengthened **out** his stride.
그는 그의 보폭을 더 늘렸다.

b. They drew **out** the weekend.
그들은 그 주말을 늘렸다.

3.3.3 돌출 상태

다음에서 out은 바위와 눈 등이 튀어나오는 관계를 나타낸다.

a. A rock sticks **out** of the water.
바위 하나가 그 바다에서 튀어나와 있다.

b. His eyes bulge **out**.
그의 눈이 툭 튀어나왔다.

3.3.4 만들어지는 상태

다음에서 out은 흉상과 일자리 등이 만들어짐을 나타낸다.

a. He carved **out** a statue.
그는 조각을 해서 흉상을 만들었다.

b. The job is cut **out** for me.
그 일자리는 나를 위해 만들어져 있다.

3.3.5 꿈, 생각 등의 실현

다음에서 out은 환상과 리듬이 실현됨을 나타낸다.

a. He acted **out** his fantasy.
그는 그의 환상을 연극으로 표현했다.

b. He clapped the rhythm **out**.
그는 손뼉을 쳐서 그 리듬을 표현했다.

3.3.6 있던 것이 없어지는 관계

다음에서 out은 주름과 마을이 없어짐을 나타낸다.

a. She ironed the wrinkles **out**.
그녀는 다림질해서 주름을 없앴다.

b. The flood wiped **out** the village.
그 홍수가 그 마을을 휩쓸어서 없어지게 했다.

3.3.7 알아내는 관계

다음에서 out은 의미나 이름 등을 알아내거나 찾아내는 관계를 그린다.

a. He figured **out** the meaning of the word.
그는 그 낱말의 의미를 알아내었다.

b. I found **out** his name.
나는 그의 이름을 찾아내었다.

위에서 살펴본 바와 같이 구동사에 쓰이는 불변사에 의미가 없다고 생각하는 이유는 불변사의 공간적 의미만 생각하고, 확대된 의미를 생각하지 않기 때문이다. 확대된 의미는 공간의 의미와 전혀 다른 것이 아니라 공간 의미가 확대된 것이다.

3.4 여러 개의 불변사

불변사는 의미가 맞으면 2개 이상이 쓰일 수 있다. 부사 back과 on을 살펴보자. 부사 back은 다음과 같이 다른 불변사 앞에 쓰일 수 있다.

a. He went **back** in/out.
그는 다시 (들어왔다/나갔다)

b. He went **back** down/up.
그는 다시 (내려갔다/올라갔다)

부사 on도 다른 불변사와 쓰일 수 있다.

a. Come **on** in/out.
(주저하지 말고) 계속해서 (들어오세요/나오세요)

b. Come **on** down/up.
(주저하지 말고) 계속해서 (내려오세요/올라오세요)

3.5 동사의 의미와 불변사

구동사는 동사의 의미에 따라서 이들과 함께 쓰일 수 있는 불변사를 예측할 수 있다. 다음 문장에 쓰인 동사는 집합명사에서 유래되었다. 집합명사는 여러 개체로 이루어진 단위이고 together는 흩어져 있던 것이 한곳에 모이는 관계를 나타낸다. 그래서 집합명사와 together는 양립이 가능하다.

a. The sheep bunched **together** as soon as they saw the dog.
그 양들은 그 개를 보자마자 함께 모여들었다.

b. The passengers clustered **together.**
그 승객들은 소규모로 무리를 지어 모였다.

c. People crowded **together** in the town square.
사람들이 마을 광장에 모여들었다.

d. Tulips grouped **together** in the garden.
튤립들이 정원에서 무리지어 있었다.

e. The refugees herded **together** into a truck.
그 난민들이 트럭 속으로 떼 지어 몰려들어갔다.

위에서 볼 수 있는 바와 같이 동사의 의미와 불변사의 의미가 양립되어야 구동사가 이루어진다.

3.6 불변사와 거리 표시

불변사(부사)는 이동을 나타낸다. 즉, 한 장소에서 다른 장소로의 이동을 나타낸다. 그러므로 이 부사들은 출발지, 도착지뿐만 아니라 이 사이의 거리를 표현할 수 있다. 다음 예에서 불변사는 거리와 함께 쓰였다.

(18)

a. He ran **10 kilometers** away from the station.
그는 그 역에서 10킬로미터를 도망갔다.

b. The fish swam **200 meters** up from the base.
그 물고기는 기지로부터 200미터를 헤엄쳐 올라갔다.

c. The hiker climbed **1,000 meters** up from the bottom.
그 등산객은 계곡에서 1,000미터 올라갔다.

d. He dived **20 meters** down.
그는 20미터를 잠수해 내려갔다.

e. The explorers went **2 km** into the wilderness.
그 탐험가들은 황무지로 2킬로미터를 들어갔다.

f. The island lies **20 km** off Mokpo.
그 섬은 목포에서 20킬로미터 떨어져 있다.

g. We crossed **30 km** on to the beach.
우리는 30킬로미터를 가로질러서 그 해변가에 이르렀다.

다음에서 거리는 부사 deep, high, low 등으로 표현되어 있다.

a. He dived **deep** into the sea.
그는 바다 깊이 잠수했다.

b. He went down **deep** in the hole.
그는 구멍 속으로 깊이 내려갔다.

c. The bird flew **high** up in the air.
그 새는 공중으로 높이 날아 올라갔다.

d. He swam **low** down to the bottom.
그는 바닥으로 낮게 헤엄쳐 내려갔다.

3.7 불변사와 부사

불변사는 아래에 제시된 부사와 함께 쓰여서 뜻이 강조된다.

all, all the way/halfway, direct, right, straight, far, way, here/there

■ all

a. The song is popular **all** across the country.
그 노래는 전국에 걸쳐 인기가 있다.

b. He traveled **all** around the world.
그는 전 세계를 여행했다.

c. Children doodled **all** over the wall.
아이들이 그 벽 전체에 낙서를 했다.

all the way/halfway, direct, right, straight

He went **all the way/halfway** down to Mexico.
그는 멕시코까지 쭉/반쯤 내려갔다.

He climbed **all the way/halfway** up to the top.
그는 정상까지 쭉/반쯤 기어 올라갔다.

He went **direct** down to the first floor.
그는 1층으로 곧장 내려갔다.

He jumped **right** upon my shoulder.
그는 곧장 내 어깨에 뛰어올랐다.

He went **straight** out.
그는 곧장 나갔다.

far

a. He went **far** away from Korea.
그는 한국에서 멀리 갔다.

b. He fell **far** behind.
그는 멀리 뒤떨어졌다.

c. They live **far** down the road.
그들은 길 아래 먼 곳에 산다.

▬ way

a. He is **way** above us.
그는 우리보다 훨씬 위에 있다.

b. They are **way** ahead of us.
그들은 우리보다 훨씬 앞서 있다.

▬ here/there

이 두 낱말은 장소를 나타낸다. here은 '여기', 즉 화자가 있는 곳, there는 화자에서 멀리 떨어진 곳을 가리킨다. 이들 두 낱말은 두 가지 용법이 있다. 하나는 현재 있는 장소(in)를, 그리고 다른 하나는 도착 장소(to)의 의미를 갖는다. 다음 예에서는 in Seoul 대신에 there가 쓰일 수 있다.

a. He lives in Seoul. (장소) 그는 서울에 산다.
b. He lives **there**. 그는 저기에 산다.

(26) **a.** He went to Seoul. (도착지) 그는 서울에 갔다.
b. He went **there**. 그는 거기에 갔다.

(27) **a.** He went up on the roof. 그는 지붕에 올라갔다.
b. He went up **there**. 그는 거기에 올라갔다.

up 이외에도 down, in, out, over, through 등의 이동성이 강한 불변사는 here나 there와 함께 쓰일 수 있다. over의 예를 살펴보자.

a. They went **over** to Japan.
그들은 일본으로 건너갔다.

b. They went **over there**.
그들은 (일본으로) 거기에 건너갔다.

a. They stayed **over** in Japan.
그들은 일본에 건너가서 머물렀다.

b. They stayed **over there**.
그들은 (일본에) 거기에 건너가 머물렀다.

다음에서 불변사는 앞에 오는 명사를 수식한다.

a. our trip **down** [to Mexico/**there**]
[멕시코로/거기로] 내려가는 우리의 여행

b. a village **down** [in the valley/**there**]
아래 [계곡에 있는/그곳에] 있는 마을

3.8 불변사와 방향 및 경로

이동성이 있는 불변사는 방향 및 경로를 나타내는 전치사나 부사와 함께 쓰일 수 있다.

a. He went **down south**.
그는 남쪽으로 내려갔다.

b. He went **down toward** Mexico.
그는 멕시코 쪽으로 내려갔다.

위 문장에서 south와 toward는 방향을 나타낸다.

다음에서 불변사는 경로 표현과 함께 쓰였다. 세 문장에 쓰인 through는 경로를 나타낸다.

a. Breathe in **through** the nose.
코로 숨을 들이 마시시오.

b. Breathe out **through** the mouth.
입으로 숨을 내쉬시오.

c. The sunlight came down **through** the crack.
햇빛이 그 틈새를 통해 들어왔다.

3.9 타동사의 목적어와 불변사 위치

타동 구동사의 목적어와 불변사는 다음과 같이 서로 자리를 바꿀 수 있다.

a. He threw the book **away**.
b. He threw **away** the book.

문장 (33a)에서 away는 문장 끝에 있고, 문장 (33b)에서는 away가 동사 뒤에 쓰였다. 이렇게 서로 자리가 바뀌어도 의미 차이가 없을까? 이에 대한 대답을 하기 전에 목적어가 대명사인 예를 살펴보자.

a. a. He threw **it** away.
b. *He threw away **it**. (문법에 맞지 않음)

목적어가 대명사이면 it은 동사의 바로 뒤에만 쓰이지 문장 끝에는 쓰이지 않는다. 왜 이런 현상이 나타나는가?

이에 대한 대답은 문장의 정보구조(information structure)와 관련이 있다. 정보구조란 문장을 이루는 구성요소를 구정보(old information)와 신정보(new information)로 나눈다. 구정보는 문장 앞에 오고 신정보는 문장 뒤에 오는 경향이 있다. 다음 문장을 통해 정보구조를 살펴보자.

a. He threew away the book.
구정보 (He threw away) / 신정보 (the book)

b. He threw the book away.
구정보 (He threw the book) / 신정보 (away)

문장 (35a)에서는 the book이 문장 끝에 왔으므로 이것이 신정보가 되고, 문장 (35b)에서는 away가 문장 끝에 왔으므로 away가 신정보가 된다. 이렇게 보면 대명사가 문장의 끝 쪽에 올 수 없는 이유를 알 수 있다. 대명사는 화자와 청자가 이미 알고 있는 정보이므로 구정보가 된다. 구정보는 문장의 끝에 쓰이지 않는 경향이 있다.

왜 이런 현상이 나타나는가? 이것은 우리의 기억구조와 관련이 있다. 어느 심리학자가 다음과 같은 실험을 했다. 피실험자들에게 10개의 서로 관련성이 없는 낱말을 읽어준 후 그들에게 들은 것을 다시 적으라고 하면 8번째, 9번째, 10번째 불러준 낱말을 가장 많이 기억하고, 처음 불러준 부분을 그 다음, 그리고 중간 부분을 가장 적게 기억하는 것으로 나타났다. 화자는 신정보를 전달하는 것이 목적이므로 신정보는 문미에 오는 경향이 있다.

3.10 도식 및 통합

전치사의 기본관계는 공간관계이다. 이 공간관계는 추상적이다. 이 책에서는 전치사의 공간관계를 도식(schema)으로 나타내어 전치사의 공간관계를 보다 쉽게 이해할 수 있게 했다. 전치사 on은 X on Y에서 X가 Y에 접해 있는 관계를 나타낸다. 또, 전치사 in은 X in Y에서 X가 Y의 영역 안에 있는 관계를 나타낸다. 이 두 전치사를 도식으로 표현하면 다음과 같다.

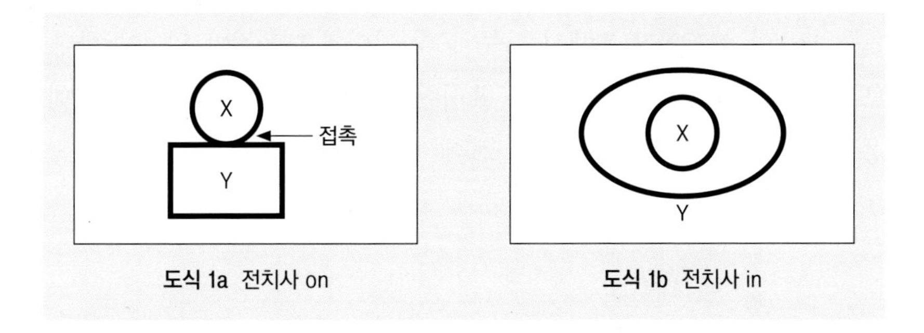

도식 1a 전치사 on　　도식 1b 전치사 in

전치사 가운데는 Y가 쓰이지 않은 부사로도 쓰이는 경우가 있다. 부사 용법은 Y를 점선으로 표시했다. 이것은 Y는 표현되어 있진 않지만, 없는 것이 아니라 암시되어 있음을 나타내기 위해서다.

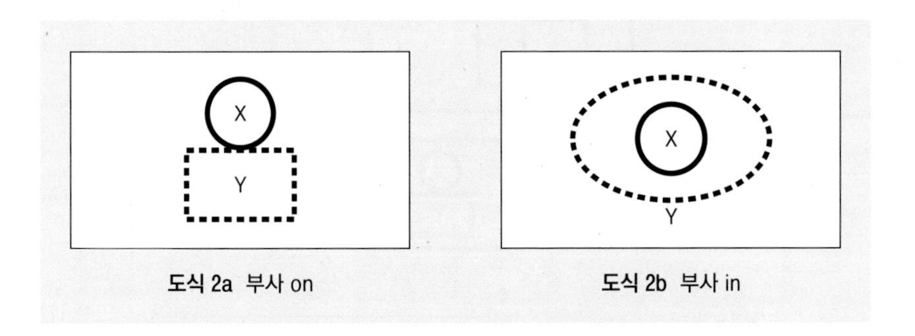

도식 2a 부사 on　　도식 2b 부사 in

다음에서는 전치사, 선행사, 그리고 목적어가 어떻게 통합되는지를 살펴보겠다. 다음 전치사구를 예로 들어 보자.

a cup **on** the table
그 탁자 위에 놓여 있는 컵

다음 (도식 3b)는 전치사 on의 도식이다. 이 도식에서 개체 X가 개체 Y에 닿아 있다. X는 선행사에 의해서 구체적이 되고, Y는 목적어에 의해서 구체적이 된다.

두 도식이 통합되기 위해서는 두 도식 사이에 대응점이 있어야 한다. (도식 3)에서 점선은 대응 관계를 표시한다. 컵과 on의 X가 대응된다. 대응점을 따라 (도식 3a)를 (도식 3b)에 포개면, (도식 3c)가 된다(a cup on Y). 이때 도식 X가 구체적인 명사로 대치된다.

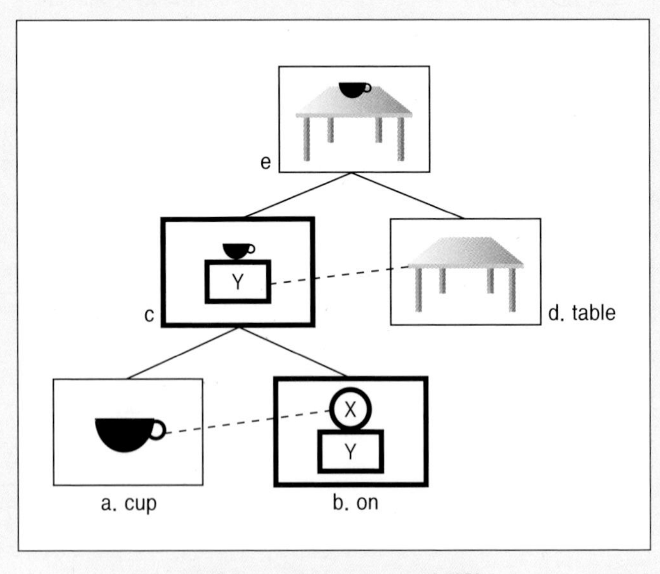

도식 3 a cup on the table의 통합

다음 단계로, (도식 3c)의 Y는 (도식 3d)의 table과 대응된다. (도식 3d)를 대응선에 따라 (도식 3c)에 포개면, '(도식 3e) : a cup on the table'이 된다. 이 단계에서 도식 Y가 구체적인 명사로 대치된다.

다음으로 전치사 in의 통합 관계를 살펴보자.

a flower **in** the vase
꽃병에 꽂힌 꽃

위 표현에 쓰인 전치사 in은 X in Y에서 X가 Y 영역에 포함되어 있는 관계를 나타낸다(도식 4b 참조). 전치사 in 도식의 X와 Y는 추상적이다. 이들은 선행사와 목적어에 의해 구체적이게 된다.

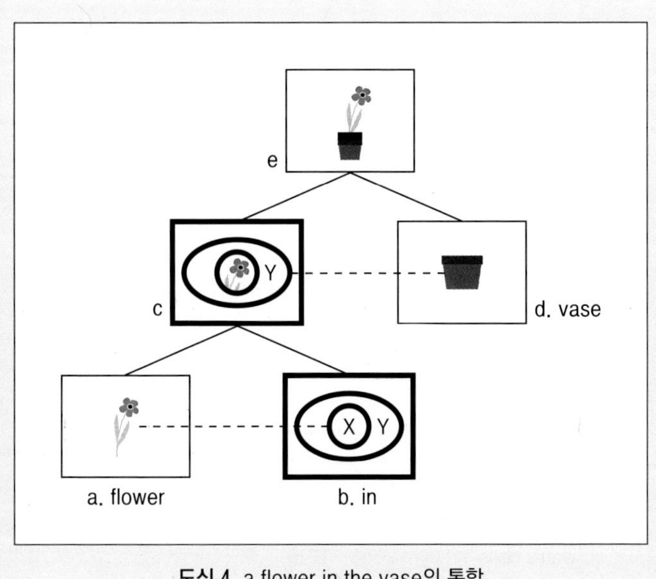

도식 4 a flower in the vase의 통합

통합의 첫 단계에서, flower가 in의 X와 대응된다. flower의 도식을 (도식 4b)에 포개면, (도식 4c)가 된다. 즉, X가 구체적인 명사로 대치되었다. 다음 통합의 단계로 in의 Y와 vase가 대응된다. vase를 (도식 4c)에 포개면 Y가 구체적이게 된다. 즉, (도식 4e)가 나온다(a flower in the vase).

다음으로, 전치사 at의 통합 관계를 살펴보자.

Water boils **at** 100°C.
물이 섭씨 100도에서 끓는다.

전치사 at은 X at Y에서 X가 점으로 인식되는 Y에 있다(도식 5b 참조). 전치사 at의 X와 Y는 모두 추상적이다. 이들은 선행사와 목적어에 의해서 구체적이게 된다.

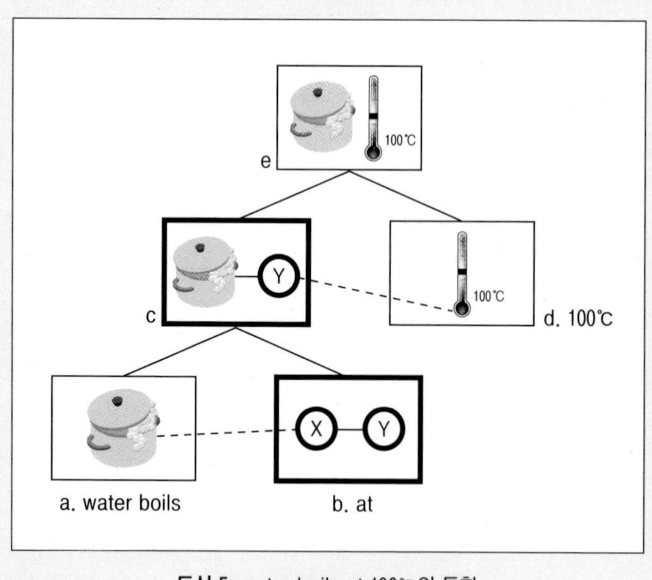

도식 5 water boils at 100℃의 통합

통합의 첫 단계로 water boils와 전치사 at의 X가 대응된다. (도식 5a)를 (도식 5b)에 포개면 (도식 5c)가 나온다. 다음 단계로, 100℃를 at의 Y에 포개면 (도식 5e), 즉 water boils at 100℃가 나온다.

구동사 이해에 필요한 개념

4.1 비유 언어

어느 언어든지 환유와 은유가 널리 쓰이고 있다. 이들은 매우 자주 쓰여서 우리는 이것들을 거의 의식하지 못하고 지낸다. 그러나 이 환유와 은유는 구동사의 이해에 매우 중요하므로 이들을 간략히 살펴보겠다. 먼저 환유부터 살펴보자.

4.1.1 환유

환유는 지시 대상을 바꾸는 수사법이다(참고 : 환유(換喩)의 '換'은 '바꾸다'는 의미이다). 환유에는 두 가지가 있다. 전체가 부분을 가리키는 환유와 부분이 전체를 가리키는 환유이다. 다음 도식에서 실제 표현은 전체를 가리키지만 지시가 바뀌어서 부분을 가리킨다.

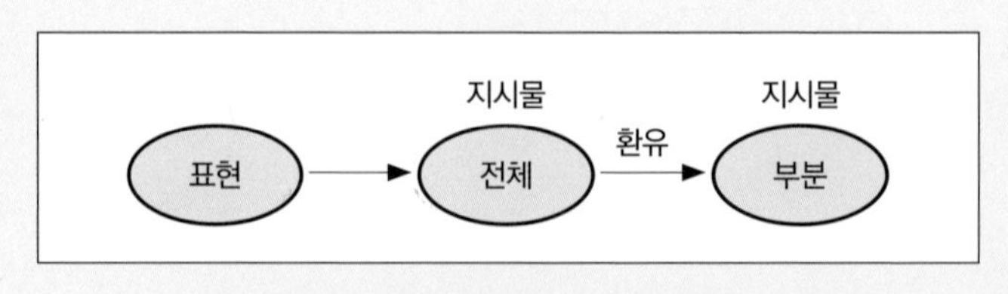

도식 1 전체가 부분을 가리키는 환유

a. The whole **country** welcomed the Pope.
온 나라(사람들)가 교황을 환영했다.

b. The whole **village** turned out.
온 마을(사람들)이 나왔다.

문장 (1a)에서 country는 나라 자체가 아니라 그 안에 살고 있는 사람을 가리키고, 문장 (1b)에서 village는 마을이 아니라 마을에 살고 있는 사람들을 가리킨다. 즉, 전체가 부분을 가리키는 환유의 예이다. 다음 예도 살펴보자.

a. He emptied out his **pocket**.
그는 그의 호주머니를 비어 내었다.

b. The **office** empties out at 6 : 00.
그 사무실은 6시에 빈다.

문장 (2a)에서 밖으로 나오는 것은 호주머니 자체가 아닌 호주머니 속에 있는 내용물이고, 문장 (2b)에서 사무실 밖으로 나가는 것은 사무실 자체가 아닌 사무실 안에서 일하던 사람들이다. 즉, 호주머니와 사무실은 호주머니와 사무실 그 자체가 아니라 환유적 표현으로 그 속에 들어 있는 것을 의미한다.

전체가 부분을 가리키는 관계에 반대되는 경우도 있다. 이것은 부분이 전체를 가리키는 환유이다. 야구에는 선수, 투수, 포수, 외야수 등이 있다. 이 표현에 쓰인 '수'는 한자로 손 '수(手)'가 쓰인다. 이 손은 손 자체가 아니라 이 손을 가지고 운동을 하는 사람을 가리킨다. 이것은 부분이 전체를 가리키는 환유이다.

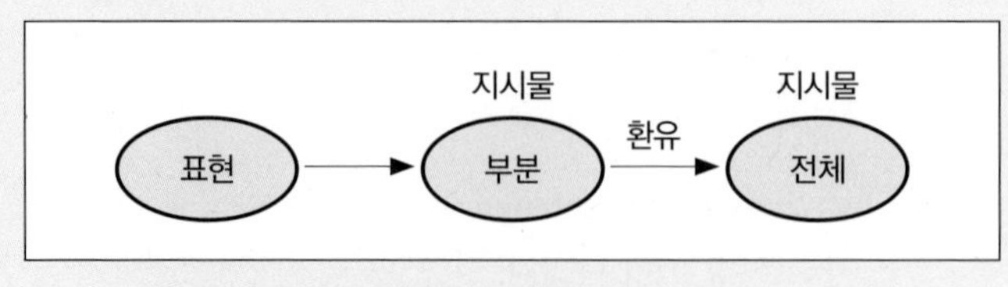

도식 2 부분이 전체를 가르키는 환유

다음은 부분이 전체를 가리키는 환유이다.

a. We need a strong **arm**.
우리는 튼튼한 팔을 가진 사람이 필요하다.

b. Our department is going to hire a new **blood**.
우리 과는 새 피(새로운 사람)를 고용할 예정이다.

c. We need a good **head**.
우리는 좋은 머리가 필요하다.

위 예에서 arm, blood, head는 신체 부분을 가리키지만 화맥에 따라서 이 부분을 가진 사람을 가리킬 수 있다.

4.1.2 은유

은유는 서로 다른 두 개체를 비교할 때 다른 점은 숨기고 같은 점만 부각하는 우리의 사고 기제이다. 다음 예를 살펴보자(참고 : 은유(隱喩)의 '隱'은 '숨기다'는 의미이다).

행복은 아이스크림이다.

행복과 아이스크림은 같을 수가 없다. 행복은 추상적이고 아이스크림은 구체적이다. 그러나 이 둘 사이에서 찾아볼 수 있는 공통점은 없을까? 아이스크림은 달지만 곧 녹아 없어진다. 이와 마찬가지로 행복도 달지만 이것은 오래 가지 않는다. 이 둘이 행복과 아이스크림의 공통점이다. 이와 같이 차이점은 숨기고 공통점만 포착하는 우리의 사고 과정이 바로 은유이다.

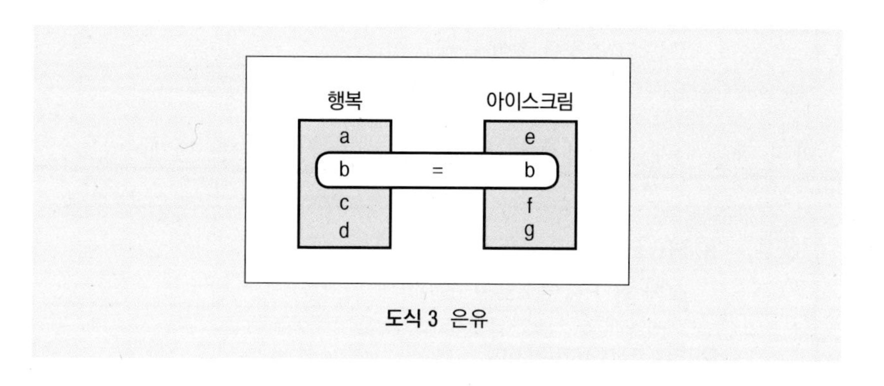

도식 3 은유

위 도식에서 행복은 {a, b, c, d} 라는 특성이 있고, 아이스크림은 {e, b, f, g} 라는 특성이 있을 때에 같은 b만 부각시키고 다른 것은 숨기는 과정이 은유이다.

은유 중에는 사람을 동물에 비교하는 은유가 있다.

그 사람은 돼지이다. 그 사람은 여우이다.

사람이 동물과 같을 수는 없지만 공통점만 주목하여 같게 본다. 사람과 돼지는 같지 않으나 돼지의 욕심이나 많이 먹는 것에서 어떤 사람과 공통점을 찾을 수 있다. 사람과 여우는 같을 수 없으나 우리는 어떤 사람과 여우의 교활함에서 공통점을 찾을 수 있다. 이것이 은유이다.

은유의 또 한 예로 화(분노)를 살펴보자. 화에 대한 은유의 한 가지는 [화는 용기에 담긴 끓는 물이다]이다. 화의 첫 단계는 속이 부글부글하는 단계이고, 그 다음은 들끓어 오르는 단계이다.

a. He is simmering over the decision.
그는 그 결정에 속이 부글부글하고 있다.

b. He is seething over the decision.
그는 그 결정에 속이 들끓고 있다.

화의 다음 단계는 물이 끓어 넘치는 것처럼 끓어오르는 단계이다.

a. His anger is rising.
그의 화가 끓어오르고 있다.

b. He is steaming up.
그는 화가 부글부글 끓어오르고 있다.

화의 다음 단계는 끓어올라 넘치거나, 끓어오르는 힘에 의해서 뚜껑이 뒤집히거나 열리는 것이다.

a. He boiled/bubbled over.
그는 (화가) 끓어올랐다.

b. He flipped the lid.
그는 뚜껑을 확 뒤집었다. (즉, 뚜껑이 열렸다.)

c. He is fuming at me.
그는 (화를) 내게 내뿜고 있다.

화는 끓어오르는 것이므로 끌어내릴 수도 있다. 또는 저절로 가라앉을 수도 있다.

a. He put down his anger.
그는 (끓어오르는) 화를 내리눌렀다.

b. He is simmering down.
그의 화가 가라앉고 있다.
(He는 환유적으로 그의 화를 가리킨다.)

한 개념에는 한 가지 은유만 있는 것이 아니라 다른 은유도 있을 수 있다. 영어에서 화는 불로도 개념화된다. 이 은유를 생각하면 다음 표현들을 자연스럽게 이해할 수 있다. 아래 (8~11)의 예에서 문장 (a)의 표현은 각각 문자적 표현이고, 문장 (b)는 문장 (a)와 연관된 은유적 표현이다.

8
a. The plane burned up in the air.
그 비행기가 공중에서 타버렸다.

b. It burned me up when the kids made fun of my face.
그 아이들이 내 얼굴을 조롱했을 때, 그것이 나를 분노하게 했다.

9
a. The match flared up.
그 성냥이 확 켜졌다.

b. She flared up at me.
그녀는 나에게 갑자기 성을 벌컥 내었다.

10
a. They fired up their barbeque.
그들은 그들의 불고기에 불을 붙였다.

b. We all got fired up with anger.
우리는 모두 분노로 열이 올랐다.

a. The forest blazed out.
그 숲이 불길을 일며 탔다.

b. He blazed out.
그는 발끈 화를 내었다.

은유의 또 한 예로 앎(지식)에 관한 것이 있다. 우리는 흔히 **앎을 빛으로** 간주한다. 이 은유를 생각하면 다음 표현의 뜻은 쉽게 밝혀진다.

a. He cast/shed/threw light on the fact.
그는 그 사실에 빛을 비추었다. (즉, 어둠 속에 있던 것이 비추어 지면 드러나게 되고, 알려지게 된다.)

b. He brought the motive to light.
그는 그 동기를 불빛에 가져왔다.
(즉, 그 동기가 보이게 되었다. 드러나게 되었다.)

c. It dawned on me that he was lying to me.
그가 나를 속이고 있음이 드러났다.

d. He enlightened me.
그는 내게 불을 비추었다. (즉, 나를 일깨웠다.)

[앎은 빛이다]는 그 반대도 성립한다. 즉, [모름은 어둠이다]라는 은유로 표현되기도 한다.

I am in darkness about the situation.
나는 그 상황에 대해서 어둠 속에 있다. (즉, 모르고 있다.)

구동사에서 흔히 찾아볼 수 있는 은유의 또 한 가지는 상태에 관한 것이다. 상태는 추상적이므로 이것은 장소로 이해된다. 그래서 다음과 같은 은유가 있다.

상태는 장소이다. 상태변화는 장소 이동이다.

다음 예문에서 장소 표현에 쓰이는 전치사가 상태를 나타내는 데 쓰인다는 것을 알 수 있다.

⑭ **a.** They live **in** Seoul.
그들은 서울에서 산다.

b. They live **in** peace.
그들은 평화 속에 산다. (즉, 평화롭게 산다.)

다음 (15~19)에서 (a) 문장은 장소 이동을 나타내고 (b) 문장은 상태 변화를 나타낸다.

⑮ **a.** He **came** around to Korea.
그는 한국에 돌아왔다.

b. He **came** around to his senses.
그는 제정신으로 돌아왔다.

⑯ **a.** He **got** home late last night.
그는 어제 저녁 늦게 돌아왔다.

b. He **got** sick last night.
그는 어제 저녁에 병이 났다.

⑰ **a.** He **drives** me home every day.
그는 나를 매일 자동차로 집에 데려다 준다.

b. He **drives** me crazy.
그는 나를 몰아서 미치게 한다.

⑱ **a.** He **came** here yesterday.
그는 어제 여기에 왔다.

b. His dream **came** true.
그의 꿈이 실현되었다.

⑲ **a.** He wound **up** his watch.
그는 그의 시계의 태엽을 감았다.

b. He is wound **up**.
그는 (태엽이) 감겨 있다. (즉, 그는 긴장된 상태이다.)

4.2 도상성(iconicity)

개념상의 차이는 표현의 차이에도 나타나는 것으로 보인다. 영어 타동사를 예로 들어보자. 타동사에는 주어와 목적어가 반드시 있고, 타동사가 나타내는 관계는 다음 도식과 같이 표현될 수 있다. 즉, 타동성은 주어의 힘에 목적어가 직접적으로, 또 전체적으로 닿는 관계이다. 한편 타동사가 자동사로 쓰이는 경우에는 타동사의 목적어이던 것이 전치사의 목적어로 표현된다. 그러면 전치사에 의해 동사와 목적어 사이에 거리가 생기고 이 거리는 주어의 힘이 목적어에 부분적이거나 간접적으로 영향을 미침을 나타낸다.

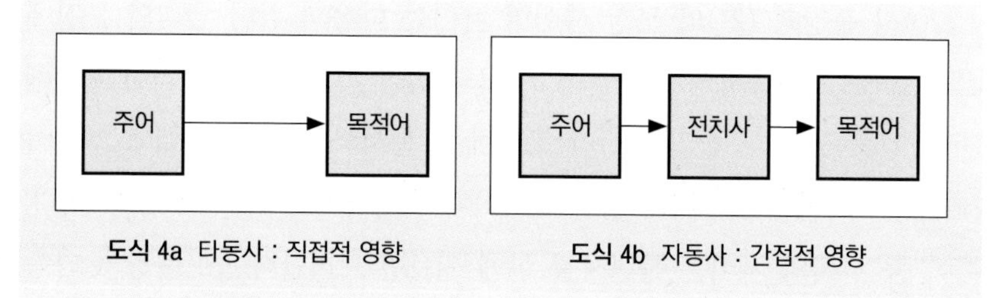

도식 4a 타동사 : 직접적 영향

도식 4b 자동사 : 간접적 영향

다음은 몇 가지 타동사의 예이다.

a. He knocked the door.
그는 그 문을 쳤다.

b. He pulled the rope.
그는 그 밧줄을 당겼다.

c. He blew the paper.
그는 그 종이를 불어 날렸다.

위 예문 (20)의 문장들은 타동사 구문으로, 주어의 힘이 목적어에 직접적이고 전체적으로 미치는 예이다. 다음은 위에 쓰인 타동사가 자동사로 쓰인 예이다.

a. He knocked **on** the door.
그는 그 문을 두드렸다.

b. He pulled **on** the rope.
그는 그 밧줄의 부분을 잡아당겼다.

c. He blew **on** the tea.
그는 그 차를 입으로 호호 불었다.

(20)의 문장과 (21)의 문장 사이의 차이는 다음과 같다. (20)의 문장에 쓰인 동사는 타동사이기 때문에, 주어의 힘이 목적어에 직접적이고 전체적인 영향을 준다. 한편 (21)의 문장에는 동사와 목적어 사이에 전치사 on이 있기 때문에, 주어의 힘이 목적어에 간접적이고 부분적으로 미친다.

이 둘 사이의 차이는 불변사를 함께 써보면 드러난다. (a) 문장의 타동사들은 이동을 나타내는 불변사와 쓰일 수 있다. (b) 문장의 자동사들은 이러한 불변사와 쓰일 수 없다. 그 이유는 동사와 목적어 사이에 전치사가 쓰이면 그 힘이 부분적으로 미치기 때문이다. 다음의 (22~25) 예문에서 (a) 문장에는 타동사가 쓰여서 down이나 off와 함께 쓰일 수 있으나 (b) 문장에서는 이들 불변사가 쓰일 수 없다. 목적어를 이동시킬 수 없기 때문이다. 다음을 살펴보자.

a. He knocked the door down/off.
그는 그 문을 쳐서 그 문이 넘어지게/떨어지게 했다.

b. He knocked on the door (*down/*off).
그는 그 문을 두드렸다.

23

a. He kicked the ball far away.
그는 그 공을 차서 멀리 날려 버렸다.

b. He kicked at the ball (*away).
그는 그 공을 차려고 했다.

24

a. He pulled the shelf down.
그는 그 선반을 끌어내렸다.

b. He pulled on the shelf (*down).
그는 그 선반을 끌어당겼다.

a. He kicked the ball and it flew away.
그가 그 공을 찼고 그 공은 날아가 버렸다.

b. He kicked at the ball but missed it.
그가 그 공을 차려 했지만 그것을 놓쳤다.

4.3 정관사 the

정관사 the의 용법을 간단히 살펴보겠다. 많은 경우 명사는 정관사가 쓰일 때도 있고, 안 쓰일 때도 있다. 다음 예문을 통해 그 차이를 알아보자. (26a) 문장에는 the가 쓰였고, (26b) 문장에는 쓰이지 않았다.

a. He is **on the screen.**
그는 그 화면에 있다.

b. She looks great **on screen.**
그녀는 화면에서는 멋지게 보인다.

정관사 the가 쓰인 on the screen은 화자와 청자가 확인할 수 있는 스크린을 가리킨다. 예를 들어서, 어떤 사람이 TV 스크린에 나타난 것을 보면서 말할 때는 the screen이 쓰인다. 반면, 문장 (26b)에서는 on screen이 쓰여서, 특정하게 정해진 스크린이 아니라 스크린이기만 하면 된다.

다음에 짝지어진 문장도 살펴보자.

a. The accident took place **on the campus** of K University.
그 사고는 K 대학 교정에서 일어났다.

b. The accident took place **on campus.**
그 사고는 교정에서 일어났다.

문장 (27a)는 어떤 특정한 교정을 가리키지만, 정관사가 쓰이지 않은 on campus는 특정한 교정을 가리키지 않고, 어느 대학의 교정이면 된다.

다음 두 문장도 비교해 보자.

a. He is **on the stage** acting.
그는 그 무대 위에서 연극을 하고 있다.

b. He gets nervous **on stage.**
그는 무대에 서면 긴장이 된다.

(28a)의 on the stage는 특정한, 즉 맥락에서 가리킬 수 있는 무대를 가리키고, (28b)의 on stage는 특정한 무대가 아닌, 일반적인 무대를 가리킨다.

05

영어 구동사와 우리말 합성동사 비교

영어 구동사는 특이한 표현으로 취급되고 있다. 그러나 이 책 전체를 통해 구동사는 그렇게 특이하지 않음을 밝히고 있다. 나아가서 영어 구동사와 같은 구조가 우리말에도 있음을 보여주려고 한다. 이러한 대조가 가능하기 위해서는 두 언어 사이에 비슷한 점들을 찾아야 한다. 먼저, 다음 문장에 쓰인 부사 up을 살펴보자.

The sun came **up**.

a. *태양이 위로 왔다.

b. 태양이 올라 왔다.

(1a)의 부사 up은 방향을 나타내는 뜻으로 번역되어 문장이 영어의 뜻에 맞지 않고, (1b)는 up을 동사로 번역하여 그 뜻이 영어에 맞다. 위의 간단한 예문의 번역이 보여주듯이, 구동사에 쓰이는 부사는 우리말 동사에 가깝다. 실제 부사 가운데는 다음과 같이 동사로 쓰이는 것도 있다.

a. He **downed** a can of coke.
그는 콜라 한 통을 들이마셨다.

b. He **upped** and left.
그는 갑자기 일어나서 자리를 떴다.

c. He **backed** away from the crowd.
그는 뒷걸음쳐 그 군중들에서 멀어졌다.

위에서 영어 구동사에 쓰이는 부사가 방향을 나타내는 것이 아니라 움직임의 뜻이 강함을 살펴보았다. 움직임이 아니라 움직임의 방향을 나타내기 위해서는 -ward가 쓰인다. 다음을 비교해 보자.

a. He came **down**.
그는 내려왔다.

b. He came **downward**.
그는 아래쪽으로 내려왔다.

지금까지 구동사에 쓰이는 부사가 동사에 가까움을 살펴보았다. 한편, 부사를 이렇게 보면 영어 구동사와 우리말 합성동사의 비교가 가능해진다.

우리말 합성동사는 다음과 같은 구조를 갖는다.

합성동사 : 동사-어 동사

다음으로 동사 '부르다'의 합성동사를 살펴보자. 우리말 합성동사에 상응하는 영어 구동사는 오른쪽에 제시되어 있다.

④

〈합성동사〉	〈구동사〉
불러 내다	call out
불러 들이다	call in
불러 올리다	call up
불러 내리다	call down

위에서 영어 구동사에 쓰이는 불변사가 우리말 동사에 가까움을 살펴보았다. 한 가지 주의할 점은 영어 구동사가 우리말 합성동사와 비교될 수 있다고 해서 그 쓰임도 완전히 같다는 것은 아니다.

5.1 불변사와 우리말 동사 비교

다음에서는 구동사에 쓰이는 몇 개의 불변사를 우리말 동사와 대조해 보겠다.

5.1.1 away와 우리말 비교

부사 away는 이동체가 어떤 출발점에서 다른 지점으로 옮겨가는 관계를 나타낸다. 이 관계는 다음 우리말과 대비될 수 있다.

away 버리다, 가다, 치우다, 보내다

⑤ He gave all his books **away.**
그는 그의 모든 책을 (남에게) 주어 **버렸다.**

⑥ He put **away** the skis.
그는 그의 스키를 (저장고 같은 곳에) **치워** 두었다.

⑦ He got **away** with a smartphone.
그는 스마트폰 한 개를 가지고 **도망갔다.**

⑧ **a.** The mentally ill person was put **away.**
그 정신병 환자는 (정신병원에) **보내졌다.**

b. The criminal was put **away.**
그 범죄자는 (감옥에) **보내졌다.**

5.1.2 back과 우리말 비교

부사 back은 어떤 자리를 떠났다가 되돌아오거나, 어떤 자리에서 물러나는 관계를 나타낸다. 이것은 다음 우리말과 비교할 수 있다.

back 되- 무르다, 되받다, 물러-

⑨ Halfway through the course, he came **back.**
그 코스의 반쯤에서 그는 **되**돌아왔다.

⑩ He took **back** the skirt.
그는 그 스커트를 **되**가져 갔다. (즉, **물렀다.**)

⑪ He hit **back.**
그는 **되받아**쳤다.

⑫ **a.** He stood **back** from the crowd.
그는 그 군중에서 **물러**섰다.

b. He sat **back** from the group.
그는 그 사람들의 무리에서 **물러**앉았다.

5.1.3 down과 우리말 비교

영어 down은 위에서 아래로 움직이는 관계를 나타낸다. 이 개념은 우리말 다음 동사와 대비된다.

down	지다, 내리다(자동사/타동사), 내려- 앉다

⑬ **a.** The sun is **down**.
해가 **졌다**.

b. Our team is **down** by 3 goals.
우리 팀은 3점 차로 **졌다**.

⑭ **a.** It is raining **down**.
비가 **내리고** 있다.

b. I got **down** from the bus.
나는 그 버스에서 **내렸다**.

⑮ **a.** The driver put me **down**.
그 운전수가 나를 **내려** 주었다.

b. He got the passenger **down**.
그는 그 승객을 **내려**놓았다.

⑯ **a.** He went **down** to Busan.
그는 부산으로 **내려**갔다.

b. He put **down** his rifle.
그는 그의 총을 **내려**놓았다.

c. He looked **down** on me.
그는 나를 **내려** 보았다. (즉, 얕잡아 보았다.)

 The ship stayed **down**.

그 배는 (바다 바닥에) 가라**앉아** 있었다.

5.1.4 in과 우리말 비교

영어 부사 in은 밖에서 안으로 들어오는 관계를 그린다. 이것은 다음 우리말과 대비된다. 이 대비를 통해 보면 부사 in은 '안으로'의 부사 개념보다 동사 개념에 더 가깝다.

in	들다(자동사), 들이다(타동사), 넣다(타동사), 들이-(접두어)

 **a.** The tide is **in**.

조류(물)가 **들어**와 있다.

b. He came **in** at 10 last night.

그는 엊저녁 10시에 **들어**왔다.

c. The milk came **in**.

그 우유가 (가게 등에) **들어**왔다.

19 **a.** The family takes **in** foreign students.

그 가정은 외국 학생들을 (하숙생으로) 받아**들인다**.

b. She brought **in** a plumber.

그녀는 배관공을 불러**들였다**.

a. He put some salt **in**.
그는 (어디에) 소금을 **넣었다**.

b. He wrote his name and phone number **in**.
그는 그의 이름과 전화번호를 (어디에) 적어 **넣었다**.

c. He threw the clothes **in** to the suitcase.
그는 그 옷을 그 옷가방에 던져 **넣었다**.

21

a. The rebels stormed **in**.
그 반군들이 **들이**닥쳤다.

b. The rain is beating **in**.
비가 **들이**치고 있다.

5.1.5 off와 우리말 비교

영어 off는 X off Y에서 X가 Y에서 떨어져 있는 관계를 나타낸다. 이 개념은 우리말에서 다음 동사들과 대비된다.

off	뜨다, 따다, 벗다/벗기다, 끊다

a. She went **off** at 6.
그녀는 6시에 (자리를) **떴다**.

b. The plane took **off**.
그 비행기가 (땅을) **떴다**.

㉓ He picked the fruits **off.**
그는 그 과일을 (나무에서) **땄다.**

㉔ **a.** He put his hat **off.**
그는 그의 모자를 (머리에서) 벗기었다. (즉, **벗었다.**)

b. He pulled the shoes **off** the child's legs.
그는 그 신을 아이 발에서 **벗겼다.**

㉕ **a.** He is **off** drinking.
그는 음주에서 떨어져 있다. (즉, **끊고** 있다.)

b. He cut **off** smoking.
그는 담배를 **끊었다.**

5.1.6 on과 우리말 비교

영어에서의 부사 on은 X on Y에서 X가 Y와 닿아 있는 관계를 나타낸다. 이 개념에 맞서는 우리나라 동사에는 다음과 같은 것들이 있다.

on	대다, 잇다, 쓰다, 끼다, 신다, 입다, 걸다, 맡다, 맡기다, 매다, 닿다

㉖ The dog is barking **on.**
그 개가 계속 짖어 **댄다.**

㉗ After his father's death, the son carried **on** the father's business.
아버지가 돌아가신 후, 그 아들이 아버지의 사업을 **이어서** 운영했다.

a. He put **on** his hat.
그는 그의 모자를 **썼다.**

b. She put **on** her glasses/shoes/clothes/earrings.
그녀는 안경을 **꼈다**/신을 **신었다**/옷을 **입었다**/
귀걸이를 **걸었다.**

c. He put **on** his backpack.
그는 배낭을 **메었다.**

㉙ **a.** I took the work **on**.
나는 그 일을 **맡았다.**

b. He took the work **on** me.
그는 그 일을 나에게 **맡겼다.**

㉚ He put **on** a belt.
그는 허리띠를 **매었다.**

㉛ **a.** He held **on** to the rope.
그는 손을 그 로프에 가(to) **닿게**(on) 해서 그것을 잡았다.

b. I finally caught **on** to what he is saying.
나의 마음이 마침내 그가 말하는 것에 가(to) **닿았다**(on).
(즉, 이해하게 되었다.)

5.1.7 out과 우리말 비교

영어 out은 안에서 밖으로의 이동관계를 나타낸다. 이에 대응되는 우리말은 다음과 같다.

out 나다(자동사), 내다(타동사), 내-(타동사 접두어), 내다-(접두어), 낳다

a. A war broke **out**.
전쟁이 터져**났다**. (즉, 터졌다.)

b. Blood came **out** of the wound.
피가 그 상처에서 **났다**.

c. The spring issue of the journal came **out**.
그 학회지의 봄 호가 **나왔다**.

33

a. The publishing company put **out** a new novel.
그 출판사가 새 책을 **내었다**.

b. The farmer took **out** the manure.
그 농부는 거름을 **내었다**.

c. She washed **out** the spot.
그녀는 그 얼룩을 씻어 **내었다**.

34

a. He stepped **out**.
그는 발걸음을 **내**딛었다.

b. He pushed **out** the people.
그는 그 사람들을 **내**밀었다.

c. He spit **out**.
그는 침을 **내**뱉었다.

d. He hung **out** the blanket.
그는 그 담요를 **내**걸었다.

a. He took **out** the garbage.
그는 그 쓰레기를 **내다** 버렸다.

b. He looked **out** at the sea.
그는 그 바다를 **내다**보았다.

c. He took the potatoes **out** to sell.
그는 그 감자를 **내다** 팔았다.

36 The cat popped **out** two kittens.
그 고양이가 새끼 두 마리를 **낳았다**.

5.1.8 over와 우리말 비교

over	덮다, 넘다/넘기다, 걸치다, 건너다

a. He spread the blanket **over** his laps.
그는 그 담요를 그의 무릎에 **덮었다**.

b. The hill is snowed **over**.
그 언덕은 눈으로 **덮였다**.

a. He jumped **over** the wall.
그는 그 담을 뛰어 **넘었다**.

b. He skipped **over** to chapter 3.
그는 3장으로 뛰어 **넘었다**.

c. He turned the page **over**.
그는 그 페이지를 **넘겼다**.

39 **a.** He put his coat **over** his arm.
그는 그의 저고리를 팔에 **걸쳤다**.

b. She put the clothes **over** the clothes line.
그녀는 그 옷들을 빨랫줄에 **걸쳤다**.

40 **a.** He went **over** to Japan.
그는 일본으로 **건너**갔다.

b. He flew **over** to Hong Kong.
그는 비행기를 타고 홍콩으로 **건너**갔다.

5.1.9 through와 우리말 비교

전치사 through는 X through Y에서 X가 입체적인 Y를 처음에서 끝까지 지나가는 관계를 나타낸다. 이 개념은 우리말에서 다음으로 표현된다.

through (장소를) 지나다, (과정을) 거치다, (기간) 내내, 견디다, 뚫다

41 **a.** The train went **through** the tunnel.
그 기차가 그 터널을 **지나**갔다.

b. We went **through** the center of the city.
우리는 그 시의 중심지를 **지나**갔다.

a. My parents pushed me **through** college.
나의 양친은 내가 대학과정을 **거치게** 했다.

b. I had to go **through** the physical examination.
우리는 그 신체검사를 **거쳐야** 했다. (즉, 받아야 했다.)

43 We worked hard **through** the week.
우리는 그 주일 **내내** 열심히 일했다.

44 **a.** He pulled **through** hard times.
그는 어려운 시기를 **견디어** 냈다.

b. He went **through** the middle life crisis.
그는 중년기 위기를 잘 **견뎌**냈다.

45 **a.** The worker cut out a hole **through** the ceiling.
그 일꾼이 천정을 **뚫고** 구멍을 내었다.

b. I could barely see a figure **through** the fog.
나는 그 안개를 **뚫고** 겨우 한 모습을 보았다.

5.1.10 together와 우리말 비교

together는 흩어져 있던 것들이 한곳에 모이는 관계를 나타낸다. 이 개념은 다음 우리말 동사에 해당된다.

together 같이, 함께, 맞다, 모이다, 모으다, 맞추다

46 **a.** I went **together** with him.
나는 그와 **함께** 갔다.

b. She came **together** with him.
그녀는 그와 **함께** 왔다.

47 This tie goes well with the shirt **together**.
이 타이는 그 셔츠와 잘 **맞는다**. (즉, 어울린다.)

48 Let's get **together** sometime next week.
다음 주 언젠가 **모입시다**.

49 **a.** He raked the fallen leaves **together**.
그는 낙엽을 갈퀴로 긁어**모았다**.

b. He scraped some money **together** for the trip.
그는 그 여행을 위해서 조금씩 돈을 긁어**모았다**.

c. The exhibition brought some of Picasso's pictures **together**.
그 전시회는 피카소의 몇 작품을 한곳에 **모았다**.

50 He put the gun **together**.
그는 그 총의 부분을 짜 **맞추었다**. (즉, 조립했다.)

5.1.11 up과 우리말 비교

영어 up은 아래에서 위로 움직이는 관계를 나타낸다. 이 개념에 대비되는 우리말 동사는 다음과 같다.

up	오르다(자동사), 올라-(접두어), 올리다(타동사), 올려-(접두어), 만들다

a. Prices are **up**.
물가가 **올라**와 있다.

b. He swam **up** the river.
그는 그 강물을 거슬러 헤엄쳐 **올라**갔다.

c. The monkey climbed **up** the tree.
그 원숭이가 그 나무를 기어 **올라**갔다.

a. The oil company brought oil prices **up**.
그 유류회사가 기름 값을 **올렸다**.

b. He pulled the root **up**.
그는 그 뿌리를 뽑아 **올렸다**.

c. He threw **up** his breakfast.
그는 아침에 먹은 것을 **올렸다**. (즉, 토했다.)

a. I put **up** the books.
나는 그 책들을 **올려**놓았다.

b. He lifted the bucket **up**.
그는 그 양동이를 들어 **올렸다**.

c. He brought **up** the subject.
그는 그 주제를 화제에 **올렸다**.

54

a. He brewed **up** coffee.
그는 끓여서 커피를 **만들었다**.

b. He fixed **up** lunch.
그는 재빨리 점심을 **만들었다**.

a. Turn **up** the radio.
그 라디오 소리를 **높여라**.

b. The store marked **up** prices.
그 가게는 물건값을 **올려**서 가격 표시를 했다.

THE
PHRASAL
VERB
IN ENGLISH

구동사 분석

ABOUT
ACROSS
AHEAD
ALONG
APART
AROUND
ASIDE
AT
AWAY
BACK
BY
DOWN
FOR
FORWARD
FROM
IN
INSIDE
INTO
OF
OFF
ON
ONTO
OUT
OUT OF
OUTSIDE
OVER
THROUGH
TO
TOGETHER
UNDER
UNTIL
UP
WITH
WITHIN
WITHOUT

ABOUT

about은 전치사나 부사로 쓰인다. 전치사 용법부터 살펴보자.

1 전치사 용법

전치사 about은 X about Y에서 X는 복수이고 이들은 Y의 위나 주위에 흩어져 있는 관계를 나타낸다. 화맥이나 문맥에서 Y의 정체가 추리될 수 있으면 Y가 생략된다. 이때 about은 부사이다. 이것을 도식화하면 다음과 같다. (도식 1a)는 전치사 도식이고, (도식 1b)는 부사 도식이다. 두

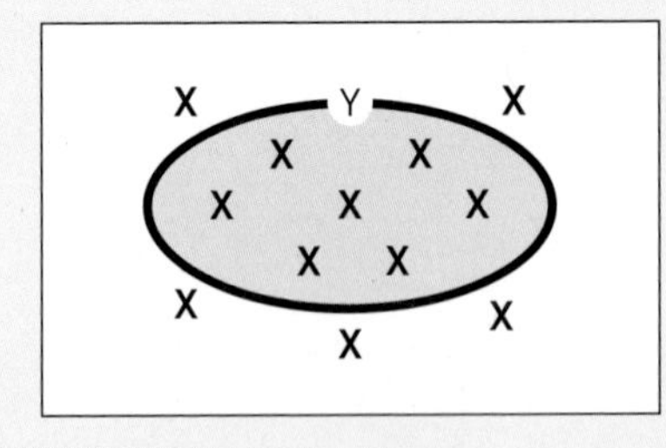

도식 1a 전치사

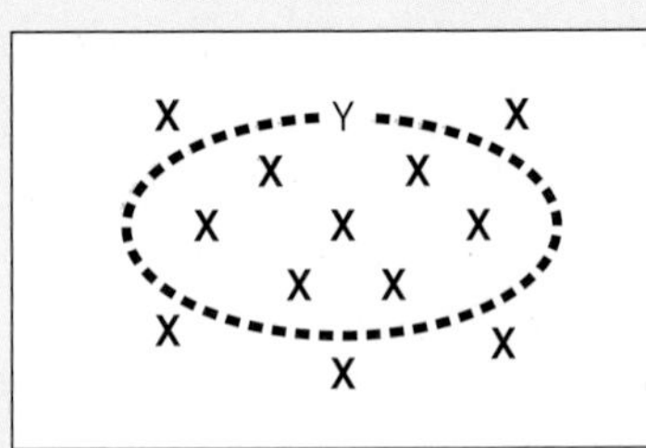

도식 1b 부사

도식의 차이는 Y에 있다. 도식에서 큰 원은 Y를 가리키는데 전치사의 경우 Y가 명시되어 있으나, 부사의 경우 Y가 명시되지 않는다.

1.1 Y가 장소인 경우

전치사 about이 장소를 나타내는 예를 살펴보자.

a. Leaves are scattered **about** the garden.
낙엽이 그 정원 주위에 흩어져 있다.

b. Books are lying **about** the room.
책들이 그 방 이곳저곳에 놓여 있다.

1.2 Y가 시간인 경우

X about Y에서 Y가 시간일 때 X는 Y 주위의 어느 한 점에 있다. 다음 예의 (2a)에서 그의 도착이 8시 근처 여러 시점에 있음을 about이 나타낸다. 즉, 꼭 8시가 아니고 8시 전이나 후일 수 있다.

a. He arrived at **about** 8 : 00 in the morning.
그는 오전 8시경에 도착했다.

b. The accident occurred at **about** 9.
그 사고는 9시쯤 발생했다.

1.3 about과 동사

1.3.1 의사소통 동사

다음에 쓰인 동사들은 의사소통이나 앎에 대한 것이고 이들 동사가 about과 쓰이면 about의 목적어에 대해 이것저것 말을 하거나 배우는 관계를 나타낸다.

a. He spoke **about** his trip to China.
그는 그의 중국여행의 이것저것에 대해 연설을 했다.

b. We talked **about** retirement.
우리는 은퇴에 대해서 이것저것 이야기했다.

c. She asked **about** her friend.
그녀는 그녀의 친구에 대해서 이것저것 물어보았다.

1.3.2 인지동사

a. I always think **about** my grandmother.
나는 나의 할머니에 대해서 항상 이것저것 생각한다.

b. I read **about** Canada.
나는 캐나다의 이것저것에 대해서 읽었다.

c. I learned **about** the result yesterday.
나는 그 결과에 대해서 어제 알았다.

d. I know **about** the school.
나는 그 학교에 대해서 안다.

1.3.3 감정동사

about은 마음의 상태를 나타내는 동사와 쓰여서 이런저런 일에 마음을 쓰는 상태를 나타낸다.

5
a. Don't bother **about** me.
나에 대해서 신경 쓰지 마세요.

b. All he cares **about** is money.
그가 관심을 갖는 모든 것은 돈이다.

c. He always frets **about** his test.
그는 언제나 자신의 시험에 대해서 초조해한다.

d. He grieves **about** her death.
그는 그녀의 죽음에 대해서 슬퍼한다.

e. He worries **about** his health.
그는 그의 건강에 대해서 걱정한다.

1.3.4 동사 bring, come, go, be

위 네 동사를 about과 관련하여 좀 더 상세하게 살펴보자.

6
a. The technology has brought **about** many jobs.
그 기술이 많은 일자리를 생겨나게 했다.
(즉, 그 기술은 많은 일자리가 우리 주위에 있게 했다.)

b. I don't understand how the situation came **about**.
나는 그 상황이 어떻게 생겼는지 이해할 수 없다.

He goes **about** his daily routine.
그는 매일 하는 일을 둘러보고 있다.
(즉, 그는 그 일에 열중하고 있다.)

위 문장에서 'routine' 대신에 다음 표현도 쓸 수 있다.

his business	그의 사업에
his chores	그의 자질구레한 일에
his work	그의 일에
surviving from moment to moment	순간순간 살아남는 일에

8 I am all **about** working together.
나는 함께 일하는 데에 온 마음이 다 가 있다. (즉, 찬성이다.)

위 문장에서 'working together' 대신에 다음 표현도 쓸 수 있다.

freedom of speech	언론의 자유에
staying on schedule	일정을 맞추어 일하는 것에
working effectively	효과적으로 일하는 것에

1.4 about과 형용사

전치사 about은 다음과 같이 형용사와도 쓰인다.

⑨ **a.** He is happy/sad **about** the result.
그는 그 결과에 대해 기쁘다/슬프다.

b. He is careful **about** what he says.
그는 자신이 말하는 것에 대해서 조심을 한다.

c. He is nervous **about** the interview.
그는 그 면접에 대해서 초조해한다.

d. He is angry **about** her attitude.
그는 그녀의 태도에 대해서 화가 났다.

2 부사 용법

X about Y에서 Y가 쓰이지 않으면 이때 about은 부사이다. 다음에 쓰인 동사는 이동동사이고 이들 동사가 about과 함께 쓰이면 이곳저곳 뚜렷한 목적 없이 다니는 관계를 나타낸다. 이 뜻을 자동사와 타동사로 나누어 살펴보자.

2.1 자동사와 about

다음 문장에 쓰인 동사는 이동동사이고, about은 이곳저곳 이동함을 뜻한다.

a. He roamed **about**.
그는 여기저기 돌아다녔다.

b. He wandered **about** in the country.
그는 그 나라에서 이곳저곳 배회했다.

c. He is running **about**.
그는 이곳저곳 뛰어다니고 있다.

d. The birds are flying **about**.
새들이 이리저리 날아다니고 있다.

e. He is walking **about**.
그는 이리저리 걸어 다니고 있다.

다음에 쓰인 동사는 비이동 자동사이고, about은 사람이나 물건이 이곳저곳 흩어져 있는 관계를 나타낸다.

a. People are sitting **about** in the park.
사람들이 공원 안 이곳저곳에 앉아 있다.

b. Flower petals are sprinkled **about** on the lawn.
꽃잎들이 잔디밭 위 이곳저곳에 뿌려져 있다.

c. Fallen trees lay **about** in the street.
쓰러진 나무들이 길에 여기저기 놓여 있었다.

2.2 타동사와 about

다음에 쓰인 동사는 주어가 목적어에 힘을 가하는 관계를, 그리고 about은 주어의 힘이 목적어 여러 곳에 미침을 나타낸다.

a. He jostled me **about.**
그는 나를 (여기저기로) 세차게 떠밀쳤다.

b. He mucked his family **about.**
그는 그의 가족을 (이것저것) 속였다. (즉, 가지고 놀았다.)

c. He stabbed him **about.**
그는 그를 (여기저기) 찔렀다.

d. He beat her **about.**
그는 그녀를 (여기저기) 때렸다.

ACROSS

across는 전치사와 부사로 쓰인다. 먼저 전치사 용법부터 살펴보자.

1 전치사 용법

전치사 across는 X across Y에서 X가 Y를 가로지르는 관계이다. 화맥이나 문맥에서 추리될 수 있는 Y는 표현되지 않으며, 이때 across는 부사이다. 다음 (도식 1a)에는 Y가 표시되어 있고, (도식 1b)에는 Y가 숨어 있다.

전치사 across를 자동사와 타동사로 나누어 살펴보자.

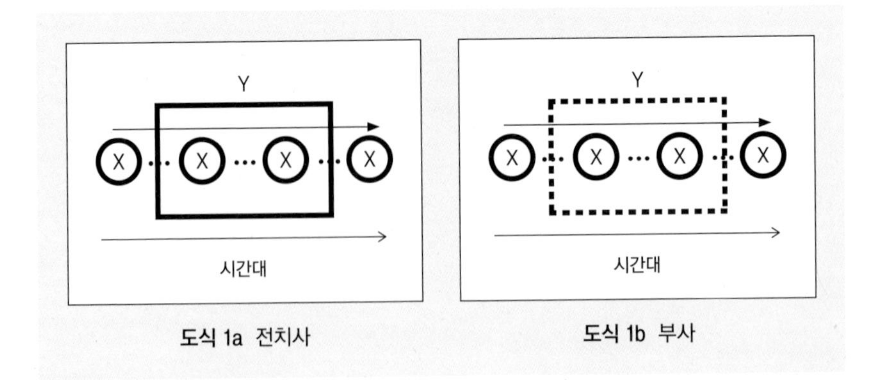

도식 1a 전치사 도식 1b 부사

1.1 across와 자동사

다음 문장에 쓰인 동사는 자동사이고, 또 이동동사이다. 주어는 across의 목적어를 가로질러 간다.

a. He traveled **across** Canada from coast to coast.
그는 해안에서 해안으로 캐나다를 가로질러 여행했다.

b. They drove **across** the great plain.
그들은 대평야를 가로질러 운전해 갔다.

c. He rode **across** three states.
그는 세 개의 주를 가로질러 말을 타고 갔다.

d. He leaped **across** chunks of ice.
그는 여러 얼음덩어리를 뛰어 건너갔다.

X across Y에서 X가 Y의 넓은 영역에 걸치는 관계도 나타낼 수 있다.

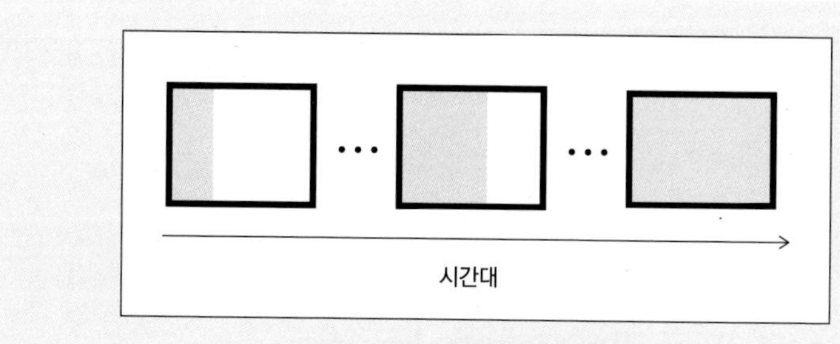

도식 2 X와 Y가 폭이 같은 경우

다음 (2a) 문장에서는 폭풍이 그 섬 전체를 휩쓸고 간다.

a. The storm swept **across** the island.
그 태풍이 그 섬을 쓸고 지나갔다.

b. The disease spread **across** the area.
그 질병이 그 지역 전체에 퍼졌다.

c. A mass of cloud flowed **across** the country.
많은 구름이 그 나라를 가로질러 갔다.

d. The news spread **across** the country.
그 소식이 전국으로 퍼졌다.

1.2 across와 타동사

다음 문장에 쓰인 동사는 타동사이면서 이동동사이다. 주어는 목적어가 across의 목적어를 지나게 한다.

a. He guided us **across** the Gobi desert.
그는 고비사막을 가로질러 우리를 안내했다.

b. The broker smuggled them **across** the border.
그 브로커는 국경을 가로질러 그것들을 밀수했다.

c. He flew leaflets **across** the border.
그는 그 전단지들을 국경 너머로 날려 보냈다.

d. They ferry people **across** the river.
그들은 사람들을 배로 강을 건네준다.

e. The train carries things **across** the continent.
그 기차는 물건들을 그 대륙을 횡단해서 운송한다.

1.3 형용사 용법

X across Y에서 across Y는 X를 수식하는 형용사로 쓰일 수 있다. 다음 (4a)에서 across the world는 economists를 수식한다.

a. Economists all **across** the world came to Korea.
전 세계에 걸쳐 있는 경제학자들이 한국에 왔다.

b. hundreds of universities **across** the country
전국에 걸쳐 있는 수백 개의 대학교들

c. students **across** the country
전국에 걸친 학생들

2 부사 용법

X across Y에서 Y가 쓰이지 않으면 across는 부사이다. 이 부사는 자동사나 타동사와 같이 쓰일 수 있다.

2.1 across와 자동사

다음 (5a)에서 across의 목적어는 문장 앞 부분에 있는 bridge이다.

5 He came to a bridge and went **across**.
그는 다리에 도착해서 (그 다리를) 건너갔다.

다음 문장에 쓰인 across는 주어의 인상 등이 우리에게 건너온다는 뜻이다.

a. I wonder how the American musical comes **across** in Korea.
나는 그 미국 뮤지컬이 한국에서 어떻게 전달되는지 궁금하다.

b. His intention didn't come **across**.
그의 의도가 (우리에게) 전달되지 않았다.

c. He came **across** as a smart person.
그는 똑똑한 사람이라는 인상을 주었다.

2.2 across와 타동사

across는 생각이나 요점이 말하는 사람에게서 듣는 사람에게로 넘어가는 관계를 나타낸다. 다음은 '생각은 공이다'의 은유가 적용된 예이다.

a. He put his ideas **across**.
그는 그의 생각을 (상대에게) 전달했다.

b. He tried to get his point **across** to the public.
그는 그의 요점을 대중들에게 전달하려고 했다.

c. He managed to put his message **across**.
그는 그 메시지를 상대에게 전달할 수 있었다.

3 across와 다른 전치사

부사 across는 한쪽에서 다른 쪽으로 건너가는 관계를 나타내므로, 필요하면 출발점과 도착점이 명시될 수 있다.

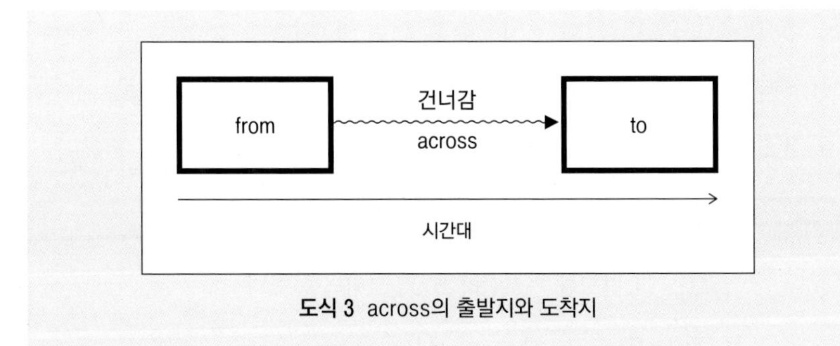

도식 3 across의 출발지와 도착지

3.1 출발지 : across from

⑧ **a.** He came **across from** the village.
그는 그 마을에서 건너왔다.

b. He went **across from** Korea to Japan.
그는 한국에서 일본으로 건너갔다.

3.2 도착지 : across to

⑨ **a.** He went **across to** the village.
그는 그 마을로 건너갔다.

b. He sailed **across to** the island.
그는 그 섬으로 항해해서 건너갔다.

3.3 across와 거리

across는 한쪽에서 다른 쪽으로 움직이는 관계를 나타내므로, 이 두 지점 사이의 거리가 표시될 수 있다.

⑩ **a.** He went **200km across** the peninsula.
그는 그 반도를 가로질러 200킬로미터를 갔다.

b. They flew **one thousand km across** the continent.
그들은 그 대륙을 1,000킬로미터를 횡단해서 날아갔다.

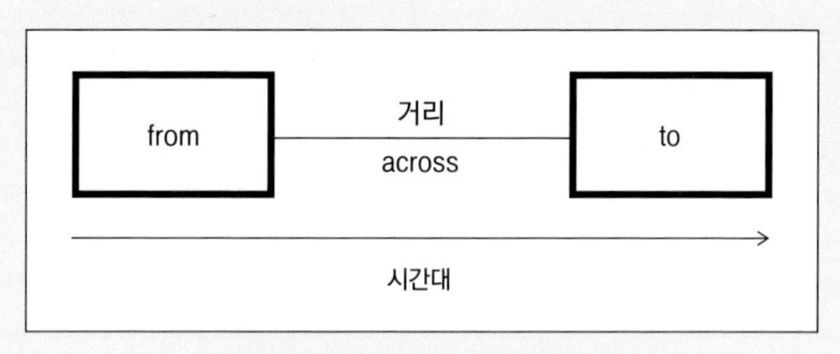

도식 4 출발지와 도착지 사이의 거리

AHEAD

ahead는 부사로만 쓰이는데, 이 부사는 크게 두 가지로 구분할 수 있다. 앞서 있는 관계나 앞으로 나아가는 관계이다.

1 부사 용법

1.1 앞서 있는 관계

부사 ahead는 X ahead of Y에서 X가 Y의 앞에 있는 관계를 나타낸다. 이때 청자가 Y의 정체를 알고 있다고 화자가 판단하면 Y는 쓰이지 않는다. 이것을 도식화하면 다음과 같다.

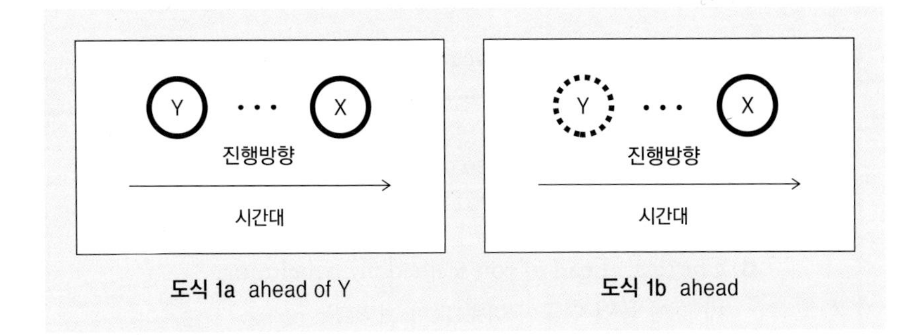

도식 1a ahead of Y

도식 1b ahead

X ahead of Y에서 X는 Y에 앞선다. 다음 (1a)에서 ahead는 그가 나의 앞에 있게 되는 관계를 나타낸다.

a. He got **ahead** of me.
그는 나를 앞섰다.

b. We moved **ahead** of them.
우리는 그들 앞으로 나아갔다.

c. The lighthouse is **ahead** of the ship.
그 등대가 그 배의 진행방향 앞에 있다.

d. She kept a few feet **ahead** of the other runners.
그녀는 다른 주자들보다 몇 피트 앞선 상태를 유지했다.

e. A rock lies **ahead** of the ship.
바위가 그 배 진행방향에 놓여 있다.

f. **Ahead** of us lay a steep winding road.
우리 앞에는 가파르고 구불구불한 길이 놓여 있었다.

다음에서는 ahead of가 앞의 명사를 수식한다.

a. Tasks **ahead of** us seem overwhelming.
우리 앞에 놓인 임무들은 엄청나 보인다.

b. The line of vehicles **ahead of** us seems endless.
우리 앞에 서 있는 자동차 줄이 끝날 것 같지 않아 보인다.

c. We have lots of work to do **ahead of** us.
우리가 해야 할 많은 일들이 우리들 앞에 놓여 있다.

d. The task **ahead of** you seemed overwhelming.
네 앞에 놓인 일들이 너무 많아 보였다.

1.1.1 Y가 추리되는 경우

다음 (3a)에서는 ahead가 쓰였으나, 무엇의 앞인지 명시되어 있지 않다. 이때 화맥이나 문맥 등에 의해서 무엇의 앞인지 추리할 수 있다고 생각할 때, of Y가 쓰이지 않는다.

a. The road **ahead** is rugged.
(우리) 앞에 놓인 길이 험하다.

b. The most difficult parts of the project still lies **ahead.**
그 프로젝트의 가장 어려운 부분은 아직도 (우리) 앞에 놓여 있다.

1.1.2 순위

X ahead of Y에서 X는 순위상 Y 앞에 있다.

a. Tom is well **ahead** of Bill in math.
톰은 수학에서 빌에 앞선다.

b. Our company remains **ahead** of the other companies in production.
우리 회사는 생산 면에서 다른 회사들에 앞선다.

c. The Korean communication system is way **ahead** of other Asian countries.
한국의 통신체계는 다른 아시아 국가들보다 훨씬 앞선다.

1.1.3 시간

X ahead of Y에서 X는 시간상 Y의 앞에 있다. 이것은 X가 일어난 다음 Y가 일어나는 관계이다.

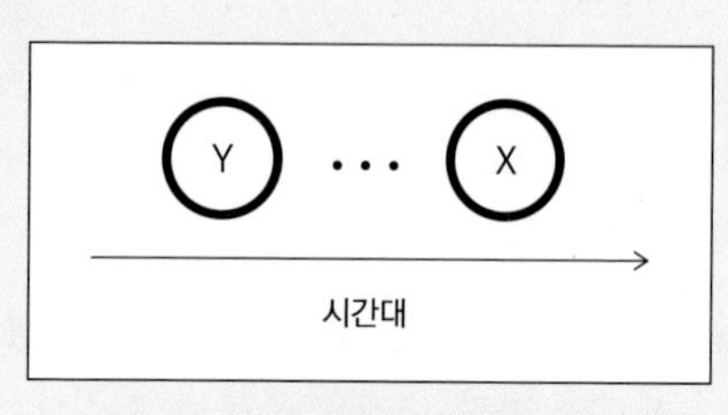

도식 2 X가 시간상 Y 앞에 있는 관계

시간과 시간 속의 사건은 언어에서 두 가지로 풀이된다. 또 시간은 과거에서 현재, 현재에서 미래로 흐르고, 시간 속의 사건은 미래에서 현재로 움직이는 것으로 풀이된다. 다음 표현을 보면 시간이 미래에서 현재로, 현재에서 과거로 흘러가는 것을 확인할 수 있다. (5a)에서 계절은 돌아오고, (5b)에서는 축제가 다가온다.

a. Spring came around.
봄이 돌아왔다.

b. The festival is coming up in two weeks.
축제가 2주 안에 다가올 것이다.

c. Who are you going to support in the upcoming election?
당신은 곧 다가오는 선거에 누구를 지지하겠습니까?

다음은 ahead가 시간과 관계되는 예들이다. 시간이 과거에서 현재, 현재에서 미래로 흐르는 것으로 풀이된다.

a. They started two days **ahead** of us.
그들은 우리보다 이틀 먼저 출발했다.

b. He campaigned hard **ahead** of the election.
그는 선거 전에 열심히 선거운동을 했다.

c. We will face many difficulties **ahead** of the unification.
우리는 앞으로 통일 전에 많은 어려움에 직면할 것이다.

d. Last-minute preparations are being made **ahead** of the festival.
막바지 준비가 축제에 앞서 이루어지고 있다.

e. Delegates have been arriving in large numbers **ahead** of the world summit on air pollution.
공기 오염에 대한 세계정상회의에 앞서 대표자들이 대거 도착하고 있다.

a. She looked **ahead** to a bright future.
그녀는 밝은 미래를 내다 보았다.

b. Be sure to plan **ahead**.
반드시 (행사에) 앞서 계획을 세우도록 해라.

c. You must learn to think **ahead** if you want to get **ahead**.
만약 여러분이 성공하고 싶다면 앞서 생각하는 것을 배워야 한다.

1.2 앞으로 나아가는 관계

ahead의 또 한 가지 용법은 이동체가 앞으로 나아가는 관계이다. 이때 목적지는 전치사 to Y로 표현되는데 Y의 정체가 문맥, 화맥, 세상 지식 등으로부터 추리되면 to Y는 쓰이지 않는다. 이 용법을 자동사와 타동사로 나누어 살펴보자.

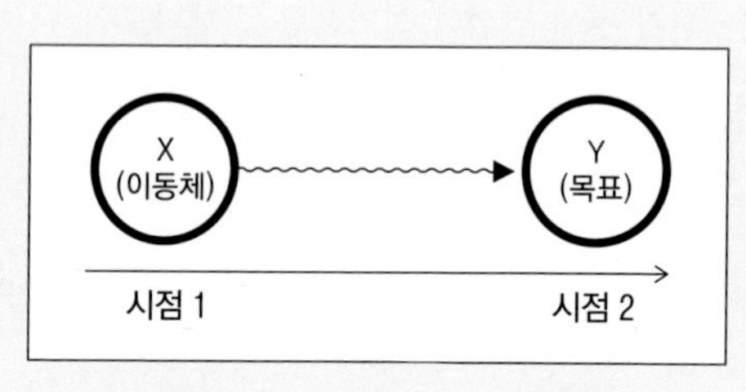

도식 3 X가 Y로 나아가는 관계

1.2.1 ahead와 자동사

다음 문장에 쓰인 동사는 자동사이면서 이동동사이다.

a. Let's move **ahead** to the second story.
두 번째 이야기로 나아가자.

b. Let's move **ahead** to chapter 2.
2장으로 넘어가자.

c. Let's skip **ahead** to lesson 3.
3과로 뛰어넘어 가자.

다음 예에서는 전치사 to가 쓰이지 않았다. 이때 ahead는 생각한 것을 실천으로 옮겨가는 관계로 나타낸다.

다음 (9a) 문장에서 화자 A는 만화를 보려는 의향을 말하고, 화자 B는 그 의향을 실천하라는 뜻이다.

9 A : Can I have the cartoon section?
그 만화 면을 가져도 됩니까?

B : Yes, go **ahead.**
네, 생각대로 하세요. (즉, 생각을 실천으로 옮기세요.)

10 A : Can I use your car this afternoon?
오늘 오후에 당신의 차를 써도 되겠습니까?

B : Okay. Go **ahead.**
네, 그렇게 하세요.

1.2.2 ahead와 타동사

다음 문장에 쓰인 동사는 타동사이다. 주어는 목적어를 앞으로 밀고 나간다.

11 **a.** He moved his country **ahead.**
그는 자기 나라를 전진시켰다.

b. He pushed the movement **ahead.**
그는 그 운동을 추진시켰다.

2 ahead와 다른 불변사

2.1 ahead of

ahead는 어원상 on과 head가 합쳐져서 만들어진 부사이다. head는 '머리'를 가리키고, 머리는 동물을 기준으로 보면 몸통보다 앞쪽에 있다. 이러한 관계에서 ahead는 바로 부사이므로, 목적어를 가질 수 없다. 따라서, 목적어를 갖기 위해서는 전치사 of가 필요하다.

* X ahead Y
X ahead of Y

그러면 ahead는 왜 전치사 of와 같이 쓰이는가? 전치사 of의 X of Y에서 X는 Y와 내재적인 관계가 있다. 다시 말해, X는 Y 없이는 존재할 수 없다. '머리'도 머리만 따로 존재하는 경우는 없다. 즉, 머리는 몸의 일부이기 때문이다.

a. He is going **ahead of** me.	그는 내 앞에 가고 있다.
b. He stayed **ahead of** us.	그는 우리 앞에 있었다.

X ahead of Y를 도식으로 살펴보자. 다음 (도식 4a)는 ahead를 나타내며, X가 Y 앞에 있다. (도식 4b)는 전치사 of를 나타낸다. 즉, X와 Y가 내재적 관계에 있다. 이 내재선은 '='으로 표시되어 있다. (도식 4a)와 (도식 4b)의 X와 Y가 각각 대응되며, 이 관계는 점선으로 표시되어 있다. 대응선을 따라 (도식 4b)를 (도식 4a)에 포개면 (도식 4c), 즉 ahead of가 나온다.

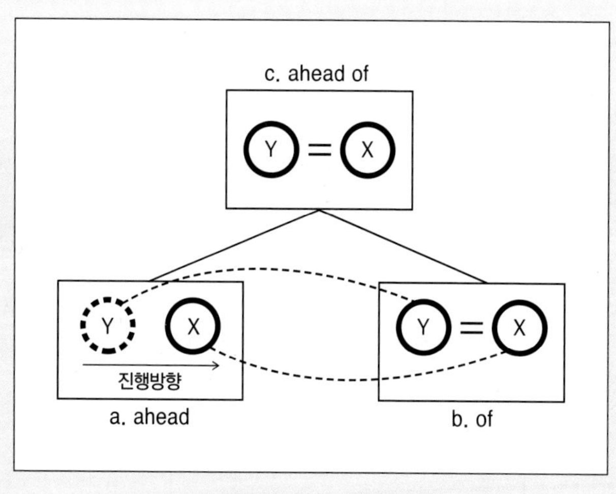

도식 4 X ahead of Y

2.2 ahead with

다음 (13a) 문장에서 ahead with은 계획과 함께 앞으로 나아간다는 뜻이다.

a. Go **ahead with** your plan.
당신의 계획을 추진하시오.

b. He strived to push **ahead with** his campaign pledges.
그는 그의 선거 공약을 추진하고자 애썼다.

c. The president moved **ahead with** the reform.
대통령은 그 개혁을 추진시켰다.

3 ahead와 거리 표시

X ahead of Y에서는 X가 Y에 앞서 있는 관계를 나타내므로 이 두 지점 사이의 거리가 표시될 수 있다. 다음 (14a) 문장은 내 앞에 20명이 서 있다는 뜻이다.

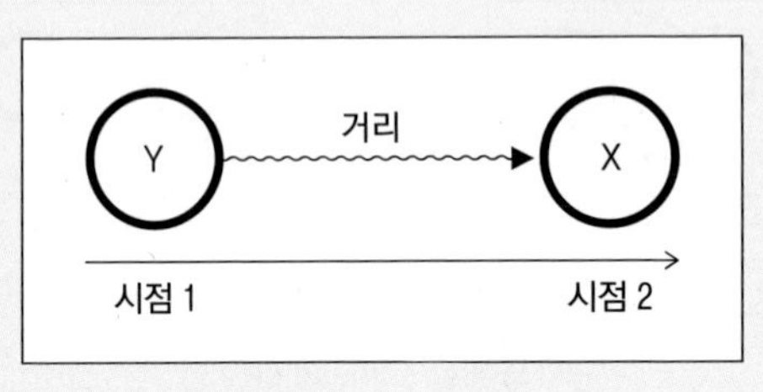

도식 5 X와 Y 사이의 거리

a. There were twenty people **ahead of** me at the bank.
그 은행에서 내 앞에 20명의 사람들이 있었다.

b. The Dodgers was five points **ahead of** the Rainbows.
다저스 팀은 레인보 팀보다 5점 앞서 있었다.

c. His theory is way **ahead of** his time.
그의 이론은 그의 시대보다 훨씬 앞서 있다.

d. He ran a few meters **ahead of** me.
그는 나보다 몇 미터 앞서 뛰었다.

e. Our system is years **ahead of** that of Japan.
우리의 제도는 일본보다 수년 앞서 있다.

ALONG

along은 전치사와 부사로 쓰인다. 먼저 전치사 용법부터 살펴보자.

1 전치사 용법

전치사 along은 X along Y에서 X가 Y를 따라가는 관계를 나타낸다. X along Y에서 Y가 쓰이지 않으면 along은 부사이다. 화맥이나 문맥에서 Y가 추리될 수 있으면 Y는 표현되지 않는다. 이것을 도식화하면 다음과 같다.

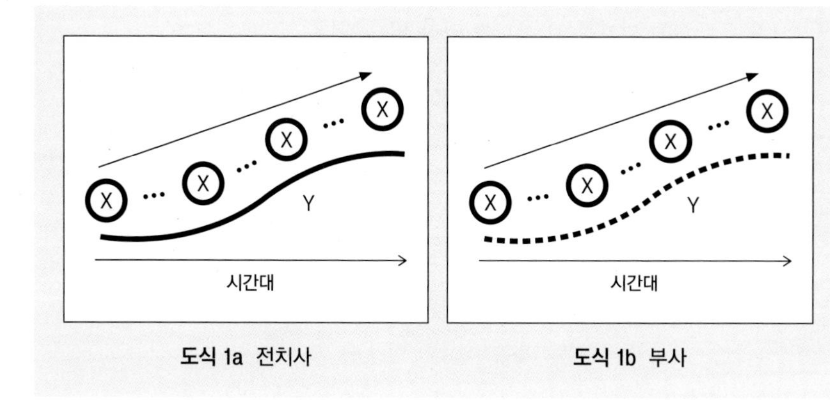

도식 1a 전치사

도식 1b 부사

along의 전치사 용법을 자동사와 타동사로 나누어 살펴보자.

1.1 자동사와 along

다음 (1a) 문장에서 길은 강을 따라간다.

a. The road runs **along** the river.
그 길은 그 강을 따라간다.

b. He walked **along** the river bank.
그는 그 강둑을 따라 걸었다.

c. Trees grow **along** the street.
나무들이 길을 따라 자란다.

1.2 타동사와 along

다음 (2a) 문장에서는 타동사가 쓰였고, 주어는 목적어에 힘을 가하여 복도를 따라가게 한다.

a. He pushed a cart **along** the corridor.
그는 카트를 그 복도를 따라 밀고 갔다.

b. He pulled the car **along** the road.
그는 그 차를 끌고 그 길을 따라 갔다.

2 부사 용법

X along Y에서 Y가 쓰이지 않으면 along은 부사이다. Y가 쓰이지 않는 이유는 화맥, 문맥, 세상 지식으로부터 그 정체를 파악할 수 있기 때문이다. 아래에서 along의 부사 용법을 몇 가지로 나누어 살펴본다.

2.1 along과 자동사

2.1.1 가는 길

다음 문장에서 표현되지 않는 Y는 누군가가 가는 길이 될 수 있다.

③ **a.** I went **along** with him.
나는 그와 함께 갔다.

b. Just hold my hand tight and follow **along**.
내 손을 꽉 잡고 따라오기만 해라.

2.1.2 시간의 흐름

다음에서 표현되지 않는 Y는 시간의 흐름일 수 있다. (4a) 문장에서 along은 나와 그녀 사이의 관계가 시간 속에 흐르고 있음을 나타낸다.

④ **a.** I am going **along** well with her.
나는 그녀와 잘 지낸다.

b. Everything went **along** well.
모든 일이 잘 진행되었다.

c. He was coming **along** nicely and went home yesterday.
그는 건강이 좋아져서 어제 집으로 갔다.

위 (4c)에서 he는 환유적으로 그의 건강을 가리킨다.

2.1.3 행동이나 생각의 흐름

표현되지 않는 Y는 행동이나 생각의 흐름일 수 있다.

다음 (5a) 문장에서 그는 나에게 도움을 청했고, 나는 그 청을 따라가는 관계이다.

a. He wanted me to help him, and I went **along**.
그는 내가 그를 도와주기를 바랐다. 그래서 나는 (그의 생각을) 따랐다.

b. We sang **along**.
우리는 노래를 따라 불렀다.

c. We clapped **along**.
우리는 따라서 손뼉을 쳤다.

다음 (6a) 문장에서 주어는 음악을 따라 춤을 춘다.

a. We danced **along** with the music.
우리는 그 노래를 따라 춤을 췄다.

b. I decided to follow **along** with her idea.
나는 그녀의 생각을 따르기로 결심했다.

2.2 along과 타동사

다음 (7a) 문장은 그가 상자를 밀어서 그 힘으로 상자가 길을 따라 움직이는 관계를 나타낸다.

a. He moved the box **along**.
그는 그 상자를 (무엇을 따라) 이동시켰다.

b. He passed the book **along**.
그 책이 한 사람에게서 다른 사람에게로 넘어가게 했다.

c. They rolled the car **along**.
그들은 차를 밀고 갔다.

3 along과 같이 쓰이는 동사의 종류

3.1 움직이는 방법 동사

제자리에서의 움직임을 나타내는 동사가 along과 같이 쓰이면 이동동사가 된다. 예를 들어 동사 jump는 제자리에서 뛰는 과정을 나타내지만 along과 쓰이면 뛰면서 이동하는 과정을 그린다.

다음 (8a) 문장에서 jump는 제자리에서 뛰는 것을 의미하지만, (8b) 문장에서 jump는 along과 같이 쓰여서 움직이면서 뛰어가는 과정을 의미한다.

a. He jumped up and down.
그는 뛰어올랐다 내렸다 했다.

b. He jumped **along**.
그는 뛰면서 갔다.

동사 push(밀다)와 pull(당기다)은 행위자가 제자리에서 이러한 행동을 할 수 있으나, along과 쓰이면 이동동사가 된다.

a. He pushed the box **along.**
그는 그 상자를 밀면서 갔다.

b. He pulled the suitcase **along.**
그는 그 가방을 당기면서 갔다.

3.2 의성동사, 의태동사

부사 along은 의성어, 의태어, 그 밖의 동사와 쓰여서 이동동사가 된다. 다음 (10a) 문장에서 rumble은 의성어이다. 이것이 along과 쓰이면 이동동사가 된다. 의태어도 along과 쓰이면 이동동사가 된다.

a. The truck rumbled **along.**
그 트럭은 큰 소리를 내면서 갔다.

b. The train roared **along.**
그 기차는 우렁찬 소리를 내면서 갔다.

c. The worm wiggled **along.**
그 벌레는 꿈틀거리며 나아갔다.

d. He limped **along.**
그는 절뚝거리며 나아갔다.

4 along과 다른 전치사

4.1 along from O to O

along은 한 지점에서 다른 지점까지의 이동을 나타내므로 출발점과 도착점이 각각 전치사 from과 to로 표시될 수 있다. 다음 문장에서 along

의 도착지점은 to, 출발지는 from으로 표현되어 있다.

a. We went **along** the road **to** the town.
우리는 그 길을 따라 그 마을로 갔다.

b. He came **along to** the cinema.
그는 영화관까지 따라왔다.

c. He went **along** the river **from** point A **to** point B.
그는 그 강을 따라 A 지점으로부터 B 지점까지 갔다.

4.2 X along with Y

along과 with 이 두 요소는 다음과 같이 결합된다.

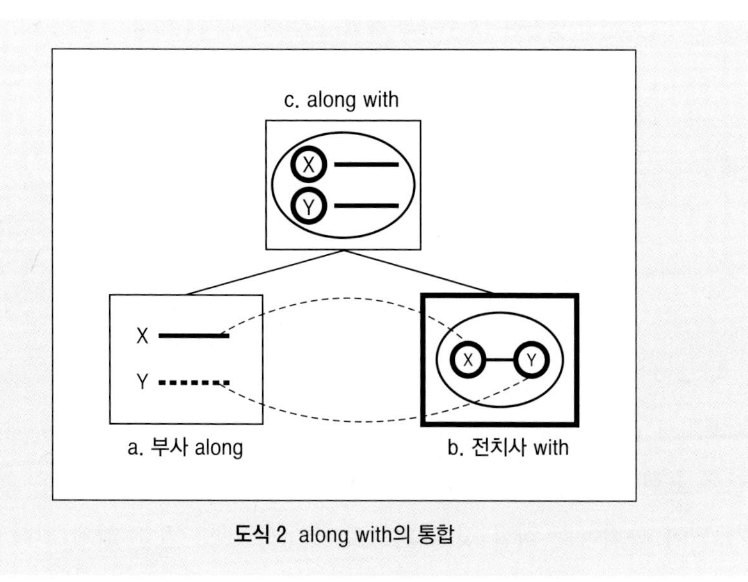

도식 2 along with의 통합

(도식 2a)는 부사 along의 도식이다. X는 명시되어 있지만 Y는 암시되어 있다. (도식 2b)는 전치사 with의 도식이다. 이 전치사의 가장 기본적인 의미는 두 개체가 한 장소에 같이 있는 관계이다. along과 with 이 두 요소가 결합하려면 대응점이 있어야 한다. 이들의 대응점은 다음과 같다. along X와 Y는 with의 X와 Y에 각각 대응한다. 대응관계는 점선으로 표시되어 있다. 이 대응점을 따라 (도식 2b)를 (도식 2a)에 포개면 (도식 2c)가 나온다. (도식 2c)는 X가 Y와 함께 이동하는 관계를 나타낸다. 이 관계를 다음 예문에서 살펴보자.

a. The Minister of Justice was sworn in **along with** five others.
그 법무부장관은 다른 5명의 장관과 함께 선서하고 취임했다.

b. The eggs were delivered from the farm **along with** the milk.
그 달걀은 그 우유와 함께 농장에서 배달되었다.

c. **Along with** some Republicans, he criticized the bill.
몇몇의 공화당원들과 함께 그는 그 법안을 비난했다.

d. Please return the book **along with** my laptop.
그 책을 노트북 컴퓨터와 함께 돌려주세요.

4.3 alongside

전치사 alongside는 합성 전치사이다. along the side of the canal과 같은 표현에서 정관사 the가 없어지고 alongside가 되며, 이것은 전치사가 되어 목적어를 직접 갖게 되므로 전치사 of도 필요 없게 된다. 다시 말하면 X alongside Y에서 Y가 어떤 물건의 곁으로 명시된다.

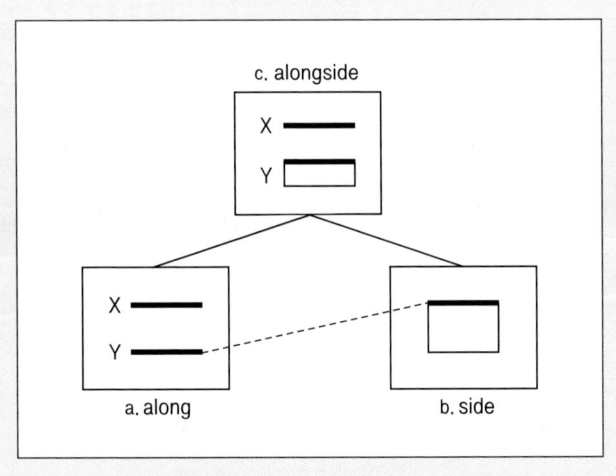

도식 3 alongside의 구조

a. The string **alongside** the expressway is called 'shoulder'.
고속도로 옆의 좁은 띠는 '갓길'이라 불린다.

b. We took a walk **alongside** the river.
우리는 그 강가를 따라 산책했다.

c. He played **alongside** the star players.
그는 그 유명한 선수 곁에서 함께 시합을 했다.

d. A police car pulled up **alongside** my car.
경찰차 한 대가 내 차 옆에 다가왔다.

a. He caught me up, and walked **alongside** me.
그는 나에게 다가와서 내 곁에서 걸었다.

b. We walked **alongside** each other.
우리는 서로의 곁에서 나란히 걸었다.

(계속)

c. During the Second World War, British and American forces fought **alongside** each other.
제2차 세계대전이 진행되는 동안 영국군과 미국군은 나란히 협조하면서 싸웠다.

d. He showed us that commercial farming can take place **alongside** conservation of wildlife.
그는 상업적 농업이 야생동물 보호와 동시에 일어날 수 있음을 보여주었다.

5 along과 거리 표시

along은 한 지점에서 다른 지점으로 이동하는 관계를 나타내므로 이 두 지점 사이의 거리를 표시할 수 있다.

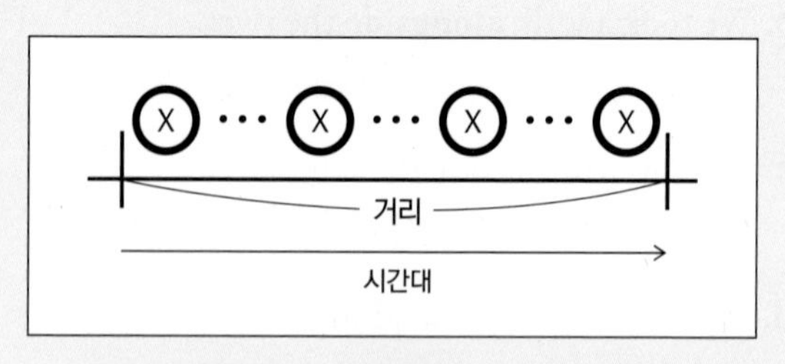

도식 4 두 지점 사이의 이동 관계를 나타내는 along

⑮ **a.** He drove 20km **along** the highway.
그는 고속도로를 따라 20킬로미터를 운전했다.

b. He walked 4km **along** the path.
그는 그 소로를 따라 4킬로미터를 걸었다.

APART

apart는 부사로만 쓰인다.

1 부사 용법

부사 apart는 하나의 덩어리가 여러 개로 갈라지는 관계를 나타낸다. 이것을 도식화하면 다음과 같다. (도식 1)의 시점 1에서는 온전한 개체이던 것이 시점 2에서는 갈라져 있다.

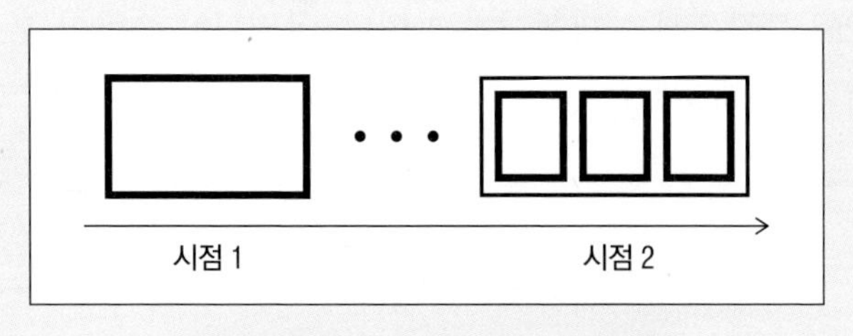

도식 1 하나가 여러 개로 나누어지는 관계

이 부사는 다음과 같이 자동사나 타동사와 함께 쓰일 수 있다.

1.1 자동사와 apart

다음 (1a) 문장에서 apart는 덩어리로 되어 있던 책이 분리되는 과정을 나타낸다.

a. The book fell **apart**.
그 책이 해체되었다.

b. They grew **apart**.
그들은 사이가 멀어졌다.

c. My purse is coming **apart**.
내 지갑이 해어지고 있다.

d. The wooden chopsticks break **apart**.
그 나무젓가락들은 갈라진다.

e. The Soviet Union split **apart** into different countries.
소련은 여러 나라로 분리되어 갈라졌다.

1.2 타동사와 apart

다음 (2a) 문장에서는 타동사가 쓰였고, 목적어인 수박이 부분으로 쪼개지는 과정을 나타낸다.

a. They cracked the watermelon **apart**.
그들은 그 수박을 쳐서 쪼갰다.

b. She cut the cloth **apart**.
그녀는 그 천을 잘라서 분리했다.

(계속)

c. We separated the two children **apart.**
우리는 두 아이를 떨어뜨려 놓았다.

d. I sliced the cake **apart.**
나는 그 케이크를 조각으로 잘라 떼어 놓았다.

e. He snapped the stick **apart.**
그는 그 지팡이를 부러뜨렸다.

f. The poverty tore the family **apart.**
빈곤이 그 가족을 갈라놓았다.

g. He took **apart** the gun.
그는 그 총을 분해했다.

2 apart와 다른 전치사 : apart from

앞서 배운 바와 같이 apart는 여러 개체가 떨어져(분리되어) 있는 관계를 나타낸다. 이 중 가장 간단한 것은 두 개체가 떨어져 있는 관계이다. 이 경우에 한 개체 X가 어느 기준이 되는 개체 Y로부터 분리되어 있다고 볼 수 있다. 이것을 표현하기 위해서 apart from이 쓰인다.

다음에서 apart from이 어떻게 결합되는지 도식으로 알아보자. (도식 2a)는 apart의 도식으로, 두 개체 X와 Y가 떨어져 있다. (도식 2b)는 from의 도식이다. 한 개체 X가 기준이 되는 개체 Y로부터 떨어져 있다. 이 두 요소가 결합되기 위해서는 대응점이 있어야 한다. 이 둘 사이의 대응점은 다음과 같다. apart의 X, Y는 from의 X, Y와 대응된다. 이 대응관계는 도식에서 점선으로 표시되어 있다. 대응점을 따라 (도식 2b)를 (도식 2a)에 포개면 (도식 2c), 즉 apart from이 나온다.

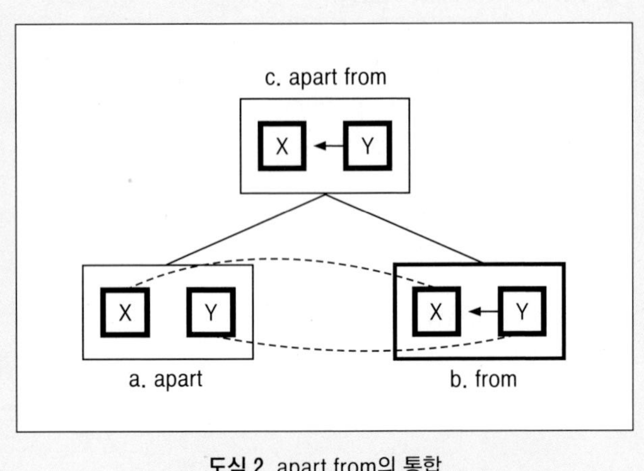

도식 2 apart from의 통합

a. The couple lived for 2 years **apart from** each other.
그 부부는 2년 동안 서로 떨어져 살았다.

b. Keep your domestic finances **apart from** your business ones.
집안 재정을 사업 재정과 분리시켜 유지하세요.

c. I can meet you any day next week **apart from** Thursday.
나는 목요일을 제외하면 다음 주 어느 날에도 너를 만날 수 있다.

3 apart와 거리 표시

apart는 여러 개체가 갈라져 있는 관계를 나타내므로 이들 사이의 거리가 표시될 수 있다. 이것을 도식화하면 다음과 같다.

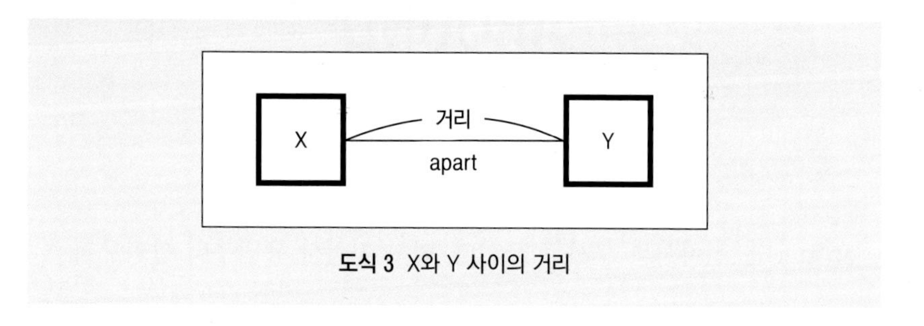

도식 3 X와 Y 사이의 거리

다음 (4a) 문장에서 20 miles는 공간상의 거리를, (4b)에서 two days는 시간상의 거리를 나타낸다.

a. The two villages are 20 miles **apart**.
그 두 마을은 서로 20마일 떨어져 있다.

b. Their birthdays are only two days **apart**.
그들의 생일은 겨우 이틀 차이가 난다.

06 AROUND

around는 전치사와 부사로 쓰인다. 먼저 전치사 용법부터 살펴보자.

1 전치사 용법

around는 X around Y에서 X가 Y의 주위를 돌거나 주위에 있는 관계를 나타낸다. 이것을 도식화하면 다음과 같다. X가 Y의 주위를 도는 관계는 (도식 1a)로, 여러 개의 X가 Y의 주위에 있는 관계는 (도식 1b)로 나타낼 수 있다.

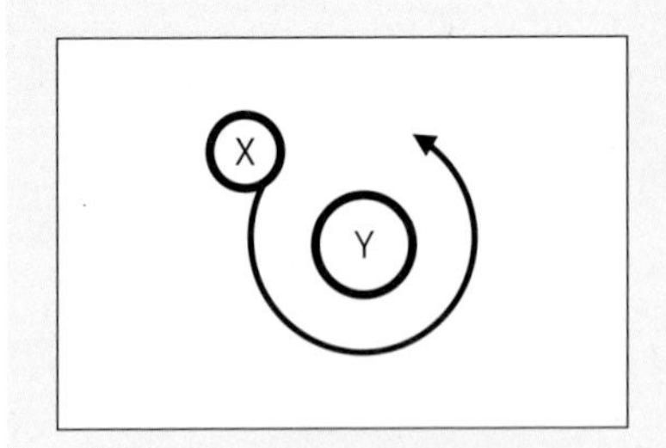

도식 1a X가 Y의 주위를 도는 관계

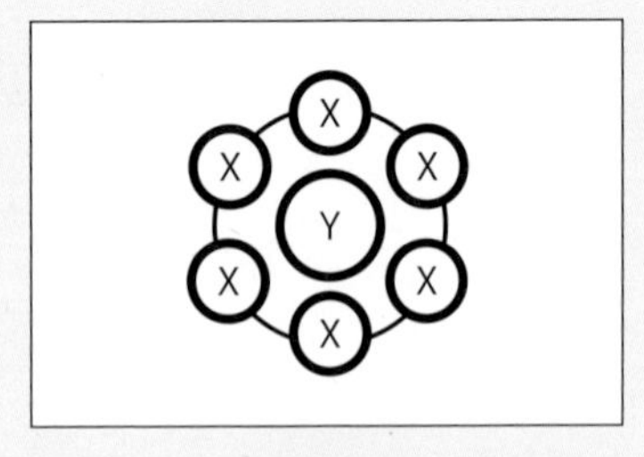

도식 1b X가 Y를 둘러싸고 있는 관계

1.1 X가 Y 주위를 도는 관계

예문 (1)에서 X는 Y의 주위를 돈다. 도는 정도는 굽이만 있으면 된다. (1a) 문장에서 around는 360°이지만, (1b) 문장에서는 굽이 길을 도는 관계이므로 기껏해야 90°가 될 것이다. 움직임을 나타내는 around를 자동사와 타동사로 나누어 살펴본다.

1.1.1 자동사와 around

다음 문장에 쓰인 동사는 자동사이다.

a. The earth goes **around** the sun.
지구는 태양의 주위를 돈다.

b. He drove **around** the curve.
그는 굽이 길을 돌아 차를 운전했다.

c. He came **around** the corner.
그는 그 모퉁이를 돌아왔다.

d. We walked **around** the bay.
우리는 그 만을 따라 걸었다.

e. We travelled **around** Mongol.
우리는 몽골 여기저기를 여행했다.

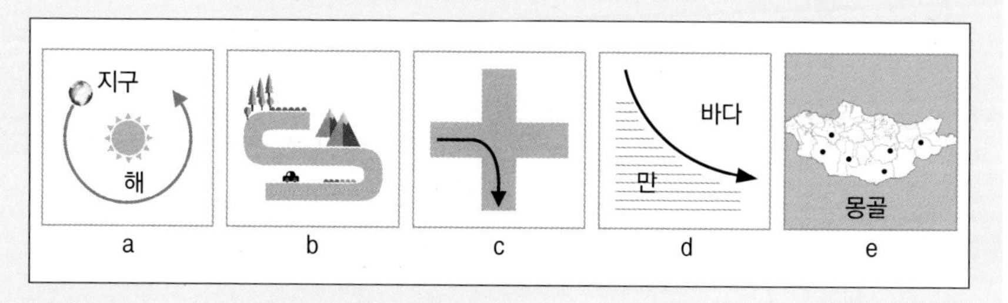

도식 2 움직임을 나타내는 around

1.1.2 타동사와 around

다음에서는 타동사가 쓰여서, 목적어 X가 Y의 주위를 돌거나 감는다. 다음 (2c) 문장에서 우리는 그 도시의 이곳저곳을 간다.

a. She wrapped her scarf **around** her neck.
그녀는 자신의 스카프를 목에 둘렀다.

b. He put his arms **around** her neck.
그는 자신의 팔을 그녀의 목 주위에 걸쳤다.

c. He guided us **around** the city.
그는 우리에게 그 도시의 이곳저곳을 안내했다.

d. He showed us **around** the palace.
그는 우리에게 그 궁전의 이곳저곳을 보여주었다.

1.2 X가 Y 주위에 있는 관계

다음 예문에서 주어는 Y의 주위에 있다.

a. Children stood **around** the swing on the park.
아이들이 공원에 있는 그네 주위에 빙 둘러서 있다.
(도식 1b 참조)

b. The land **around** the village is mostly forest.
그 마을 주변 땅은 대부분 산림이다.

c. We sat **around** the campfire.
우리는 모닥불 주위에 둘러앉았다.

다음 예문에서 X는 수, 시점, 지점이고, 이들은 Y의 주위에 있는 관계이다. 다음 (4a) 문장은 사람의 수가 300명 내외에 있다는 뜻이다.

a. **Around** 300 people attended the conference.
거의 300명의 사람들이 그 회의에 참석했다.

b. I can see you **around** 5 in the afternoon.
나는 너를 오후 5시경에 볼 수 있다.

c. He is somewhere **around** here.
그는 이 근처 어딘가에 있다.

2 부사 용법

X around Y에서 Y가 쓰이지 않으면 around는 부사이다.

2.1 회전하는 관계

다음 예문에서 around는 X가 회전하거나 방향을 바꾸는 관계를 나타낸다. (5a)에서 around는 360° 회전을, (5b)에서도 in circles가 있어서 360° 회전을 한다. 나머지 예문에서는 방향을 바꾸는 관계를 나타낸다.

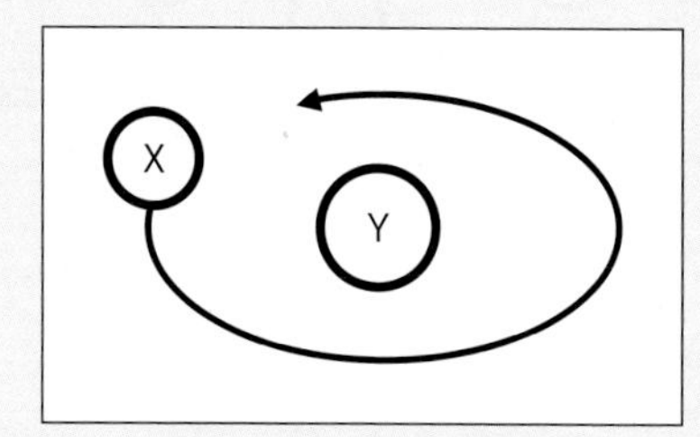

도식 3a around : 360°회전
(X가 Y의 주위로 회전)

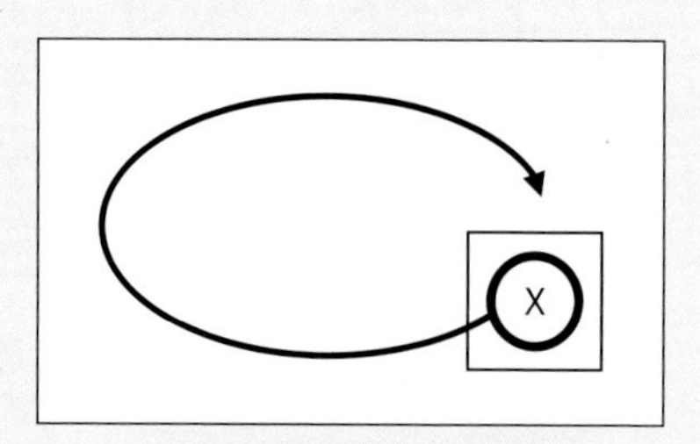

도식 3b around : 방향 전환
(X가 제자리로 돌아옴)

a. The plane circled **around** over us. (회전)
그 비행기가 우리 머리 위에서 빙빙 돌았다.

b. The model plane went **around** in circles until it ran out of fuel. (회전)
그 모형 비행기가 기름이 다 떨어질 때까지 빙빙 돌았다.

c. The bus turned **around** and went north. (방향 전환)
그 버스는 방향을 돌려서 북쪽으로 갔다.

d. Please turn **around**, so that I can see your face. (방향 전환)
내가 당신의 얼굴을 볼 수 있도록 뒤돌아서세요.

e. She wheeled **around** quickly to see me. (방향 전환)
그녀는 나를 보기 위해서 휙 돌아섰다.

2.2 이리저리 움직이는 관계

다음에서 around는 X가 이곳저곳 특별한 목적 없이 움직이는 관계를 나타낸다. 예문 (6)에 쓰인 동사는 이동동사이다.

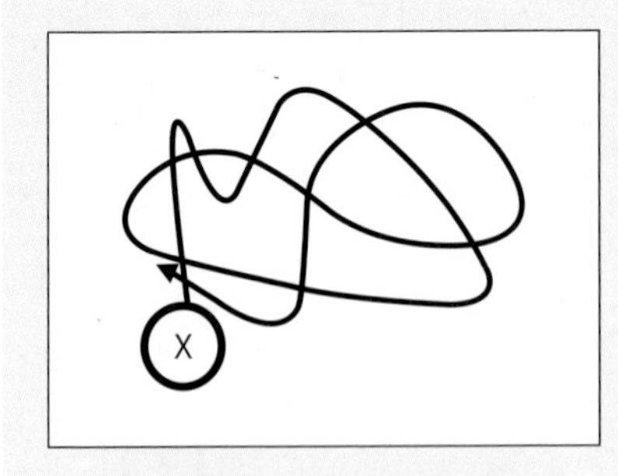

도식 4a 이곳저곳 움직이는 관계

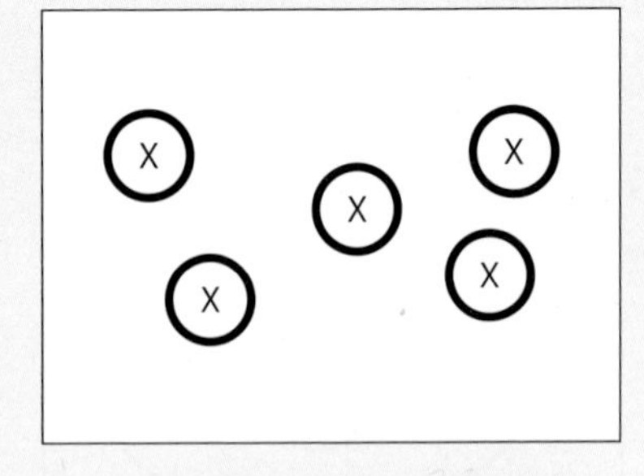

도식 4b 이곳저곳 흩어져 있는 관계

2.2.1 자동사와 around

다음 문장에는 움직임 동사 가운데 자동사가 쓰였다. 이들 동사가 around와 쓰이면, 이리저리 이곳저곳 움직이는 관계를 나타낸다.

a. He is going **around**, telling bad things about me.
그는 나에 대한 나쁜 말을 퍼뜨리며 돌아다니고 있다.

b. Stay where you are. Don't move **around**.
제자리에 가만히 있어라. 마구 돌아다니지 마라.

c. Why are you running **around**? Sit down.
왜 너는 뛰어다니고 있니? 앉아라.

d. He went **around** in the country.
그는 그 나라 안에서 이곳저곳 돌아다녔다.

e. He roamed **around** in the world.
그는 세계의 이곳저곳을 다녔다.

2.2.2 타동사와 around

다음 예문에서 주어는 목적어를 따라 이리저리 움직이거나, 목적어를 이리저리 움직인다.

a. He chased her **around**.
그는 그녀를 이리저리 따라다녔다.

b. The cubs followed their mom **around**.
그 (사자) 새끼들은 어미를 따라 이리저리 다녔다.

(계속)

c. He carries his laptop **around**.
그는 그의 노트북을 이곳저곳에 들고 다닌다.

d. He guided us **around**.
그가 우리를 이곳저곳 안내해 주었다.

2.3 제자리에 빈둥거리는 관계

다음에 쓰인 동사는 비이동동사이다. 이때 X는 아무 목적 없이 어떤 장소에 있다.

8

a. I'm too busy to sit **around** here.
나는 너무 바빠서 여기에 빈둥거리고 앉아 있을 여유가 없다.

b. Wait **around**, and I'll be back soon.
빈둥빈둥 거리면서 기다리고 있으면 내가 곧 돌아오겠다.

c. Stick **around** here. We'll need you later.
가지 말고 여기에 머물러 주세요. 우리는 나중에 당신의 도움이 필요할 거예요.

d. On a rainy day, I usually lie **around**.
비가 오는 날이면 나는 보통 집에서 빈둥거린다.

e. He stood **around** for a moment.
그는 잠시 동안 우두커니 서 있었다.

around는 미는 동사(jostle, push, shove)와 쓰이면 목적어가 휘둘리는 관계를 나타낸다. 이때 around는 about과 거의 비슷한 의미를 가진다.

⑨ **a.** The boss jostled me **around**.
그 상사는 나를 이리저리 세차게 밀쳤다.

b. He pushed me **around**.
그는 나를 마구 이래라저래라 했다.

c. She shoved him **around**.
그녀는 그를 이리저리 밀쳤다. (즉, 마구 부려먹었다.)

다음 예문에서 around는 '쓸데없이'나 '함부로'의 뜻으로 쓰인다.

⑩ **a.** My brother messed **around** with my computer.
내 동생이 내 컴퓨터를 쓸데없이 만지작거렸다.

b. Please don't muck **around** with things in my room.
내 방에 있는 물건들을 함부로 치우거나 건드리지 마세요.

c. She is playing **around** with her schedule.
그녀는 그녀의 계획표를 쓸데없이 고치려고 하고 있다.

3 around의 전치사와 부사 비교

다음 (11~13)의 (a) 문장에서는 전치사가 쓰였고 (b) 문장에서는 부사가 쓰였다. around는 문장 (11a)에서 정원 주위를, 문장 (11b)에서 정원 안의 이곳저곳을 가리킨다.

⑪ **a.** He went **around** the garden.
그는 그 정원 주위를 돌았다.

b. The dog went **around** in the garden.
그 개가 그 정원 안에서 이리저리 마구 돌아다녔다.

⑫ **a.** He traveled **around** the globe.
그는 세계를 일주했다.

b. He traveled **around** in the world.
그는 세계 이곳저곳을 여행했다.

⑬ **a.** He looked **around** the museum.
그는 그 박물관의 주위를 둘러보았다.

b. He looked **around** in the museum.
그는 박물관 안에서 이곳저곳을 둘러보았다.

4 around와 다른 불변사

around는 한 지점을 떠나갔다가 다시 돌아오는 관계를 나타내므로 출발지와 도착지를 전치사 from과 to로 나타낼 수 있다.

4.1 출발지 : around from

⑭ **a.** He came **around from** Canada.
그는 캐나다에서 돌아왔다.

(계속)

b. He came **around from** the surgery.
그는 수술로부터 의식을 회복했다.

c. The company has turned **around from** loss to profit.
그 회사는 적자에서 흑자로 돌아섰다.

4.2 도착지 : around to

4.2.1 자동사

다음 문장에는 자동사가 쓰였다.

a. Please come **around to** my house.
제 집으로 돌아오세요.

b. He came **around to** my view.
그는 내 견해로 돌아왔다. (도식 5 참조)

c. He came **around to** his senses.
그는 (의식을 잃었다가) 제정신으로 돌아왔다. (도식 6 참조)

d. I finally got **around to** writing an essay.
나는 마침내 (쓰려고 했는데 쓰지 못하고 있던) 수필 한 편을 쓰게 되었다.

문장 (15b)는 다음 도식으로 표현될 수 있다. 시점 1에서는 H와 I의 생각 방향이 다르다. 그러나 시점 2에서는 H의 생각이 바뀌어서 I의 생각과 나란히 되어 있다. 이것은 H의 생각의 방향이 바뀌어서 I의 생각과 같게 되는 것이다.

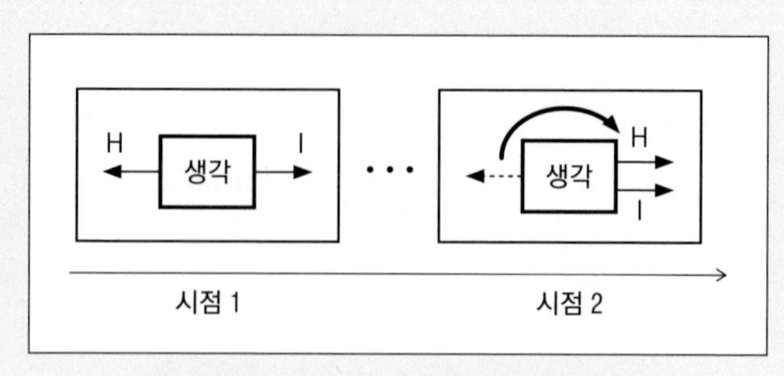

도식 5 H의 생각이 I의 생각으로 돌아오는 관계

문장 (15c)는 다음 도식과 같이 표현될 수 있다. 시점 1에서 '그'는 의식을 가지고 있고, 시점 2에서는 의식이 없다. 이 상태에서 시점 3에서는 다시 의식의 상태로 돌아간다.

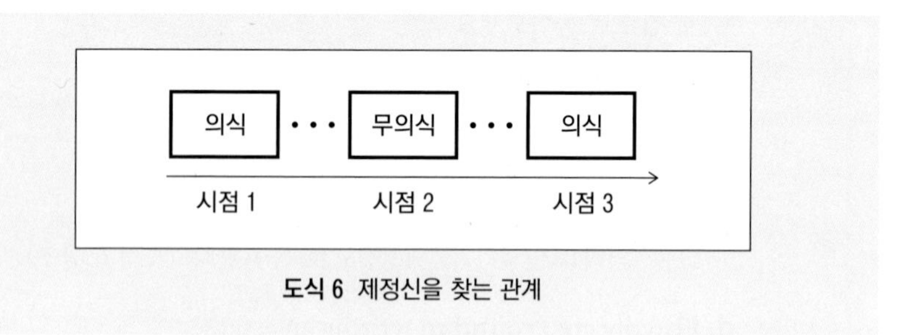

도식 6 제정신을 찾는 관계

이것을 시간을 고려하지 않으면 다음 도식과 같이 표현할 수 있다.

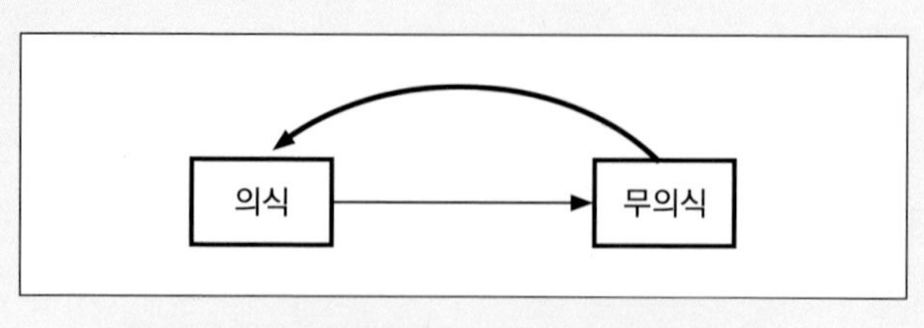

도식 7 의식을 잃었다 다시 의식으로 돌아가는 관계

4.2.2 타동사

다음 문장에는 타동사가 쓰였다.

a. We brought her **around to** our side.
우리는 그녀의 생각을 돌려 우리 쪽으로 오게 했다.

b. Please pass the snack **around to** everyone.
그 간식을 모든 사람에게 돌리세요.

4.3 around for

다음에 쓰인 around는 '이곳저곳' 또는 '이리저리'를 가리키고, for는 '목적'을 나타낸다.

a. He is looking **around for** his wallet.
그는 그의 지갑을 이리저리 찾고 있다.

b. He is watching **around for** the missing ball.
그는 없어진 공을 찾기 위해 이리저리 살피고 있다.

4.4 around with

다음에서 around는 '뚜렷한 목적 없이' 또는 '함부로'의 뜻을 더한다.

a. He is messing **around with** my radio.
그는 내 라디오를 쓸데없이 뜯어 고치고 있다.

b. He is working **around with** his mate in class.
그는 수업 중에 그의 짝과 함부로 떠들었다.

(계속)

c. He played **around with** different recipes and ingredients.
그는 여러 가지 요리법과 재료를 가지고 요리를 했다.

d. He toyed **around with** various possibilities.
그는 여러 가지의 가능성을 생각해 보았다.

다음에 쓰인 around는 특별한 목적이 없이 서성거림을 나타낸다.

a. Don't move away and stick **around** for the show.
어디로 가지 말고, 다음 방송을 위해서 근처에 머물러 계십시오.

b. I waited **around** for him to come.
나는 주위를 서성거리며 그가 오기를 기다렸다.

c. We sat **around** for hours chatting.
우리는 몇 시간 동안 빈둥거리면서 보냈다.

d. The forty-year-old son lies **around** watching TV.
마흔 살 된 아들이 온종일 TV를 보면서 누워 빈둥거린다.

ASIDE

aside는 부사로만 쓰인다.

1 부사 용법

X aside from Y에서 X는 Y의 옆에 떨어져 있는 관계를 나타낸다. 이것을 도식화하면 다음과 같다.

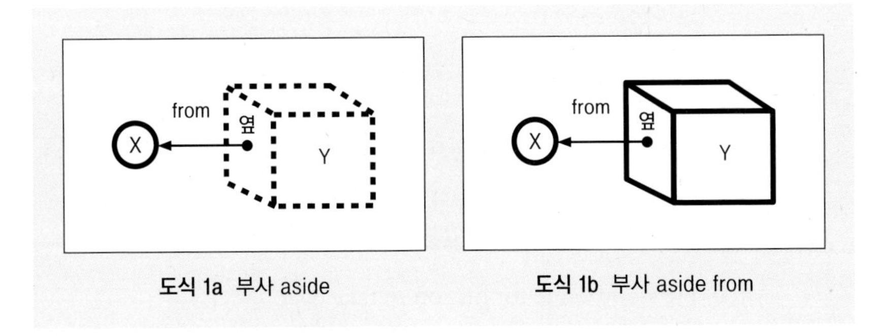

도식 1a 부사 aside

도식 1b 부사 aside from

(도식 1a)는 aside만을 나타내고, 그 기준이 되는 개체는 점선으로 표시되어 있다. (도식 1b)는 전치사 from이 aside의 기준을 명시한다. 다음에서 aside를 타동사와 자동사로 나누어 살펴보자.

다음 문장에 쓰인 동사는 타동사이고, 이들의 목적어가 암시된 기준의 옆에 떨어져 있게 된다.

1.1 타동사

a. We lay **aside** as much money as we can.
우리는 할 수 있는 한 많은 돈을 제쳐 놓았다.
(즉, 쓰지 않고 저축했다.)

b. He pulled the curtain **aside**.
그는 그 커튼을 옆으로 당겼다.

c. Please put **aside** some cookies for Jim.
Jim에게 주게 그 과자를 좀 떼어놓으세요.

d. He set **aside** the book until he had time to read it.
그는 그 책을 읽을 시간이 날 때까지 제쳐 두었다.

e. My boss brushed **aside** my suggestion.
내 상사는 내 제안을 제쳐버렸다. (즉, 받아들이지 않았다.)

1.2 자동사

a. He stepped **aside** so that she could pass by.
그는 그녀가 지나갈 수 있도록 옆에 물러섰다.

b. He stood **aside** for his son to take over.
그는 아들이 떠맡도록 옆에 떨어져 섰다.

2 aside from

aside의 기준은 전치사 from으로 표시된다. 다음 문장 (3a)에서 aside from the weather는 기후에서 벗어나면, 다른 것은 좋다는 뜻이다.

3 **a. Aside from** the weather, it was a nice day.
그 날씨를 제외하면 매우 좋은 날이었다.

b. Aside from the cash, he has a lot of money in the bank.
그 현금을 제외하더라도 그는 은행에 많은 돈을 가지고 있다.

위의 X aside from Y는 X와 Y의 성질에 따라서 Y가 X에서 제외될 수도 있고, X가 Y에 추가될 수도 있다.

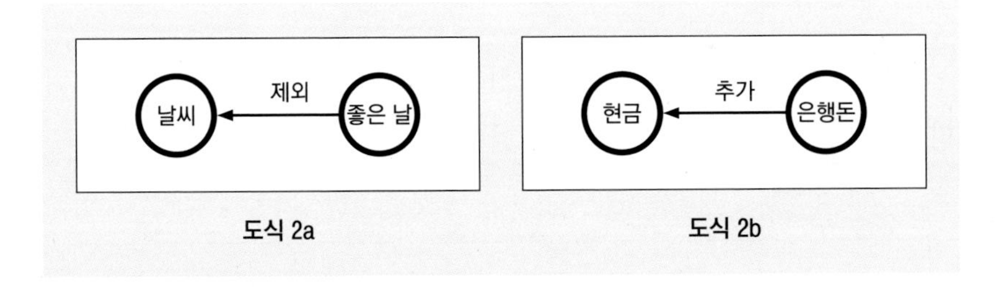

도식 2a

도식 2b

AT

at은 전치사로만 쓰인다.

1 전치사 용법

전치사 at은 X at Y에서 X가 척도상의 한 점인 Y와 일치하는 관계를 나타낸다. 이것을 도식화하면 다음과 같다.

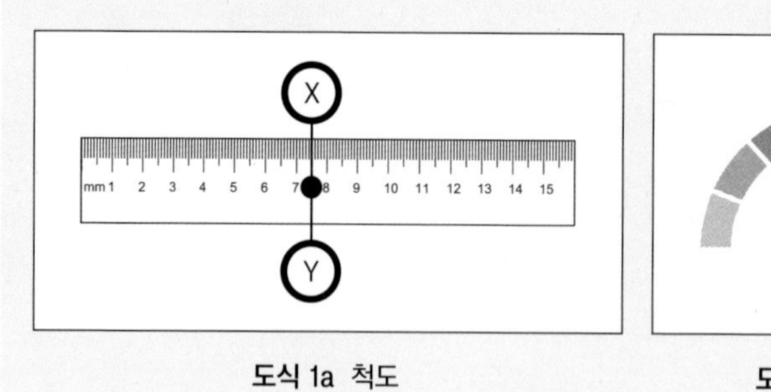

도식 1a 척도

도식 1b 속도계

1.1 위치, 지점

다음 X at Y에서 X는 Y가 가리키는 지점에 있다.

a. The city is **at** longitude 20° west.
그 도시는 서경 20°에 있다.

b. No tree will grow **at** that altitude.
어느 나무도 그 고도에서는 자라지 못할 것이다.

c. The fish lives **at** the depth of 20m.
그 물고기는 20m 깊이에서 산다.

d. The child followed his mother **at** a distance.
그 아이는 일정 거리에서 엄마를 따라갔다.

e. We fired **at** a close range.
우리는 짧은 사거리에서 사격을 했다.

f. The lion is **at** the top of the food chain.
사자가 먹이 사슬의 맨 위에 있다.

1.2 수준, 단계

다음 X at Y에서 X는 Y가 가리키는 수준이나 단계에 있다.

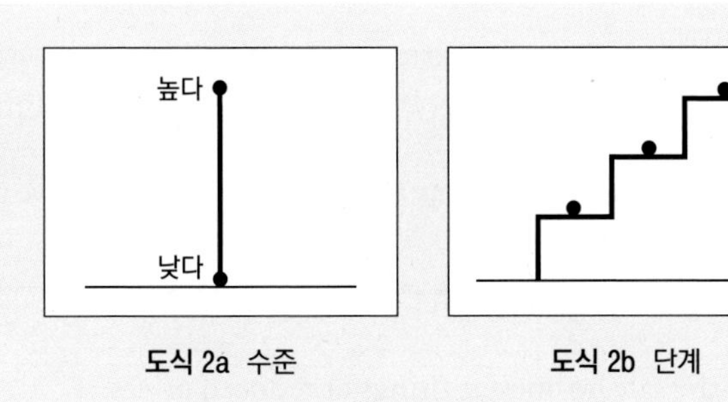

도식 2a 수준

도식 2b 단계

a. He is studying **at** Ph.D level.
그는 박사 수준에서 공부하고 있다.

b. His Korean is **at** level 3.
그의 한국어는 제3수준에 있다.

c. The development of the flying car is **at** a prototype stage.
비행 자동차의 개발은 원형 제작 단계에 있다.

d. The investigation is **at** an initial stage.
그 조사는 시작 단계에 있다.

1.3 가치, 가격

다음 X at Y에서 X는 Y가 가리키는 가치나 가격에 있다.

a. She had to trade the trip **at** the cost of the car.
그녀는 그 자동차를 처분한 대가로 여행을 했다.

b. She is determined to win **at** any cost.
그녀는 어떤 값을 치르더라도 승리할 결심이 되어 있다.

c. He had to buy the apartment **at** a premium.
그는 그 아파트를 웃돈을 주고 비싼 값에 사지 않을 수 없었다.

d. She bought the house **at** the premium of 20% above the market price.
그녀는 그 집을 시장가보다 20% 웃돈을 주고 샀다.

e. At the sale he bought things **at** reduced prices.
그 세일에서 그는 물건들을 할인된 가격으로 구입했다.

1.4 속도, 온도, 각도, 정도

다음 X at Y에서 X는 Y가 가리키는 속도, 온도 등에 있다.

a. He drove **at** a great speed.
그는 대단히 빠른 속도로 운전을 했다.

b. Keep the food **at** room temperature.
그 음식을 실온에 보관하세요.

c. The plane descended **at** a steep angle.
그 비행기는 예각으로 하강했다.

d. Today it will peak **at** 20℃.
오늘 온도는 20℃에서 정점이 될 것이다.

e. Water boils **at** 100℃.
물은 섭씨 100℃에서 끓는다.

1.5 지번, 전화번호, 전자메일

다음 X at Y에서 X는 Y가 가리키는 지번, 번호 등에 있다.

a. He lives **at** 25 Kamoku street, Honolulu.
그는 호놀룰루의 카모쿠가 25번지에 산다.

b. Call me **at** 1234-5678.
1234-5678번으로 나에게 전화해다오.

c. E-mail me **at** abc@gmail.com.
abc@gmail.com으로 연락다오.

1.6 항로, 해로, 육로

다음 X at Y에서 Y는 항로, 해로, 육로 상에 있는 공항, 항구, 역 등이다.

⑥ **a.** The plane landed **at** Kimpo International Airport.
그 비행기가 김포국제공항에 착륙했다.

b. The cruiser anchored **at** the port city of Busan.
그 크루즈선이 항구 도시 부산에 정박했다.

c. He stopped **at** Daegu on his way to Busan.
그는 부산에 가는 길에 대구에서 멈추었다.

d. He got off **at** Jong-ro.
그가 종로에서 내렸다.

e. The marathon starts **at** Gwanghwamun Square.
그 마라톤은 광화문광장에서 시작한다.

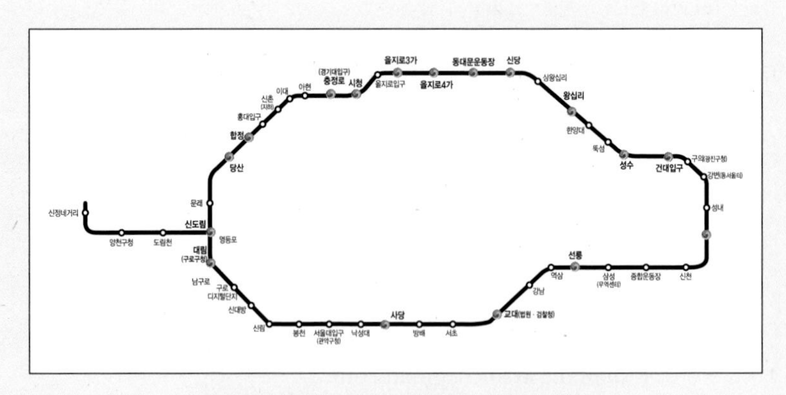

도식 3 지하철 노선도 : X(역)는 육로상의 한 점

1.7 최상, 최하

다음과 같은 최상급이나 끝을 가리키는 표현도 점으로 인식되어 at과 함께 쓰인다.

a. He is **at** most 60.
그는 많게 잡아도 60세이다.

b. She is **at** least 70.
그녀는 적게 잡아도 70세이다.

c. Her response to my proposal was cool **at** best.
그녀의 나의 연구계획에 대한 반응은 가장 좋게 해석해도 냉담하다.

d. **At** the very worst, he will have to pay a fine of $200.
최악의 경우, 그는 벌금 200불을 내게 될 것이다.

e. The new plane can fly **at** a maximum speed of 1,000km an hour.
그 새 비행기는 시속 최대 1,000킬로미터의 속도로 날 수 있다.

1.8 연관

X가 Y에 기능적으로나 구조적으로 연관이 있을 때 at이 쓰인다. 식당의 경우 손님, 종업원, 식탁, 식사, 주차장 등과 연관되어 있다. 이들이 식당(restaurant)과 관계가 있을 때 X at Y로 표현된다.

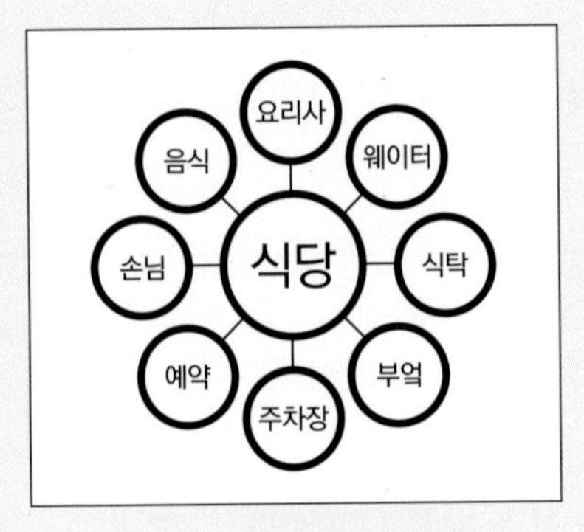

도식 4 구조 및 기능적 관계

a. We dined **at** the restaurant.
우리는 그 식당에서 식사를 했다.

b. The chef works **at** the restaurant.
그 요리사는 그 식당에서 일한다.

c. There is a large parking lot **at** the restaurant.
그 식당에는 큰 주차장이 있다.

d. We reserved a table **at** the restaurant.
우리는 그 식당에 식탁 하나를 예약했다.

e. We made a reservation **at** the restaurant.
우리는 그 식당에 예약을 했다.

1.9 참여자

다음에서 X는 Y가 제공하는 기능의 참여자이다.

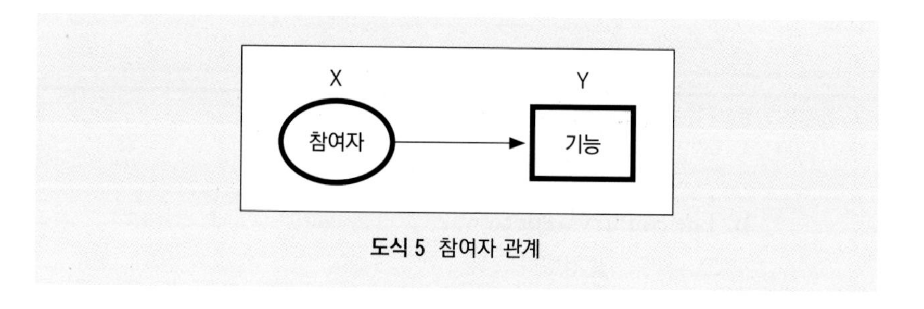

도식 5 참여자 관계

다음 (9a) 문장에서 at은 주어가 책상에 앉아서 작업을 하는 관계를 나타낸다. 그 다음 극장, 집회, 식사를 가리키는 말이 쓰여서 이들이 가리키는 기능에 참가하거나 참석함을 나타낸다.

(9)
a. He is sitting **at** his desk.
그가 그의 책상에 앉아서 일하고 있다.

b. She is working **at** his computer.
그녀는 컴퓨터 작업을 하고 있다.

c. We were **at** the theater.
우리는 그 극장에서 연극을 보았다.

d. They were **at** the rally.
그들은 그 집회에 참석했다.

e. The family were **at** dinner.
그 가족은 저녁식사를 하고 있었다.

f. He was **at** the reception.
그는 그 환영회에 참석했다.

1.10 상태 혹은 과정

다음에서 at은 주어 X가 상태 혹은 과정 Y에 있음을 나타낸다. 이때 at은 전치사 to와 구분된다.

10
a. The country is **at** war.
그 나라는 전쟁 상태에 있다.

b. The country went **to** war.
그 나라는 출정했다.

11
a. The child is **at** school.
그 어린이는 학교에서 공부한다.

b. The child went **to** school.
그 어린이는 등교했다.

12
a. The children are **at** play.
그 아이들은 놀고 있다.

b. The children went out **to** play.
그 아이들은 놀러 나갔다.

13
a. The men are **at** work.
그 남자들은 일한다.

b. The men went **to** work.
그 남자들은 출근했다.

어떤 과정이나 행사는 특정한 장소(venue)와 관계되며, 이 장소는 전치사 at으로 표현된다.

⑭ **a.** They played the match **at** the JJ Stadium in Pyongyang.
그는 그 경기를 평양에 있는 정주영 경기장에서 치렀다.

b. They had dinner **at** a fancy eatery.
그들은 고급 식당에서 정찬을 했다.

c. Hundreds of people mourned **at** the funeral of Barbara Bush.
수백 명의 사람들이 바바라 부시의 장례식에서 애도했다.

d. We stayed **at** a luxury hotel in Bangkok.
우리는 방콕에 있는 고급 호텔에 투숙했다.

e. He got the treatment **at** the clinic.
그는 그 의원에서 그 치료를 받았다.

1.11 시각, 시점

시각은 시간선 상의 한 점으로 표현된다. 그래서 시각도 전치사 at으로 표현된다.

⑮ **a.** I get up **at** 7 : 30 every morning.
나는 매일 아침 7시 30분에 일어난다.

b. The concert starts **at** 7 : 00 in the evening.
그 음악회는 저녁 7시에 시작한다.

특정한 절기도 시간선 상에는 점으로 표현될 수 있다.

⑯ **a.** We got together **at** Chuseok.
우리는 추석에 함께 모였다.

b. We went to see our parents **at** Christmas.
우리는 크리스마스에 부모님을 뵈러 갔다.

하루의 시간선은 태양을 중심으로 시점이 표시될 수 있다.

a. The expedition started off **at** dawn.
그 원정대는 새벽에 떠났다.

b. Drivers are asked to turn on the headlight **at** mid-day.
운전사들은 낮에 헤드라이트를 켜도록 요청받고 있다.

c. The rooster cries **at** sunrise.
수탉은 해 뜰 무렵에 운다.

d. **At** dusk, we went out for a walk.
해 질 무렵, 우리는 산보를 하러 나갔다.

e. **At** midnight, the radio station signs off.
한밤중에 그 방송국은 라디오 방송을 중단한다.

2 동사와 at

아래에서는 전치사 at을 동사의 종류와 함께 살펴보겠다.

2.1 일부 영향

다음에서 at은 주어인 X가 Y에 부분적인 힘을 가함을 나타낸다.

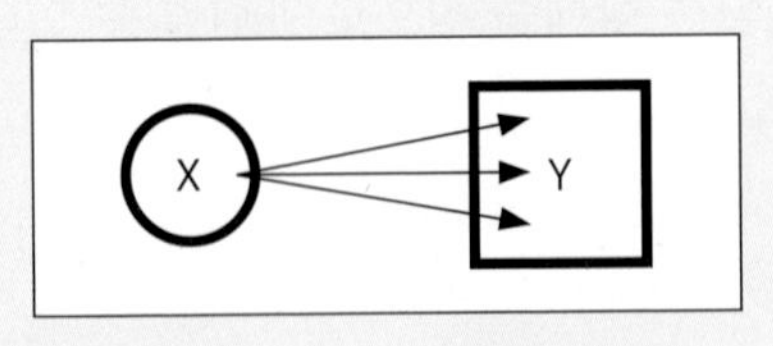

도식 6 X가 Y에 부분적 영향을 미치는 관계

다음 (18a) 문장에서 at은 쥐가 치즈를 조금씩 먹는 관계를 나타낸다. 그리고 away는 먹는 행동이 반복됨을 나타낸다.

a. The rat is eating away **at** the cheese.
그 쥐가 그 치즈를 조금씩 계속해서 먹고 있다.

b. He is poking away **at** the fire.
그는 그 불을 계속 뒤적거리고 있다.

c. The rabbit is nibbling **at** the carrot.
그 토끼가 그 홍당무를 야금야금 먹고 있다.

d. He is biting **at** the meat.
그가 그 고기를 조금씩 뜯고 있다.

e. The dog is gnawing **at** the bone.
그 개가 그 뼈를 조금씩 갉아먹고 있다.

f. The child is crunching **at** the chocolate.
그 아이가 그 초콜릿을 조금씩 아삭아삭 씹어 먹고 있다.

2.2 공격

2.2.1 의사소통 동사

다음에서 동사는 의사소통 동사이고, at은 X가 Y를 말로 공격하는 관계에 있음을 나타낸다.

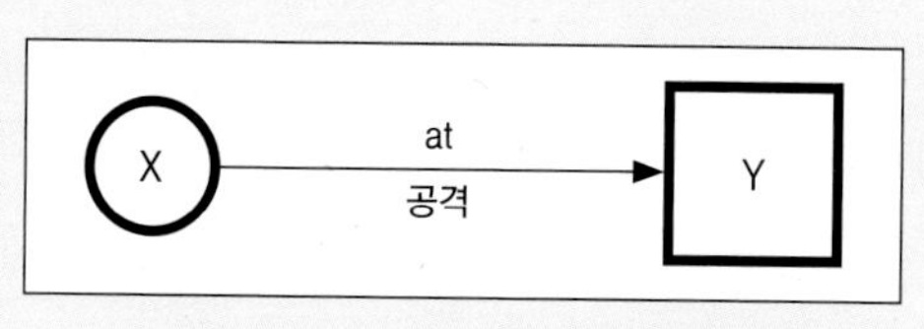

도식 7 X가 Y를 말로 공격하는 관계

다음 문장을 비교해 보자.

a. He spoke **at** me.
그는 (화가 나서) 내게 말했다.

b. The boss spoke **to** me.
사장이 (무엇을 전달하려고) 내게 말했다.

a. He yelled **at** me.
그는 (화가 나서) 내게 소리를 질렀다.

b. He yelled **to** me.
그는 (전달하려고) 내게 소리를 질렀다.

위 (19a) 문장은 그가 나를 꾸짖거나 공격하는 뜻을 나타내고, (19b) 문장은 그가 나에게 내용을 전달하려고 말함을 뜻한다.

다음에 쓰인 동사는 조롱 등을 나타낸다. 조롱도 일종의 공격으로 볼 수 있다.

a. Don't jeer **at** the losing team.
지고 있는 팀을 야유하지 마세요.

b. Everybody laughs **at** my Gyeongsang-do accent.
모두가 내 경상도 사투리를 비웃는다.

c. They scoff **at** her hair style.
그들은 그녀의 머리 모양을 조롱한다.

d. People snorted **at** him, but he's a great scientist.
사람들이 그를 향해 코웃음쳤지만 그는 훌륭한 과학자다.

다음 문장에 쓰인 동사는 이동동사이고, at이 쓰이면 Y는 공격의 목표가 된다.

a. He got **at** them.
그는 그들을 공격했다.

b. We went **at** the robber.
우리는 그 강도를 공격했다.

c. A shark was coming **at** me.
상어 한 마리가 나를 공격하기 위해 오고 있었다.

다음 두 문장을 비교해 보자.

a. He ran **at** me.
그는 내게 (공격하기 위해서) 달려왔다.

b. He ran **to** me.
그는 내게 달려왔다.

at이 쓰인 (23a) 문장은 공격의 뜻이고, to가 쓰인 (23b) 문장은 장소 이동의 도착 지점을 나타낸다.

2.3 시도, 노력

2.3.1 잡음동사

전치사 at이 '잡다'의 뜻을 갖는 동사와 쓰이면 무엇을 '잡으려고 노력하다'의 뜻이 된다. 즉, 시도나 노력의 뜻을 나타낸다.

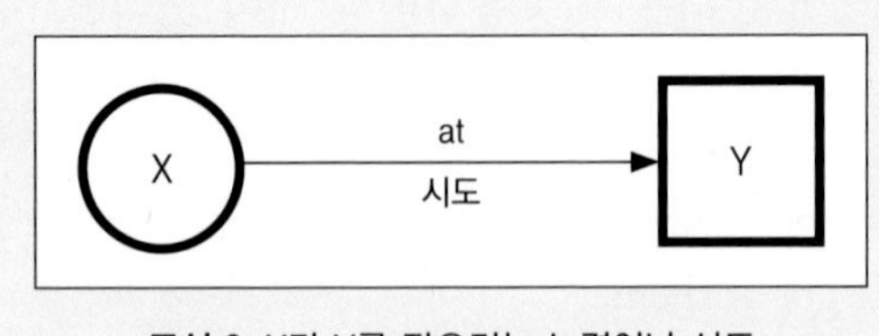

도식 8 X가 Y를 잡으려는 노력이나 시도

다음을 비교해 보자. (24)~(26)의 (a) 문장은 타동사가, (b) 문장은 전치사 at과 함께 쓰여서 자동사로 쓰였다. (24a) 문장은 지푸라기가 잡힌 상태를, (24b) 문장은 잡으려는 시도를 나타낸다.

a. He caught a straw.
그는 지푸라기 하나를 잡았다.

b. He caught **at** a straw.
그는 지푸라기 하나를 잡으려고 했다.

a. The man snatched the girl's handbag.
그 남자가 그 소녀의 손가방을 낚아챘다.

b. The man snatched **at** the girl's handbag.
그 남자가 그 소녀의 손가방을 낚아채려고 했다.

a. He grabbed the rope.
그는 그 로프를 꽉 잡았다.

b. He grabbed **at** the rope.
그는 그 로프를 잡으려고 했다.

다음으로는 시도나 노력을 나타내는 추가적인 예가 실려 있다.

▬ 타동사

a. He tried his hand **at** the different sports.
그는 여러 가지 스포츠를 시도해 보았다.

b. I had a shot **at** the new method.
나는 그 새로운 방법을 시도해 보았다.

▬ 자동사

a. I can guess **at** what you mean.
나는 네가 의미하는 것을 짐작할 수 있다.

b. He hinted **at** the possible use of force.
그는 가능한 무력 사용을 암시했다.

2.3.2 접촉동사

전치사 at이 '치다'와 같은 접촉동사와 쓰이면 '시도'의 뜻을 갖는다. 다음 두 문장을 비교해 보자. (29a) 문장은 타동사로서 주어가 목적어를 친 관계를, at이 쓰인 (29b) 문장은 주어가 공을 치려고 하는 시도를 나타낸다.

a. He struck the ball.
그는 공을 쳤다.

b. He struck **at** the ball.
그는 공을 치려고 해봤다.

다음 예문도 살펴보자. 타동사가 쓰인 (30a) 문장은 주어가 공을 쳐서 공이 움직인 관계를 나타내고, at이 쓰인 (30b) 문장은 시도를 나타내므로 장소 이동이 없다. 그러므로 away와 함께 쓰일 수 없다.

a. He kicked the ball away.
그는 그 공을 차서 멀리 보냈다.

b. He kicked **at** the ball (*away).
그는 그 공을 차려고 해봤다.

다음에 짝지어진 문장도 위와 같은 방법으로 풀이된다.

a. He swung the ball.
그는 그 공을 휘둘러 쳤다.

b. He swung **at** the ball.
그는 그 공을 휘둘러 치려고 해봤다.

32 **a.** He slugged him.
그는 그를 강타했다.

b. He slugged **at** him.
그는 그를 강타하려고 해봤다.

33 **a.** He punched the boy.
그는 그 소년을 주먹으로 쳤다.

b. He punched **at** the boy.
그는 그 소년을 주먹으로 치려고 했다.

2.4 표적

다음에서 at은 사격이나 시선의 표적을 나타낸다. 다음 두 문장을 비교해 보자. (34a)는 그들이 비행기를 사격하여 추락시킨 것을 나타내고, (34b)는 그들이 그 비행기를 사격하려고 시도하는 것을 나타낸다.

a. They shot down the plane.
그들은 그 비행기를 쏘아 내렸다.

b. They shot **at** the plane.
그들은 그 비행기를 조준해서 쏘았다.

다음에 쓰인 at도 조준의 표적이 된다.

자동사

a. He is aiming **at** a bird.
그는 새를 조준하고 있다.

b. They are firing **at** the enemy.
그들은 적을 조준하여 사격을 하고 있다.

c. They are targeting **at** the army base.
그들은 그 군사기지를 표적으로 하고 있다.

타동사

a. The rebel levelled his gun **at** us.
그 반군은 그의 총을 우리에게 겨누었다.

b. He directed his gun **at** us.
그는 그의 총을 우리에게 겨냥했다.

(계속)

c. He cocked his eyes **at** the strange woman.
그는 그 낯선 여자를 흘끔흘끔 쳐다봤다.

d. Police fired tear gas **at** the crowd.
경찰이 군중에 최루탄을 쏘았다.

e. Don't throw stones **at** the woman.
그 여자에게 돌을 던지지 마라.

2.5 시선

다음에서 at은 시선이 가 닿는 목표를 나타낸다.

a. The mechanic looked **at** my car carefully.
그 수리공은 내 차를 유심히 살폈다.

b. She sat back and gazed **at** the picture.
그녀는 기대앉아서 그 그림을 응시했다.

c. It's rude to stare **at** people.
사람을 빤히 쳐다보는 것은 무례하다.

d. He squinted **at** me in the darkness.
그는 어둠 속에서 눈을 찡그리며 나를 보았다.

2.6 자극

2.6.1 감정동사

다음에서 at은 감정동사와 쓰여서 감정을 불러오는 자극을 도입한다. 즉, X at Y에서 X는 감정(반응)이고, Y는 자극이다.

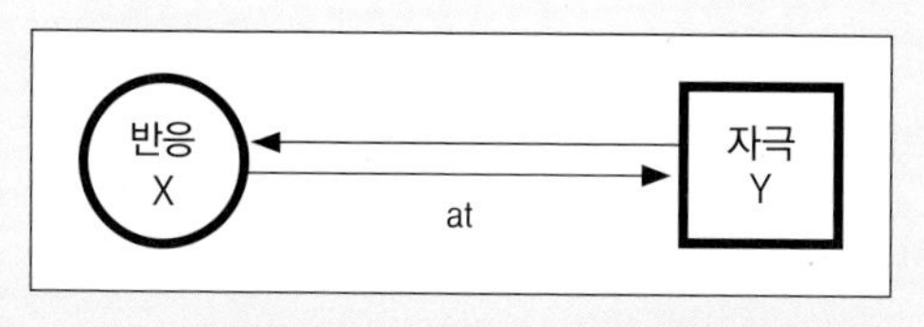

도식 9 X와 Y는 자극과 반응 관계

다음 (38a) 문장에서 주어는 석양의 아름다움에 즉각적인 반응을 한다.

a. I was amazed **at** the beauty of the sunset.
나는 석양의 아름다움에 경탄했다.

b. He was fascinated **at** her beauty.
그는 그녀의 아름다움에 매료되었다.

c. He was surprised **at** the news.
그는 그 뉴스에 놀랐다.

d. We were startled **at** the noise.
우리는 그 소음에 놀랐다.

e. He was alarmed **at** the crash.
그는 그 요란한 소리에 크게 놀랐다.

다음에서 주어는 at의 자극에 반응을 한다.

a. He stopped **at** the red light.
그는 빨간불에 정지했다.

b. She cried **at** the sad movie.
그녀는 슬픈 영화를 보고 울었다.

(계속)

c. He blinked **at** the harsh sunlight.
그는 강한 햇볕에 눈을 깜박였다.

d. He shook his head **at** the idea.
그는 그 생각에 고개를 가로저었다.

e. He marveled **at** his ingenuity.
그는 그의 독창성에 놀랐다.

3 형용사와 전치사 at

전치사 at은 능력 형용사, 감정 형용사와도 함께 쓰이는데 이 책에서는 능력 형용사와 쓰인 경우만 살펴보자.

다음 문장에 쓰인 형용사는 능력을 나타내고, 이 능력은 전치사 at의 목적어와 관련이 있다.

a. He is clever **at** making things out of wood.
그는 나무를 써서 물건을 만드는 데 재주가 있다.

b. He is apt **at** painting.
그는 그림을 그리는 데 재주가 있다.

c. The child is gifted **at** languages.
그 아이는 말 재주가 있다.

d. He is skillful **at** dealing with such problems.
그는 이러한 문제를 다루는 데 기술이 있다.

(계속)

e. He is still awkward **at** handling chopsticks.
그는 아직도 젓가락질이 서툴다.

f. He is clumsy **at** expressing his thought.
그는 자신의 생각을 표현하는 데에 어설프다.

4 at과 다른 전치사

다음 문장에 쓰인 명사 border, edge, center, peak 등은 점으로 인식되어 전치사 at과 같이 쓰인다.

(41)
a. He was arrested **at** the border.
그는 그 국경에서 체포되었다.

b. There stood a heron **at** the edge of the lake.
그 호수의 가장자리에 왜가리 한 마리가 서있다.

c. He is **at** the center of the controversy.
그는 그 쟁점의 한복판에 있다.

d. He is **at** the peak of his health.
그는 건강의 정점에 있다.

4.1 at과 in

명사 beginning과 end는 다음과 같이 at이나 in과 같이 쓰일 수 있다. (42a) 문장에서는 beginning이 점으로, (42b) 문장에서는 하나의 영역으로 표현되었다. (42c) 문장에서는 end가 점으로, (42d) 문장에서는 하나의 영역으로 개념화되었다. 이런 관계를 다음과 같이 도식화할 수 있다.

a. **At** the beginning of the contract, we pay a deposit.
계약 시에 우리는 보증금을 낸다.

b. **In** the beginning, there was no life on earth.
태초에 지구상에는 생명체가 없었다.

c. **At** the end of the day, we offer prayers.
하루가 끝날 무렵에 우리는 기도를 드린다.

d. **In** the end, everything turned out to be okay.
마지막 부분에서는 모든 일이 잘 풀렸다.

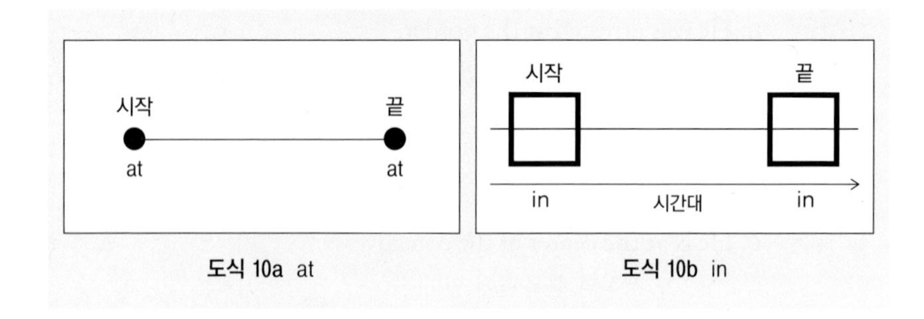

도식 10a at　　도식 10b in

인간의 마음은 유연성이 커서 순간을 확대시켜 기간으로 볼 수 있다. 세포 하나를 확대경으로 비추어 크게 볼 수 있는 것과 마찬가지이다.

moment는 다음 (43a) 문장에서는 점으로, (43b) 문장에서는 기간(영역)으로 표현되었다.

a. **At** this moment, he is watching a movie.
이 순간에 그는 영화를 보고 있다.

b. He will be back **in** a moment.
그는 짧은 시간 안에 돌아올 것이다.

c. **at** a distance
먼 곳에 있는 지점

d. **in** the distance
먼 곳에 있는 영역

distance는 (43c) 문장에서는 지점을, (43d) 문장에서는 영역을 가리킨다.

4.2 at과 on

전치사 at과 쓰이는 명사도 이것이 무엇에 닿을 수 있는 면으로 생각되면 전치사 on과 같이 쓰인다. 다음 (44a) 문장에서는 top이 점으로, (44b) 문장에서는 면적으로 표현되었다.

a. There is a flag **at** the top of the mountain.
깃발 하나가 산꼭대기에 있다.

b. There is a bottle **on** the top of the table.
그 탁자 위에 병 하나가 있다.

AWAY

away는 부사로만 쓰인다.

1 부사 용법

부사 away는 이동체(mover)가 어느 장소에서 점점 멀어져 가는 관계를 나타낸다. 다음 도식을 살펴보면 이동체가 시점 1에서는 출발지(P_1)에 있다가 이동체가 움직이면서 P_1에서 점점 멀어진다.

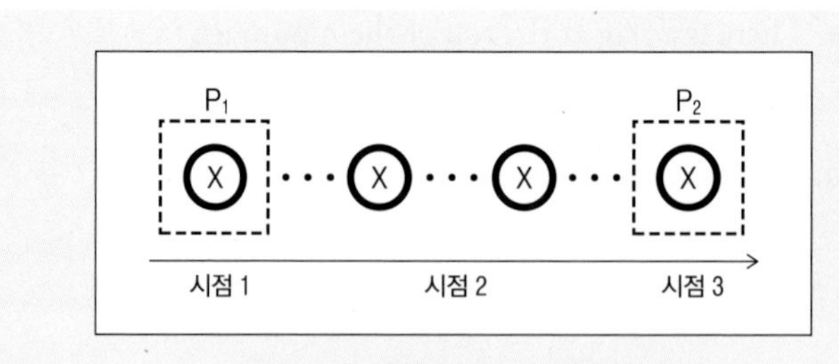

도식 1 X가 출발지에서 멀어지는 관계

그러므로 이 부사는 전치사 from과 to로 출발지와 도착지를 나타낼 수 있다.

1.1 출발지와 도착지 표현

부사 away는 이동을 나타내므로 출발지와 도착지가 명시될 수 있다.

1.1.1 출발지 : away from

먼저 away가 자동사, 타동사와 쓰이는 예로 나누어서 살펴보자.

자동사

다음은 away가 자동사와 쓰인 예이다.

a. He ran **away from** home.
그는 집에서 도망을 갔다.

b. He shrank **away from** the animal.
그는 겁이 나서 그 동물에게서 물러섰다.

c. We moved **away from** the crowd.
우리는 그 군중에서 멀리 이동했다.

d. The fish slipped **away from** the net.
그 물고기가 그 그물에서 살짝 빠져나갔다.

e. The soldier broke **away from** the base.
그 군인이 그 기지에서 탈영했다.

타동사

다음 예문에서 away는 타동사와 쓰였다. 타동사의 목적어가 from의 목적어에서 떨어져 있거나 떨어진다.

a. The barbed wire kept the elephant **away from** the farm.
그 철조망이 그 코끼리를 그 농장에서 떨어져 있게 했다.

b. He moved the desk **away from** the wall.
그는 그 책상을 그 벽에서 떼어 놓았다.

c. He turned his eyes **away from** the horrible sight.
그는 눈을 그 무서운 광경에서 돌렸다.

d. The lion stole a cub **away from** its mom.
그 사자가 새끼 한 마리를 어미에게서 훔쳐갔다.

1.1.2 도착지 : away to

다음 예문에서 away는 도착지와 같이 쓰였다.

a. He ran **away to** Canada.
그는 캐나다로 도망을 갔다.

b. He flew **away to** a foreign country.
그는 외국으로 비행기를 타고 갔다.

c. He went **away to** the countryside.
그는 시골에 갔다.

1.1.3 도착지 : away into

다음 예문에서는 도착지가 into로 표현되었다.

a. He drove **away into** the valley.
그는 운전을 해 계곡으로 들어갔다.

b. He ran **away into** the river.
그는 뛰어가서 강으로 들어갔다.

c. He walked **away into** a forest.
그는 걸어서 숲속으로 들어갔다.

d. The fish swam **away into** the deep sea.
그 물고기는 헤엄쳐서 심해로 들어갔다.

1.2 출발지와 도착지가 표현되지 않은 경우

away from X to Y에서 from이나 to가 쓰이지 않는 경우가 있다. 이는 from X나 to Y의 정체가 문맥이나 화맥에 따라 파악될 수 있기 때문이다. 다음을 살펴보자. 다음 예문에서 출발지는 문맥을 통해 추리된다.

1.2.1 문맥

a. He has nine kittens and he wants to give them **away**.
그는 고양이 새끼 아홉 마리를 가지고 있는데, 그것들을 무료로 나누어 주고 싶어 한다.

b. The beautiful scenery took my breath **away**.
그 아름다운 정경이 나의 숨을 앗아갔다.
(즉, 나의 숨을 앗아갈 정도로 아름다웠다.)

c. The whale can detect a sound one hundred meters **away**.
고래는 100미터 떨어져 있는 소리를 감지할 수 있다.

(5a) 문장에서 from X가 표현되지 않았지만, from X는 주어 자신임을 알 수 있다. 즉, 주어가 고양이를 자신에게서 보내기를 원한다는 뜻이다. (5b)에서 숨이 나가는 곳은 my breath에서 me, 즉 화자임을 알 수 있다. (5c)에서 소리는 고래로부터 100m 떨어져 있다. 소리가 떨어진 거리는 고래를 기준으로 해서 100m이다.

1.2.2 화맥

다음 예문에서도 목적어가 멀어지는 것은 주어이다. (6a)에서는 물건들이 청자에게서, (6b)에서는 그녀의 모든 걱정들이 그녀에게서, 그리고 (6c)에서는 총이 그에게서 멀어져 간다.

a. Don't throw your things **away.**
너의 물건들을 던져 버리지 마라.

b. The happy news took all her worries **away.**
그 기분 좋은 소식이 그녀의 모든 근심을 가져가 버렸다.

c. He put his gun **away.**
그는 그의 총을 치웠다.

1.2.3 영상

다음에서 출발지는 영상 혹은 실제 장소에서 추리된다. 문장만으로는 from Y가 어디인지 알 수가 없다.

a. Some tourists were led **away.**
몇몇 관광객들은 인도되어서 그 자리를 떠났다.

b. The bus drove **away.**
그 버스가 (그 자리에서) 멀어져 갔다.

위 예문 (7a)에서는 관광객들이 어디에서 안내되어 갔는지, (7b)에서는 그 버스가 어디에서 떠났는지 알 수가 없다. 문맥이나 화맥에서도 from Y를 추리할 수 없다. 그러나 위 문장들을 TV 화면을 보면서 듣는다면 출발지를 곧 알 수 있다. 이러한 장면을 생각해 보자. 버스 한 대가 도착한 후 관광객이 내리고 그리고 나서 버스가 떠나는 장면이다. 여기서 출발지는 화면에서 볼 수 있는 장소이다.

1.2.4 세상 지식

다음에서 from Y는 세상 지식으로부터 파악될 수 있는 경우이다. 다음 (8a)에서 암시된 from의 목적어는 society이다. (8b)에서 away의 출발지는 이 세상이다.

a. The criminal was put **away** (from society).
그 범인은 (세상에서) 감옥에 보내졌다.

b. He passed **away** last night.
그는 어젯밤에 세상을 떠났다.

1.3 소모와 반복의 의미

1.3.1 소모 : 점차 줄어드는 상태

다음에서 away는 수나 양이 점점 줄어드는 관계를 나타낸다. 어떤 물체가 한 장소에서 멀어져 가면 그 크기가 점점 줄어들고 마지막에는 보이지 않게 된다. 이런 관계에서 줄어듦의 의미가 나타난다. 한 예로 초를 켜 두면 시간이 지남에 따라 초의 길이가 점점 줄어드는데, 이런 관계를 away가 나타낸다. 이 관계를 자동사와 타동사로 나누어 살펴보자.

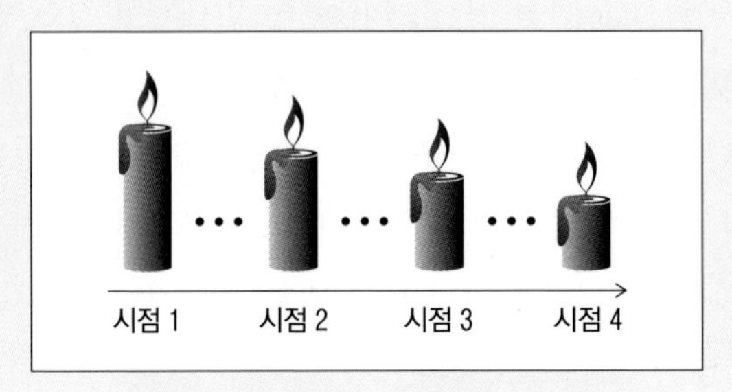

도식 2 초의 크기가 점점 줄어드는 관계

■ 자동사

다음 예문에는 자동사가 쓰였다. (9a) 문장에서는 초의 처음 길이가 시간이 지나면서 줄어든다.

a. The candle burned **away.**
그 초가 타서 점점 줄어들었다.

b. He wasted **away.**
그는 점차로 쇠약해졌다.

c. The final seconds are ticking **away.**
그 마지막 몇 초가 째깍거리면서 사라지고 있다.

d. The water is boiling **away.**
그 물이 끓어서 점점 없어지고 있다.

e. The rumor faded **away.**
그 소문은 점차 사라졌다.

▬ 타동사

다음 예문에서는 타동사가 쓰였다. 문장 (10a)에서는 목적어인 돈이 점점 없어진다.

a. He is drinking **away** his money.
그는 술을 마셔서 그의 돈을 점점 날리고 있다.

b. He gambled **away** all his money.
그는 노름을 해서 그의 모든 돈을 날렸다.

c. He is shedding **away** pounds.
그는 몸무게를 조금씩 줄이고 있다.

d. He is dreaming **away** his life.
그는 몽상을 하면서 그의 삶을 헛되이 보내고 있다.

1.3.2 반복

away는 반복할 수 있는 동사와 쓰여서 과정이나 행동이 반복됨을 나타낸다.

a. He is eating **away**.
그는 계속 반복해서 먹고 있다.

b. He toiled **away** in the field.
그는 밭에서 계속해서 일하고 있다.

c. The birds are chirping **away**.
새들이 계속해서 짹짹거리고 있다.

d. She is pining **away** after her husband.
그녀는 그녀의 남편을 계속해서 그리워하고 있다.

(계속)

e. In the storm, doors rattled **away.**
그 폭우 속에 문들이 계속해서 덜커덩거렸다.

f. Grandpa is snoring **away.**
할아버지가 계속해서 코를 골고 있다.

반복을 나타내는 away는 전치사 at과 같이 쓰일 수 있다. 전치사 at은 목적어가 부분적인 영향을 받는 관계를 나타낸다. away와 같이 쓰이면 부분적인 영향이 반복됨을 나타낸다.

a. The bird is pecking **away at** the bark of the tree.
그 새가 그 나무의 껍질을 계속 쪼고 있다.

b. Waves are chipping **away at** the cliff.
파도들이 그 절벽을 계속해서 조금씩 찍어내고 있다.

c. Mice are eating **away at** the rice cake.
쥐들이 그 떡을 조금씩 계속 갉아먹고 있다.

2 away와 의성동사, 의태동사

의성동사나 의태동사가 away와 함께 쓰이면 이들은 이동동사가 된다. 다음 예문 (13a)에서 flutter(날개를 퍼덕거리다)에는 이동의 뜻이 없으나, away와 같이 쓰이면 이동동사가 된다.

a. Butterflies fluttered **away.**
나비들이 훨훨 날아갔다.

b. Tanks roared **away.**
탱크들이 큰 소리를 내며 지나갔다.

c. Worms wiggled **away.**
벌레가 꿈틀꿈틀하며 움직여 갔다.

d. A truck rumbled **away.**
한 트럭이 털털거리며 지나갔다.

3 away와 거리

부사 away는 이동체가 한 지점에서 멀어져서 다른 지점에 이르는 관계를 나타낸다. 이 두 지점, 즉 출발 지점과 도착 지점 사이의 거리가 표시될 수 있다.

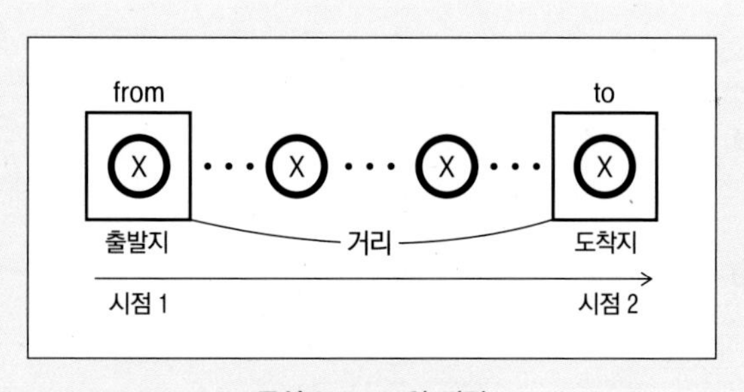

도식 3 away와 거리

다음 예문 (14a)에서 far는 그가 멀어져 간 거리를 나타낸다.

a. He ran far **away**.
그는 멀리 도망을 갔다.

b. He moved further **away** from the village.
그는 좀 더 멀리 그 마을에서 멀어져 갔다.

c. He ran 15 miles **away**.
그는 15마일을 뛰어갔다.

d. He swam 200m **away** from the ship.
그는 그 배로부터 200미터를 헤엄쳐 갔다.

4 away와 시간

시간 개념은 보통 공간 개념을 빌어서 표현된다. 다음 예문을 비교해 보자. 형용사 long은 (15a)에서는 거리를, (15b)에서는 기간을 나타내는 데 쓰인다.

a. The road is 2 miles **long**.
그 길은 길이가 2마일이다. (공간)

b. The movie is two hours **long**.
그 영화는 길이가 두 시간이다. (시간)

away도 long과 마찬가지로 거리나 시간을 나타낼 수 있다.

(16a)에서는 away가 거리를, (16b)에서는 시간을 나타낸다.

a. My house is two miles **away** from the school.
내 집은 그 학교에서 2마일 떨어져 있다. (공간)

b. My house is 20 minutes **away** from the school.
내 집은 그 학교에서 20분 떨어져 있다. (즉, 20분 거리다.) (시간)

다음 예문에서는 출발점이 동명사로 표현되어 있다.

a. He was a few seconds **away** from **drowning**.
그는 익사에서 몇 초 떨어져 있었다. (즉, 익사 직전에 있었다.)

b. He was a few days **away** from **starting** college.
그는 대학 시작으로부터 며칠 떨어져 있었다.
(즉, 며칠이 지나면 대학생활을 시작하는 시점에 있었다.)

10 BACK

back은 부사로만 쓰인다.

1 부사 용법

부사 back은 이동체(mover)가 어느 지점(P_1)을 출발하여 다른 지점(P_2)에 갔다가 P_1으로 다시 돌아오는 관계를 나타낸다. 이것을 도식화하면 다음과 같다.

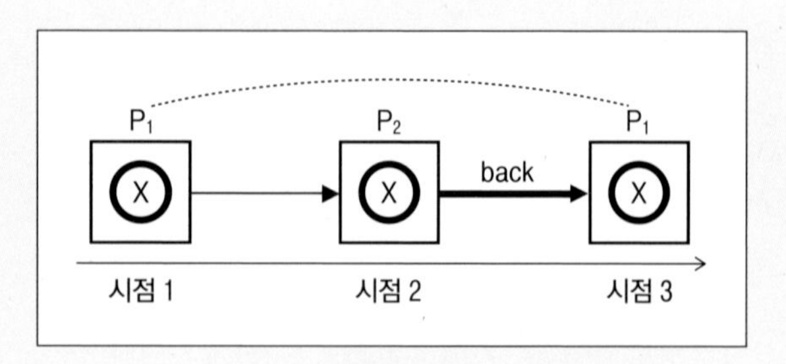

도식 1 X가 제자리로 돌아가는 관계

이동체가 시점 1에서는 P_1에 있고, 이동체가 움직여서 시점 2에는 P_2에 있으며, 이어서 이동체가 P_1으로 다시 돌아가는 관계이다. (도식 1)에서 시점 1의 P_1과 시점 3의 P_1은 동일 장소이다. 점선은 두 지점이 동일 지점임을 나타낸다. (도식 1)에서 시점을 고려하지 않으면 (도식 2)와 같이 표현할 수 있다.

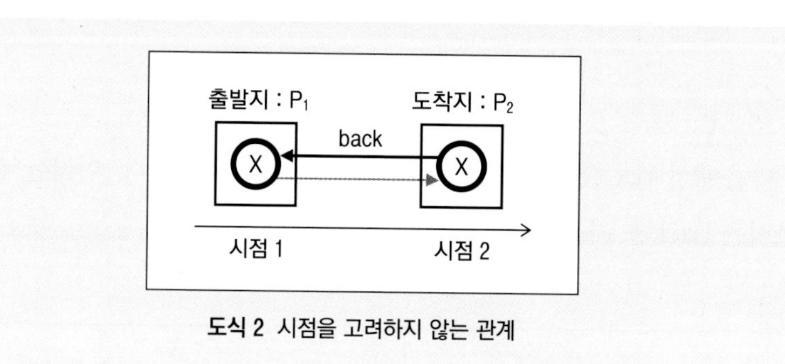

도식 2 시점을 고려하지 않는 관계

1.1 제자리로 돌아오기

다음에서 back은 주어가 제자리로 돌아오는 관계를 나타낸다(도식 2 참조).

1.1.1 출발지 from

a. He came **back** from his vacation.
그는 휴가에서 돌아왔다.

b. He got **back** from Hong Kong yesterday.
그는 홍콩에서 어제 돌아왔다.

c. We had to turn **back** from camping because of the bad weather.
우리는 좋지 않은 날씨 때문에 캠핑에서 돌아와야 했다.

1.1.2 도착지 to

a. They started **back** to the village.
그들은 마을로 되돌아가기 시작했다.

b. He took the library book **back** yesterday.
그는 어제 그 도서관 책을 반납했다.

1.2 뒤로 젖히기

다음에서 back은 자세를 뒤로 하는 관계를 나타낸다. 이러한 의미로 쓰이는 back을 자동사와 타동사로 나누어 살펴보자.

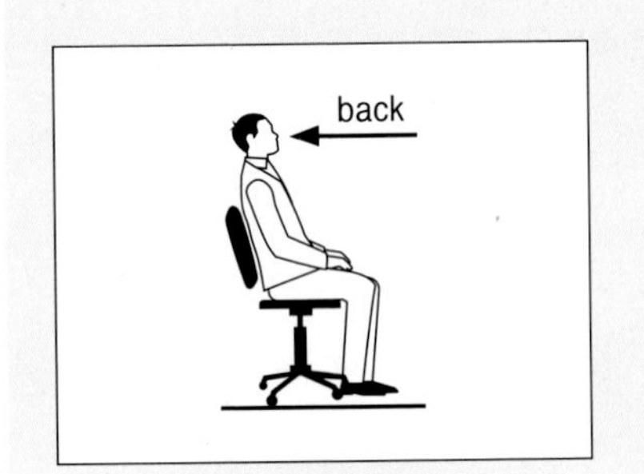

도식 3a 뒤로 젖히고 앉은 자세

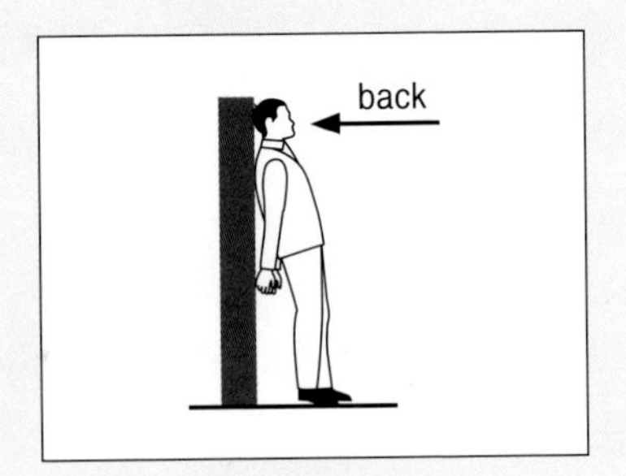

도식 3b 뒤로 젖히고 서 있는 자세

1.2.1 자동사

a. He sat **back.**
그는 몸을 뒤로 젖히고 편안하게 앉았다.

b. He tilted **back** in his chair.
그는 의자에서 몸을 뒤로 젖히고 있었다.

(계속)

c. He was so shocked that he fell **back** against the door.
그는 너무 놀라 뒤로 넘어져 문에 닿았다.

d. He lay **back**.
그는 앉았다가 등을 바닥에 대고 편안하게 누웠다.

e. He leaned **back**.
그는 상체를 뒤로 젖혔다.

1.2.2 타동사

다음 문장에서는 타동사가 쓰여서 목적어가 뒤로 젖혀진다.

a. He knocked **back** a glass of beer.
그는 고개를 뒤로 젖히고 맥주 한 잔을 꿀꺽했다.

b. He threw **back** his head and roared with laughter.
그는 고개를 뒤로 젖히고 크게 웃었다.

1.3 뒤로 물러서기

다음에서 이동체는 어떤 지점에서 뒤로 물러서거나 물러서 있는 관계를 나타낸다. (5a)에서 주어는 군중으로부터 물러선다.

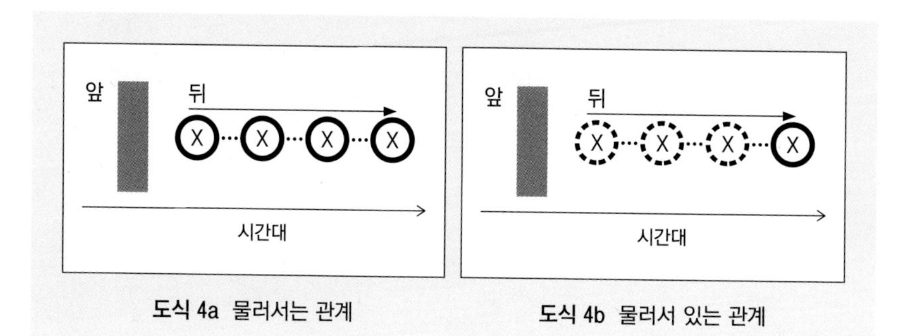

도식 4a 물러서는 관계 **도식 4b** 물러서 있는 관계

⑤ **a.** He stood **back** from the crowd.
그는 그 군중에서 뒤로 떨어져 서 있었다.

b. He hung **back** from the crowd.
그는 군중에서 뒤로 물러서 있었다.

c. He stepped **back** from the accident site.
그는 그 사고 장소에서 물러섰다.

d. He cringed **back** from the policeman.
그는 겁이 나서 경찰로부터 뒤로 움츠렸다.

e. His house set **back** from the highway.
그의 집은 고속도로로부터 물러나 있었다.

1.4 반대 힘 가하기

다음에서 back은 반대의 힘을 가하는 관계를 나타낸다. 안으로 들어오는 힘에는 밖으로, 밖으로 나가는 힘에는 안으로 힘을 가하는 관계를 나타낸다. (6a)에서 back은 차나 말 등이 앞으로 나오려는데, 이에 반대의 힘을 가하는 관계를 나타낸다.

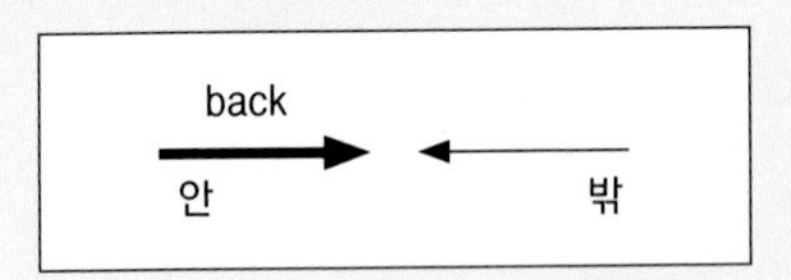

도식 5a 안으로 들어오는 힘에 맞서기

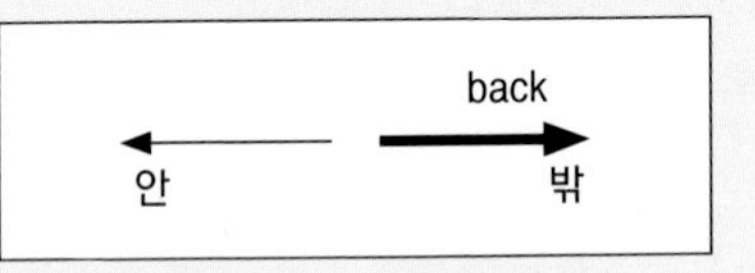

도식 5b 밖으로 나가는 힘에 맞서기

⑥ **a.** He pushed **back** the car.
그는 (앞으로 나오려는) 그 차를 뒤로 밀었다.

b. He held **back** tears.
그는 (나오려는) 눈물을 억제했다.

c. The army fought **back** the enemy.
그 군대가 그 적을 (싸워서) 물리쳤다.

d. He beat **back** the heat.
그는 그 더위를 물리쳤다.

e. The army rolled **back** the enemy.
그 군대가 적을 뒤로 물리쳤다.

1.5 원상태로 돌아가기

다음에서 back은 원상태로 돌아가는 관계를 나타낸다.

다음 도식에서 이동체 X는 시점 1에서는 상태 1에 있다가 시점 2에서는 상태 2로 갔다가 다시 상태 1로 돌아간다.

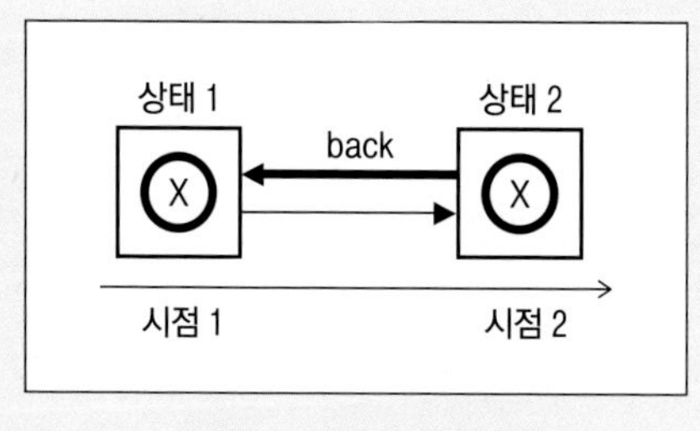

도식 6 원상태로 돌리기

이 관계를 자동사와 타동사로 나누어 살펴보자.

1.5.1 자동사

문장 (7a)에서는 어느 식물이 자랐다가 땅 윗부분은 죽고, 뿌리는 살아 있는 의미가 된다.

a. The flower died **back**.
(피었던) 그 꽃이 다시 죽었다.

b. The branch grew **back**.
그 가지가 (잘린 부분이) 다시 자라났다.

c. Forecasters expected the rain to turn **back** to snow tonight.
기상 예보관은 오늘밤 비가 다시 눈으로 바뀔 것이라고 예상했다.

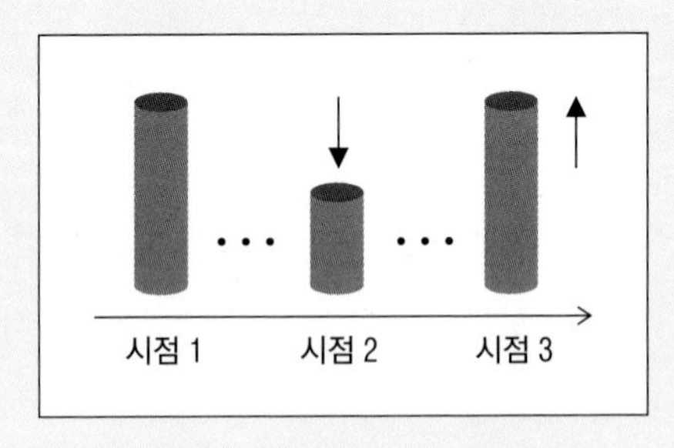

도식 7 긴 것이 짧아졌다가 다시 길어지는 관계

1.5.2 타동사

a. He cut **back** the stem.
그는 (자라난) 줄기를 도로 잘랐다.

b. The company clawed **back** its share of market.
그 회사는 시장점유율을 힘들게 되찾았다.

(계속)

c. He got his strength **back**.
그는 그의 힘을 되찾았다.

d. The doctor nursed her **back** to health.
그 의사는 그녀를 치료하여 건강상태로 돌려놓았다.

e. He brought the animal **back** from the brink of extinction.
그는 그 동물을 멸종의 가장자리에서 소생시켰다.
(즉, 멸종 직전에 되살렸다.)

1.6 받고 다시 주기

부사 back은 다음에서와 같이 받았던 것을 다시 주는 관계를 나타낸다.

다음 도식은 사람 1이 X를 받고 다시 사람 2로 되돌려 주는 관계를 나타낸다.

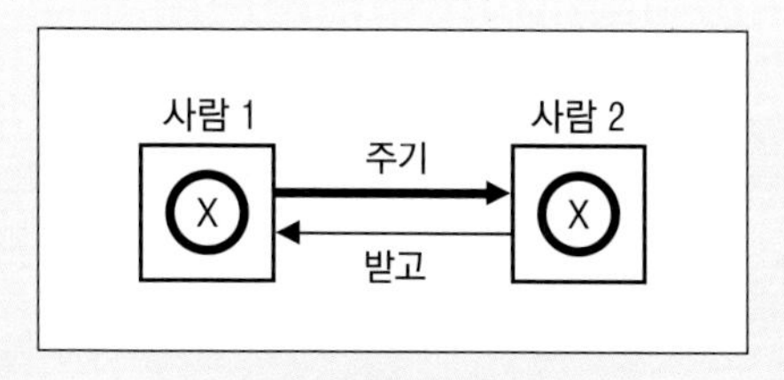

도식 8 받고 주기

이 관계를 타동사와 자동사로 나누어 살펴보자.

1.6.1 타동사

⑨ **a.** I gave **back** the money.
나는 (빌린) 돈을 되돌려 주었다.

b. I took **back** the shoes to the store.
나는 그 신발을 그 상점에 되가져 갔다.

1.6.2 자동사

a. He hit **back**.
그는 (맞고) 되받아쳤다.

b. He wrote **back**.
그는 (편지를 받고) 답장했다.

c. He tried to give **back** to his community.
그는 지역사회에 (그가 받은 것을) 되돌려 주려고 노력했다.

d. He spoke **back** to his teacher.
그는 그의 선생님에게 말대꾸를 했다.

e. I am grateful to all those who fed **back** with their suggestions.
나는 그들의 제안을 제시해서 (좀 더 나은) 정보를 제공해 준 모든 이들에게 감사를 드린다.

1.7 주고 다시 받기

다음에서 back은 주거나 내어 놓은 것을 도로 받거나 되찾는 관계를 나타낸다. 다음 도식에서 X는 사람 1에서 사람 2로 갔다가 다시 사람 1로 돌아온다.

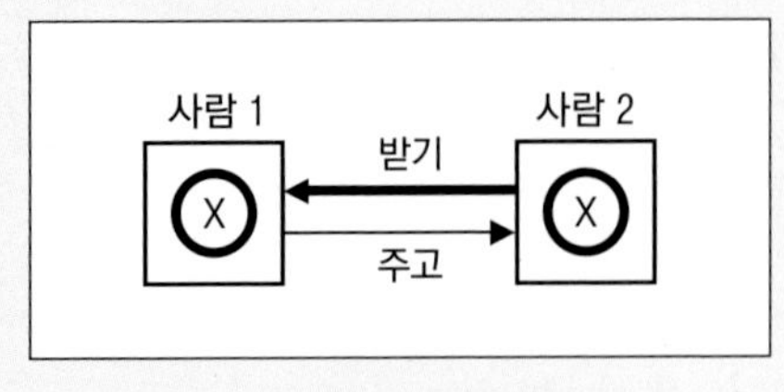

도식 9 주고 받기

다음 예문 (11a)에서 그는 내뱉은 말을 다시 거두어 들인다.

1.7.1 타동사

a. He took **back** his word.
그는 그가 한 말을 취소했다.

b. He got his money **back**.
그는 (빌려준) 돈을 되받았다.

c. The government forces gained **back** the city.
정부군이 그 도시를 되찾았다.

d. The boxer won **back** the championship.
그 권투 선수가 선수권을 되찾았다.

2 시간

back은 현재에서 과거로 돌아가는 관계를 나타낸다.

다음 도식에서 X는 현재에 있고 그 생각을 과거로 돌리는 관계이다.

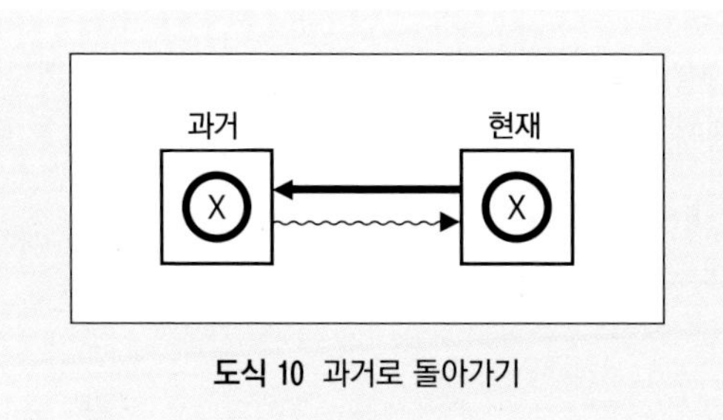

도식 10 과거로 돌아가기

먼저, back은 예문 (12)에서와 같이 시간 부사구와 함께 쓰여서 과거 시점을 나타낸다.

a. Back in the 1970s, I was teaching at a university.
과거 1970년대에 나는 어느 대학교에서 가르치고 있었다.

b. A few years **back**, I was in Singapore.
몇 년 전에 나는 싱가폴에 있었다.

그리고 back은 동사와도 쓰인다. 이때 기억이나 기원 등이 시간을 거슬러 가는 관계를 나타낸다. 이 시간관계를 자동사와 타동사로 나누어 살펴보자.

2.1 자동사

다음 예문 (13a)에서는 생각이 어린 시절로 거슬러 올라간다.

a. My thought flashed **back** to my childhood.
내 생각이 쏜살같이 나의 유년 시절로 되돌아갔다.

b. The origin of the tradition dates **back** to the Li Dynasty.
그 전통의 기원은 이조시대로 돌아간다.

c. Sometimes I look **back** on my schooldays in Honolulu.
때때로 나는 호놀룰루에서 보낸 나의 학창시절을 되돌아본다.

d. I thought **back** on my trip to Korea.
나는 한국으로 갔던 여행을 되돌아봤다.

2.2 타동사

(14a)에서 back은 목적어가 과거로 돌아가는 관계를 나타낸다.

a. The song took me **back** to my school days.
그 노래는 나를 학창시절로 되돌아가게 했다.

b. The photo brought me **back** the happy memories of my grandmother.
그 사진이 나에게 할머니에 대한 추억을 상기시켰다.

c. I set the clock **back**.
나는 시계를 뒤로 돌렸다.

d. I turned **back** the clock 40 years.
나는 그 시계를 40년 뒤로 돌렸다.

위 문장들에서 back은 시간이 과거에서 현재로 흐르는 것을 전제로 한다. 그러므로 back은 현재에서 과거로 돌아가는 관계를 나타낸다.

그러나 다음 표현에서 back은 정해진 일이 뒤로 미루어짐을 뜻한다.

a. We pushed **back** our concert.
우리는 우리의 음악회를 미루었다.

b. The marriage date was set **back** three days.
그 결혼은 사흘 뒤로 미루어졌다.

그리고 과거 어느 시점에서 만났다가 헤어지고 다시 만날 때, 또는 현재 만났다가 시간이 지난 다음 다시 만날 경우 back이 쓰인다. 이것을 도식화하면 다음과 같다.

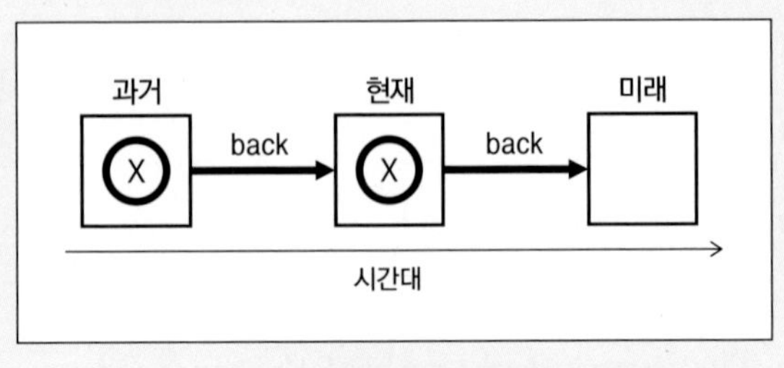

도식 11 다시 만나는 관계

다음 예문 (16a)는 과거 한 시점에서 만난 뒤 헤어졌다가 다시 만날 때, (16b)는 현재 만났다가 헤어진 뒤 미래에 다시 만날 때 쓰인다.

a. Welcome **back**.
다시 만난 것을 환영합니다.

b. See you **back** next week.
다음 주에 다시 뵙겠습니다.

3 부사 back과 출발지와 도착지

부사 back은 어느 장소(P_1)에서 출발하여 다른 장소(P_2)로 갔다가 다시 원래의 장소(P_1)로 돌아오는 관계이다. 그러므로 이 부사는 출발지와 목적지를 각각 전치사 from과 to로 표현할 수 있다.

3.1 출발지 : back from

a. He came **back from** New Zealand.
그는 뉴질랜드에서 돌아왔다.

b. He went **back from** Korea to Japan.
그는 한국에서 일본으로 돌아갔다.

3.2 도착지 : back to, back on

a. He went **back to** Canada.
그는 캐나다로 돌아갔다.

b. He went **back to** the first chapter.
그는 제1장으로 되돌아갔다.

이 부사의 목적지는 전치사 to 외에 전치사 on과 함께 쓰일 수 있다. 이는 전치사 on의 목적어가 영향을 받는 관계를 나타낸다.

a. I will get **back to** you.
(전화를 받고) 내가 지금 바쁘니 나중에 내가 네게 다시 전화하마.

b. I will get **back on** you.
(내가 너에게 피해를 받고) 내가 너에게 돌아가마.
(즉, 복수하겠다.)

4 back과 다른 불변사

부사 back은 다음과 같이 거의 모든 이동성이 있는 전치사나 부사와 같이 쓰일 수 있다.

a. He came **back** in/out.
그는 다시 들어갔다/나갔다.

b. He followed her **back** in/out.
그는 그녀를 따라 되돌아 들어왔다/나갔다.

c. He got **back** on/off.
그는 다시 탔다/내렸다.

d. He came **back** down/up.
그는 도로 내려왔다/올라왔다.

5 back과 거리 표시

back은 돌아가는 관계를 나타내는데 돌아간 거리도 표현될 수 있다.

a. He went **back** 3 miles.
그는 3마일을 되돌아갔다.

b. He flew **back** 2 km.
그는 2km를 되돌아 날아갔다.

6 back의 동사 용법

불변사 back은 이동성이 강하기 때문에 동사로도 쓰이며, back은 다른 이동동사와 마찬가지로 여러 가지 불변사와 함께 쓰인다. 다음은 대표적인 예이다.

a. The robber **backed away** from the counter.
그 강도가 그 계산대에서 뒷걸음질하며 물러났다.

b. The Labor Union **backed down** and stopped strike.
그 노동조합은 뒷걸음해 내려서서 파업을 중단했다.
(즉, 항복했다.)

c. The bear **backed off.**
그 곰이 (덤벼들던 것에서) 뒷걸음을 해서 떨어져 나갔다.

d. The house **backs onto** the lake.
그 집은 그 호수를 바로 뒤에 두고 있다.

e. He promised to join the team but **backed out** at the last moment.
그는 그 팀에 참여하기로 약속했다가 마지막 순간 뒷걸음쳐 빠져나갔다.

f. Please **back up** your data.
당신 자료를 백업하세요.

g. The traffic is **backing up.**
차들이 밀리고 있다.

11 BY

by는 전치사와 부사로 쓰인다. 먼저 전치사 용법부터 살펴보자.

1 전치사 용법

이 전치사는 X by Y에서 X가 Y의 영향권 안에 있는 관계를 나타낸다. X by Y에서 Y가 쓰이지 않으면 by는 부사이다. 이것을 도식화하면 다음과 같다.

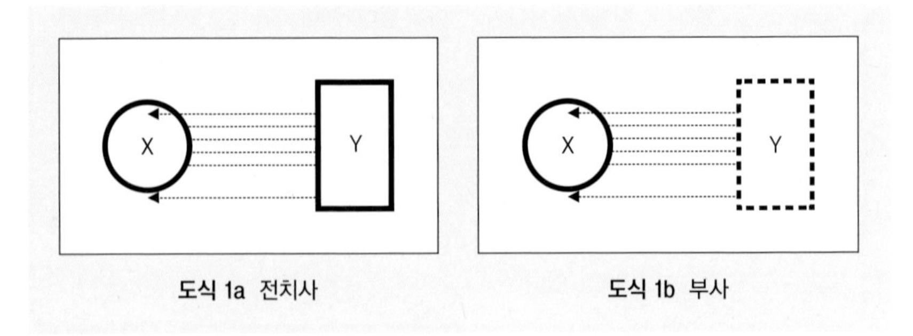

도식 1a 전치사　　도식 1b 부사

1.1 영향권

X by Y에서 Y가 장소나 자연현상인 경우 주어(X)는 그 Y의 영향권 안에 있다(도식 1 참조). 다음 (1a)에서 그들이 사는 곳은 바다나 강의 영향을 받은 곳이다.

1

a. They live **by** the sea/**by** the river.
그들은 바닷가/강가에 산다. (주어는 바다나 강에서 불어오는 시원한 바람 등의 영향을 받는다.)

b. He sat **by** the stove.
그는 난롯가에 앉았다. (주어는 난로의 열의 영향을 받는다.)

c. He stood **by** the window.
그는 그 창가에 섰다.

d. We sat on a bench **by** the lake.
우리는 호수 가에 있는 벤치에 앉았다.

문장 (2)는 주어인 X가 목적어 Y의 영향권 안에 들어오는 관계이다. 이것은 X가 Y를 갖는 관계로 풀이된다.

a. How did you come **by** that beautiful picture?
어떻게 그 아름다운 그림의 영향권 안에 들어왔느냐?
(즉, 어떻게 가지게 되었느냐?)

b. Good friend is hard to come **by**.
좋은 친구를 얻기가 어렵다.

c. In Venezuela food and water is hard to come **by**.
베네주엘라에서는 식량과 물을 구하기 어렵다.

1.2 추상적 영향

다음에 쓰인 by의 목적어는 추상적인 개체이다. 주어는 이들의 영향권 안에서 살 거나 행동한다. 다음 예들을 비교해 보자. (3a) 문장에서 by의 목적어는 구체적이고, (3b)에서는 목적어가 추상적이다.

a. He lives **by** the river.
그는 그 강가에 산다.

b. He lives **by** the philosophy.
그는 그 철학에 따라 산다.

c. He stood **by** the window.
그는 창문 곁에 서 있었다.

d. He stood **by** his friend.
그는 그의 친구 곁을 지켰다. (즉, 친구를 지지했다.)

다음 (4)의 문장에서 주어는 모두 by의 목적어의 영향권 안에서 일어난다.

a. He stood **by** his promise.
그는 그의 약속을 지켰다.

b. He acts **by** the rules.
그는 그 법에 따라 행동한다.

c. They go **by** the book.
그들은 원칙대로 (규칙대로) 행동한다.

d. Many people swear **by** vitamin C's ability to ward off cold.
많은 사람들은 비타민 C의 감기를 물리치는 효능을 믿고 맹신한다.

문장 (4d)에서 주어는 비타민 C의 영향하에서 단언을 하는 관계이다. 즉, 비타민 C의 효능을 믿고 입증한다. 비타민 C 대신에 다음과 같은 명사가 쓰일 수도 있다.

by the bread 그 빵의 가치를	by the medicine 그 약의 효능을
by the cereal 그 시리얼의 가치를	by the pill 그 알약의 효능을
by the lotion 그 로션의 효능을	by the soap 그 비누의 효능을

1.3 과정을 일으키는 힘

다음 문장들은 수동형이고, 이들 과정은 by의 목적어의 힘에 의해 일어난다.

5

a. The Korean alphabet, Hangul was invented **by** King Sejong.
한국어의 자모, 한글은 세종대왕에 의해 만들어졌다.

b. The Korean grammar was written **by** an American scholar.
그 한국 문법은 미국 학자에 의해 쓰여졌다.

c. The novel was written **by** Ernest Hemingway.
그 소설은 어니스트 헤밍웨이에 의해 쓰여졌다.

d. The city was devastated **by** the storm.
그 도시는 그 폭풍으로 크게 파괴되었다.

e. The book was written **by** a former FBI director.
그 책은 전 FBI 국장에 의해 쓰였다.

다음 문장은 수동문이 아니지만, by의 목적어의 힘에 의해 일어난다. 그리고 by의 목적어는 관사 없이 쓰였다.

6

a. He broke the vase **by** accident.
그는 그 화병을 실수로 깼다.

b. He lost the match **by** default.
그는 부전패했다.

c. He won the game **by** chance.
그는 우연히 그 경기에서 이겼다.

d. I paid bill twice **by** mistake.
나는 실수로 그 청구서를 두 번 지불했다.

e. I know him only **by** name.
나는 그를 이름으로만 알고 있다.

다음 문장에서도 주어진 상태나 과정은 by의 목적어에 의해 생긴다.

a. It is fine **by** me.
(그것은) 나는 괜찮다.

b. She has two children **by** him.
그녀는 그 남자의 두 아이를 갖고 있다.

c. The company did well **by** its employees.
그 회사는 종업원들의 힘으로 잘 했다.

다음 문장에서 by의 목적어는 동명사이다. 문장의 주어진 상태나 과정은 by의 목적어에 의해 이루어진다.

8 **a.** She looks pretty **by** wearing glasses.
그녀는 안경을 껴서 예쁘게 보인다.

b. He will rule again **by** changing the rule.
그는 그 규정을 바꿔서 다시 통치할 것이다.

c. They broke the glass window **by** throwing stones at it.
그들은 창문에 돌을 던져서 그 문을 깼다.

d. He amused his class **by** telling funny jokes.
그는 재미있는 농담을 해서 반 친구들을 즐겁게 했다.

1.4 교통수단

다음 (9a)에서 by의 목적어는 교통수단을 나타내고 by의 목적어는 관사 없이 명사만 쓰였다. 이 경우 교통수단인 차나 비행기와 같은 실제 물건이 아니라, 이들이 내는 힘에 의해서 이동이 일어남을 가리킨다.

9 **a.** He went to Canada **by** plane.
그는 캐나다를 비행기로 갔다.

b. He went down to Gwangju **by** the new highway/a local road.
그는 새 고속도로/지방도로로 광주에 내려갔다.

(9a)의 plane 대신에 다음과 같은 표현도 쓰인다.

by air	비행기로	by boat	배로
by bus	버스로	by land	땅으로
by sea	바다로	by train	기차로

교통수단을 나타낼 때 전치사 by 대신 on이 쓰일 수 있다. on이 쓰이면 관사가 쓰인다. 전치사 on은 구체적인 교통수단을 표현하고, by는 추상적인 힘을 표현한다. 다음 문장 (10a)에서는 전치사 on이 쓰였고, (10b)에서는 by가 쓰였다.

a. He went to Canada **on** the plane.
그는 비행기를 타고 캐나다로 갔다.

b. He went to Canada **by** plane.
그는 비행기 편으로 캐나다에 갔다.

c. He came down to Busan **on** the train.
그는 기차를 타고 부산에 내려왔다.

d. He came down to Busan **by** train.
그는 기차 편으로 부산에 내려왔다.

1.5 거래 관계

다음에 X by Y에서 X는 판매 혹은 거래 행위이고, 이 거래는 Y의 단위에 이르러야 행위가 이루어진다.

1.5.1 지불

a. They charged **by** the hour.
그들은 시간 단위로 요금을 징수했다.

b. He is paid **by** the month.
그는 월 단위로 돈이 지급된다.

1.5.2 판매

a. The pears are sold **by** the dozen.
그 배는 12개 단위로 팔린다.

b. The flour is sold **by** the pound.
그 밀가루는 파운드 단위로 팔린다.

1.6 차이

X by Y에서 X는 승패나 차이를 나타내고, 이 차이는 by의 목적어에 의해 결정된다. 즉, by의 목적어에 의해 승패가 좌우된다. 또 두 개체 사이의 차이도 by로 결정된다. 다음 (13a) 문장에서 시합을 이긴 것은 2점에 의한 것이다.

a. They won the game three to one. That is, the game is won **by** two points.
그들은 3 대 1로 이겼다. 즉, 그 경기는 2점 차이로 이겼다.

b. Prices jumped up **by** 20%.
물가가 20% 차로 올랐다.

c. He escaped **by** a hair breadth.
그는 간발의 차로 도망갔다.

d. He won the election **by** a large margin.
그는 큰 표차로 그 선거에서 이겼다.

다음에서 주어진 상태는 by의 목적어에 의해 생긴다.

a. Mary is taller than Susan **by** two centimeters.
메리는 2센티미터 차이로 수잔보다 키가 더 크다.

b. He was early/late **by** 30 minutes.
그는 30분 차이로 일렀다/늦었다.

c. He is **by** far the best player.
그는 큰 차이로 최고의 선수이다.

d. He is junior to me **by** 2 years.
그는 나보다 두 살 아래이다.

1.7 곱하기와 나누기

X by Y에서 X는 곱해지거나 나누어지는 숫자이고, Y는 곱하거나 나누는 숫자다.

a. Multiply 6 **by** 3.
6을 3으로 곱해라. (6×3)

b. Divide the number 12 **by** 3.
그 12를 3으로 나누어라. (12÷3)

1.8 면적

다음 표현은 가로×세로의 면적을 나타낸다. 즉, 면적은 세로 곱하기 가로로 산출된다.

a. The window measures 5m **by** 3m.
그 창문은 면적이 5미터×3미터이다.

b. The room measures 10m **by** 20m.
그 방은 면적이 10미터×20미터이다.

c. The lake is 100 miles long **by** 50 miles wide.
그 호수는 길이 100마일에 너비 50마일이다.

d. The table is 20 feet long **by** 10 feet wide.
그 식탁은 길이 20 feet에 너비 10 feet이다.

1.9 잡기

다음에서 X는 잡는 행위이고 Y는 잡는 부분이다. 잡는 행위는 잡는 부분에 의해서 일어난다. 다음 (17a) 문장에서 그가 토끼를 잡은 것은 목에 가해진 힘에 의해서다.

a. He caught the rabbit **by** the neck.
그는 그 토끼를 목덜미로 잡았다.

b. The mom lion carried her cub **by** the scruff.
그 어미 사자는 새끼 사자를 목덜미를 잡고 이동했다.

c. The coach held the player **by** the shoulder.
그 코치는 그 선수를 어깨로 잡았다.

d. The police grabbed the robber **by** the throat.
그 경찰이 그 강도를 목에 힘을 가하며 잡았다.

e. He held up the wet sheet of paper **by** one corner.
그는 그 젖은 종이 한 귀퉁이를 잡고 들고 있었다.

위 (17a)의 the neck 대신에 다음 명사가 쓰일 수 있다.

by the ear	귀로	by the hind leg	뒷다리로
by the leg	다리로	by the tail	꼬리로

1.10 이동동사

다음에 쓰인 동사들은 이동동사이고 주어는 by의 목적어 곁을 지나간다.

a. He went **by** me without saying hello.
그는 인사도 없이 내 곁을 지나갔다.

b. She passed **by** me without looking at me.
그녀는 날 보지 않고 내 곁을 지나갔다.

c. On his way to school, he stopped **by** a convenience store.
학교 가는 길에 그는 잠깐 편의점에 들렀다.

d. We walked **by** the store.
우리는 그 가게 곁을 지나갔다.

1.11 시간의 한계

X by Y에서 X는 과정이고 Y는 시간이다. by Y는 시간의 한계를 나타낸다. X는 이 시간의 한계 안에 일어난다. 그러나 by Y는 시간의 한계만을 나타내는 것이 아니고, 영향도 나타낸다. 다음 문장을 살펴보자.

a. I finished the job **by** the deadline.
나는 그 일을 마감일 전에 마쳤다.

b. He returned the book **by** the due date.
그는 그 책을 반납일에 돌려주었다.

by the deadline과 by the due date는 시간을 나타내기도 하지만, 이들의 힘에 의해서 일을 마치고, 책을 반납하는 과정이 일어나는 것이다.

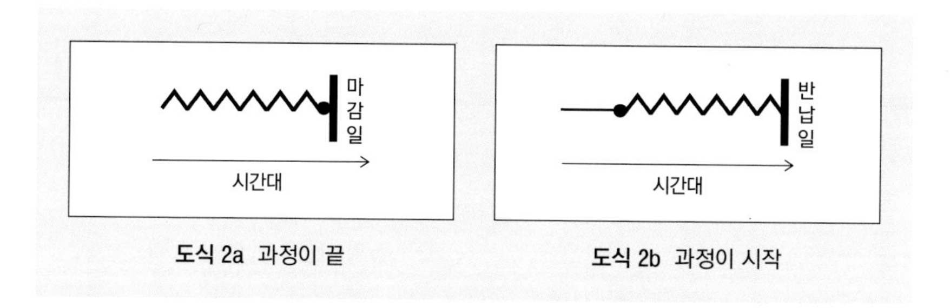

도식 2a 과정이 끝 도식 2b 과정이 시작

위 도식이 나타내는 「by 시간」은 명령문이나, 조동사 should, must, have to가 쓰인 문장에 자주 쓰인다.

a. You must leave **by** Friday.
여러분은 금요일까지 떠나야 합니다.

b. You must get up **by** 6.
6시까지 일어나야 한다.

c. I have to get this book out **by** the end of June.
나는 이 책을 6월 말까지 내야만 한다.

2 부사 용법

X by Y에서 Y가 쓰이지 않으면 by는 부사이다.

2.1 목적어 생략

다음 문장에서 부사 by의 목적어는 문맥이나 화맥에서 추리될 수 있다.

a. He stood **by** and watched the game.
그는 (그 경기 곁에 서서) 그 경기를 관람했다.
(위 문장에서 the game은 watched의 목적어뿐 아니라, by의 목적어가 된다.)

b. This is my house, and his house is near **by**.
이것은 내 집이고, 그의 집은 (내 집의) 곁에 가까이 있다.
(위 문장에서 생략된 by의 목적어는 my house이다.)

c. I will come **by** and see you on my way home.
나는 집에 가는 길에 너에게 들러서 너를 보겠다.
(위 문장에서 by의 목적어는 you이다.)

d. The crew members are standing **by**, ready to take order.
그 승무원들은 명령받을 준비를 하고 (명령을 받는 위치에) 대기하고 있다.
(위 문장에서 by의 목적어는 누군가로부터 명령을 받을 수 있는 위치이다.)

2.2 이동동사

다음 문장에 쓰인 동사는 이동동사이고 by의 목적어는 화자 혹은 화·청자가 알고 있는 개체이다.

a. Twenty years went **by**.
20년이 (내 곁을) 지나갔다.

b. A truck went **by** with a loud noise.
트럭 한 대가 시끄러운 소리를 내며 (내 곁을) 지나갔다.

c. Cars pulled over, and the ambulance passed **by**.
차들이 한쪽으로 서고, 구급차가 (그 곁을) 지나갔다.

d. Come and see me if you pass **by**.
당신이 (내 곁을) 지나가면 와서 나를 보고 가세요.

3 by와 거리 및 정도 표시

X by Y에서 X는 Y의 영향권 안에 있으므로 이 둘 사이의 거리나 정도가 표현될 수 있다.

a. Our parents live **close by**.
우리 부모님은 근처에 사신다.

b. The highway passes **close by** the town.
그 고속도로는 마을 근처를 지나간다.

c. Always have your dictionary **near by**.
항상 너의 사전을 가까이 지니고 있어라.

d. Tom sat **near by**.
톰이 근처에 앉았다.

DOWN

down은 전치사와 부사로 쓰인다. 먼저 전치사 용법부터 살펴보자.

1 전치사 용법

1.1 높은 곳에서 낮은 곳으로

이 전치사는 X down Y에서 X가 Y의 높은 곳에서 낮은 곳으로 움직이는 관계를 나타낸다.

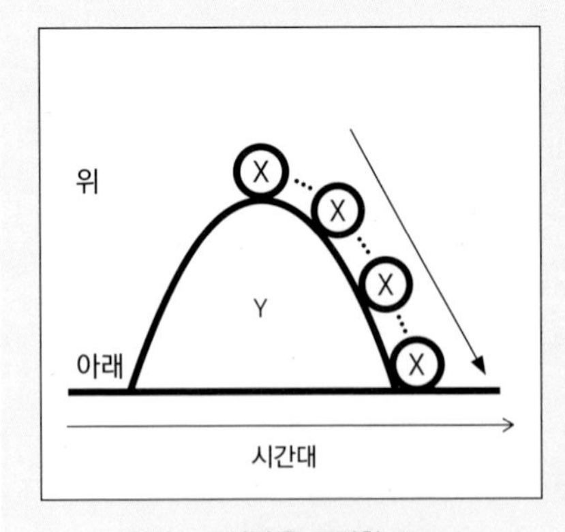

도식 1a 시간을 고려한 down

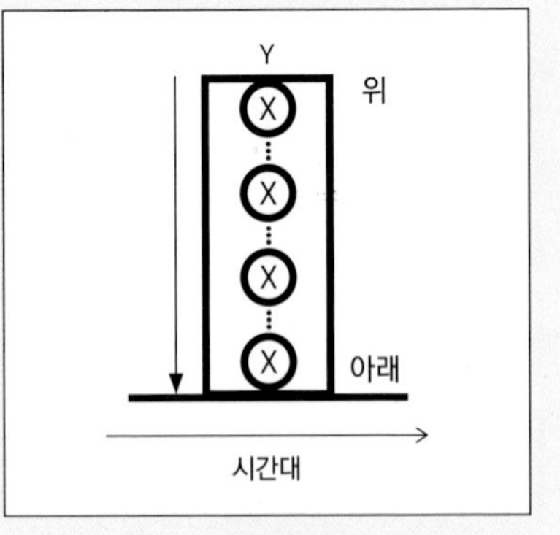

도식 1b 시간을 고려하지 않은 down

(도식 1a)는 이동체 X가 시간이 지나면서 그 위치가 점점 낮아지는 관계이다. 시간을 고려하지 않고 X의 위치 변화만 고려하면 down은 (도식 1b)와 같이 나타낼 수 있다.

1.1.1 자동사

다음 (1a)에서 물은 계곡의 높은 곳에서 낮은 곳으로 흐른다. 나머지 문장에서도 주어가 높은 곳에서 낮은 곳으로 움직인다.

a. The water flowed **down** the valley.
그 물이 그 계곡을 따라 흘러 내려갔다.

b. The monkey climbed **down** the tree.
그 원숭이가 그 나무 아래로 기어 내려갔다.

c. He drove **down** the ramp.
그는 그 경사로를 따라 운전해 내려갔다.

d. He went **down** the stairs.
그는 그 계단 아래로 내려갔다.

e. He jumped **down** the cliff.
그는 그 벼랑 아래로 뛰어내렸다.

1.1.2 타동사

다음 문장에는 타동사가 쓰였고, 타동사의 목적어가 위에서 아래로 움직인다. (2a)에서 아이는 미끄럼틀의 높은 곳에서 낮은 곳으로 움직인다.

a. I pushed the child **down** the slide.
나는 그 아이를 밀어 그 미끄럼틀을 타고 내려가게 했다.

b. The rescuers carried the wounded man **down** the ladder.
그 구조원들이 그 부상당한 사람을 그 사다리 아래로 옮겼다.

c. She poured water **down** the drain.
그녀는 물을 쏟아 그 배수관을 따라 내려가게 했다.

d. They rolled logs **down** the hillside.
그들은 통나무를 굴려서 산을 따라 내려가게 했다.

1.2 과정과 결과

전치사 down은 위에서 아래로 움직이는 과정과 결과를 나타낸다. 그런데 이 전치사는 결과만을 나타낼 때도 있다. 다음 도식을 살펴보자.

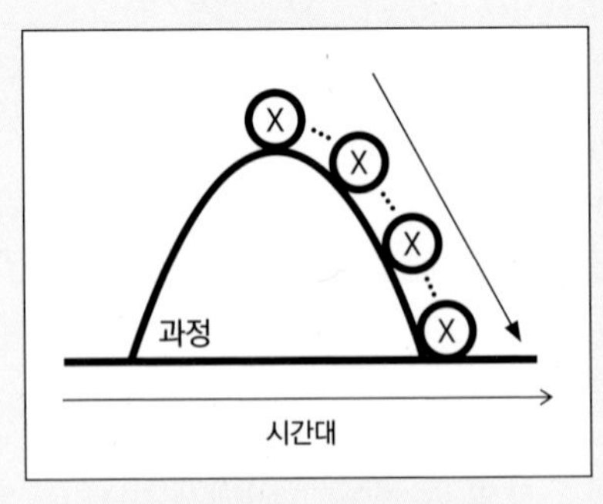

도식 2a 아래로 움직이는 과정

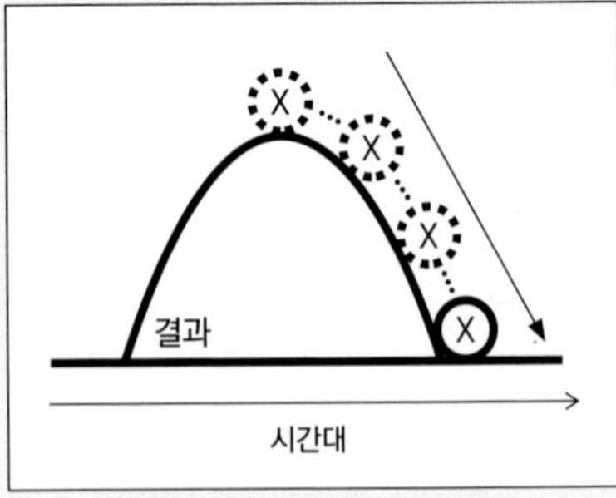

도식 2b 아래에 있는 결과

(도식 2a)는 이동체가 내려오는 과정이 부각되고, (도식 2b)는 이동체가 내려와 있는 결과만 부각되어 있다. 이 관계를 나타내는 다음 예를 살펴보자.

a. The police station is **down** this road.
그 경찰서는 이 길을 쭉 따라 내려간 곳에 있다.

b. They live **down** the hill.
그들은 언덕 아래에 살고 있다.

동사 is나 live에는 이동성이 없다. 그러나 down에는 이동성이 있다. 비이동과 이동은 상충한다. 그런데 왜 down이 쓰였을까? 경찰서나 그들이 사는 곳을 확인하기 위해서 화자의 시선이 길이나 언덕의 높은 데서 낮은 데로 옮겨가는 것으로 생각된다. 그래서 down이 쓰였다.

2 부사 용법

X down Y에서 Y가 쓰이지 않으면 down은 부사이다. 다음 두 도식을 비교해 보자. (도식 3a)에서는 X와 Y가 모두 부각되어 있고, (도식 3b)에서는 Y가 점선으로 표시되어 있다.

부사 down이 나타내는 공간 속 이동 관계는 이것을 바탕으로 한 여러 가지의 비유적인 뜻을 갖게 된다.

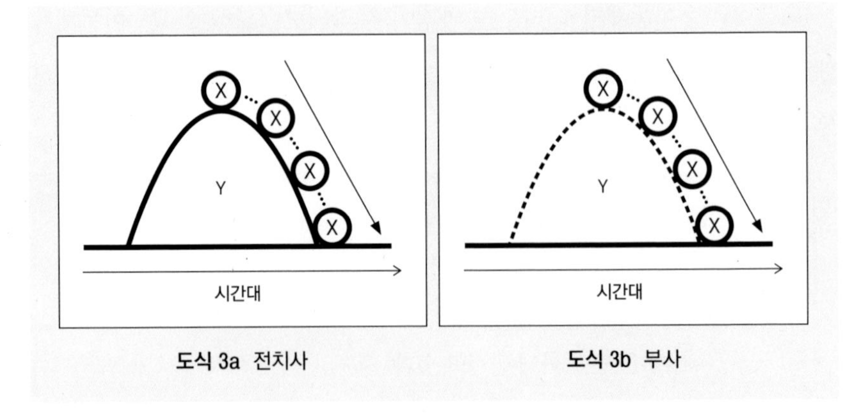

도식 3a 전치사　　　도식 3b 부사

2.1 높은 곳에서 낮은 곳으로의 이동

2.1.1 공중에서 땅으로/땅에서 수면으로

down은 공중에서 지면이나 수면으로, 또 지면이나 수면 아래로의 이동을 나타낸다.

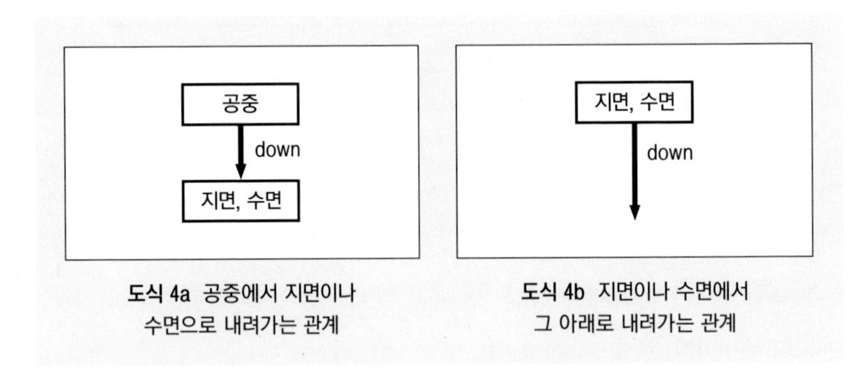

도식 4a 공중에서 지면이나 수면으로 내려가는 관계

도식 4b 지면이나 수면에서 그 아래로 내려가는 관계

■ 자동사

a. The plane went **down**.
그 비행기가 내려갔다. (즉, 추락했다.)

b. The rain is lashing **down**.
비가 세차게 내리치고 있다.

c. The sun is beating **down**.
해가 내리쬐고 있다.

d. The ship sank **down** to the bottom.
그 배는 바닥까지 가라앉았다.

■ 타동사

a. The pilot brought **down** the plane.
그 조종사가 그 비행기를 착륙시켰다.

b. He put **down** his plane.
그는 그 비행기를 내렸다. (즉, 비행기를 착륙시켰다.)

c. The hunter shot **down** the eagle.
그 사냥꾼이 그 독수리를 쏴서 내렸다.

2.1.2 낮은 자세로

다음에서 down은 서 있던 자세에서 앉거나 앉은 자세에서 눕는 자세로의 움직임을 나타낸다.

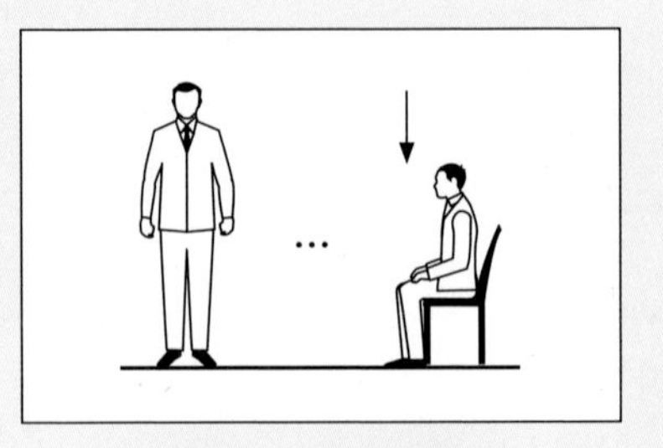

도식 5a 서 있는 자세에서
앉은 자세로의 움직임

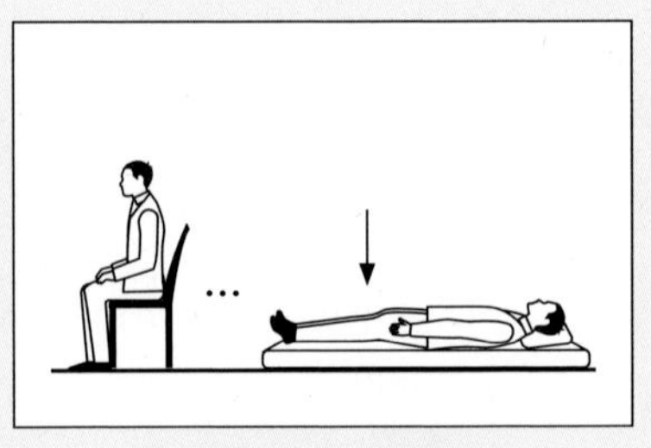

도식 5b 앉는 자세에서
눕는 자세로의 움직임

자동사

a. He sat **down** on a chair.
그는 의자에 앉았다.

b. He lay **down** on the floor.
그는 마루에 드러누웠다.

c. He kneeled **down**.
그는 무릎을 꿇고 앉았다.

d. He went **down** on his knees.
그는 무릎을 대고 앉았다.

e. He crouched **down**.
그는 웅크리고 앉았다.

타동사

The rebels laid **down** the civilians.
그 반군들이 시민들을 땅에 엎드리게 했다.

2.1.3 넘어지는 상태로

다음에서 down은 서 있던 상태에서 넘어지는 상태를 나타낸다.

■ 자동사

a. He fell **down**.
그는 넘어졌다.

b. The tree fell **down** in the storm.
그 나무가 그 폭풍에 쓰러졌다.

■ 타동사

a. A pack of lions brought a hippo **down**.
사자떼 한 무리가 하마를 쓰러뜨렸다.

b. He cut **down** the tree.
그는 나무를 베어 쓰러뜨렸다.

c. He knocked me **down**.
그는 나를 쳐서 넘어뜨렸다.

d. The car ran him **down**.
그 차가 그를 넘어뜨렸다.

e. He was run **down** by a taxi.
그는 택시에 치어서 넘어졌다.

2.1.4 무너지는 상태로

down은 서있던 건물이나 장벽들이 무너지거나 없어지는 상태를 나타낸다.

▬ 자동사

a. The building burned **down**.
그 건물은 타서 없어졌다.

b. The Berlin Wall came **down** 25 years ago.
베를린 장벽은 25년 전 무너졌다.

c. The house went **down** in flames.
그 집이 불타서 없어졌다.

▬ 타동사

a. They broke **down** the wall.
그들은 그 벽을 허물어뜨렸다.

b. He tore **down** the fence.
그는 그 울타리를 뜯어서 없앴다.

c. They pulled **down** the overpass.
그들은 고가도로를 당겨서 끌어내렸다. (즉, 허물었다.)

2.1.5 음식이 내려가는 관계

다음에서 down은 음식이 식도를 타고 위로 내려가거나 내려가 있는 관계를 나타낸다.

a. He bolted **down** 2 cans of beer.
그는 맥주 두 캔을 급히 들이켰다.

b. He gulped **down** a glass of water.
그는 물 한 잔을 벌컥 들이마셨다.

c. He choked **down** a big chunk of meat.
그는 큰 고기 덩어리 하나를 힘겹게 삼켰다.

d. The child gobbled **down** cookies.
그 아이가 쿠키를 재빨리 삼켰다.

e. He took two pills out of the bottle and swallowed them **down.**
그는 병에서 알약을 두 개 꺼내서 그것을 꿀꺽 삼켜 내렸다.

2.1.6 씻어 내리기

다음에서 down은 무엇을 씻어 내리는 관계를 나타낸다.

a. He hosed **down** the wall.
그는 호스로 벽을 씻어 내렸다.

b. He rubbed **down** the horse.
그는 그 말을 문질러 철저하게 닦아 내렸다.

c. He sponged **down** the window.
그는 스펀지로 창문을 씻어 내렸다.

d. The family washed **down** the walls around the house.
그 가족은 집 주위의 벽을 물로 씻어 내렸다.

2.2 오르는 힘을 내리누르는 관계

down은 다음 동사와 쓰이면 올라오려는 것을 오르지 못하게 하는 관계를 나타낸다.

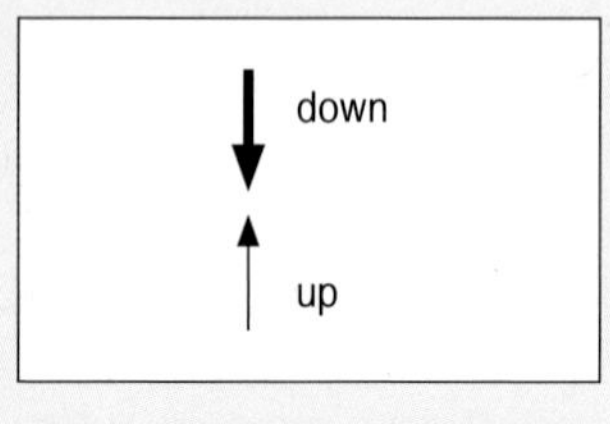

도식 6 오르는 힘에 맞서는 관계

a. Police brought **down** the riot.
경찰이 그 폭동을 진압했다.

b. He put **down** his anger.
그는 그의 화를 억눌렀다.

c. He lived **down** his resentment.
그는 살아가면서 그의 분노를 가라앉혔다.

2.3 수, 양, 정도의 감소

다음에서 down은 수, 양, 정도의 감소를 나타낸다. 이것을 타동사와 자동사로 나누어 살펴보자.

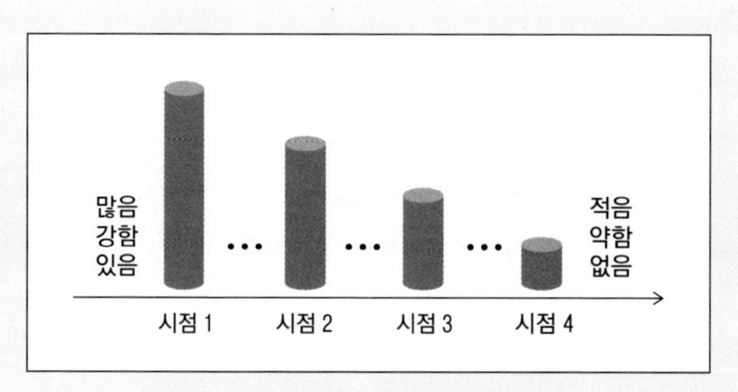

도식 7 수, 양, 정도 등이 줄어드는 관계

2.3.1 자동사

a. Prices went **down.**
물가가 내려갔다.

b. The water boiled **down.**
그 물이 끓어서 줄어들었다.

c. The storm calmed **down.**
태풍이 잦아들었다.

d. The car slowed **down.**
그 차가 속도를 늦추었다.

e. The light dimmed **down.**
그 불빛이 흐려졌다.

2.3.2 타동사

a. They cut **down** spending.
그들은 지출을 줄였다.

b. He got the number **down** from 10 to 6.
그는 숫자를 10에서 6으로 내렸다.

c. He's trying to trim **down** 5kg.
그는 체중 5킬로그램을 빼려고 노력하고 있다.

2.4 작은 단위로 분해

다음에서 down은 큰 것이 작은 것으로 분해되는 관계를 나타낸다.

도식 8 큰 것이 작은 단위로 바뀌는 관계

a. He broke **down** a 50,000 won bill into 10,000 bills.
그는 5만 원짜리 지폐를 만 원짜리 지폐로 바꾸었다.

b. Bacteria break **down** the food waste.
박테리아가 음식 찌꺼기를 분해한다.

(계속)

c. Please chop the onions and grind them **down**.
양파를 토막으로 자른 다음 갈아 주세요.

d. He split **down** the bill in the middle.
그는 그 돈을 반으로 나누었다.

e. He stripped **down** his bike and then put it together.
그는 자전거를 분해했다가 다시 조립했다.

2.5 좋은 상태에서 좋지 않은 상태로

다음에서 down은 좋은 상태에서 좋지 않은 상태로의 변화를 나타낸다. 영어에는 '좋음은 위, 나쁨은 아래'의 은유가 있다. 이 관계를 자동사와 타동사로 나누어 살펴보자.

2.5.1 자동사

a. He's feeling **down**.
그는 우울함을 느끼고 있다.

b. He came **down** with a cold.
그는 감기로 병이 났다.

2.5.2 타동사

a. The failure brought him **down**.
그 실패가 그를 의기소침하게 만들었다.

b. The news put him **down**.
그 소식이 그를 낙담하게 만들었다.

(계속)

c. The computer let me **down** again.
내 컴퓨터가 나를 다시 실망시켰다.

d. The new smartphone won't let you **down**.
그 새로운 스마트폰은 당신을 실망시키지 않을 것이다.

2.6 마음이 가라앉은 상태

다음 도식에서 down은 마음이 들뜬 상태에서 차분하게 가라앉은 상태로의 변화를 나타낸다. down과 반대로 불변사 up은 들뜬 상태, 불안정한 상태를 나타낸다. 예문 (20)의 두 문장에서 up, down을 비교해 보자.

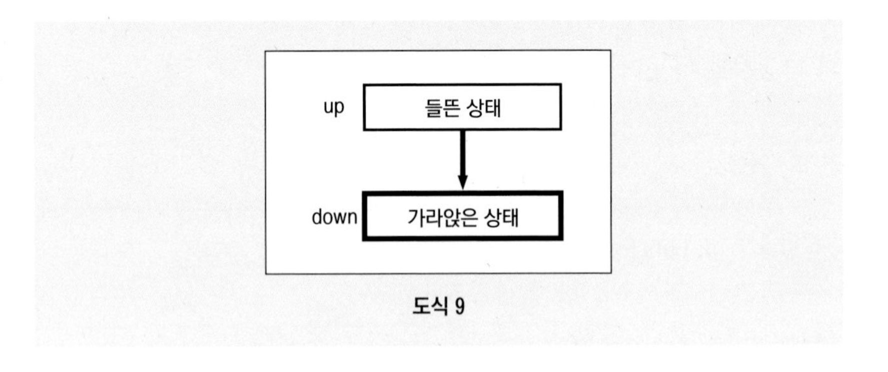

도식 9

(20)

a. The horse kicked **up** dust.
그 말이 먼지를 일으켰다.

b. The dust is settling **down**.
그 먼지가 가라앉고 있다.

다음 문장에서 주어는 가라앉거나 침착한 상태가 된다.

a. It's time to buckle **down**.
마음을 가라앉히고 일에 전념을 할 때이다.

b. He got **down** to work.
그는 마음을 차분히 가라앉히고 일을 시작했다.

c. I am going to knuckle **down** to serious studying.
나는 마음을 가라앉히고 본격적으로 진지한 연구를 시작할 것이다.

d. Calm **down** and tell me what happened.
마음을 가라앉히고 무슨 일이 일어났는지 말해다오.

e. It is hard to settle **down** and work after the day's excitement.
그날의 흥분을 겪고 나서 마음을 가라앉히고 일하기는 어렵다.

2.7 질책, 꾸짖음

down은 사람을 꾸짖거나 기를 꺾거나 얕잡아 보는 관계를 나타낸다. 이것을 타동사와 자동사로 살펴보자.

2.7.1 자동사

a. He came **down** hard on me.
그는 나를 심하게 꾸짖었다.

b. Please don't talk **down** to us.
우리에게 얕보는 투로 말하지 마세요.

c. He always looked **down** upon the poor.
그는 항상 가난한 사람들을 얕보았다.

2.7.2 타동사

a. He called me **down** for drinking too much.
그는 내가 술을 너무 많이 마신다고 야단쳤다.

b. Don't put me **down** in front of my friends.
내 친구들 앞에서 나를 망신 주지 마세요.

c. Please don't run me **down** like this. I'm not that bad.
나를 이렇게 비판하지 말아 주세요. 나는 그렇게 나쁘진 않아요.

d. We took him **down** a peg or two.
우리는 그의 콧대를 약간 꺾었다.

e. Don't tear him **down**. He's working very hard.
그를 무자비하게 꾸짖지 마세요. 그는 매우 열심히 일하고 있어요.

2.8 비활동 상태

다음 도식에서 down은 비활동 상태를 나타낸다. 사람의 신체를 기준으로 보면 세 가지 영역으로 나누어 볼 수 있다. 손이 있는 곳이 활동 영

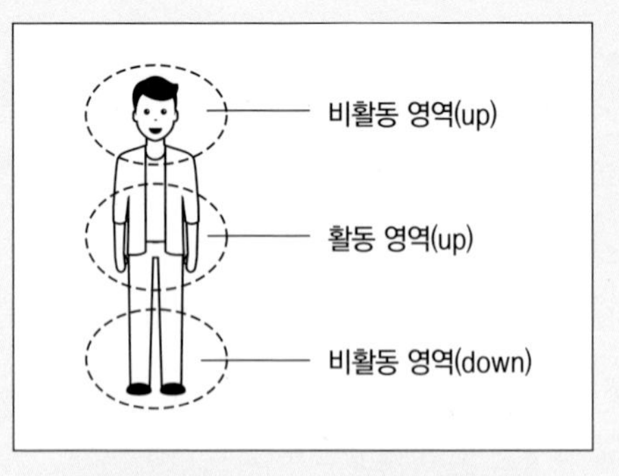

도식 10 신체 부위에 따른 활동/비활동 영역

역이고, 이것은 불변사 up으로 표현된다. 사람의 발이 있는 곳은 비활동 영역이고, 이것은 불변사 down으로 표현된다. 사람의 머리가 있는 위쪽도 다시 비활동 영역이 되고, 이는 불변사 up으로 표현된다.

다음 예문에서 동사의 목적어는 무기, 생명, 경계 등이고 이들을 내려놓는다는 것은 이들을 쓰지 않는 비활동 영역으로 내려 놓음을 의미한다.

a. They laid **down** their arms.
그들은 무기를 내려놓았다.

b. The young people laid **down** their lives.
그 젊은이들이 그들의 삶을 내려놓았다.

c. They let **down** their guard.
그들은 경계를 내려놓았다. (즉, 방심했다.)

d. He put **down** golf.
그는 골프를 그만두었다.

2.9 움직이지 않는 상태

이동체가 지면에 닿게 되면 이동체의 움직임은 끝나게 된다. 즉, 정지상태에 들어간다. 이 정지상태는 이동의 멈춤, 운행이나 활동의 멈춤, 고정 등의 개념에 적용된다.

(도식 11)은 이동체가 내려와서 지면에 닿아 움직임이 없는 상태를 나타낸다. 이 정지상태는 여러 가지 의미를 갖게 된다.

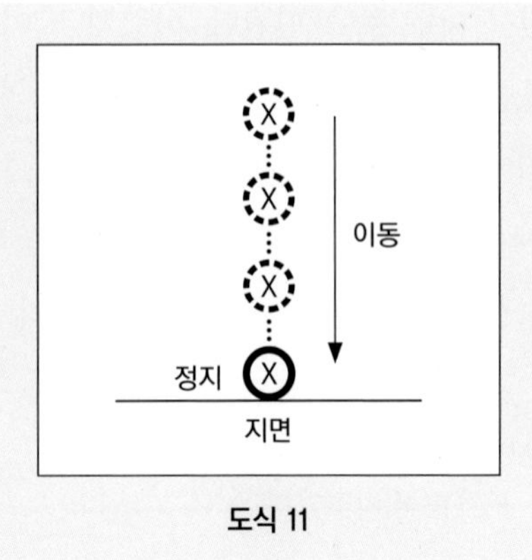

도식 11

2.9.1 잡힘

다음에서 down은 도망 다니던 동물이나 사람이 잡혀서 움직이지 못하는 관계를 나타낸다.

25

a. They chased **down** the wild pig.
그들은 그 멧돼지를 따라가서 잡았다.

b. The hunter hunted **down** a deer.
그 사냥꾼은 사냥을 해서 사슴 한 마리를 잡았다.

c. The gunman gunned **down** an innocent person.
그 총잡이가 죄 없는 사람을 쏘아서 죽였다.

d. Police tracked **down** the criminal.
경찰이 그 범인을 추적하여 잡았다.

e. I waved **down** a taxi.
내가 손짓을 해서 택시 한 대를 멈춰 세웠다.

f. We flagged **down** the train.
우리는 신호기를 써서 기차를 멈춰 세웠다.

2.9.2 고장

다음에서 down은 기계류 등이 고장나서 작동이 안 되는 상태를 나타낸다. (26a)는 복사기가 고장이 나서(broke) 움직이지 않는 상태(down)를 나타낸다.

a. The copier broke **down.**
그 복사기가 고장이 났다.

b. My computer went **down.**
내 컴퓨터가 고장이 났다.

2.9.3 통행 금지

다음에서 down은 길이나 광장 등에 통행을 못하는 상태를 나타낸다.

a. The police closed **down** the road to the city center.
경찰이 시 중심지로 가는 길을 폐쇄했다.

b. The police shut **down** the road.
경찰이 길을 차단했다.

c. The border is shut **down.**
그 국경은 닫혀서 통행이 안 된다.

2.9.4 운영 정지

정부, 학교, 병원 등의 기관 및 조직체가 운영이 정지되는 관계도 down으로 표현된다.

a. The militants locked **down** the government.
그 반란군이 정부 기능을 마비시켰다.

b. The poison shut **down** the kidney.
그 독성이 신장 기능을 정지시켰다.

c. They shut **down** the airport.
그들은 그 비행장을 폐쇄했다.

d. The liver is shut **down** by the poison.
간이 그 독약에 의해 기능을 못하게 되었다.

2.9.5 고정

다음 문장에서는 down이 흔들거리거나 느슨한 것이 고정되는 상태를 나타낸다. (29a)에서는 뚜껑이 고정되지 않던 상태에서 고정되는 상태를 나타낸다.

a. He hammered **down** the lid.
그는 그 뚜껑에 못질을 해서 움직이지 않게 했다.

b. They chained **down** the truck on to the floor.
그들은 그 트럭을 바닥에 체인으로 고정시켜 움직이지 못하게 했다.

c. Several people pinned **down** the attacker.
몇몇 사람들이 그 폭행범을 제압해 움직이지 못하게 했다.

d. He tacked **down** the paper.
그는 압정으로 그 종이를 고정시켰다.

e. He tied **down** the rope.
그는 그 로프를 묶어서 움직이지 않게 했다.

2.9.6 기록

다음에서 down은 소리, 생각, 감정 따위를 글로 써놓는 관계를 나타낸다. 써놓으면 글은 고정이 된다.

a. He is sure to be to go **down** as a greatest statesman.
그는 가장 위대한 정치가로 기록될 것이 틀림없다.

b. He jotted **down** my name.
그는 내 이름을 급하게 적어 두었다.

c. He noted **down** the dates and times of the appointment.
그는 약속 날짜와 시간을 적어 놓았다.

d. She put him **down** as an arrogant man.
그녀는 그를 거만한 사람이라고 기록해두었다.

e. The artist scribbled **down** a poem and began to play it on his guitar.
그 아티스트는 시를 갈겨쓰고 나서 그것을 그의 기타로 연주하기 시작했다.

2.10 과거에서 현재로의 이동

다음에서 down은 과거에서 현재로의 이동을, 그리고 현재에서 미래로의 이동을 나타낸다. (31a) 문장에서 down은 어느 전통이 과거에서 현재까지 내려온다는 뜻이다.

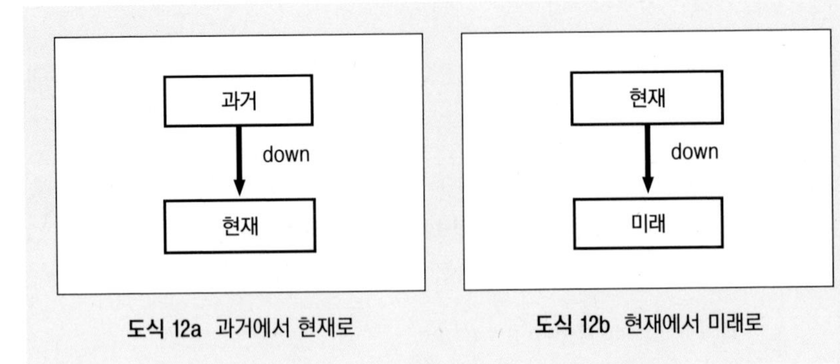

도식 12a 과거에서 현재로　　도식 12b 현재에서 미래로

a. The tradition came **down** through the generations.
그 전통은 수 대를 걸쳐 내려왔다.

b. The skill was handed **down** from father to son.
그 기술은 아버지로부터 아들에게로 이어져 내려왔다.

c. *Ganggangsuwollae* passed **down** from the Li Dynasty.
강강수월래는 이조시대부터 전해 내려왔다.

d. *Sundae* is passed **down** from Mongolia.
순대는 몽고로부터 전래되어 왔다.

예문 (31)에서 down은 시간이 과거에서 현재로 내려오는 관계를 나타낸다. 그러므로 현재에서 미래로 내려가는 것도 down으로 표현된다.

Think what you'll be doing twenty years **down** the road.
20년 후 장래에 당신이 무엇을 할 것인가를 생각해 보아라.

3 부사 down과 다른 전치사

부사 down은 위에서 아래로의 움직임을 나타내므로, 그 출발지는 from, 도착지는 on, to, into 등으로 표현될 수 있다.

3.1 출발지 : from

a. He came **down to** Busan **from** Seoul.
그는 서울에서 부산으로 내려왔다.

b. He went **down from** the second floor.
그는 2층에서 내려갔다.

c. He stepped **down from** the train.
그는 그 기차에서 내려섰다.

d. He looked **down from** space.
그는 우주에서 내려다보았다.

3.2 도착지 : to, on, at, into

3.2.1 장소이동의 도착지 : to

다음에서 down은 내려와서 to의 목적어에 이르는 관계를 나타낸다.

a. The building burned **down to** the ground.
그 건물이 바닥까지 타 내려갔다.

b. The order came **down to** us **from** the president.
그 명령은 대통령으로부터 우리에게 내려왔다.

c. The tradition comes **down to** us in stories.
그 전통은 이야기로 우리에게 전해져 내려오고 있다.

(계속)

d. He drilled **down to** the rock bed.
그는 암반까지 뚫고 내려갔다.

e. The turtle crawled **down to** the river.
그 거북이가 강까지 기어 내려갔다.

3.2.2 감소의 끝 : to

a. He boiled **down** the story **to** ten pages.
그는 그 이야기를 10페이지로 줄였다.

b. Wildlife comes **down to** speed and power.
야생생물은 속도와 힘으로 요약된다.
(즉, 그것들이 가장 중요하다.)

c. The cabbage shrank **down to** a small ball.
그 양배추가 줄어서 작은 공 모양이 되었다.

3.2.3 접촉이나 영향 : on

부사 down의 목적지는 전치사 to뿐만 아니라 전치사 on으로도 표시된다. on이 도착지를 나타내는 경우 on의 목적어는 접촉 및 영향을 받은 사람이나 개체이다.

다음에서 on의 목적어는 영향을 받는다.

a. The burden bears **down on** me.
그 짐이 나를 내리누른다.

b. Police are clamping **down on** illegal parking.
경찰이 불법주차를 단속하고 있다.

(계속)

c. The responsibility is loading **down on** us.
그 책임이 우리를 내리누르고 있다.

d. Rain is pelting **down on** the children.
비가 아이들에게 세차게 내리고 있다.

e. The anxiety is weighing **down on** her.
그 걱정이 그녀를 무겁게 내리누르고 있다.

다음에서 on의 목적어는 이동체가 닿는 곳이다.

37

a. He landed **down on** his side. 그는 옆구리로 떨어졌다.
b. He laid **down on** his back. 그는 등을 대고 누웠다.
c. He got **down on** his knees. 그는 무릎을 대고 앉았다.

3.2.4 시선이 내려 닿는 곳 : at

a. He looked **down at** me. 그는 나를 내려다보았다.
b. He stared **down at** me. 그는 나를 내려다보며 응시했다.

3.2.5 내려가서 들어가는 곳 : into

a. He dived **down into** the sea.
그는 바닷속으로 잠수해 내려갔다.

b. The water is dripping **down into** a bucket.
그 물이 그 양동이 속으로 뚝뚝 떨어져 들어가고 있다.

c. He swam **down** 100m **into** the sea.
그는 바닷속으로 100미터 헤엄쳐 내려갔다.

3.3 경로 및 방향 표현

부사 down은 위에서 아래로의 움직임을 나타내는데, 이때 움직임의 경로나 방향이 더해질 수 있다.

a. The sun came **down through** the water. (경로)
그 햇볕이 그 물을 뚫고 내려왔다.

b. The tradition comes **down through** the ages. (경로)
그 전통은 오랜 시간을 지나면서 전해진다.

c. They went **down South**. (방향)
그들은 남쪽으로 내려갔다.

d. They went **down toward** Mexico. (방향)
그들은 멕시코를 향해 내려갔다.

3.4 거리 표시

부사 down은 한 지점에서 다른 지점으로 내려가는 관계를 나타내므로 이 두 지점 사이의 거리를 표시할 수 있다.

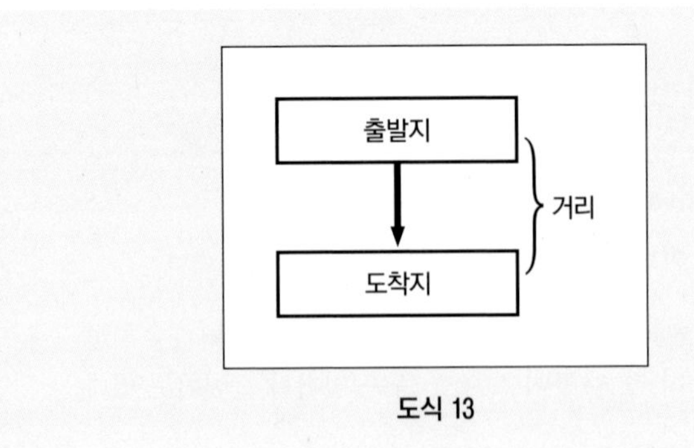

도식 13

a. He drove **for 500km down** to Busan.
그는 부산까지 500킬로미터를 운전해서 내려갔다.

b. He dived **20m down** into the sea.
그는 바닷속 20미터 아래로 내려갔다.

4 동사 용법

부사 down은 이동성이 강하므로 동사로도 쓰인다. down은 (42a~c)에서는 타동사로, (42d)에서는 자동사로 쓰였다.

a. They **downed** the helicopter.
그들은 헬리콥터를 추락시켰다.

b. He **downed** a coke.
그는 콜라를 급히 마셨다.

c. He **downed** a cup of coffee and left quickly.
그는 커피 한 잔을 급히 비우고 재빨리 떠났다.

d. The helicopter **downed**.
그 헬리콥터가 떨어졌다.

13 FOR

for는 전치사로만 쓰인다.

1 전치사 용법

전치사 for는 X for Y에서 X와 Y가 교환되는 관계이다. 다음 도식에서 A의 X는 B로 가고, B의 Y는 A로 간다.

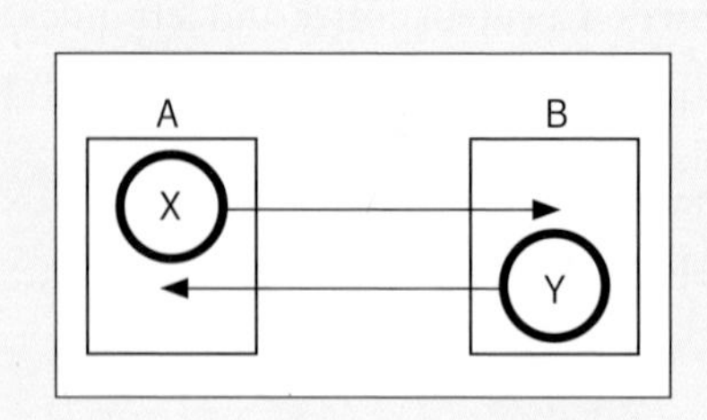

도식 1 교환관계 : X와 Y가 교환됨

1.1 교환

다음 예문은 동사의 목적어와 전치사의 목적어가 교환되는 관계를 나타낸다. 다음 (1a) 문장에서 for는 중고 노트북을 200달러를 내고 갖게 되는 과정이다.

a. I bought the secondhand laptop **for** $200 from a friend of mine.
나는 내 친구로부터 200달러를 주고 중고 노트북을 샀다.

b. I rented a room **for** $700.
나는 700달러를 주고 방을 빌렸다.

c. He charged $100 **for** his service.
그는 그가 한 일에 대해 100달러를 청구했다.

d. I left one ship **for** another.
나는 한 배를 떠나 다른 배를 탔다.

e. I taught him English in exchange **for** his service.
그가 나를 위해 일하는 대신 나는 그에게 영어를 가르쳐주었다.

1.2 대체·상징

대체나 상징 관계도 교환 관계로 볼 수 있다. 다음 문장을 살펴보자.

I mistook Bob **for** Tom.
나는 밥을 톰으로 착각했다.

(2) 문장에서 실제는 Bob인데 그 자리에 Tom이 들어온 관계를 for가 나타낸다(도식 2a 참조). 대체를 나타내는 문장도 살펴보자. 다음 (3)의 문장에서 주어는 'for 목적어'가 있을 자리에 대신해서 들어가는 관계이다(도식 2b 참조).

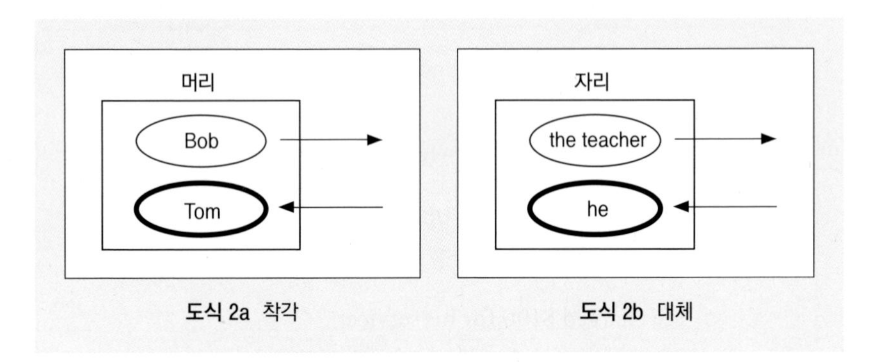

도식 2a 착각　　도식 2b 대체

③

a. He filled in **for** the teacher.
그는 선생님을 대신해서 그 자리에 들어갔다.

b. He sat in **for** the announcer.
그는 그 아나운서를 대신해서 그 자리에 앉았다.

c. My assistant will stand in **for** me while I'm away.
내 조수가 내가 없는 동안 나를 대신할 것입니다.

다음에서 주어는 for의 목적어를 대신하여 행동한다.

a. He acted **for** the chairman.
그는 그 의장을 대행했다.

b. I spoke **for** him.
나는 그를 대신해서 연설했다.

c. We can use the coat **for** blanket.
우리는 그 코트를 담요로 쓸 수 있다.

d. He posed **for** a doctor.
그는 의사 행세를 했다.

다음으로 상징 관계도 살펴보자.

(5a)에서 빨간색은 정지 대신에 들어가는 것이고, 노란색은 주의 대신에 들어가는 것이다. 다음 문장을 더 살펴보자.

a. Red is **for** stop and yellow is **for** caution.
빨간색은 정지를, 노란색은 주의를 상징한다.

b. ROK stands **for** the Republic of Korea.
ROK는 대한민국을 나타낸다.

c. The flag stands **for** Korea.
그 국기는 한국을 상징한다.

d. What's another word **for** liberty?
자유에 대한 다른 낱말은 무엇입니까?

1.3 목적

목적 관계는 A가 행동(X)을 먼저 하고 그 대가로 Y를 받거나 얻는 관계이다. (도식 3)에서 1, 2는 이런 시간 순서를 나타낸다.

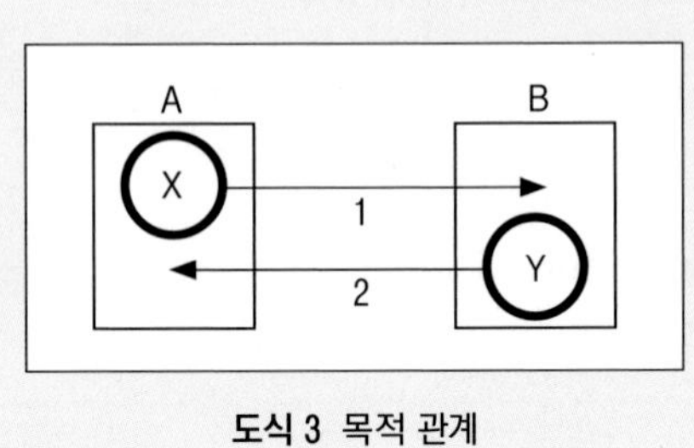

도식 3 목적 관계

다음 (6a)를 살펴보면 희망, 기도 등을 먼저 하고 안전귀환을 얻으려 한다.

⑥

a. He prays **for** his safe return.
그는 그의 안전한 귀국을 기도한다.

b. The beggar asked **for** money.
그 거지가 돈을 달라고 했다.

c. They are fighting **for** freedom.
그들은 자유를 얻기 위해 싸우고 있다.

d. **For** the purpose of helping him, everyone of us pitched in.
그를 도울 목적으로 우리 모두가 협력했다.

1.4 이유

이유 관계는 A가 Y를 먼저 받고 행동을 하는 관계이다. 이 경우에 for는 이유를 나타낸다.

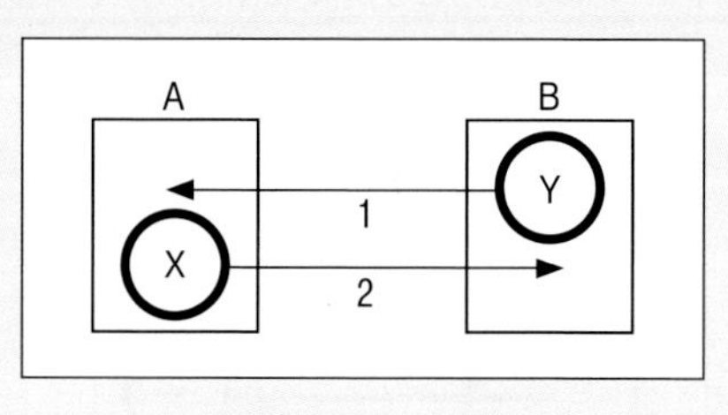

도식 4 이유 관계

다음 (7a) 문장을 살펴보면 기쁨이 먼저 있은 후 그 다음에 펄쩍 뛴다. 그래서 이 경우 for는 이유를 나타낸다.

a. He jumped **for** joy.
그는 기뻐서 펄쩍 뛰었다.

b. I apologize **for** my rude remarks.
나는 나의 무례한 말에 대해 사과합니다.

c. I congratulate you **for** your graduation.
나는 당신의 졸업을 축하합니다.

d. I thank you **for** your gift.
나는 당신의 선물에 대해 감사드립니다.

e. I am happy **for** you.
나는 당신 때문에 행복합니다.

f. Everything exists **for** good reason.
모든 것은 정당한 이유로 존재한다.

1.5 수용

1.5.1 A가 Y를 수용

전치사 for는 (도식 1)의 관계 전체가 아니라 일부만 나타내기도 한다. 다음에서는 도식 가운데 A와 Y만 부각된다. 즉, A가 Y를 수용하는 관계만 부각된다.

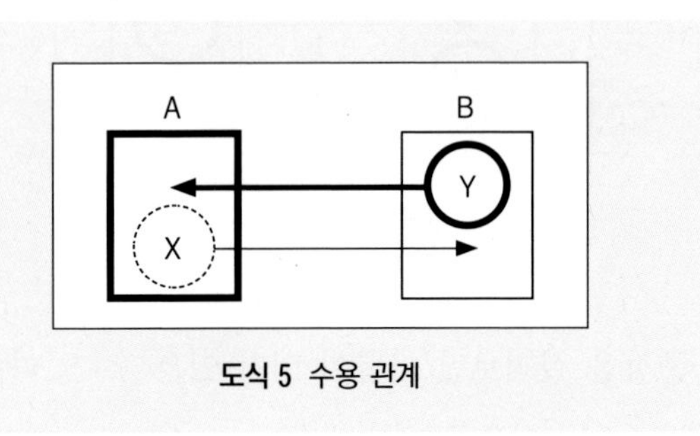

도식 5 수용 관계

과정 for 명사

다음에서 주어는 전치사 for의 목적어를 받아들이거나 찬성하는 관계이다. 다음 (8a) 문장에서 주어는 평화를 받아들이는 관계이다.

⑧

a. I am **for** peace.
나는 평화를 받아들인다. (즉, 평화를 찬성한다.)

b. I voted **for** reformation.
나는 개혁을 받아들이는 표, 즉 찬성하는 표를 던졌다.

c. We settled **for** a draw.
우리는 동점으로 만족했다.

■ 장소 for 명사

다음 예문에서 선행사는 장소이고, 이 장소는 for의 목적어를 받아들이는 관계이다.

⑨ **a.** a place **for** washing
씻을 수 있는 장소

b. a room **for** three people
세 사람을 위한 방

c. a table **for** six
여섯 명을 위한 탁자

d. a shelter **for** the homeless
노숙자를 위한 쉼터

e. a school **for** handicapped children
장애아를 위한 학교

■ 능력 for 명사

다음 표현 X for Y에서 X는 능력, 적성 등이고 이들이 Y를 받아들이는 관계이다.

⑩ **a.** a talent **for** business
사업에 대한 수완

b. an aptitude **for** linguistics
언어학에 대한 적성

c. an eye **for** bargain
저렴한 물건을 찾는 눈

d. an instinct **for** art
예술에 대한 본능

형용사 for 명사

다음 예문에는 형용사가 쓰였고, 주어는 전치사 for의 목적어를 받아들이는 관계이다.

a. He is responsible **for** the damage.
그는 그 피해에 책임이 있다.

b. I am ready **for** the exam.
나는 시험에 대한 준비가 되어 있다.

c. I am hungry **for** seafood.
나는 해산물을 먹고 싶다.

d. He is eager **for** the news.
그는 새 소식을 갈망한다.

시간 for 명사

다음 선행사는 시간이고, 이것은 for의 목적어를 받아들이는 관계이다.

a. time **for** victory 승리의 시간

b. time **for** meditation 명상의 시간

c. season **for** reading 독서의 계절

1.5.2 B가 X를 수용

다음에서는 B로 X가 들어오는 관계만 부각된다.

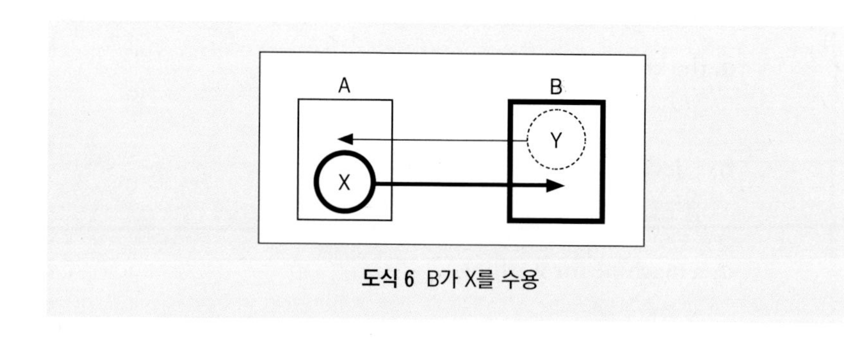

도식 6 B가 X를 수용

▬ 명사 for 명사

다음 (13a) 문장에서 선행사 옷은 for의 목적어인 소녀를 위한 관계이다. 소녀가 옷을 입는 관계이므로 옷이 소녀에게 들어오는 것으로 볼 수 있다. 그 아래 문장들도 마찬가지다.

a. This is a dress **for** a girl.
이것은 소녀용 옷이다.

b. These are shoes **for** men.
이것은 남성용 신발이다.

c. It is money **for** buying a bike.
그것은 자전거 사는 데 들어가는 돈이다.

▬ 명사 for 과정

다음에서 주어 X는 Y의 과정에 쓰이는 물건이다. 다음 예문을 살펴보자. (14a) 문장에서 칼은 자르는 데 쓰이는 도구이다. 동사 cut의 개념 바탕에는 자르는 사람, 잘리는 물건, 자르는 도구가 있다. 그러므로 도구는 cut의 개념 바탕에 들어오는 것으로 볼 수 있다.

⑭ **a.** the knife **for** cutting meat
고기를 자르는 데 쓰이는 칼

b. a device **for** checking the temperature
온도를 재는 데 쓰이는 기구

c. a machine **for** washing
세척용 기계

d. a tool **for** drilling
구멍을 뚫는 데 쓰이는 공구

■ 과정 for 수혜자

다음 도식에서 X는 과정이나 상태이고 이들은 B를 위한 것이다.

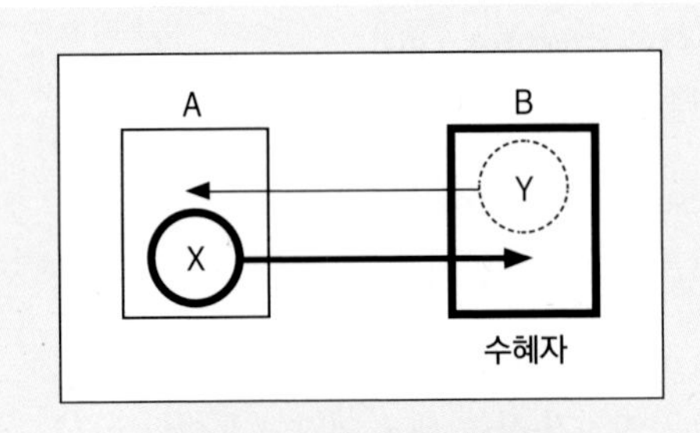

도식 7 과정 X의 수혜자 B

다음 (15) 문장에서 X는 고기를 요리하거나 잠자리를 마련하는 과정이고 이것은 Y인 수혜자를 위한 것이다.

a. I will cook some meat **for** you.
나는 당신을 위해 고기를 요리하겠습니다.

b. I will make the bed **for** you.
나는 당신을 위해 잠자리를 만들어 주겠습니다.

(계속)

c. On Parent's Day, he bought a bunch of flowers **for** his parents.
어버이날에, 그는 부모님을 위해 꽃다발을 샀다.

다음 문장을 보면 칼슘은 보통 우리 몸에 들어가는 것이므로 명사는 Y에 들어가는 것으로 볼 수 있다.

a. Calcium is good **for** your body.
칼슘은 당신의 몸에 좋다.

b. Drinking is bad **for** your health.
음주는 당신의 건강에 나쁘다.

■ 상태 for 경험자

다음 (17a) 문장에 쓰인 상태 hot은 for의 목적어인 me가 판단하는 것이다. 즉, for의 목적어 입장에서 이 상태를 받아들이거나 판단하는 것이다.

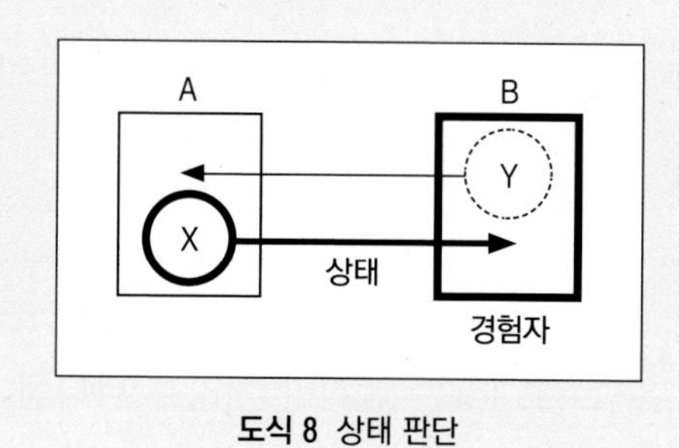

도식 8 상태 판단

a. It is very hot **for** me.
그것은 나에게 너무 뜨겁다.

b. It is very humid here **for** me.
여기는 내게 몹시 습하다.

c. To solve the math problem is not easy **for** me.
그 수학 문제를 푸는 것은 내게 어렵다.

d. It is not easy **for** me to solve the problem.
그 문제를 푸는 것은 내게 쉽지 않다.

e. The math problem is not easy **for** me to solve.
그 수학 문제는 내가 풀기가 쉽지 않다.

형용사 difficult는 다음과 같은 세 구조에 쓰인다.

a. To read the English book is difficult **for** the child.
그 영어책을 읽는 것은 아이들에게 어렵다.

b. It is difficult **for** the child to read the English book.
아이들이 그 영어책을 읽는 것이 어렵다.

c. The English book is difficult **for** the child to read.
그 영어책은 아이들이 읽기에는 어렵다.

1.6 움직임과 거리

다음에서 X는 움직이고 for는 움직인 거리를 나타낸다. (21a) 문장은 걷기가 2마일 안에 담기는 관계이다.

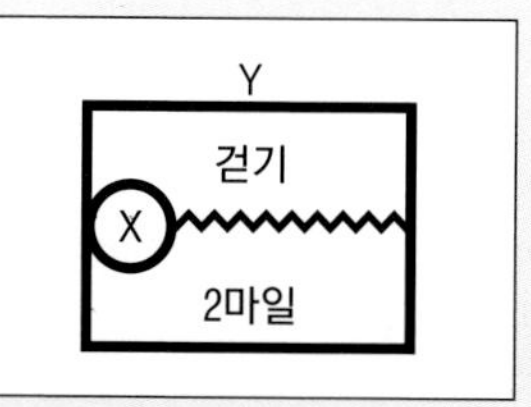

도식 9 Y는 거리 환산의 그릇

a. We walked **for** two miles.
우리는 2마일을 걸었다.

b. We drove **for** 10 miles before noon.
우리는 12시 전에 10마일을 운전했다.

c. There is a sharp bend **for** next 5 miles.
다음 5마일 사이에 급한 굽이가 있다.

1.7 움직임과 시간

다음에서 X는 종결점이 없는 활동이나 상태이고 for는 이들이 Y의 시간 안에서 일어나는 것으로 개념화된다. (20a) 문장은 영화 상영시간이 두 시간 안에 담기는 관계이다.

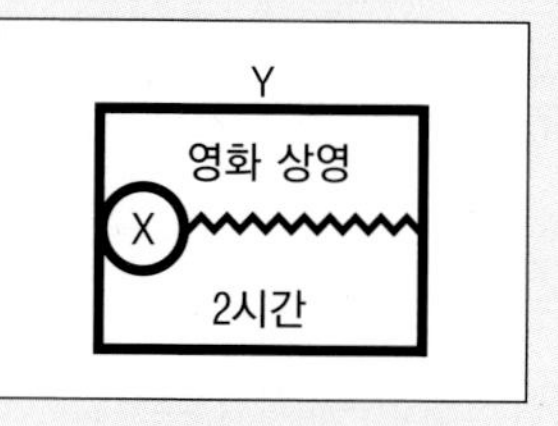

도식 10 과정의 기간

a. The movie ran **for** two hours.
그 영화는 두 시간 동안 계속되었다.

b. He has been sick **for** two weeks.
그는 2주 동안 아팠다.

c. I've lived here **for** 20 years.
나는 이곳에 20년 동안 살고 있다.

d. The court sentenced him to prison **for** 20 years.
그 법정은 그에게 20년 형을 선고했다.

1.8 대조

다음에서 for는 X를 Y의 그릇 안에 넣어서 보는 관계를 나타낸다. X와 Y의 내용에 따라서 비교나 대조의 의미가 될 수 있다.

a. For all his education, he's not a good teacher.
그의 모든 교육에도 불구하고 그는 좋은 선생님이 아니다.

b. For all his experience, he's not a good player.
그의 모든 경험에도 불구하고 그는 좋은 선수가 아니다.

c. For all his efforts, he failed.
그의 모든 노력에도 불구하고 그는 실패했다.

다음 예문 (22)도 대조를 나타내는 문장이다.

a. The boy is tall **for** his age.
그 소년은 나이에 비해 키가 크다.

b. The old man is strong **for** his age.
그 노인은 나이에 비해 튼튼하다.

FORWARD

forward는 부사로만 쓰인다.

1 부사 용법

부사 forward는 X forward(to Y)에서 X는 앞으로 향하는 관계를 나타낸다. 이것을 도식화하면 다음과 같다.

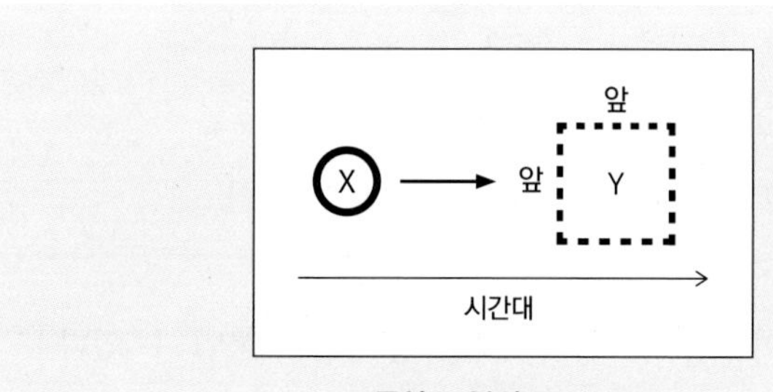

도식 1 부사 forward

부사 forward는 앞으로의 방향을 나타낸다. 다음에서 forward의 쓰임을 자동사와 타동사로 나누어 살펴보자.

1.1 자동사

a. She came **forward** to receive the prize.
그녀는 그 상을 받기 위해서 앞으로 나왔다.

b. Troops moved **forward.**
부대원들이 앞으로 이동했다.

c. The children raced **forward.**
그 아이들은 앞으로 달려나갔다.

d. The veteran ran **forward.**
그 노병은 앞으로 뛰었다.

e. He stepped **forward.**
그는 앞으로 발을 내딛었다.

1.2 타동사

a. He moved the country **forward.**
그는 그 나라를 전진시켰다. (즉, 발전시켰다.)

b. He pushed the troops **forward.**
그는 그 부대를 밀어서 앞으로 나아가게 했다.

부사 forward는 이동동사가 아닌 다음 동사와도 쓰일 수 있다.

③ **a.** He bent **forward.**
그는 앞쪽으로 몸을 굽혔다.

b. He leaned **forward.**
그는 앞쪽으로 기댔다.

c. The pillar tilted **forward.**
그 기둥은 앞으로 기울어져 있었다.

④ **a.** He put **forward** his proposal.
그는 자신의 제안을 앞에 내어 놓았다.

b. He set **forward** a new solution.
그는 새로운 해결책을 제시했다.

2 forward와 전치사

부사 forward는 전치사 to와 같이 쓰여서 방향의 목표를 나타낸다.

2.1 forward to

이 부사는 '앞쪽으로'의 뜻이다. 앞으로 가거나 시선이 앞으로 가 닿는 목표는 전치사 to로 표현된다.

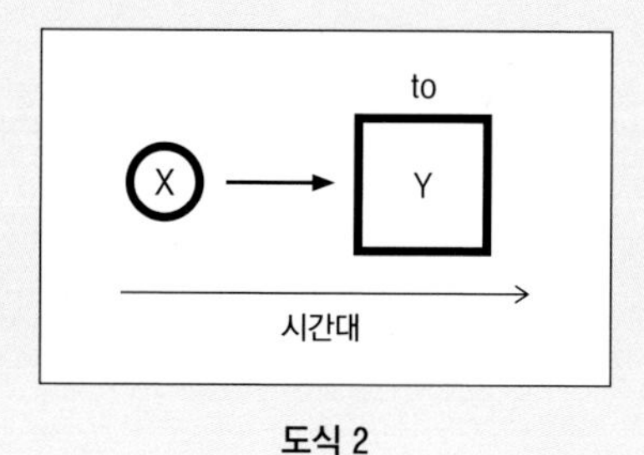

도식 2

a. He is looking **forward to** seeing him.
그는 그를 만날 일을 내다보고 학수고대하고 있다.
(to see가 아니라 to seeing인 것은 만남이 전제되어 있기 때문이다.)

b. He is looking **forward to** going abroad.
그는 해외에 나가는 것을 학수고대한다.

c. They are moving **forward to** the city.
그들은 그 도시로 나아가고 있다.

2.2 forward with

forward는 전치사 with와 같이 쓰일 수 있다.

a. Some people came **forward with** information about the accident.
몇몇 사람들이 그 사고에 관한 정보를 자진해서 가지고 나섰다.

b. The Congress are moving **forward with** impeachment.
그 국회의원들은 탄핵을 진행시키고 있다.

c. The president is pressing **forward with** reform.
그 대통령은 개혁을 강행시키고 있다.

FROM

from은 전치사로만 쓰인다.

1 전치사 용법

이 전치사는 X from Y에서 이동체 X가 출발지 Y에서 떠나는 관계를 나타낸다. 이것은 다음과 같이 도식화할 수 있다. 이 이동체는 Y에서 출발하여 도착지에 이르는 관계를 나타낸다.

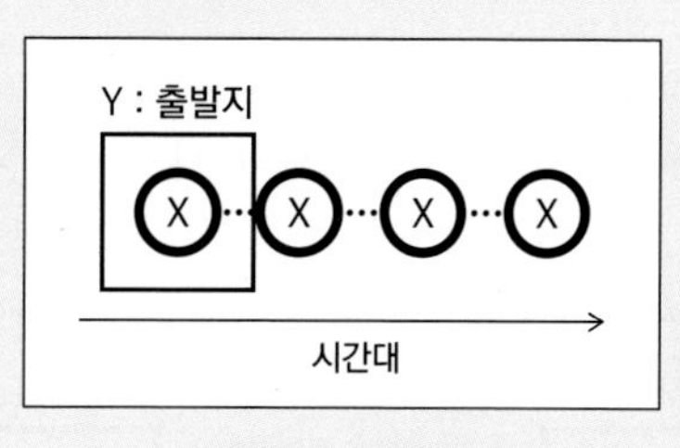

도식 1 X의 출발지

1.1 출발지

다음 (1a) 문장에서 기차의 출발지는 서울이다.

a. The train runs **from** Seoul to Busan.
그 열차는 서울에서 부산까지 간다.

b. Orders came in **from** all the provinces.
주문들이 모든 도에서 들어왔다.

c. I got the e-mail **from** John.
나는 그 이메일을 존으로부터 받았다.

d. He poured himself some milk **from** a carton.
그는 우유를 우유통으로부터 마셨다.

e. Water is dripping **from** a hole in the ceiling.
물이 천장의 구멍으로부터 뚝뚝 떨어지고 있다.

from의 목적어는 출발지를 나타내는데 이것은 관점, 재료, 원인, 기원, 출처 등을 나타내는 데도 쓰인다.

1.2 시작 시점

다음 도식에서 from은 동작이나 상태의 시작점을 나타낸다.

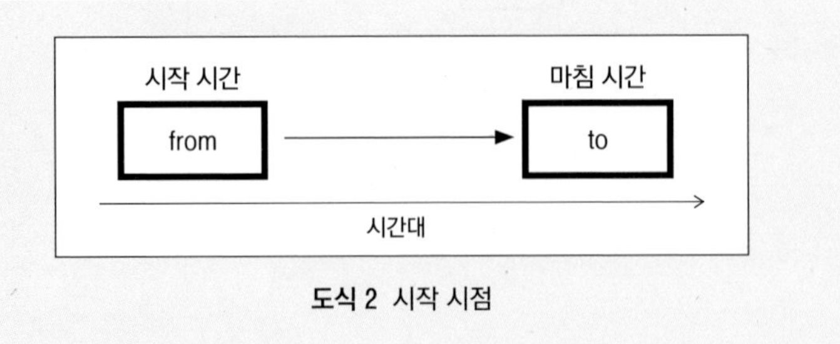

도식 2 시작 시점

다음에서 9시는 일이 시작되는 시점을 나타낸다.

a. I work **from** 9 to 6.
나는 9시부터 6시까지 일한다.

b. The store is open **from** 8 am to 6 pm.
그 가게는 오전 8시부터 오후 6시까지 열려 있다.

c. **From** 1968 to 1973, the family lived in Hawaii.
1968년부터 1973년까지 그 가족은 하와이에서 살았다.

1.3 관점

다음에서 from의 목적어는 무엇을 보는 시점이나 관점을 나타내는 데 쓰인다.

a. **From** the top of the mountain, I can see miles.
그 산의 꼭대기에서 나는 몇 마일을 볼 수 있다.

b. I speak **from** my experience.
나는 내 경험에서 이야기한다.

c. Try to see the situation **from** my point of view.
내 관점에서 그 상황을 보려고 노력해 보아라.

1.4 재료

다음에서 from의 목적어는 물건이 만들어지는 재료를 나타내는 데 쓰인다.

4

a. The Korean drink is made **from** rice.
그 한국 술은 쌀을 재료로 해서 만들어진다.
(쌀과 술 사이에는 여러 가지 과정이 포함된다.)

b. The high-quality paper is made **from** rags.
고품질의 종이는 넝마 조각들로부터 만들어진다.

c. She made a rug **from** an old blanket.
그녀는 오래된 담요로 깔개를 만들었다.

d. He built a shelter **from** pieces of wood.
그는 나무 조각들로 주거지를 만들었다.

1.5 원인

다음에서 from의 목적어는 원인을 나타내는 데 쓰인다.

5

a. He died **from** the wound.
그는 그 상처가 원인이 되어 죽었다.
(죽음과 상처 사이에는 다른 요인이 들어갈 수 있다.)

b. The soldiers suffered **from** malaria.
그 군인들은 말라리아로 고통받고 있다.

1.6 기원, 출처

다음에서 from의 목적어는 기원이나 출처를 나타낸다.

a. She comes **from** London.
그녀는 런던 출신이다.

b. Most of these reasons originate **from** the Cold War.
이런 이유들의 대부분은 냉전에서 비롯된다.

c. Most cases resulted **from** a lack of proper preparation.
대부분의 사건들은 적절한 준비의 부족에서 발생했다.

d. Their views on government stem **from** the Bible.
그들의 정부에 대한 견해는 성경에서 비롯된다.

e. We learn **from** our experiences.
우리는 우리의 경험들로부터 배운다.

f. The children learn **from** each other.
그 아이들은 서로 배운다.

1.7 범위의 시작

다음에서 from의 목적어는 범위의 시작점을 나타낸다.

a. The school admits students aged **from** 8 to 15.
그 학교는 8~15세의 학생들을 수용한다.

b. The store stocks every size **from** 8 to out size.
그 가게는 8 사이즈부터 특대 사이즈까지 모든 사이즈를 재고로 가지고 있다.

1.8 방해

다음에서 쓰인 동사는 방해동사로서 주어가 목적어로 하여금 과정에서 떨어져 있게 한다. 목적어가 과정에서 떨어져 있다는 것은 과정을 못하게 한다는 뜻이다.

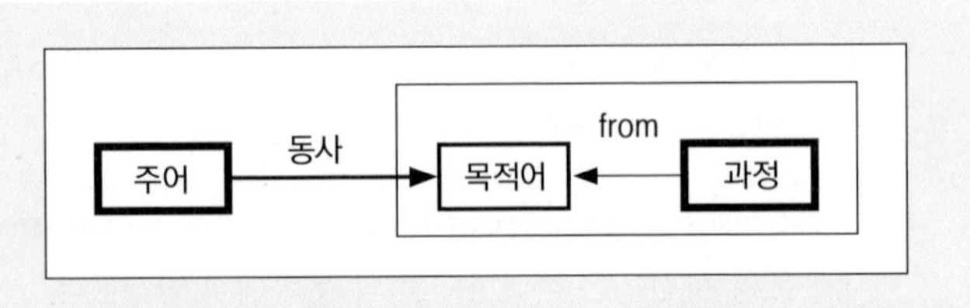

도식 3 주어가 목적어에 영향을 주어 목적어가 from의 목적어에서 떨어지는 관계

예문 (8a)에서는 내가 차를 사는 과정에서 떨어져 있는 관계를 나타낸다.

(8)

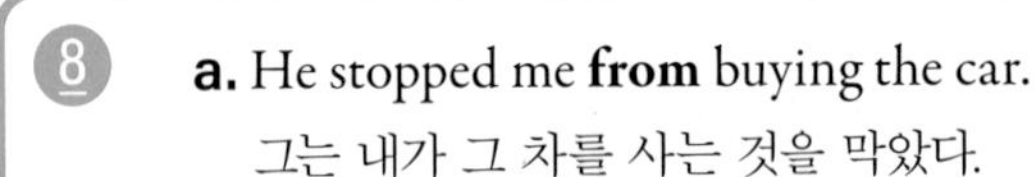

a. He stopped me **from** buying the car.
그는 내가 그 차를 사는 것을 막았다.

b. The doctor prevented me **from** visiting the patient.
그 의사가 나로 하여금 환자를 방문하지 못하게 했다.

c. Nothing can deter him **from** doing his duty.
어떤 것도 그가 그의 의무를 수행하는 것을 단념시킬 수 없다.

d. They will hinder us **from** going to church.
그들은 우리가 교회 가는 것을 가로막을 것이다.

e. Their loud shouting have hampered many athletes **from** practicing.
그들의 큰 소음은 많은 운동선수들이 연습하는 것을 어지럽혔다.

다음에서 Y는 과정이 아니라 개체이다. 그러나 이때에도 동사의 목적어가 from의 목적어에서 떨어져 있는 것은 마찬가지다.

a. We must screen them **from** danger.
우리는 그들을 위험으로부터 보호해야 한다.

b. You can't shield her **from** the truth forever.
너는 그녀로 하여금 진실을 영원히 모르게 할 수는 없다.

2 전치사 from과 거리 표시

전치사 from은 이동의 출발지를 나타내므로 이 지점에서 벗어난 거리를 표현할 수 있다.

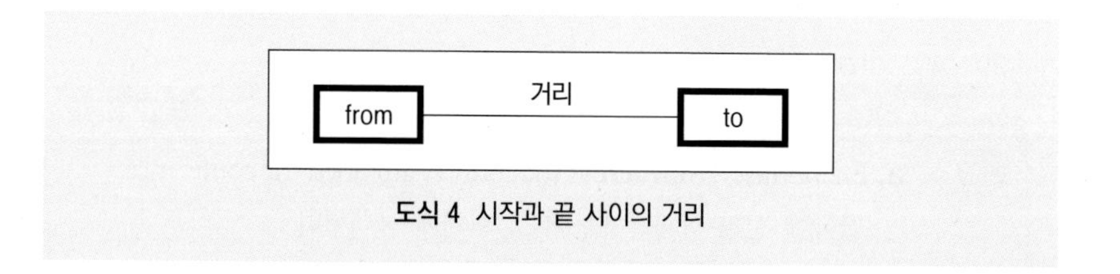

도식 4 시작과 끝 사이의 거리

다음 (10a)에서 2마일은 역에서 떨어진 거리이다.

a. The village is 2 miles **from** the station.
그 마을은 그 역에서 2마일 떨어져 있다.

b. A few miles **from** the gas station, our car broke down.
그 주유소로부터 몇 마일 떨어져서 우리의 차가 고장 났다.

3 전치사 from과 다른 불변사

전치사 from의 목적어는 명사(구)이다. 그러나 다음에서 보는 바와 같이 명사구 대신 다른 불변사가 쓰일 수 있다.

3.1 from above

다음 (11a)에서 from의 목적어는 불변사 above이다.

a. I glanced at him **from above.**
나는 그를 위에서부터 내려다보았다.

b. A giant hand reached down **from above.**
큰 손이 위에서부터 아래로 내려왔다.

3.2 from across / around / over

a. Economists **from across** the country attended the conference.
전국에 걸친 경제학자들이 그 회의에 참석했다.

b. We can watch news **from** all **around** the world.
우리는 전 세계에서 오는 뉴스를 볼 수 있다.

c. Many visitors **from** all **over** the world come to visit Korea.
전 세계에서 오는 많은 방문객들이 한국을 찾는다.

3.3 from below

a. A gunshot came **from below.**
총성이 아래에서부터 들려왔다.

b. Something struck me **from below.**
무언가가 밑에서부터 나를 쳤다.

c. They supported him **from below.**
그들은 그를 밑에서부터 떠받쳤다.

d. A rock appeared **from below.**
바위가 밑에서부터 나타났다.

3.4 from behind

a. We took pictures **from behind** the barricade.
우리는 그 바리케이드 뒤에서부터 사진을 찍었다.

b. He poked his head out **from behind** the tree.
그는 그의 머리를 나무 뒤로부터 뾰족 내밀었다.

3.5 from beyond

a. He returned **from beyond** the hill.
그가 언덕 너머로부터 돌아왔다.

b. A cloud appeared **from beyond** the horizon.
구름 한 점이 지평선 너머로부터 나타났다.

c. A shout came **from beyond** the wall.
고함 소리가 벽 너머로부터 들려왔다.

3.6 from under

a. Pull the rug out **from under** the drawer.
깔개를 서랍장 밑에서부터 당겨서 빼주세요.

b. She looked out **from under** her heavy eyebrows.
그녀가 그녀의 짙은 눈썹 아래로부터 보았다.

4 다른 불변사와 전치사 from

다음 예에서는 전치사 from 앞에 다른 불변사가 쓰였다. 이때 불변사는 장소의 이동을 나타낸다.

a. They flew **across from** Seoul to Jeju Island.
그들은 서울에서 제주도까지 날아갔다.

b. She got **away from** home.
그녀는 집에서 떠났다.

c. He drove **back to** Gangneung **from** Seoul.
그는 서울에서 강릉까지 운전해서 되돌아갔다.

d. The players flew **in from** Taiwan.
그 선수들은 대만에서 비행기를 타고 들어왔다.

e. He took **over** the command **from** his predecessor.
그는 선임자로부터 지휘권을 넘겨받았다.

f. He came **up from** the basement.
그는 지하실에서 올라왔다.

16

IN

in은 전치사와 부사로 쓰인다. 먼저 전치사 용법부터 살펴보자.

1 전치사 용법

전치사 in은 동사의 종류에 따라 두 가지로 나누어 볼 수 있다. 첫째, 이동동사(locomotion)와 쓰이면 이동체가 밖에서 안으로 들어가는 관계를 나타낸다. 이때 in의 목적어 종류에 따라서 다시 두 가지로 나누어 볼 수 있다. in의 목적어가 문, 창, 대문과 같은 것이면 in은 통로를 나타내고, in의 목적어가 입체적이면 안으로 들어가는 관계를 나타낸다. 이것을 도식화하면 다음과 같다.

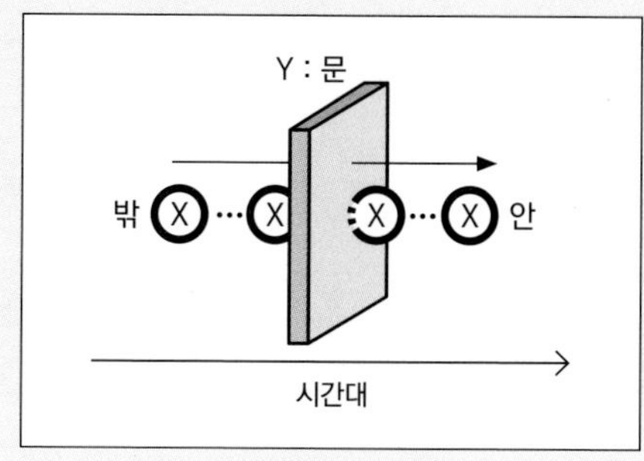

도식 1a Y가 통로

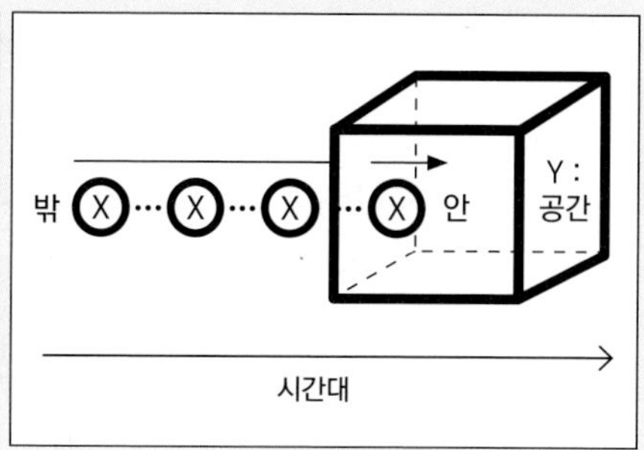

도식 1b Y가 공간

1.1 이동동사와 전치사 in

1.1.1 in의 목적어가 통로인 예

a. A stray dog came **in** the gate.
떠돌이 개가 대문으로 들어왔다.

b. A bird flew **in** the window.
새가 창문으로 들어왔다.

c. The boy ran **in** the door.
그 소년이 문을 통과해 뛰었다.

d. Somebody looked **in** the window.
누군가가 창문을 통해 들여다보았다.

1.1.2 in의 목적어가 공간인 예

- 자동사와 in

a. He went **in** the store. 그는 가게에 들어갔다.
b. He jumped **in** a jeep. 그는 지프에 뛰어 들어갔다.

- 타동사와 in

a. He put the book **in** a bag.
그는 가방에 책을 넣었다.

b. He poured milk **in** a glass.
그는 컵에 우유를 부었다.

c. He dropped the books **in** the basket.
그는 바구니에 책을 떨어뜨렸다.

1.2 비이동동사와 in

다음으로 전치사 in이 비이동동사와 쓰이면 X가 Y 안에 있는 관계를 나타낸다. 이 관계도 전치사 in의 목적어에 따라 편의상 두 가지로 나누어 볼 수 있다. 목적어가 입체적인 경우와 평면적인 경우이다.

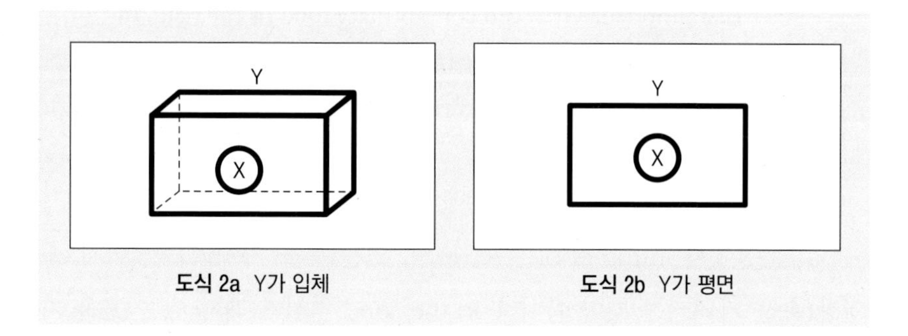

도식 2a Y가 입체 도식 2b Y가 평면

다음 (4a) 문장에서 전치사 in의 목적어는 입체적이고, (4b) 문장에서는 평면적이다.

a. They lived **in** a house.
그들은 집에 살았다.

b. They lived **in** Seoul.
그들은 서울에 살았다.

(4a)에서 전치사 in은 입체적인 개체와 같이 쓰였다. 그러나, in 자체에는 입체적인 뜻이 없다. in은 집이 있는 영역을 가리킨다. 그러므로, 전치사 in은 목적어의 성질과 관계없이 목적어가 있는 영역을 가리킨다.

다음에 쓰인 in도 어떤 영역을 가리키는 것이지, '안'이나 '속'을 가리키지 않는다.

a. Some children are playing **in** the pool, some **in** the sand, some **in** the mud, and others **in** the grass.
몇몇 아이들은 수영장에서, 또 다른 아이들은 모래밭에서, 또 어떤 아이들은 진흙에서, 그리고 나머지는 풀밭에서 놀고 있다.

b. Salmonella virus can contaminate food **in** the field, **in** the processing plant or **in** the kitchen.
살모넬라 바이러스는 음식을 밭에서, 가공 공장에서, 또는 부엌에서 오염시킬 수 있다.

(5a) 문장에서 in the pool은 수영장이 있는 곳을 가리키는 것이지, 수영장 속을 가리키는 것이 아니다. in the sand 역시 모래가 있는 곳을 가리키는 것이지, 모래 속을 가리키지 않는다.

1.2.1 한계나 범위 설정

X in Y에서 Y는 X의 범위를 정한다.

a. The rebels shot him **in** the head.
그 반군들이 그의 머리에 총을 쏘았다.

b. I have pain **in** the back.
나는 등이 아프다.

(6a) 문장에서 in the head는 머리 안이나 속을 가리키는 것이 아니라, 총알을 맞은 범위를 설정해 준다. in the head 대신에 다음과 같은 명사도 쓰일 수 있다.

in the arm	팔에	in the hand	손에
in the right leg	오른쪽 다리에	in the stomach	배에

1.2.2 치수

다음에서도 전치사구는 수치가 적용되는 범위를 한정해준다.

a. The tree is 23 meters **in** height.
그 나무는 23미터 높이이다.

b. The pool is 5 meters **in** depth.
그 수영장은 깊이가 5미터이다.

c. The table is 5 meters **in** length and 2 meters **in** width.
그 탁자의 길이는 5미터, 폭은 2미터이다.

■ 형용사 적용 범위

다음에서도 전치사구는 형용사가 적용되는 범위를 한정해 준다.

a. The country is rich/poor **in** natural resources.
그 국가는 천연 자원이 풍부/부족하다.

b. The cctv is helpful **in** detecting the suspect.
그 cctv는 용의자를 찾아낸다는 점에서 도움이 된다.

c. He is correct **in** saying that we must stop the project.
그는 우리가 그 프로젝트를 그만두어야 한다고 말한 점에서 옳다.

in not blaming his rival
그의 적수를 비난하지 않는 점에서

in thinking we must work hard
우리가 열심히 일해야 한다고 생각하는 점에서

■ 명사의 범위 한정

다음 문장에서 전치사구는 명사의 범위를 한정해 준다.

a. He made a mistake **in** letting her go alone.
그는 그녀를 혼자 보내는 실수를 저질렀다.

b. There is no point **in** insisting on going.
가겠다고 주장하는 것에는 의미가 없다.

c. The longest river **in** South Korea is the Nakdong River.
한국에서 가장 긴 강은 낙동강이다.

a man in fiction	가공 속의 인물
a man in reality	현실 속의 인물
a word in pronunciation	말로 한 낱말
a word in writing	글로 쓰인 낱말
in Asia	아시아에서
in Europe	유럽에서
in the entire Korea	한국 전역에서
in the whole world	전 세계에서

1.2.3 의복

다음 예문의 X in Y에서 X는 사람이고 Y는 의복이다. in은 사람이 의복 안에 들어가는 관계를 나타낸다.

⑩ **a.** She's **in** a long dress.
그녀는 긴 드레스를 입고 있다.

b. He is **in** a suit and tie.
그는 양복과 넥타이를 매고 있다.

c. He goes around **in** shorts.
그는 반바지를 입고 돌아다닌다.

d. The actors were still **in** costume.
그 배우들은 아직 의상을 입고 있었다.

e. They work **in** uniform.
그들은 제복을 입고 일한다.

다음도 의복을 나타내는 표현이다.

in a bathing suit 수영복을 입고	in a coat 코트를 입고
in a hat 모자를 쓰고	in a t-shirt 티셔츠를 입고
in jeans 청바지를 입고	in trousers 바지를 입고

다음 예문에서 silk는 환유적으로 비단으로 만든 옷을 가리키고, white는 환유적으로 흰색의 옷을 가리킨다.

He is dressed **in** silk.
그는 비단옷을 입고 있다.

in denim 데님으로 만든 옷을	in linen 아마포로 만든 옷을
in red 빨간 옷을	in white 흰 옷을
in wool 모직 옷을	in yellow 노란 옷을

1.2.4 차량

(12a)에서 전치사 in의 목적어는 비교적 작은 차량으로, 일단 타면 자유롭게 움직일 수 없는 차량들이다.

a. The pope moved around **in** a Fiat.
그 교황은 피아트(이탈리아산 소형차)를 타고 다녔다.

b. They got around Seoul **in** a taxi.
그들은 택시를 타고 서울 이곳저곳을 다녔다.

다음에 제시되는 탈 것도 전치사 in과 같이 쓰인다.

in a canoe 카누를 타고	in a compact car 소형차를 타고
in a helicopter 헬리콥터를 타고	in a jeep 지프를 타고
in a sedan 세단을 타고	in a small boat 작은 배를 타고
in a stroller 유모차를 타고	

1.2.5 의자

전치사 in은 팔걸이가 있는 의자 등과 함께 쓰인다.

a. He is sitting **in** an armchair
그는 안락의자에 앉아 있다.

(계속)

b. He sat **in** the front seat of the car.
그는 그 차의 앞자리에 앉았다.

1.2.6 자연현상

X in Y에서 X는 주어진 자연현상 속에 있다.

a. He strolled **in** the rain.
그는 빗속을 거닐었다.

b. He's working out **in** hot weather.
그는 뜨거운 날씨 속에서 일하고 있다.

in foggy weather	안개가 낀 날에		
in stormy weather	폭풍이 치는 날에		
in the broad daylight	밝은 대낮에		
in the cold	추위 속에	in the fog	안개 속에
in the humidity	습한 속에	in the moonlight	달빛 속에
in the snow	눈 속에	in the storm	폭우 속에
in the sun	햇빛 속에		

1.2.7 결과

X in Y에서 Y는 X가 갈라져서 나온 상태를 나타낸다.

a. He cut the cake **in** four pieces.
그는 케이크를 4등분했다.

b. She divided the watermelon **in** halves.
그녀는 수박을 반으로 나누었다.

1.2.8 여러 사람이나 개체가 만든 영역

여러 사람이나 개체가 모이면 영역이 된다. 다음의 X in Y에서 Y는 여러 사람이나 개체가 만든 영역이다.

a. Children sat **in** a circle.
아이들이 원을 그리고 앉았다.

b. They are waiting **in** a long line.
그들은 긴 줄에서 기다리고 있는 중이다.

c. The soldiers stood **in** a file.
그 군인들은 종렬로 서있다.

1.2.9 단위를 이루는 구성원

X in Y에서 X는 구성원이고, Y는 이를 포함하는 단위이다.

a. There are four people **in** his family.
그의 가족은 구성원이 네 명이다.

b. There are nine players **in** the team.
그 팀에는 아홉 명의 선수가 있다.

c. There are 500 members **in** the linguistic society.
그 언어학회는 회원이 500명이다.

d. He is **in** the navy.
그는 해군에 있다.

10 members in the band	밴드 멤버가 10명인
12 in a dozen	한 다스에 12개의
12 months in a year	1년에 12개월의
50 singers in the choir	합창단원이 50명인
in the air force	공군에
in the marine corp	해병대에
in the police force	경찰대에
seven days in a week	일주일에 7일의

1.2.10 전체의 일부

X in Y에서 X는 전체(Y)의 일부이다.

a. One **in** ten people prefers coffee.
열 명 중 한 명은 커피를 더 좋아한다.

b. One **in** 40 people is a twin.
40명 중 한 명은 쌍둥이다.

c. Fertility treatment is successful one **in** ten.
임신 촉진 치료는 열 명 중 한 명꼴로 성공한다.

여러 개체나 동물들도 무리를 이루면 영역(in)이 된다.

a. Tourists came **in** busloads.
관광객들이 몇 대의 버스로 왔다.

b. The animals live and travel **in** troops.
그 동물들은 무리지어서 살며 이동한다.

in flocks	(새들이) 떼를 지어		
in groups of ten	열 명씩 무리지어서		
in droves	떼지어	in herds	(소 등이) 떼를 지어
in packs	(여우 등이) 떼를 지어	in swarms	(벌 등이) 떼를 지어

1.2.11 상태

상태도 하나의 영역으로 간주된다. 다음의 X in Y에서는 X가 상태 Y에 있음을 나타낸다.

a. I hope you will rest **in** comfort the rest of your life.
나는 당신이 나머지 인생을 안락함 속에서 살기를 희망합니다.

b. They live **in** fear of nuclear war.
그들은 핵 전쟁의 공포 속에 산다.

c. They live **in** peace now.
그들은 지금 평화 상태에 살고 있다.

d. She is **in** labor.
그녀는 산통 중에 있다.

in awe	경외 속에	in confusion	혼란 속에
in danger	위험 속에	in doubt	의심 속에
in love	사랑 속에	in pain	고통 중에
in ruins	폐허 속에	in trouble	곤경 속에

다음은 명사가 관사 없이 쓰여 이들 명사가 가리키는 기능과 관련된 상태에 있다.

a. He is **in** bed.
그는 자고 있다.

b. They are still **in** college.
그들은 대학에 재학 중이다.

in church	예배 중에	in class	수업 중에
in jail	수감 중에	in school	재학 중에

1.2.12 시야

시야에 들어오는 부분도 영역으로 간주된다. 시야는 견해의 뜻으로도 확대된다.

a. There are no gas stations **in** sight.
시야에 주유소가 없다.

b. We came **in** view of the tree.
우리는 나무가 보이는 곳에 들어왔다.

c. In my view, he is well qualified.
나의 견해로는, 그는 자격이 충분하다.

d. In view of the fact, he must be honest.
그 사실로 봐서, 그는 정직함이 틀림없다.

1.2.13 분야

학문이나 산업과 같은 분야도 영역으로 취급된다.

a. He hopes for a career **in** TV.
그는 TV 출연 경력을 가지길 희망한다.

b. He specialized **in** politics.
그는 정치학을 전공했다.

c. He majors **in** physics.
그는 물리학을 전공한다.

d. He works **in** the film industry.
그는 영화계에서 일한다.

1.2.14 시간

시간 배경

공간영역을 나타내는 전치사 in은 시간영역을 나타내는 데에도 쓰인다. 예를 들면, in 2018은 2018년 1월부터 12월 사이의 기간을 가리키며, 이 기간에 어떤 일이 일어난다.

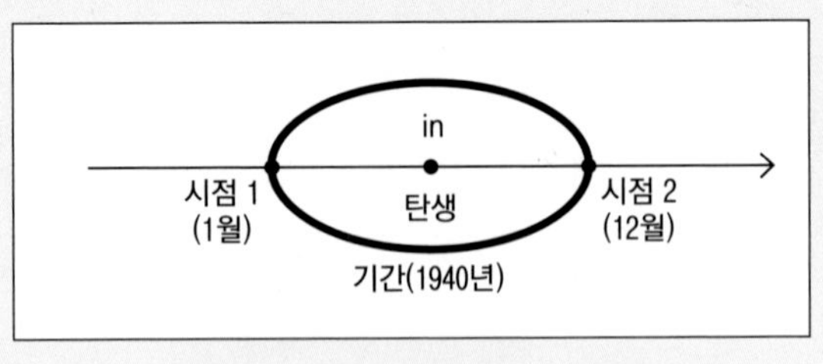

도식 3 시간 : 두 지점 사이의 영역

다음에서 1940년은 그가 태어난 때의 넓은 범위를 가리킨다. 위 도식에서 그의 탄생이 1940년의 기간 안에 일어난다.

a. He was born **in** 1940.
그는 1940년에 태어났다.

b. He got married **in** June.
그는 6월에 결혼했다.

c. She worked hard **in** the morning/evening.
그녀는 아침에/저녁에 일을 열심히 했다.

▬ 시간 한계

다음 (25a)에서 in a few minutes는 미래시제와 쓰여서 의사가 몇 분이 지난 즈음 환자를 본다는 뜻이 된다.

a. The doctor will see you **in** a few minutes.
그 의사는 당신을 몇 분 내에 볼 것입니다.

b. The baby is coming **in** two weeks.
그 아기는 2주가 지난 후에 온다.

c. I'll be starting off **in** a few seconds.
나는 몇 초 지나면 출발할 것이다.

d. Dinner will be served **in** one hour.
저녁식사는 한 시간 지날 즈음에 제공될 것이다.

종결동사와 비종결동사

서술에는 종결점이 있는 서술과 종결점이 없는 서술이 있다. knit a sweater는 종결점이 있다. sweater 하나가 완성되면 과정은 끝난다. knit sweaters는 종결점이 없다. 이 서술은 sweater를 짜는 직업을 말하므로 이것이 언제 끝나는지 알 수 없다. 전치사 in이 종결점이 있는 서술과 쓰이면 주어진 시간 안에 과정이 끝나는 뜻이다. 다음 (26a) 문장에는 종결 서술이 쓰였고, (26b) 문장에는 비종결 서술이 쓰였다.

a. She knitted a sweater **in** an hour.
그녀는 한 시간 안에 스웨터 하나를 짰다.

b. *He knitted sweaters **in** an hour.
그는 스웨터들을 한 시간 안에 짰다. (문법에 맞지 않음)

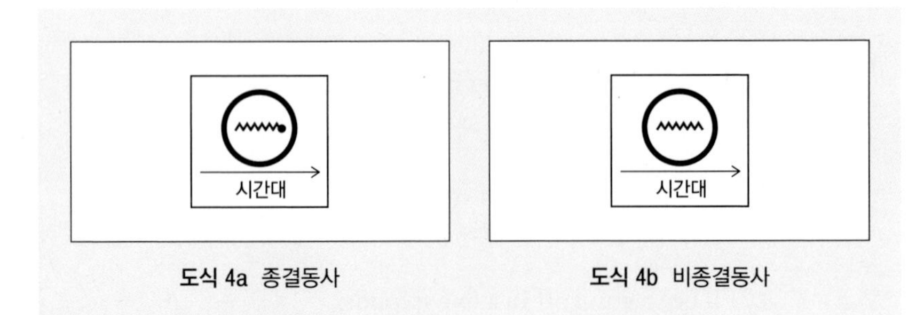

도식 4a 종결동사

도식 4b 비종결동사

다음 문장에는 종결 서술이 쓰였다.

a. Try to finish the work **in** a week.
그 일을 일주일 이내에 마치도록 노력해라.

b. He ran the marathon **in** two hours.
그는 그 마라톤을 두 시간 안에 뛰었다.

1.2.15 과정

과정은 시간 속에 일어나고 시작과 끝이 있으므로 이것도 하나의 영역으로 간주된다. 다음 (28a)에서 in the fight는 부상을 당한 시간적 배경이 된다.

a. He was wounded **in** the fight.
그는 싸움을 하던 중에 부상을 당했다.

b. He was killed **in** the shoot out.
그는 그 총기사건으로 사망했다.

c. I could not follow the arrow **in** its flight.
나는 날아가는 그 화살을 따라갈 수 없었다.

in the fight 대신에 다음 표현도 쓰일 수 있다.

in the accident	그 사고에서	in the attack	그 공격 중에
in the combat	그 전투 중에	in the game	그 게임 중에
in the race	그 경주 중에	in the war	그 전쟁 중에

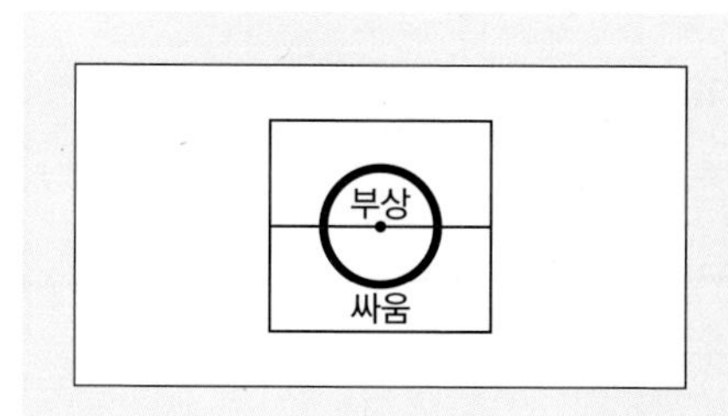

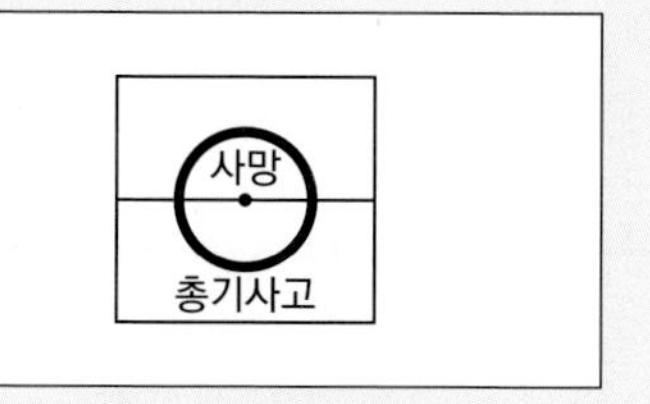

도식 5 종결동사

동사에서 나온 동명사나 명사도 과정으로 인식되어 전치사 in과 같이 쓰일 수 있다.

a. In opening a can, I cut my finger.
나는 깡통을 여는 중에 손가락을 베었다.

b. In washing the window, he fell down.
그는 창문을 닦던 중에 떨어졌다.

c. The dictionary is **in** the making.
그 사전은 제작 중이다.

d. The technology is **in** the development.
그 기술은 개발 중에 있다.

1.2.16 방향

■ 방향에서 방식으로

전치사 in은 방향이나 방법을 나타내는 데 쓰인다. 다음 (30a) 문장에서는 방향을 나타내나 나머지 문장에서는 방법을 나타내는 데 쓰인다.

a. He went **in** that direction, but he came **in** the opposite direction.
그는 그 방향으로 갔으나 반대 방향으로 왔다.

b. Let's solve the problem **in** this way.
그 문제를 이러한 방법으로 풀어 보자.

c. This picture is **in** the manner of Raphael.
이 그림은 라파엘로 양식으로 그린 그림이다.

d. Used cars were being marketed **in** this fashion.
중고차들이 이런 식으로 시장에 나오고 있었다.

다음에서는 전치사 in이 방법을 나타내는 예를 좀 더 구체적으로 살펴 보겠다.

▬ 문자

 He wrote the message **in** Hangul.
그는 한글로 그 메시지를 적었다.

in alphabet	알파벳으로	in Chinese characters	한자로
in Katakana	카타카나로		

▬ 언어

 He speaks **in** Korean.
그는 한국어로 말한다.

in Arabic	아랍어로	in English	영어로
in Indonesian	인도네시아어로	in Thai	태국어로

▬ 서체

 Please type up this report **in** Times Roman.
이 리포트를 Times Roman 체로 쳐주세요.

in black	검은색으로	in bold	굵은
in color	컬러로	in font size 12	글씨 크기 12로
in gothic	고딕체로	in italic	이탤릭체로

대소문자

Type this headline **in** capital letters.
이 헤드라인을 대문자로 쓰세요.

in lower case	소문자로	in small letters	소문자로
in upper case	대문자로		

재료

He wrote down his name **in** ink.
그는 그의 이름을 잉크로 썼다.

in ball point pen	볼펜으로	in pen	펜으로
in pencil	연필로	in print	인쇄체로

필체

He likes to write a letter **in** cursive letters.
그는 필기체로 편지 쓰기를 좋아한다.

in longhand	일반체로	in shorthand	속기로

■ 측정방법

a. They weigh **in** pounds.
그들은 파운드로 무게를 잰다.

b. We measure **in** meters.
우리는 미터로 측정한다.

in centimeters	센티미터로	in feet	피트로
in inches	인치로	in kilos	킬로그램으로
in ounces	온스로	in yards	야드로

■ 지불방법

He paid **in** cash.
그는 현금으로 지불했다.

in bills	지폐로	in change	잔돈으로
in checks	수표로	in coins	동전으로

2 부사 용법

부사 in은 어떤 이동체가 밖에서부터 안이나 속으로 들어오는 관계를 나타낸다. 그러나 무엇의 속이나 안으로 이동하는지는 명시되지 않는다. 이것을 명시하려면 전치사 into가 쓰인다. 다음을 비교해 보자.

a. He came **in**.
그는 들어갔다.

b. He came **into** the office.
그는 그 연구실에 들어갔다.

문장 (39a)에서 in은 그가 들어왔으나, 들어온 곳(Y)이 명시되지 않았다. 이와는 달리 문장 (39b)에서는 들어오는 곳(Y)이 명시되어 있다. 이 불변사의 차이는 다음과 같이 도식화할 수 있다.

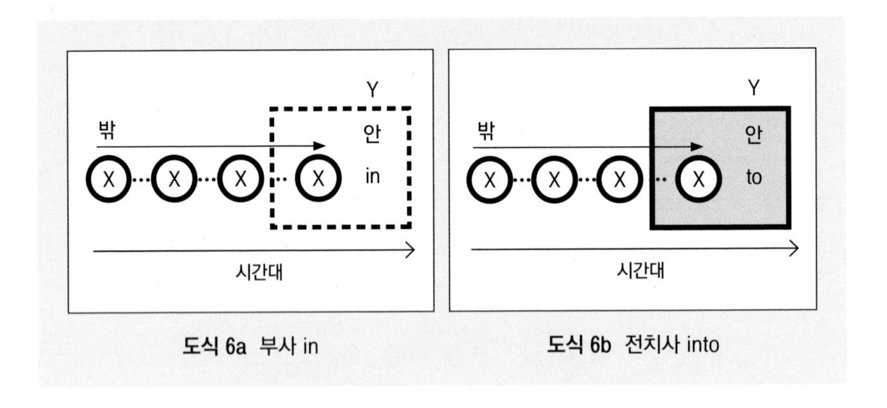

도식 6a 부사 in **도식 6b** 전치사 into

부사 in은 들어가는 도착점이 명시되지 않는다. 이 도착점은 화맥, 문맥, 세상 지식으로부터 파악될 수 있는 경우에 생략된다.

다음에서 in은 into Y의 Y가 생략된 것이다. 이렇게 생략이 가능한 것은 화자와 청자가 이동체가 들어가는 곳을 서로 알고 있기 때문이다.

2.1 화맥

a. Bees swarmed **in.**
벌들이 떼를 지어 (화자·청자가 아는 곳에) 들어갔다.

b. People crowded **in.**
사람들이 (화자·청자가 아는 장소에) 몰려 들어갔다.

c. A dog strayed **in.**
개 한 마리가 (우리 집에) 어슬렁거리며 들어왔다.

d. An eagle swooped **in.**
독수리 한 마리가 공중에서 (화자·청자가 아는 장소에) 덮쳐 날아들었다.

2.2 문맥

문장 (41b)에는 in만 쓰였지만 앞부분에서 minivan을 언급하였으므로 in은 into the minivan의 뜻으로 풀이된다.

a. Everyone crammed **into** the minivan.
모두들 그 미니밴을 비집고 들어갔다.

b. The minivan arrived, and everyone crammed **in.**
그 미니밴이 도착하자 모두들 비집고 들어갔다.

문장 (42b)에서 사람들이 들어간 곳은 명시되지 않았으나 문장의 앞부분을 통해 들어간 곳이 경기장임을 추리할 수 있다.

a. People were streaming **into** the stadium.
사람들이 그 경기장으로 물결을 이루며 들어갔다.

b. People got off the bus at the stadium, and they streamed **in**.
사람들이 경기장 앞에서 버스에서 내려 (그곳으로) 물결을 이루며 들어갔다.

(43b) 문장 앞부분에는 the train이 언급되었으므로 이는 into the train의 뜻이다.

a. People are squeezing **into** the train.
사람들이 그 기차 안으로 비집고 들어가고 있다.

b. The train has arrived and people are squeezing **in**.
그 열차가 도착하자 사람들이 그 열차 안으로 비집고 들어가고 있다.

2.3 세상 지식

다음 아래에서 이동체가 들어가는 곳은 세상 지식으로부터 파악된다.

a. The employee called **in** sick this morning.
그 고용인은 아프다고 (회사에) 전화를 걸어왔다.

b. He put **in** a request for rise.
그는 (상부에) 승진요청서를 들여보냈다.

c. The reporter reported **in** from Baghdad.
그 기자가 바그다드로부터 기사를 (본부로) 보내왔다.

(계속)

d. Put up your message on the bulletin board or text **in**.
전달할 말을 게시판에 올리거나 (방송국에) 문자로 보내주세요.

e. Please send **in** a photo of your dog.
당신의 개 사진을 (방송국에) 보내주세요.

예문 (44)를 살펴보면 회사원이 아파서 결근하겠다고 전화를 건 곳은 그가 다니는 회사이고, 회사원이 승진요청서를 내는 곳은 상급자가 있는 상급기관이며, 기자가 기사를 송부하는 곳은 그가 속해 있는 신문사나 방송국이고, 라디오 청자들이 문자 메시지나 사진을 보내는 곳은 방송국이다. 그러므로 이동체의 도착 지점을 일부러 명시하지 않아도 도착 지점을 알 수 있다.

다음에서 in의 목적어는 일상생활에서 흔히 쓰는 컴퓨터나 기타 기기로, in의 도착지가 영상 장면으로부터 파악될 수 있는 경우이다.

a. He keyed **in** the data.
그는 데이터를 입력해서 (컴퓨터에) 넣었다.

b. He punched **in** his PIN.
그는 개인 식별번호를 넣었다.

c. He logged/signed **in** with his password.
그는 그의 비밀번호로 로그인했다.

다음에 쓰인 in은 화맥이나 문맥을 이용할 수 없는 경우이다.

a. They hauled **in** the diver.
그들은 그 잠수원을 (어디로) 끌어들였다.

b. The refugees hurled themselves **in.**
그 피난민들은 몸을 (안으로) 던져들었다.

문장 (46a)에서 잠수원이 들어온 곳은 어디이며 문장 (46b)에서 피난민들이 들어온 곳은 어디인가? 위에 쓰인 문장만으로는 in의 도착지를 알 수가 없다. 그러나 이러한 TV 장면을 본다고 생각하면 도착 지점을 명시하지 않더라도 그 정체를 쉽게 파악할 수 있다. 문장 (46a)는 바다에 배가 있고, 그 배 안으로 잠수원을 끌어들이는 장면을 보고 있다면 일부러 into the boat라고 할 필요가 없다. 마찬가지로 문장 (46b)에서 화면에 헬리콥터가 착륙해 있고 그 안으로 피난민들이 몰려드는 장면을 보면 구태여 into the helicopter라고 말하지 않아도 in의 목적어가 헬리콥터임을 알 수 있다.

2.4 사방으로 둘러싸임

다음 예문에서 in은 어떤 개체가 사방으로 둘러싸인 관계를 나타낸다. (도식 7)에서 X가 쥐라면 이것이 사방으로 막혀 움직일 수 없는 경우이다.

도식 7 쥐가 철장 안에 갇혀 있는 관계

a. Someone had parked behind us and boxed us **in**.
누가 우리 뒤에 차를 세워 우리가 갇혔다.

b. The guard locked her **in** and went away.
그 경비원이 문을 잠가 그녀를 가두고 가 버렸다.

c. Our neighbor fenced **in** his yard.
우리 이웃은 그의 정원을 울타리로 둘러쌌다.

d. The enemies are hemmed **in**.
적이 완전히 포위되었다.

e. He walled **in** the house.
그는 집을 담으로 둘러쌌다.

f. On our way home, we got snowed **in**.
집에 오는 길에 우리는 눈에 묻혀 꼼짝할 수 없었다.

g. The mouse was trapped **in**.
그 쥐가 덫 안에 갇혀 있다.

h. My car was blocked **in** by a truck.
내 차는 큰 트럭 때문에 꼼짝없이 갇혔다.

i. All the passengers were strapped **in** before take-off.
모든 승객들이 이륙 전 끈을 매고 안전한 상태에 있었다.

2.5 길이의 줄임

다음에서 in은 길이가 줄어드는 관계를 나타낸다. (도식 8)에서 긴 선은 원래 길이이고, 짧은 것은 긴 선이 안으로 들어와서 줄어든 길이이다.

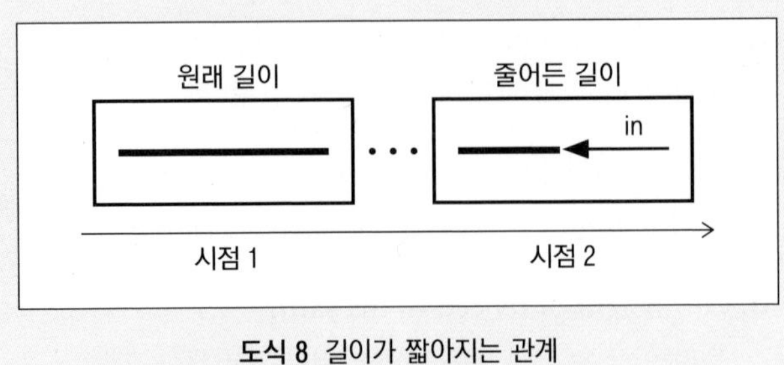

도식 8 길이가 짧아지는 관계

a. Days are closing **in**. 낮 길이가 줄어들고 있다.
b. Nights are drawing **in**. 밤이 점점 짧아지고 있다.
c. She took her pants **in**. 그녀는 바지를 줄였다.
d. She cuts her skirt **in**. 그녀는 스커트를 잘라서 줄였다.

2.6 채워 넣기

다음에서 in은 무엇을 그릇 속에 집어넣는 관계를 나타낸다. (도식 9)에서 왼쪽 삼각형은 속이 비어 있으나, 오른쪽 삼각형은 속이 채워져 있다. 이와 같이 in은 속을 채우는 관계를 나타낸다.

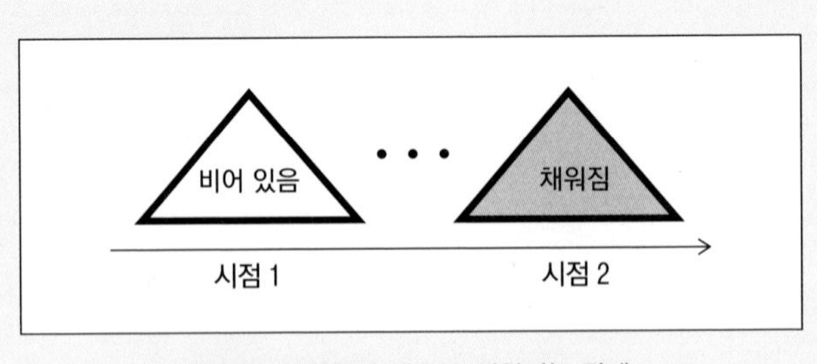

도식 9 삼각형이 색으로 채워지는 관계

a. The child colored **in** the figures he had drawn.
그 아이는 그가 그린 도형에 색칠했다.

b. I filled **in** the application form.
나는 지원서를 기입했다.

c. She wrote **in** her check.
그녀는 수표에 (이름, 액수 등을) 기입해 넣었다.

d. I inked **in** the bottom part of a flag.
나는 국기의 밑 부분에 잉크를 칠했다.

e. He sketched **in** some hills **in** the background.
그는 바탕에 몇몇 언덕을 그려 넣었다.

f. She drew a pond and blocked **in** the blue color.
그녀는 연못을 그리고 푸른색을 칠했다.

2.7 안으로 들어가기

다음에서 in은 표면이 안으로 들어가는 관계를 나타낸다. (도식 10)의 시점 1에서는 주어진 개체가 모든 표면이 온전하지만 시점 2에서는 한 부분이 움푹 들어가 있다. 이러한 관계를 in이 나타낸다.

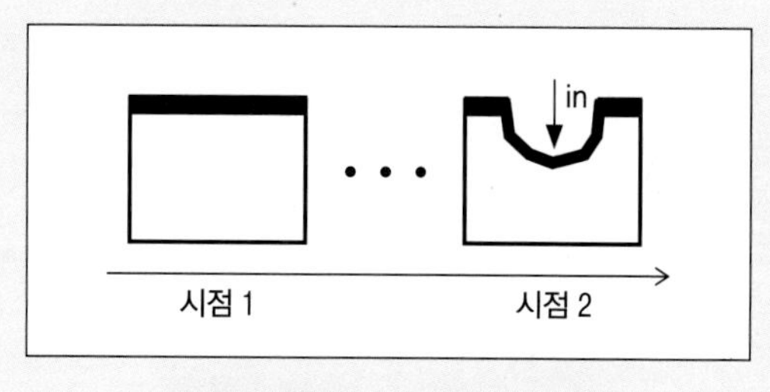

도식 10 표면이 움푹 들어가는 관계

a. The roof gave **in**.
그 지붕이 내려앉았다.

b. We gave **in** to their demand.
우리는 그들의 요구에 굴복했다.

c. The bumper got dented **in**.
그 완충기가 움푹 들어갔다.

d. Someone stepped on my hat, and it squashed **in**.
누군가가 내 모자를 밟아서, 그것이 쭈그러들었다.

e. As she washed the scarf in water, it all shrank **in**.
그녀가 그 스카프를 물에 빨자, 그것이 오그라들었다.

2.8 도착지가 주어인 경우

다음에서 in의 도착지는 주어 자신이다. (51a) 문장에서 먹이가 들어간 곳은 주어인 fish이다. 나머지 문장도 마찬가지 방법으로 풀이될 수 있다.

a. The fish sucked **in** prey.
그 물고기는 먹이를 (몸속으로) 마구 빨아들였다.

b. The effect of the drug kicked **in**.
그 약의 효과가 (먹은 사람의 몸속에) 들어갔다.

c. The film brought **in** lots of money.
그 영화는 많은 돈을 벌어들였다.

(계속)

d. They took **in** a great view of the countryside.
그들은 그 시골의 멋진 풍경을 받아들였다. (즉, 감상했다.)

e. He pulls **in** about 1,000 dollars a month.
그는 월 1,000달러 정도를 번다.

f. Some EU countries are hesitant to take **in** refugees.
몇몇 EU 국가들은 피난민들을 받아들이기를 주저한다.

2.9 반대 힘

다음에서 in은 밖으로 나오는 힘에 반대 힘을 가하는 관계를 나타낸다.

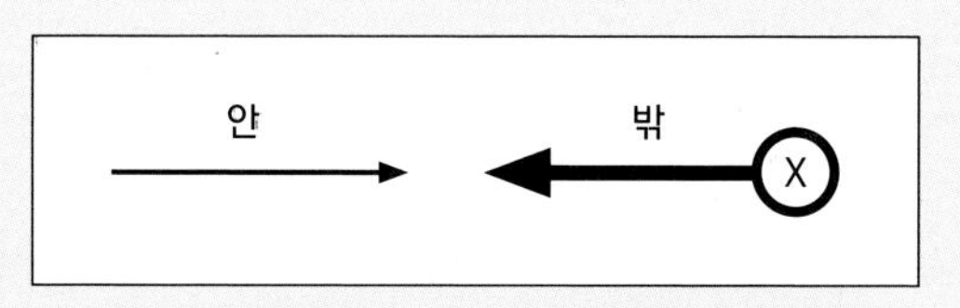

도식 11 밖으로 나오는 힘에 반대의 힘을 가하는 관계

a. The puppy was trying to get out of his kennel but I pushed him **in**.
그 강아지가 개집에서 나오려고 했으나 나는 그를 집어넣었다.

b. The cow was trying to go out but I pulled him **in**.
그 소가 나가려고 했으나 나는 그 소를 잡아당겨 들였다.

2.10 끼어들기

다음에 쓰인 in은 대화나 계획에 끼어들거나 참여하는 관계를 나타낸다.

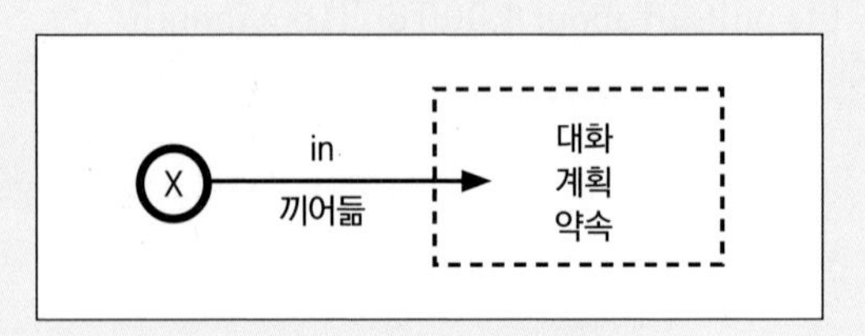

도식 12 대화 · 계획 · 약속에 끼어드는 관계

a. The interviewer butted **in** while I was trying to answer.
내가 대답하려고 하는 동안 그 면접관이 불쑥 끼어들었다.

b. I don't like her cutting **in** on me.
나는 내가 말할 때 그녀가 끼어드는 것을 좋아하지 않는다.

c. Everyone weighed **in** with their own suggestions of who should be the leader.
모두 누가 지도자가 될 것인가에 대해서 각자의 제안을 가지고 (토론에) 참여했다.

d. We all chipped **in** to get something nice for his present.
우리는 그의 선물로 좋은 것을 사기 위해 돈을 각출했다.

e. Everyone pitched **in**, working day and night to get the job done **in** time.
모두들 시간 맞춰 그 일을 끝내기 위해 밤낮으로 협력했다.

2.11 나가지 않고 안에 있는 관계

위에서 살펴본 부사 in은 이동체가 밖에서 영역 안으로 들어가는 과정과 결과를 그린다. 그러나 다음에서는 과정은 부각되지 않고 마지막 결과만 부각된다.

(도식 13a)는 과정과 결과를 모두 나타내고, (도식 13b)는 이동체가 안으로 들어가 있는 결과만을 나타낸다.

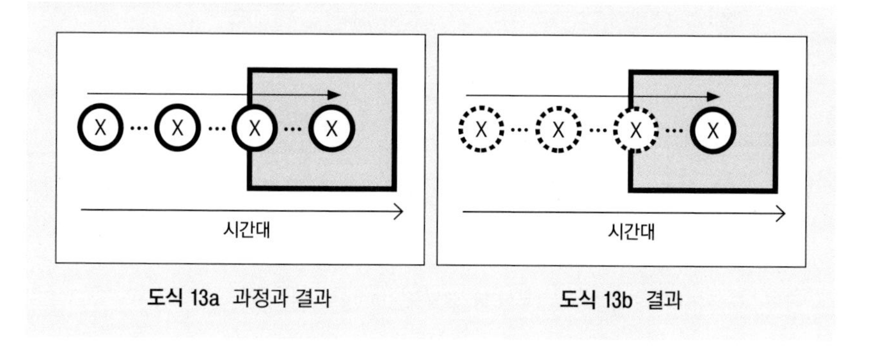

도식 13a 과정과 결과　　도식 13b 결과

다음에서 표현되지 않은 in의 목적어는 기숙사, 집 등이다.

a. I am going to live **in** for the first semester.
나는 첫 학기는 (기숙사 등에서) 살 것이다.

b. The maid lives **in**.
그 도우미는 입주해 있다.

c. I'd like to stay **in** tonight and watch the football game.
나는 오늘밤 집에 머물면서 축구 경기를 시청하고 싶다.

d. We are going to dine/eat **in** today.
우리는 오늘 집에서 만찬/식사할 예정이다.

2.12 부사 in과 다른 전치사

부사 in은 이동체가 밖에서 안으로 들어가는 관계를 나타내므로 출발지와 도착지를 명시할 수 있다. 출발지는 from으로, 도착지는 on이나 to로 나타낼 수 있다.

2.12.1 출발지 : in from

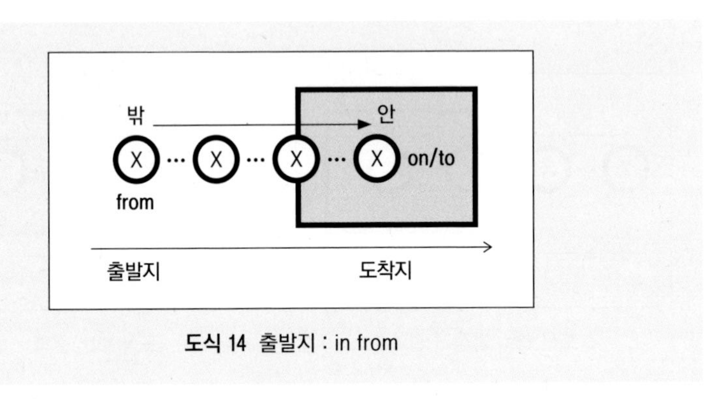

도식 14 출발지 : in from

부사 in의 출발지는 전치사 from으로 명시될 수 있다.

a. Cool wind is blowing **in from** the ocean.
시원한 바람이 그 바다로부터 불어오고 있다.

b. All kinds of fish are brought **in from** all over the country.
모든 종류의 생선들이 전국에서 들어온다.

c. He moved **in from** the countryside.
그는 시골에서 이사해 들어왔다.

d. The storm is rolling **in from** the ocean.
그 태풍이 바다로부터 불어 들어오고 있다.

e. He moved **in from** Busan.
그는 부산에서 이사를 해서 (이곳에) 들어왔다.

2.12.2 도착지 : in on, in to

도착지는 전치사 on과 to로 나타내는데 이 두 전치사의 차이는 다음과 같다. 전치사 on은 그것의 목적어가 접촉이나 영향을 받는 경우이고 to에는 도착지의 의미만 있다.

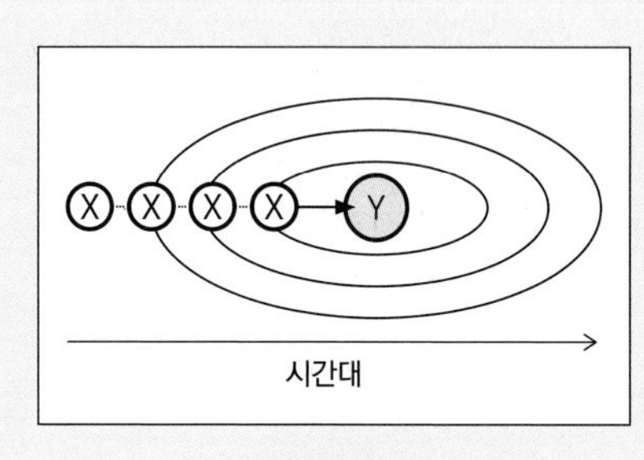

도식 15a
in on : 거리를 좁혀 들어가서 (in) 접촉

도식 15b
in to : 도착지를 향해 접근해 가는 관계

다음에서 in의 도착지는 on으로 표시되고 on은 이동체가 도착지에 닿아서 영향을 받는 관계이다.

a. Police closed **in on** the criminal.
경찰이 범위를 좁혀 들어가서 그 범인을 잡았다.

b. The pilot zeroed **in on** the target.
그 조종사가 범위를 좁혀 들어가서 그 목표에 명중했다.

전치사 to에는 피해나 영향의 의미가 없다. 다음을 비교해 보자. on이 쓰인 문장 (56c)는 내가 영향을 받는다는 뜻이고 to가 쓰인 문장 (56d)에는 그런 뜻이 없다. 문장 (56e)에서는 영향의 뜻이 없으므로 to만 가능하다. 라디오의 주파수를 맞추는 것으로 방송국에 영향을 미칠 수 없기 때문이다.

c. He listened **in on** me.
그는 (대화에 몰래 끼어들어서) 내 말을 들었다.
(즉, 도청을 했다.)

d. He listened **in to** me.
그는 (내가 다른 사람과 이야기하는 데 끼어들어서) 내 말을 들었다.

e. He tuned his radio **in (to/*on)** ABC.
그는 그 라디오의 주파수를 ABC에 맞추어서 들었다.

다음에서 in on의 예를 몇 가지 더 살펴보자.

a. The missile zeroed **in on** the target.
그 유도탄은 범위를 좁혀가면서 표적에 명중했다.

b. I looked **in on** the baby.
나는 그 아기를 들여다보았다. 내 시선이 (방 같은 곳에 들어가(in)) 아기에게 닿는다(on).

c. He dropped **in on** me while he was in the city.
그는 시내에 있는 동안 나를 찾아 들어왔다. (즉, 나에게 들렀다.)

d. The camera zoomed **in on** her face.
그 카메라가 줌을 당겨서 그녀의 얼굴에 초점을 맞췄다.

e. They narrowed **in on** the solution.
그들은 범위를 좁혀 들어가서 해결책을 찾았다.

2.12.3 in for

다음 예에서 in은 어떤 자리나 장소이고 for는 이 자리에 다른 사람을 대신해서 들어가는 관계를 나타낸다.

a. He is filling **in for** the regular teacher for the time being.
그는 당분간 정규직 교사를 대신해서 가르치고 있다.

b. The new announcer is going to sit **in for** me on the evening broadcast.
그 새 아나운서가 저녁 뉴스에 나를 대신해서 방송을 하게 되어 있다.

c. Brian stood **in for** me while I was suffering from the broken leg.
내가 다리를 다쳐 있는 동안 브라이언이 내 대신 경기를 했다.

첫 문장을 도식화하면 다음과 같다. 어떤 자리에 정규직 교사가 나가고 '그'가 들어오는 관계이다.

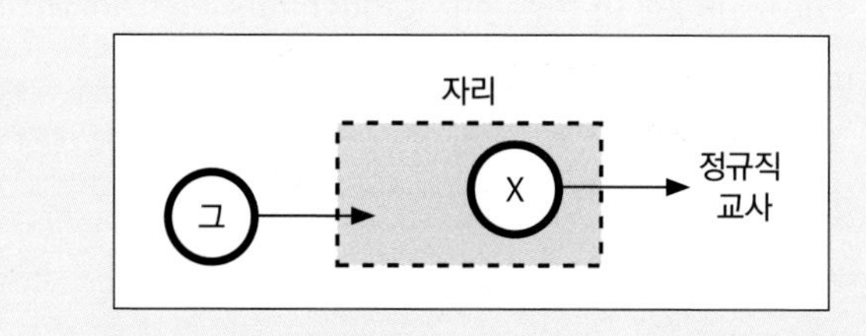

도식 16 어떤 자리에 정규 교사가 나가고 '그'가 들어오는 관계

다음에서 in은 상황이나 입장이고 이 안에 있는 사람은 for의 목적어를 받게 된다.

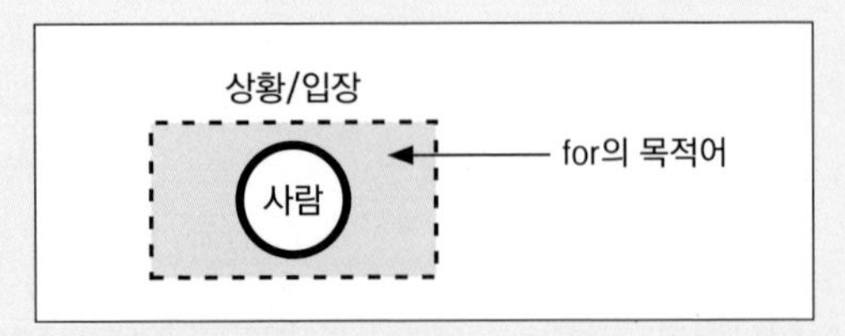

도식 17 어느 사람이 for의 목적어를 받는 입장에 있는 관계

a. He's **in for** trouble/shock/surprise.
그는 곤란을/충격을/놀람을 받을 상황에 처했다.

b. I can see that we are **in for** a difficult time with the new baby.
나는 새로운 아이로 인하여 우리가 어려운 상황에 처해 있음을 알 수 있다.

c. The boss barely said 'good morning', and I could see I was **in for** trouble.
그 상사는 아침 인사를 거의 하지 않았으므로 나는 내가 곤란한 상황에 처했음을 알 수 있었다.

d. The team are **in for** a bit of tough talking from their manager after Saturday's defeat.
그 팀은 토요일 경기 패배 이후 그들의 매니저에게 한소리를 들었다.

2.12.4 in with

다음에서 in은 배경이고 with은 두 개체가 조화되거나 어울리는 관계를 나타낸다. 다음 두 문장을 비교해 보자.

a. Oil does not blend with water.
기름은 물과 섞이지 않는다.

b. The building does not blend **in with** the landscape.
그 빌딩은 그 주변 풍경과 어울리지 않는다.

문장 (60a)는 기름과 물이 직접 섞이거나 그렇지 않은 관계를 나타내고, 문장 (60b)는 in이 쓰여서 두 개체가 직접 섞이는 것이 아니라 어떤 배경 속(in)에 조화되는 관계를 나타낸다.

c. Our company merged with a larger company.
우리 회사는 좀 더 큰 회사와 합병했다.

d. I chose a color mint that would merge **in with** the background.
나는 배경에 섞여 들어가는 민트색을 골랐다.

문장 (60c)는 두 회사가 직접 합병하는 것이고, 문장 (60d)는 in이 쓰여서 두 개체가 배경 속에서 조화되는 관계를 나타낸다.

a. We went into the hall and mingled **in with** the rest of the guests.
우리는 그 홀로 들어가서 나머지 손님들과 섞여 들어갔다.

b. The car does not fit **in with** his life style.
그 차는 그의 생활양식과 어울리지 않는다.

(계속)

c. The band came down from the stage and mixed **in with** the guests during the break.
밴드 단원들은 휴식 시간 동안 무대에서 내려와서 청중과 어울렸다.

d. Joe joined **in with** Jack and worked on the project.
조는 잭과 손을 맞잡고 그 기획사업에 종사했다.

e. The new building is designed to tone **in with** the historical buildings of the area.
그 새 건물은 그 주위의 역사적 건물과 조화가 되도록 설계되었다.

2.12.5 in to와 into

in to와 into는 비슷하지만 전혀 다르다. 다음을 비교해 보자.

a. The soldiers marched **into** the city.
그 군인들이 그 시로 진군해 들어갔다.

b. The soldiers marched **in** closer **to** the city.
그 군인들이 그 시로 좀 더 가깝게 진군해 들어갔다.

문장 (62a)에서 into는 군인들이 어느 시 안으로 들어간 관계를 나타내고, 문장 (62b)에서는 군인들이 어느 시의 도착 지점을 향해 가깝게 접근하는 관계를 나타낸다. 이것을 도식화하면 다음과 같다. (도식 18a)에서 군인들은 도시 안에 들어가고 있고, (도식 18b)에서는 군인들이 도시 가까이로 접근하고 있다.

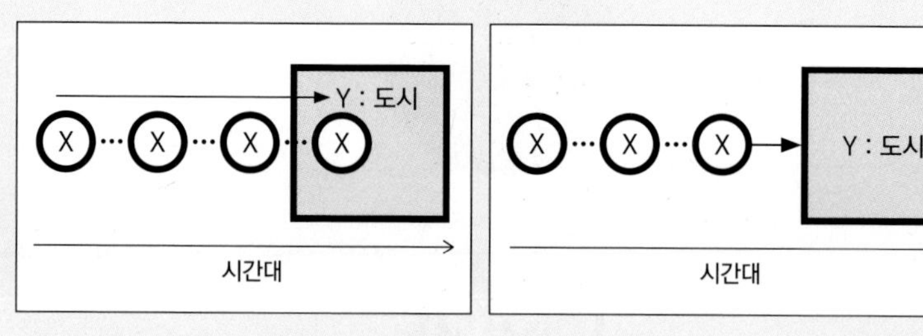

도식 18a into : X가 Y에 들어가 있음

도식 18b in to : X가 Y를 향하고 있음

다음 몇 문장을 더 살펴보면 into와 in to가 서로 다름을 확실히 알 수 있다. into가 쓰인 문장 (63a)는 비문이고 in to가 쓰인 문장 (63b)는 정문이다.

a. *He gave **into** temptation.

b. He gave **in to** temptation.

그는 유혹에 굴복했다.

a. *He is tuned **into** the football on TV.

b. He is tuned **in to** the football on TV.

그는 TV의 축구 경기를 틀어 놓고 있다.

65

a. *He turned his weapon **into** the police.

b. He turned his weapon **in to** the police.

그는 그의 무기를 경찰에 들여보냈다. (즉, 반납했다.)

66

a. *The successive managers caved **into** the demand of the union.

b. The successive managers caved **in to** the demand of the union.

관리자들이 잇따라 노동조합의 요구에 굴복했다.

17

INSIDE

inside는 전치사나 부사로 쓰인다. 먼저 전치사 용법부터 살펴보자.

1 전치사 용법

전치사 inside는 전치사 in과 명사 side의 합성어이다. 전치사 in은 X in Y에서 X가 Y의 영역 안에 있는 관계를 나타낸다. 그러나 이 영역이 '안'인지 '밖'인지는 말해주지 않는다. 한편 명사 side는 관계어로서 이것이 부분이 되는 전체를 전제로 한다. 그래서 언제나 the side of X로 쓰인다. : the side of a car/a box/a street

전치사 in과 명사 side는 (도식 1)과 같이 도식화할 수 있다. (도식 1a)에서 X는 Y 영역 안에 있다. side는 어떤 물건의 안이나 밖일 수 있다.

(도식 1a)의 X는 (도식 1b)의 안쪽과 대응되고, (도식 1a)의 Y는 (도식 1b)의 밖과 대응된다. (도식 1a)와 (도식 1b) 중 (도식 1b)가 전체 모습을 결정해 준다. 그래서 네모가 굵은 선으로 되어 있다. (도식 1a)와 (도식 1b) 사이의 점선 대응을 (도식 1a)에 포개면 (도식 1c)가 나온다. 이 도식에서 X는 Y의 '안'이나 '속'에 있다.

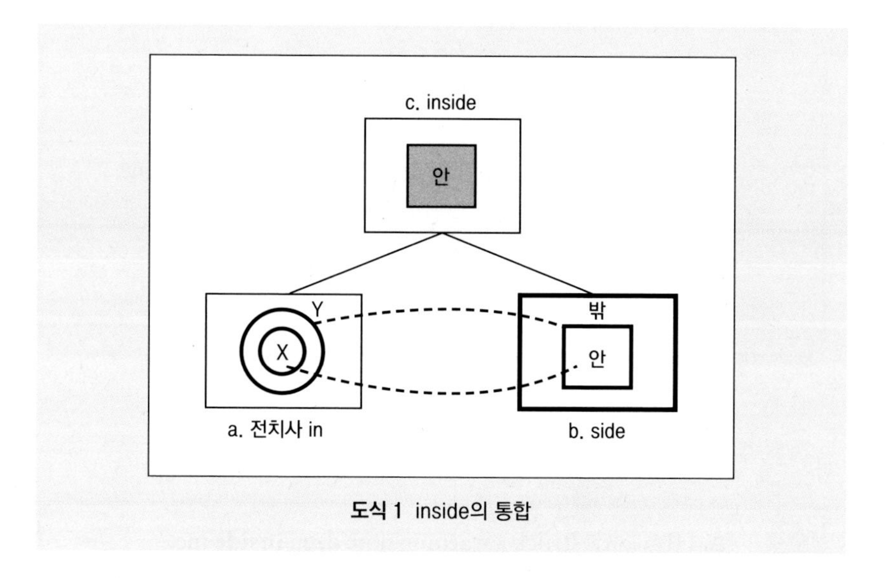

도식 1 inside의 통합

전치사 inside는 X inside Y에서 X가 Y의 안쪽에 있다. 이때 Y가 쓰이지 않으면 inside는 부사이다.

전치사	X inside Y
부사	X inside ◌

1.1 장소

a. The vase is **inside** the house.
그 화분은 집 안에 있다.

b. There was a key **inside** the box.
열쇠는 상자 안에 있었다.

(계속)

c. All the money is safe **inside** the safe.
모든 돈은 금고 안에서 안전하다.

d. There is a free coupon **inside** every copy of the magazine.
모든 잡지 안에는 무료 쿠폰이 있다.

e. The driver is trapped **inside** the car.
그 운전자는 차 안에 갇혀 있다.

1.2 몸 속

a. His words struck a warning note deep **inside** me.
그의 말은 내 마음속 깊이 경종을 울렸다.

b. The ringing noise **inside** her head is bothering her a lot.
그녀 머릿속의 웅웅 거리는 소리가 그녀를 몹시 괴롭히고 있다.

1.3 범위

a. He ran 100m **inside** 20 seconds.
그는 100미터를 20초 안에 뛰었다.

b. The work should be finished **inside** a week.
그 일은 일주일 안에 끝내야 한다.

1.4 통로

inside가 이동동사와 쓰이면 밖에서 안이나 속으로 들어가는 통로가 된다.

a. We went **inside** the castle.
우리는 그 성 안으로 들어갔다.

b. He came **inside** my house.
그는 내 집 안으로 들어왔다.

c. Please look **inside** the box.
그 상자 속을 들여다 보세요.

d. Please put the flowers **inside** the room.
그 꽃들을 방 안에 가져다 놓아줘.

2 부사 용법

X inside Y에서 Y의 정체가 화맥, 문맥 등으로부터 추리될 수 있으면 Y는 쓰이지 않는다. 이때 inside는 부사이다. 다음 문장에서 inside는 부사로 쓰였는데, 그 목적어는 화자, 청자가 알고 있는 장소이다.

a. The vase is **inside.**
그 화분은 안에 있다.

b. Put the vase **inside.**
그 화분을 안쪽에 두어라.

c. The criminal was sentenced to three years **inside.**
그 범죄자는 감옥에서 보내는 3년, 징역 3년을 선고받았다.

위 문장 (5c)에서 inside의 목적어는 감옥이다.

INTO

into는 전치사로만 쓰인다.

합성전치사 into는 부사 in과 전치사 to가 합성된 구조이다. 부사 in은 이동체가 어떤 영역에 들어가지만, 이 영역은 명시되지 않는다(도식 1a 참조). 이 영역은 명시되진 않았지만, 문맥이나 화맥을 통해서 추리로 알 수 있다. 그래서 없는 것이 아니라 암시되어 있다. 따라서, 들어가는 곳은 점선으로 표시되어 있다.

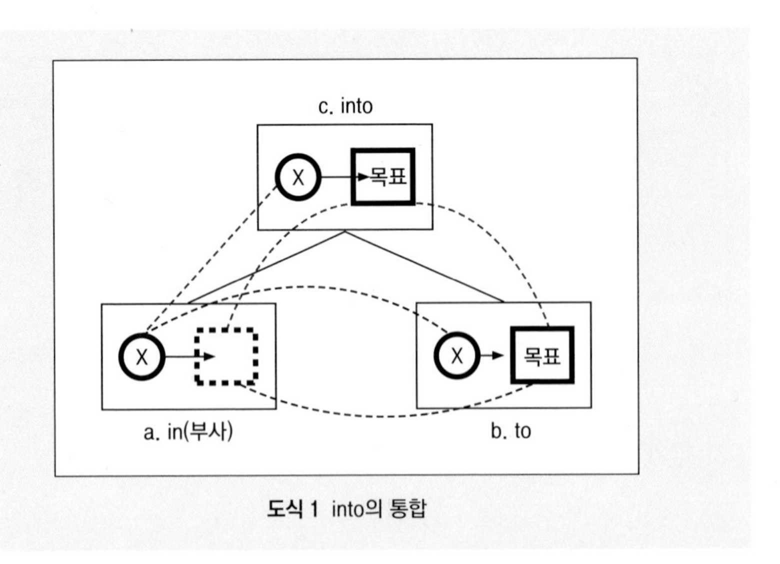

도식 1 into의 통합

부사 in과 전치사 to는 다음과 같이 합성된다. 위 (도식 1a)의 X와 (도식 1b)의 X가 대응되고, (도식 1a)와 (도식 1b)의 네모가 대응된다. (도식 1b)를 (도식 1a)에 포개면 (도식 1c), 즉 into로 합성된다.

아래에서 부사 in과 into를 잠깐 비교하여 보자.

a. He went **in.**
그는 (어디에) 들어갔다.

b. He went **into** the study.
그는 서재에 들어갔다.

문장 (1a)에서는 문장 자체만으로 그가 어디에 들어갔는지 알 수가 없다. 그러나 화맥이나 맥락에 의해서 그가 어디에 들어갔는지 청자가 알 수 있다고 화자가 판단할 때 부사 in이 쓰인다.

반면, (1b) 문장에서는 into가 쓰여서 그가 들어간 곳이 명시되어 있다.

a. He went **into** the office.
그는 그 사무실에 들어갔다.

b. He ran **into** his house.
그는 그의 집에 뛰어 들어갔다.

1 전치사 용법

X into Y에서 Y의 성질을 몇 가지로 나누어 살펴보자.

1.1 도착지가 장소인 경우

다음에서 주어는 into의 목적어인 공간 속으로 들어간다. 이것을 자동사와 타동사로 나누어 살펴보자.

1.1.1 자동사와 into

(3a) 문장에서 그는 집으로 들어간다.

③
a. He went **into** the house.
그는 그 집 안으로 들어갔다.

b. Fans poured **into** the stadium.
팬들이 그 경기장으로 쏟아져 들어갔다.

c. He dropped **into** my office.
그는 내 사무실에 잠깐 들렀다.

d. We moved **into** an apartment.
우리는 아파트로 이사해 들어갔다.

e. Strength flowed **into** my body.
힘이 내 몸속으로 흘러 들어왔다.

f. Bullets tore **into** the lion.
총알들이 그 사자 속으로 뚫고 들어갔다.

1.1.2 타동사와 into

다음에서 동사의 목적어는 into의 목적어 속으로 들어간다.

a. He crammed eight people **into** his compact car.
그는 여덟 명의 사람들을 그의 경차 안에 쑤셔 넣었다.

b. He poured the water **into** a jar.
그는 물을 항아리에 부어 넣었다.

c. He turned the wallet **into** a police station.
그는 그 지갑을 경찰에 돌려주었다.

d. We herded the cattle **into** the corral.
우리는 그 소떼를 우리 속으로 몰아넣었다.

1.2 도착지가 옷인 경우

다음에서 주어는 into의 목적어인 옷 안으로 들어간다. 다음 도식에서 X는 사람이고 Y는 옷이다.

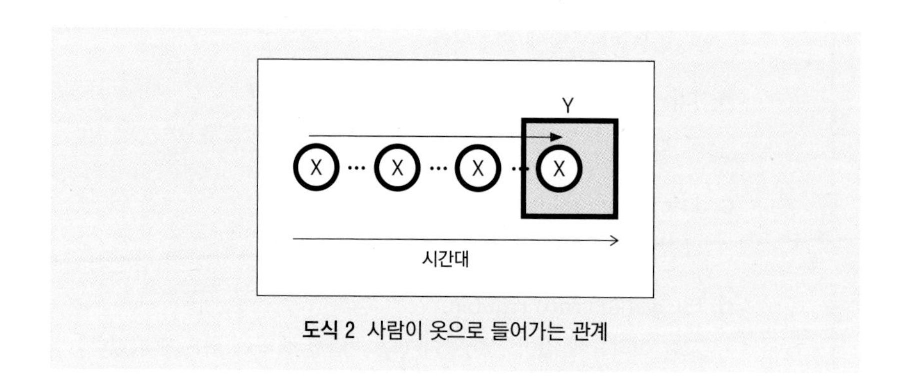

도식 2 사람이 옷으로 들어가는 관계

다음 (5a)에서 주어는 옷으로 들어가는 관계이다.

a. He fitted **into** the jeans.
그는 청바지 속으로 들어갔다. (즉, 입었다.)

b. After coming home, he changed **into** casual.
그는 집에 도착한 후 평상복으로 갈아입었다.

c. He got **into** pajamas.
그는 파자마 속으로 들어갔다. (즉, 입었다.)

1.3 도착지가 상태인 경우

다음에서 into의 목적어는 추상적 장소인 상태이다. 즉, 상태는 장소로, 상태 변화는 장소 이동으로 개념화된다.

1.3.1 자동사와 into

다음 (6a) 문장에서 주어는 어떤 상태로 들어간다.

6

a. The law goes **into** effect next month.
그 법은 다음 달에 발효된다.

b. The argument erupted **into** a fight.
그 말싸움은 싸움이 되었다.

c. The dough folds **into** cookies.
그 반죽은 접혀져서 과자로 된다.

d. He walked **into** trouble.
그는 어려움에 걸어 들어갔다. (즉, 곤란한 상황에 빠지게 되었다.)

e. He came **into** office.
그는 직책을 맡게 되었다.

1.3.2 타동사와 into

다음 (7a) 문장에서 동사의 목적어가 어떤 상태로 들어간다.

a. He cut the pie **into** three pieces.
그는 파이를 세 조각으로 나누었다.

b. The teacher split the class **into** three groups.
그 선생님은 그 반을 세 그룹으로 나누었다.

c. The country was divided **into** three parts.
그 국가는 세 부분으로 분할되었다.

d. The police separated the rioters **into** small groups.
경찰은 시위대들을 작게 나누었다.

e. He turned the prison **into** a farm.
그는 그 감옥을 농장으로 만들었다.

f. The revolution turned the country **into** a democracy.
그 혁명이 그 나라를 민주주의로 만들었다.

1.4 도착지가 과정인 경우

과정(process)은 시작과 끝이 있는 과정으로 개념화된다. 그러므로 동명사도 그릇으로 개념화되어 그 속으로 들어갈 수 있다.

1.4.1 자동사와 into

(8a) 문장에서 주어는 울음으로 들어가는 관계를 나타낸다.

a. He burst **into** crying.
그는 갑자기 울기 시작했다.

b. He jumped **into** action.
그는 곧 행동에 뛰어들었다. (즉, 곧 행동을 시작했다.)

c. He went **into** hiking.
그는 등산을 시작했다.

1.4.2 타동사와 into

a. He put a lot of money **into** building the house.
그는 많은 돈을 그 집을 짓는 데 쏟아 부었다.

b. He flung himself **into** playing tennis.
그는 자신을 테니스하는 데 던졌다. (즉, 테니스에 열중했다.)

c. He coaxed me **into** buying his junk car.
그는 나를 구슬려서 그 엉터리 차를 사게 했다.

d. He lured me **into** going to war.
그는 나를 유혹해서 전쟁터에 가게 했다.

e. He persuaded me **into** studying hard.
그는 나를 설득하여 열심히 공부하게 했다.

1.5 과정이나 상태(명사)

명사로 표현되는 과정도 그릇으로 개념화된다. 그래서 into와 같이 쓰일 수 있다.

1.5.1 자동사와 into

(10a)에서 그는 울음이나 웃음의 과정으로 갑자기 들어간다.

a. He burst **into** tears/laughter.
그는 갑자기 울기/웃기 시작했다.

b. He flew **into** a rage.
그는 버럭 격노했다.

c. He got **into** the habit of drinking.
그는 술 마시는 습관에 빠져들었다.

d. Hopes melt **into** despair.
희망이 점차 절망이 된다.

1.5.2 타동사와 into

a. The congress signed the bill **into** a law.
의회는 그 법안에 서명하여 법으로 만들었다.

b. He forced me **into** submission.
그는 나를 강압해서 순종하게 했다.

1.6 들이박기

다음에 쓰인 동사는 into와 같이 쓰여서 '들이박다'의 뜻이 된다.

a. Someone ran **into** the back of my car.
누군가가 내 차의 뒤를 들이박았다.

b. The car crashed **into** a lamp post.
그 차가 램프 기둥을 쿵하고 들이박았다.

c. He banged **into** the car ahead.
그는 앞 차를 쾅하고 들이박았다.

d. He bumped **into** a tree.
그는 나무에 덜커덩 부딪혔다.

e. He slammed **into** a wall.
그는 벽을 세차게 들이박았다.

into로 인해 '들이박다'는 뜻은 '공격'의 뜻으로 확대된다.

a. He ripped **into** me.
그는 나를 거칠게 들이박았다.

b. He pitched **into** her.
그는 그녀를 공격했다.

c. He lashed **into** his critics.
그는 그의 비판가들을 맹렬히 공격했다.

1.7 들여다보기

다음에서 쓰인 동사는 '들여다보다'의 뜻을 가지는데, 이때에도 전치사 into가 쓰인다.

a. He digged **into** her private life.
그는 그녀의 사생활을 파고들었다.

b. We looked **into** the problem.
우리는 그 문제를 들여다보았다.

c. He probed **into** the matter.
그는 그 문제를 조사했다.

1.8 우연한 발견이나 만남

다음에서 쓰인 into는 생각지도 않은 상태에서 무엇을 마주치는 경우에 쓰인다.

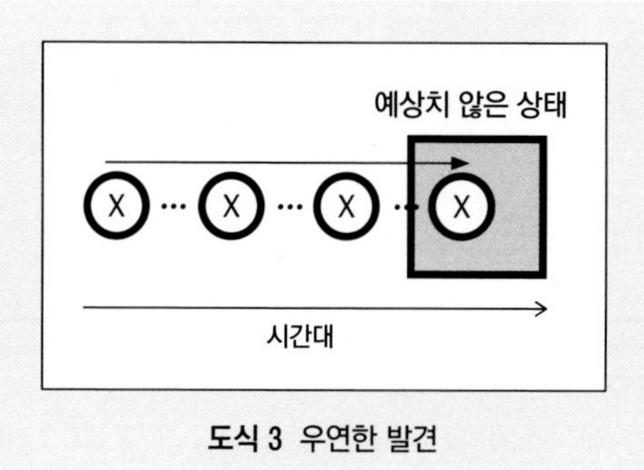

도식 3 우연한 발견

a. I came **into** her on campus this morning.
나는 오늘 아침 교정에서 그녀를 우연히 만났다.

b. I ran **into** an old friend of mine in the park.
나는 공원에서 내 오랜 친구를 우연히 만났다.

c. He stumbled **into** a strange scene.
그는 이상한 장면을 우연히 마주치게 되었다.

1.9 습관이나 어떤 것을 좋아하는 관계

다음에서 into는 누가 무엇에 빠져 있는 상태를 나타낸다.

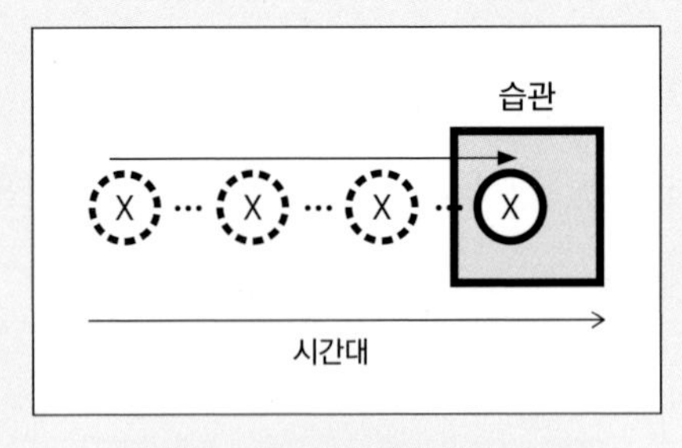

도식 4 어떤 일에 빠져 있는 관계

다음 (16a)에서 into는 그가 테니스에 빠져 있는 관계를 나타낸다.

a. He is **into** tennis.
그는 테니스에 빠져 있다.

b. He is **into** gambling.
그는 도박에 빠져 있다.

(계속)

c. He is **into** coffee.
그는 커피에 빠져 있다.

d. He is **into** golf. He is a serious golfer.
그는 골프에 빠져 있다. 그는 진지하게 골프를 치는 사람이다.

e. He's deep **into** the novel.
그는 그 소설에 푹 빠져 있다.

1.10 조사

전치사 into는 '조사하다'나 '들여다보다'의 과정을 그리는 데에도 쓰인다.

a. He is delving **into** Korean dynasty.
그는 고려 역사를 깊이 연구하고 있다.

b. He is digging **into** all the applications.
그는 지원서들을 모두 조사해 보고 있다.

c. The detective is investigating **into** the suspect's past.
그 탐정은 그 용의자의 과거를 연구하고 있다.

d. He goes **into** traditional Korean art and gets inspiration.
그는 전통 한국 미술을 깊이 파고들어 조사하고, 거기에서 영감을 얻는다.

e. The police are looking **into** the cause of the accident.
경찰이 그 사고의 원인을 들여다보고 있다. (즉, 조사하고 있다.)

f. He probed **into** the matter and reported it to his boss.
그는 그 문제를 면밀히 들여다보고서 그것을 상사에게 보고했다.

1.11 언어 공격

into는 물리적 공격뿐만 아니라 언어적 공격을 나타내는 데도 쓰인다.

a. The president lashed **into** the plan.
그 대통령은 그 계획을 맹비난했다.

b. The president pitched **into** his former lawyer.
그 대통령은 그의 전 변호사를 모욕적으로 비난했다.

c. The critics ripped **into** the deal.
그 비난자들은 그 협상을 강하게 비난했다.

d. The chairman tore **into** his own staff.
그 의장은 자신의 참모를 회복이 불가할 정도로 꾸짖었다.

1.12 소유

into는 돈이나 재산 등을 소유하는 관계로도 쓰인다. 소유한다는 것은 소유하는 사람이 그 속에 들어가는 것으로 본다.

a. She came **into** an enormous amount of money from his father.
그녀는 아버지로부터 엄청난 양의 돈을 갖게 되었다.

b. The media tycoon bought **into** a newspaper.
그 언론계의 거물이 그 신문을 사서 소유하게 되었다.

c. He lucked **into** a good apartment on the beach.
그는 해안가에 있는 좋은 아파트를 구할 수 있게 되었다.

2 거리나 시간 표시

전치사 into는 한 이동체가 Y의 속이나 안으로 들어가는 관계를 나타내므로 이 들어간 거리를 표현할 수 있다. 이 거리는 시간에도 적용된다.

2.1 거리

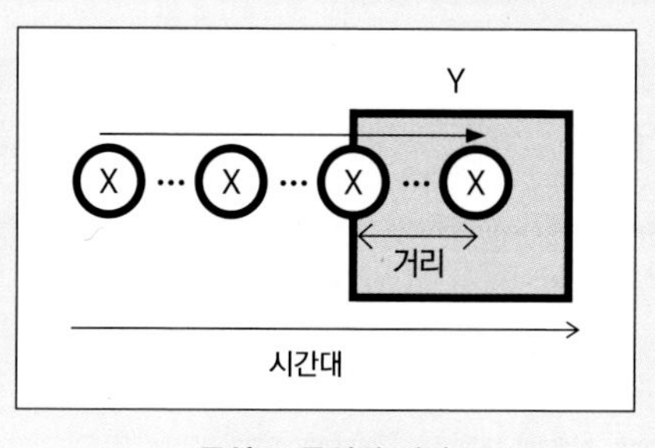

도식 5 들어간 거리

다음 문장에서 deep, far, way 등은 이동체가 들어간 거리로 나타난다.

a. He dived deep **into** the sea.
그는 바다 깊이 잠수해 들어갔다.

b. They walked far **into** the forest.
그들은 숲속 멀리 걸어 들어갔다.

c. We drove 20 km **into** the desert.
우리는 사막 안으로 20킬로미터를 운전해 들어갔다.

d. The bird flew way **into** the air.
그 새는 공중으로 멀리 날아갔다.

2.2 시간

시간은 추상적인 개념이고 공간은 구체적인 것이므로, 추상적인 시간 개념은 공간 개념을 빌어서 표현된다. 다음 문장에서 2 weeks, 2 years 등은 시간상의 거리를 나타낸다.

a. We went 2 weeks **into** the investigation.
우리는 그 조사에 들어간 지 2주째이다.

b. They are 2 years **into** the construction.
그들은 그 건설에 들어간 지 2년째이다.

c. He ran 30 days **into** fasting.
그는 단식한 지 30일째이다.

d. We are two weeks **into** September.
우리는 2주째 9월에 들어와 있다.

e. We moved far **into** the night.
우리는 밤으로 깊이 들어갔다.

f. We ran two days **into** the chase.
우리는 추격한 지 이틀째에 들어갔다.

3 부사 in과 전치사 into의 비교

부사 in은 이동체가 밖에서 안이나 속으로 들어오는 관계를 그린다. 그러므로 이 부사는 밖에 있는 출발지와 안이나 속에 있는 도착지가 명시될 수 있다. 다음은 부사 in과 전치사 into의 관계를 도식화한 것이다.

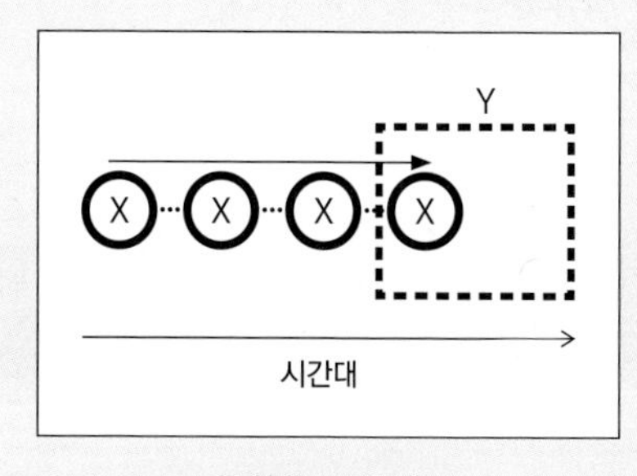

도식 6a 부사 in

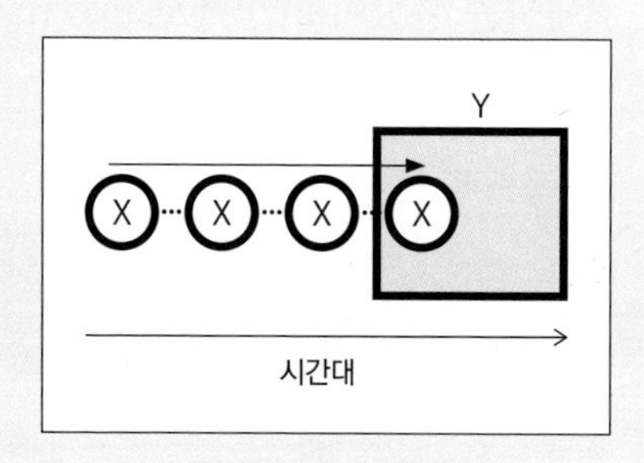

도식 6b 전치사 into

부사 in이 쓰였다고 해서 도착 지점이 없는 것이 아니다. 도착지가 있으나 화맥, 문맥, 세상에 대한 지식 등으로부터 도착지를 쉽게 추리할 수 있기 때문에 명시되지 않은 것이다.

다음에서 in의 도착 지점이 생략된 예를 into와 비교하여 살펴보자.

3.1 화맥에 의한 생략

밖에서 노크를 듣고 사무실 안에 있는 사람이 다음과 같이 말한다.

a. Come **in.** (?**into** my office)
들어오세요. (내 사무실로 들어오세요.)

괄호 안의 물음표는 어색함을 표시한다. 주어진 화맥에서 in의 도착지는 사무실이므로 이것을 구태여 언급하지 않아도 알 수 있다. into my office라고 말하면 오히려 어색하다.

b. 비서 : Mr. Thompson is waiting here, sir.
톰슨 씨가 여기에서 기다리고 있습니다.
사장 : Send him **in.**
그 분을 들여보내세요.

위에서는 사장이 in만 써도 into my office임을 알 수 있다.

3.2 문맥에 의한 생략

다음 (23a) 문장에서 외국 학생들이 들어가는 곳은 주어인 가정이 되겠다. (23b) 문장에서 쌀이 들어가는 곳은 주어이다.

a. The family takes foreign students **in**.
그 가정은 외국 학생들을 받아들인다. (즉, 하숙을 친다.)

b. We bought **in** a lot of rice for the winter.
우리는 겨울을 위해 많은 쌀을 사들였다.

3.3 상황이나 영상에 의한 생략

다음 문장 자체만으로는 그가 어디에 뛰어들었는지 알 수가 없다.

a. He jumped **in**.
그가 뛰어들었다.

b. The governor called **in** the troopers.
그 주지사가 기마 경찰들을 불러들였다.

그러나 화면에 수영장이 보이고 그 속에 누가 뛰어들었다면 뛰어든 곳이 수영장임을 곧 알 수 있다. (24b)의 경우 문장만으로는 기마 경찰이 어디로 들어갔는지 알 수가 없다. 그러나 이때에도 어떤 지역에서 폭동이 일어나고 있는 장면을 보면서 이 말을 듣게 된다면 기마 경찰들이 들어간 곳은 그 지역임을 알 수 있다. 이러한 전제가 없으면 in 대신 into the city 등과 같이 장소가 명시되어야 한다.

4 전치사 into와 전치사 in의 비교

여기서는 전치사 into와 전치사 in을 비교하여 보자.

전치사 into는 어떤 상태에 들어가는 관계를 나타내고, in은 어떤 상태에 들어가 있는 관계를 나타낸다. 이것을 도식화하면 다음과 같다.

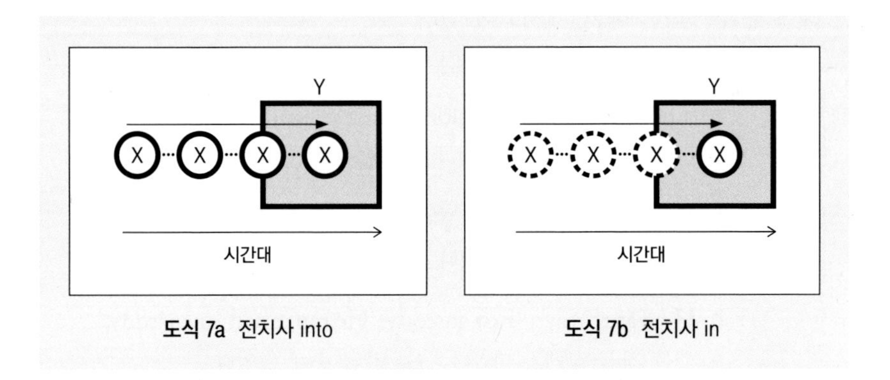

도식 7a 전치사 into　　도식 7b 전치사 in

(도식 7a)에서 into는 이동체가 장소에 들어가는 관계를 나타내고, (도식 7b)에서 in은 이동체가 어떤 장소로 들어가 있는 관계를 나타낸다.

a. He got **into** trouble and he is **in** trouble.
그는 어려움에 들어가서 지금 어려운 상황에 있다.

b. He got **into** touch with her and he keeps **in** touch.
그는 그녀와 연락이 닿아서 지금 연락을 하고 있다.

c. The law went **into** effect and the law is **in** effect.
그 법안이 발효되어서 지금 유효하다.

d. He put the things **into** order and they are **in** order now.
그가 그 물건들을 정리해서 지금은 정리되어 있다.

(계속)

e. He went **into** a coma and he is **in** a coma now.
그는 혼수상태에 들어가서 지금 혼수상태에 있다.

f. The animal went **into** season and it is **in** season.
그 동물이 발정기에 들어가서 지금 발정기에 있다.

다음에 추가적인 예가 제시되어 있다.

a. They jumped **into** action./They are still **in** action.
그들은 활동에 뛰어들었다./그들은 활동 중이다.

b. We got **into** contact./We remain **in** contact.
우리는 접촉하기 시작했다./우리는 접촉 중이다.

c. He was thrown **into** custody./He remained **in** custody.
그는 감금 상태가 되었다./그는 감금 중에 있었다.

d. The lion sprung **into** ambush./The lion stayed **in** ambush.
그 사자는 갑자기 잠복에 들어갔다./그 사자는 잠복 중이었다.

5 전치사 into와 부사 in의 비교

전치사 into는 X into Y에서 X가 Y의 영역 안으로 들어가는 관계를 나타낸다. 이때 Y가 화맥, 문맥, 세상 지식으로부터 추리될 수 있으면 전치사 into가 아닌 부사 in이 쓰인다. 이것을 도식화하면 다음과 같다.

(도식 8a)에서는 X가 들어가는 곳이 명시되어 있으나 (도식 8b)에서는 들어가는 곳이 명시되지 않으므로 into 대신 부사 in이 쓰인다.

다음 두 문장을 비교해 보면서 into와 in의 관계를 살펴보자.

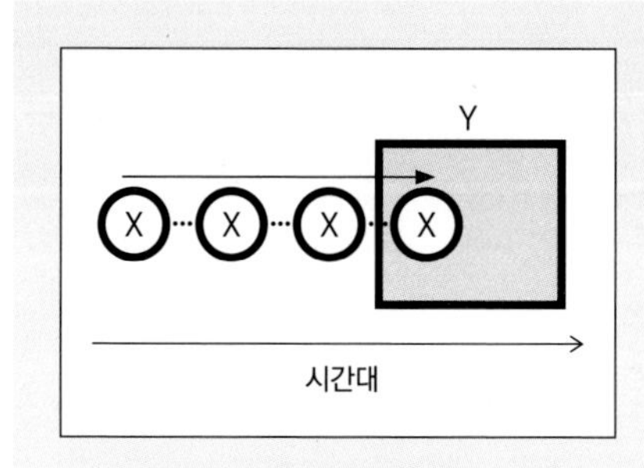

도식 8a 전치사 into : 도착지 명시

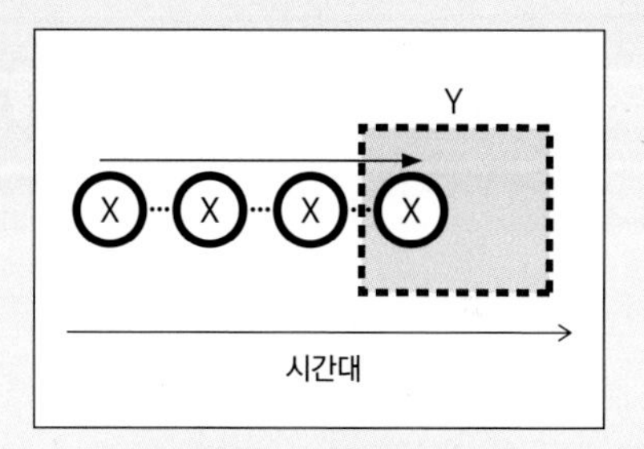

도식 8b 부사 in : 도착지 암시

a. They got **into** a taxi.
그들은 택시를 탔다.

b. A taxi drove up and we got **in**.
택시가 와서 우리는 탔다.

(27a) 문장에서는 들어가는 장소인 택시가 명시되었으나, (27b) 문장에서는 이것이 명시되지 않고 in만 쓰였다. 그 이유는 (27b) 문장에서는 앞부분에 a taxi가 언급되었으므로 이를 다시 언급할 필요가 없기 때문에 in만 쓰인 것이다.

OF

of는 전치사로만 쓰인다.

1 전치사 용법

이 전치사는 X of Y에서 X가 Y의 내재적인 일부임을 나타낸다. 이것을 도식화하면 (도식 1)과 같다. X와 Y를 이어주는 이중선은 내재성을 나타낸다. 먼저 이 내재성이 구체적으로 어떻게 실현되는지 살펴보자.

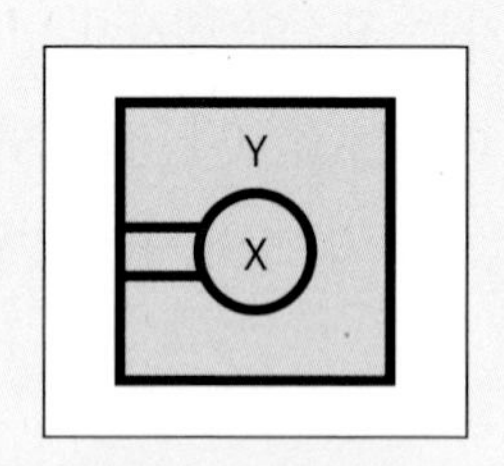

도식 1 X와 Y의 내재적 관계

1.1 부분과 전체

다음에서 선행사는 목적어의 떼려야 뗄 수 없는 부분이다. 다음 (1a)에서 정상은 주어진 산과 떼어놓고 생각할 수 없는 관계이다.

a. the top **of** the mountain	그 산의 정상
b. the corner **of** the room	그 방의 구석
c. the end **of** the street	그 길의 끝
d. the back **of** his neck	그의 목덜미
e. the first day **of** spring	봄의 첫날

1.2 전체의 일부

X of Y에서 X는 일부이고, Y는 전체이다. 전체가 있어야 일부가 있을 수 있으므로 이 둘 사이도 불가분의 관계이다.

a. many **of** the villagers	그 마을 사람들 중 많은 이들
b. some **of** the students	그 학생들 중 몇 명
c. all **of** the teachers	그 선생님들 모두

1.3 물체와 재료

X of Y에서 X는 물체이고 Y는 이것을 이루는 재료이다. 물체는 그것을 이루는 재료와 떼어놓을 수 없는 관계이다. 예를 들어, 물방울과 물은 떼어놓을 수 없다.

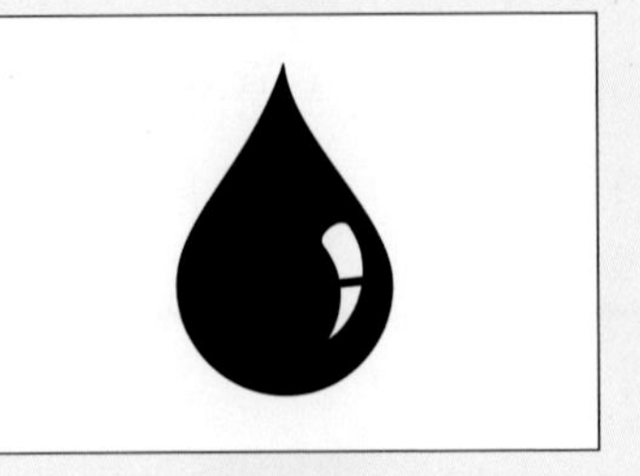

도식 2a 물방울과 물은 뗄 수 없음

도식 2b 실 한 뭉치에서 실 한 가닥은 뗄 수 없음

③

a. a drop **of** sweat	땀 한 방울
b. a ball **of** string	실 한 뭉치
c. a roll **of** paper	종이 한 롤
d. a strip **of** white fabric	흰 천 한 쪽
e. a speck **of** dirt	먼지 한 점
f. the month **of** April	4월
g. a slice **of** bread	빵 한 조각
h. a shred **of** evidence	증거 한 가닥
i. a bottle **of** wine	포도주 한 병
j. a matter **of** a few seconds	몇 초간의 문제
k. a clove **of** garlic	마늘 한 쪽
l. a surplus **of** business cards	많은 명함

1.4 그릇과 내용

다음 X of Y에서 X는 그릇이고, Y는 여기에 담긴 내용물이다. (4a)에서 잔은 우유를 담고 있다.

도식 3a 우유가 담긴 잔

도식 3b 커피가 담긴 잔

④
a. a glass **of** milk	우유 한 잔
b. a cup **of** coffee	커피 한 잔
c. a can **of** beer	맥주 한 캔
d. a bowl **of** soup	국 한 그릇
e. a book **of** poems	시집 한 권

다음 표현들도 비유적으로 X는 그릇이고 Y는 그 안에 들어가는 개체들이다. 양떼는 양들로 이루어지고, 이 둘은 서로 분리될 수 없다.

⑤ **a.** a flock **of** sheep 양 한 떼

b. a pack **of** wolves 늑대 한 무리

c. a herd **of** cattle 소 한 무리

d. a bunch **of** bananas 바나나 한 송이

e. a cluster **of** grapes 포도 한 송이

다음에서도 X인 사람은 Y의 특성을 담고 있는 것으로 풀이된다.

⑥ **a.** a man **of** resources
여러 가지 기지가 있는 사람

b. a woman **of** beauty
아름다움을 담고 있는 여인 (즉, 아름다운 여인)

c. a man **of** experience
경험이 많은 사람

d. a man **of** character
인격자

e. a man **of** ability
능력자

1.5 단위

X of Y에서 X는 무게, 길이, 부피 등의 단위이고, Y는 이것을 이루는 물건이다. 그러므로 이들도 분리될 수 없다.

a. several kilos **of** potatoes 감자 몇 킬로그램

b. a yard **of** fabric 천 한 야드

c. a teaspoonful **of** olive oil 올리브 오일 한 스푼

1.6 단체장과 단체

X of Y에서 X는 대통령, 의장, 지휘자 등 단체장이고 of는 이들이 Y와 뗄 수 없는 관계임을 나타낸다. 다음 (8a) 문장에서 대한민국의 대통령은 대한민국 없이 존재할 수 없다.

a. the president **of** the Republic of Korea
대한민국의 대통령

b. the chairman **of** the company
그 회사의 의장

c. the conductor **of** the symphony orchestra
그 교향악단의 지휘자

d. the principal **of** the high school
그 고등학교 교장

1.7 사건의 시간과 장소

과정은 크게 두 가지, 즉 자동사 과정과 타동사 과정으로 나눈다. 자동사에는 주어가 있고, 타동사에는 주어와 목적어가 있다.

자동사 : 주어 - 동사
타동사 : 주어 - 동사 - 목적어

동사가 나타내는 과정은 명사화될 수 있다. 이때 자동사의 경우, 주어가 of의 목적어로 쓰이고, 타동사의 경우, 목적어가 of의 목적어로 쓰인다. 다음 예를 살펴보자. 다음 (9a) 문장에는 동사가, (9b) 문장에는 동사의 명사형이 쓰였다.

9
a. The **scientist** died at the age of 76.
그 과학자는 76세에 죽었다.
b. the death **of** the **scientist** at the age of 76
그 76세 과학자의 죽음

10
a. The **visitor** arrived yesterday.
그 방문객은 어제 도착했다.
b. the arrival **of** the **visitor**
그 방문객의 도착

a. The **market** responded.
시장이 반응했다.

b. the response **of** the **market**
시장의 반응

다음 문장에 쓰인 동사는 타동사이다. 이것이 명사화되면 동사의 목적어가 of의 목적어가 된다. 다음 (12a) 문장 속 타동사의 목적어는 (12b) 문장에서 of의 목적어가 되어 있다.

a. We must protect our **environment.**
우리는 우리 환경을 보호해야 한다.

b. the protection **of** our **environment**
우리 환경의 보호

a. The president removed the **ban.**
그 대통령은 그 금기를 해제했다.

b. the removal **of** the **ban**
그 금기의 해제

다음에서와 같이 타동사는 또 다른 명사형이 있다. 즉, 동사에 -er을 붙이면 행위자를 나타내는 명사가 된다. 이때도 타동사의 목적어는 of의 목적어가 된다.

a. He **built** the building.
그는 그 건물을 지었다.

b. the **builder of** the building
그 건물의 건축업자

a. He **organized** the protest.
그가 그 항의 운동을 조직했다.

b. the **organizer of** the protest
그 항의 운동의 조직자

다음 문장에 쓰인 care나 hold도 동사의 명사형이고, 그 목적어는 전치사 of의 목적어로 표현된다.

a. Take good **care of** yourself.
자신을 잘 돌보세요.

b. Get **hold of** the rope.
그 로프를 잘 잡으세요.

다음 표현에 쓰인 go는 자동사에서 온 명사이다. 그러므로, 이것의 의미상의 주어는 of의 목적어로 표현된다.

a. Let **go of** the rope. 그 로프를 놓으세요.

b. Let the rope **go**. 그 로프를 놓으세요.

위 (17a) 문장은 의미상으로 (17b) 문장과 같다.

1.7.1 시간

전치사 of는 시간을 나타내는 데에도 쓰인다. X of Y에서 X와 Y는 시간이고, X는 Y와 떨어질 수 없는 일부임을 of가 나타낸다. 어느 달의 하루는 달과 떼어놓을 수 없는 관계이다.

a. the 15th **of** March	3월 15일
b. the second week **of** April	4월의 둘째 주
c. the first month **of** 2018	2018년의 첫째 달

과정이나 사건은 공간과 시간 속에 일어난다. 그러므로 시간은 과정과 떼어서 생각할 수 없다.

a. the day **of** the examination	시험 치르는 날
b. the day **of** the graduation	졸업식 날
c. the day **of** his wedding	그의 결혼식 날
d. the date **of** his birth	그의 출생일
e. the time **of** writing the report	보고서를 쓰는 시간

1.7.2 장소

장소와 사건도 떼어놓을 수 없는 관계이다.

a. the place **of** the wedding	그 결혼식 장소
b. the place **of** the demonstration	그 시위 장소
c. the location **of** the accident	그 사고 장소
d. the site **of** the construction	그 건설 현장

2 형용사와 of

전치사 of와 함께 쓰이는 형용사는 성격 형용사, 감정 형용사, 주의·확신 형용사, 차거나 비는 형용사, 그리고 과정 형용사의 5가지로 나눌 수 있다. 지금부터 이들을 차례로 살펴보자.

2.1 성격 형용사

X of Y에서 X는 성격 형용사이고, Y는 사람이다. 성격 형용사의 예는 다음과 같다.

clever 꾀가 많은	foolish 바보 같은	generous 관대한
kind 친절한	nice 좋은	smart 총명한
stupid 어리석은	sweet 다정한	wise 현명한

이들 형용사의 특징은 이들이 사람들의 내재적 특성, 즉 떼어놓을 수 없는 성격을 가리킨다는 점이다. 이들 형용사는 of의 목적어인 행위자와 to 부정사의 과정도 동시에 수식할 수 있어야 한다. 다음 (21) 문장에서 kind는 him과 to help us를 동시에 수식한다. 즉, 그도 친절하고 돕는 행위도 친절하다는 뜻이다.

It is kind **of** [him] [to help us].
우리를 도와준 그는 참 친절하다.

참고로 다음 (22) 문장에서는 of 대신 for가 쓰였으므로 nice는 과정만을 수식한다.

It is nice **for** [him to help us].
그가 우리를 도와준 것은 친절한 일이다.

다음 문장 (23)은 문법과 맞지 않는다. 그 이유는 이 문장에 쓰인 형용사 'temporary'가 어느 사람의 내재적 성격을 묘사하지 않기 때문이다.

*It is temporary **of** John to help us.
그가 우리를 도와준 것은 일시적이다. (문법에 맞지 않음)

2.2 감정 형용사

다음 문장에 쓰인 형용사는 감정을 나타내는 형용사이고, of는 이의 내재적 원인이다. 다음 (24a) 문장에서 그는 본래 개를 무서워하는 관계이다.

a. He is afraid **of** dogs.
그는 원래 개를 무서워한다.

b. She is fearful **of** cats.
그녀는 원래 고양이를 두려워한다.

c. She is fond **of** babies.
그녀는 아기들을 좋아한다.

d. He is jealous **of** her success.
그는 그녀의 성공을 질투한다.

(계속)

e. He is proud **of** his brother.
그는 그의 형을 자랑스럽게 생각한다.

f. The people are weary **of** war.
그 국민들은 전쟁에 지쳤다.

2.3 주의나 확신 형용사

주의나 확신의 내용은 of의 목적어로 표현된다.

a. He is certain **of** her coming.
그는 그녀가 오는 것을 확신한다.

b. I am sure **of** his success.
나는 그의 성공을 확신한다.

c. He is confident **of** winning the prize.
그는 그 상을 받으리라 자신만만하다.

d. The lawyer is convinced **of** the innocence of his client.
그 변호사는 자기의 의뢰인의 결백을 확신하고 있다.

e. I am aware **of** my weakness.
나는 내 약점을 의식하고 있다.

f. He is conscious **of** his weakness.
그는 자신의 약점을 인식하고 있다.

2.4 차거나 비는 형용사

다음에 쓰인 형용사는 그릇이 차거나 비는 상태를 나타낸다. 즉, 무엇이 그릇에 들어가 있거나, 그릇에 들어가 있어야 하는 무언가가 없는 상태를 나타낸다.

a. The room is bare **of** furniture.
그 방은 가구가 없다.

b. This service is free **of** charge.
이 서비스는 요금이 없습니다.

c. The garden is full **of** weeds.
그 정원은 잡초로 가득 차 있다.

d. The sentence is void **of** meaning.
그 문장은 의미가 없다.

e. The road is empty **of** cars.
그 도로에는 차들이 없다.

2.5 과정 형용사

다음 과정 형용사는 동사에서 파생된 형용사이다. 형용사와 쓰인 of의 목적어는 타동사의 목적어에 해당된다.

a. appreciative (← appreciate)
b. descriptive (← describe)
c. expressive (← express)
d. ignorant (← ignore)
e. illustrative (← illustrate)
f. supportive (← support)

다음 (28a) 문장에는 타동사가 쓰였고, (28b) 문장에는 파생 형용사가 쓰였다.

28 **a.** I appreciate his help.
나는 그의 도움을 고맙게 생각한다.

b. I am appreciative **of** his help.
나는 그의 도움을 고맙게 생각한다.

29 **a.** He described the accident.
그는 그 사건을 묘사했다.

b. The terms are descriptive **of** strong emotions.
그 용어들은 깊은 감정을 묘사한다.

30 **a.** The government must protect its people.
정부는 국민들을 보호해야 한다.

b. He is very protective **of** his children.
그는 그의 자식들을 매우 보호하려고 한다.

31 **a.** We support the movement.
우리는 그 운동을 지지한다.

b. We are supportive **of** the movement.
우리는 그 운동을 도와준다.

32 **a.** He expresses his feeling well.
그는 그의 감정을 잘 표현한다.

b. His art is expressive **of** deep emotions.
그의 예술은 깊은 감정을 그려낸다.

a. This will illustrate my point.
이것이 내 주장을 예시해줄 것이다.

b. The sculpture is illustrative **of** the artist's spiritual aspiration.
그 조각은 예술가의 영적 야망을 잘 보여준다.

a. A red sky at night often indicates fine weather the next day.
밤의 붉은 하늘은 다음 날의 좋은 날씨를 가리킨다.

b. The behavior is indicative **of** his whole attitude.
그 행동은 그의 전체적인 태도를 가리킨다.

a. He criticized the immigration bill.
그는 그 이민법안을 몹시 비난했다.

b. He is very critical **of** the bill.
그는 그 법안에 대해서 매우 비판적이다.

3 동사와 of

몇 가지의 동사는 전치사 of와 함께 쓰일 수 있다.

3.1 인지동사

다음 동사는 인지동사로서 인지의 대상이 전치사 of의 목적어로 표현되어 있다.

a. I am thinking **of** my homeland.
나는 내 고향을 생각하고 있다.

b. Every night I dream **of** my father.
매일 밤, 나는 아버지의 꿈을 꾼다.

c. I know **of** him.
나는 그의 존재를 안다. (즉, 그런 사람이 있다는 것을 안다.)

d. I cannot conceive **of** going out alone at night.
나는 밤에 혼자 나가는 것을 상상할 수 없다.

위 (36a) 문장에 쓰인 동사는 생각이나 앎과 관계가 있는 인지동사이다. 동사 think는 '생각하다'는 뜻이고 'of + 명사'는 생각의 내용을 표현한다.

이 동사의 명사형 thought도 생각의 내용을 표현하기 위해서 of 명사가 쓰인다. 다음 X of Y에서 X는 생각이고, Y는 생각의 내용이다. 이 둘 사이의 관계도 불가분의 관계이다.

a. the thought **of** taking on the task
그 책임을 맡는다는 생각

b. the idea **of** going to the moon
달에 간다는 생각

c. the knowledge **of** Korea
한국에 대한 지식

d. the dream **of** going overseas
해외에 나가는 꿈

e. the question **of** poverty
가난의 문제

인지동사에 쓰인 of의 뜻을 명확하게 하기 위해 다음 세 가지 표현을 비교해 보자. 다음 (38a) 문장에서 주어는 그의 목소리를 직접 듣는 것이고, 문장 (38b)에서는 그에 대한 이런저런 이야기를 듣는 것이며, 문장 (38c)에서는 어떤 사람이 있다는 것을 들어서 알게 되는 것이다.

38	**a.** I heard him.	나는 그가 내는 소리를 들었다.
	b. I heard about him.	나는 그에 대해서 여러 가지를 들었다.
	c. I heard **of** him.	나는 그가 있다는 것을 들었다.

다음 세 문장도 비교해 보자.

39	**a.** I know him.	나는 그를 직접 안다.
	b. I know about him.	나는 그에 대해서 이것저것 안다.
	c. I know **of** him.	나는 그가 있다는 것을 안다.

동사 dream도 세 가지로 쓰일 수 있다.

40 **a.** I dreamed a dreadful dream last night.
나는 지난밤 끔찍한 꿈을 꾸었다.

b. I dreamed about him.
나는 그에 대한 꿈을 꾸었다.

c. I am dreaming **of** going abroad.
나는 해외에 나갈 꿈을 꾸고 있다.

think의 세 가지 표현을 살펴보자.

a. I think that it's going to rain.
나는 비가 오리라 생각한다.

b. I think about my country.
나는 내 나라에 대해서 생각을 한다.

c. I think **of** going back to my homeland.
나는 내 조국에 돌아갈 생각을 한다.

3.2 감각동사

다음은 감각동사로서 감각의 내용은 전치사 of의 목적어로 표현되어 있다. 다음 예문에 쓰인 동사와 전치사 of의 목적어 사이에는 내재적 관계가 있다. 맛이나 냄새는 이들을 내는 물질과 떼려야 뗄 수 없는 관계를 나타낸다. 다음 (42a) 문장에서 맛은 그 맛을 내는 물질과 떼어놓을 수 없다.

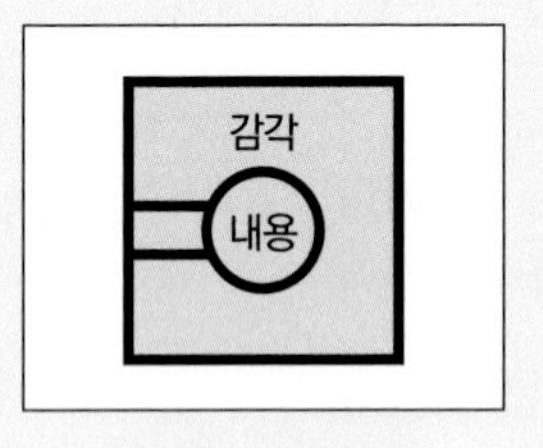

도식 4 감각동사

a. It tastes **of** garlic.
이것은 마늘 맛이 난다.

b. The pan smells **of** fish.
그 팬은 생선 냄새가 난다.

c. The bathroom reeks **of** tobacco smoke.
그 욕실은 담배연기 악취가 풍긴다.

d. He stinks **of** sweat.
그는 땀 냄새가 지독히 난다.

3.3 제거동사

다음에 쓰인 동사는 제거동사이고 of 명사구는 제거의 내용을 가리킨다. 다음 도식에서 제거하는 행위자는 목적어 가운데 일부를 제거한다. 제거되는 개체는 전치사 of의 목적어로 명시된다. 다음 (43a) 문장에서는 him에게서 특권이 제거되는 관계를 of가 나타낸다.

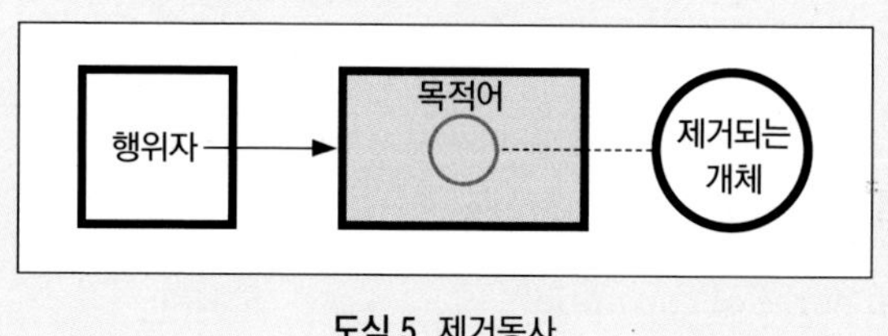

도식 5 제거동사

a. The government deprived him **of** the privilege.
그 정부는 그에게서 그 권리를 박탈했다.

b. We cleared the road **of** snow.
우리는 그 길에서 눈을 치웠다.

c. The gang robbed him **of** his money.
그 갱이 그에게서 그의 돈을 털었다.

d. The children stripped the tree **of** bark.
그 아이들은 그 나무에서 껍질을 벗겼다.

e. The doctor cured him **of** the disease.
그 의사는 그에게서 그 질병을 치료했다.

문장 (43a)에 쓰인 동사 deprive의 명사 deprivation도 제거의 대상을 나타낼 때에는 전치사 of가 쓰인다. 다른 동사도 마찬가지이다.

44

a. deprivation **of** office	공직 박탈
b. clearance **of** mines	지뢰 제거
c. cure **of** the disease	그 질병의 치료
d. cleaning **of** the temple	사원 청소
e. purge **of** corruption	부패의 척결
f. depletion **of** water source	수자원의 고갈

3.4 정보동사

다음 문장에 쓰인 동사들은 정보동사이다. 행위자는 목적어에 정보를 주고 이 정보의 내용은 of 명사구로 명시된다. (도식 6)에서 정보를 주는 이가 목적어에 정보를 주고 이 정보의 내용은 전치사 of의 목적어로 명시된다. 다음 (45a) 문장에서 him은 정보를 받고, 주어지는 정보내용은 of로 표현된다.

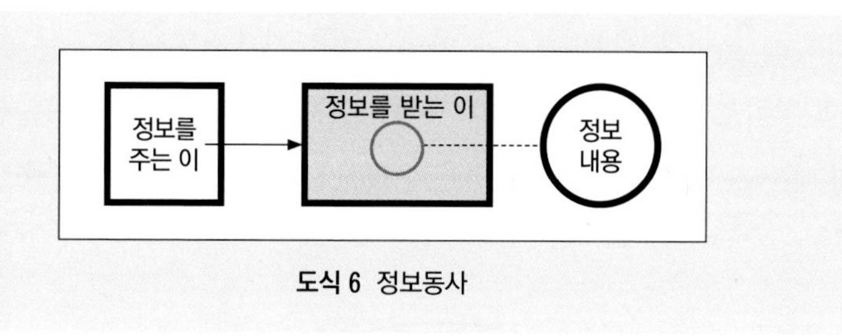

도식 6 정보동사

a. I informed him **of** the latest development.
나는 그에게 최근 발전을 알려 주었다.

b. He convinced me **of** the truth.
그는 나에게 그 사실을 확인시켜 주었다.

c. He warned her **of** the danger.
그는 그녀에게 그 위험을 미리 알려 주었다.

d. I will notify you **of** the schedule.
나는 너에게 그 일정을 통지하겠다.

e. They advised him **of** the arrest.
그들은 그에게 체포를 권고했다.

f. His wife reminded him **of** the appointment.
그의 아내는 그에게 그 약속에 대해서 상기시켰다.

이 정보동사들도 명사형이 있다. 이들의 내용을 표현하기 위해서 는 전치사 of가 쓰인다.

warning **of** danger 위험의 경고	notification **of** birth 출생 신고
accusation **of** robbery 강도 혐의	appraisal **of** danger 위험 알림

3.5 구성동사

다음에 쓰인 동사는 구성을 나타내는 동사로서 구성요소는 전치사 of의 목적어로 표현된다. 단위와 구성요소는 떼려야 뗄 수 없는 관계로, a ball of wool(양털 뭉치)에서 ball과 wool은 떼어놓고 생각할 수 없다.

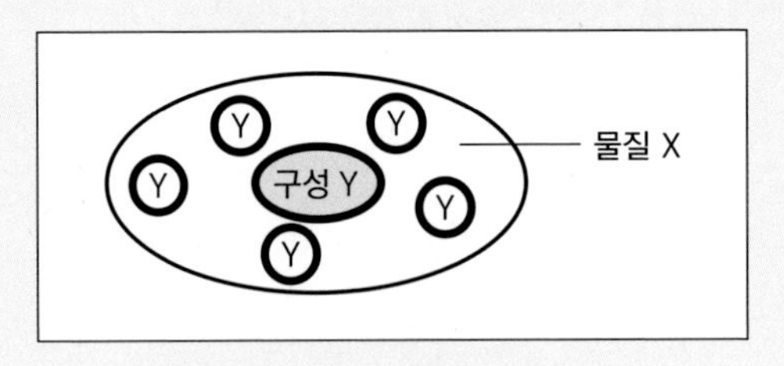

도식 7 Y는 X를 이루는 구성성분

a. The water consists **of** hydrogen and oxygen.
물은 수소와 산소로 구성된다.

b. The collection is comprised **of** 327 paintings.
그 전집은 327점의 그림들로 이루어져 있다.

(계속)

c. Our government needs to be made up **of** people who care for their nation.
우리 정부는 나라를 사랑하는 사람들로 구성되어야 할 필요가 있다.

d. The committee is composed **of** ten men.
그 위원회는 열 명의 남자들로 구성되어 있다.

3.6 결과동사

결과에는 원인이 있다. 다음 X of Y에서 X는 결과이고, Y는 기원 또는 출처이다. (47a) 문장에서 실패의 원인은 of의 목적어로 표현되어 있다.

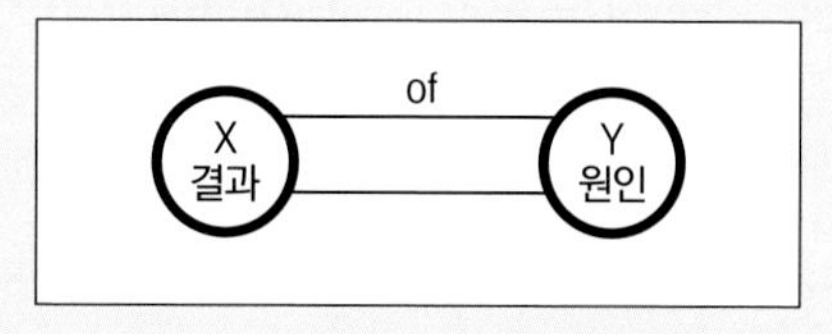

도식 8 Y는 X의 원인

a. She failed the math exam, and that's what comes **of** not working hard.
그녀는 수학시험에 낙제했는데, 그것은 공부를 열심히 하지 않은 데서 온 결과이다.

b. What became **of** the painting is still unsolved.
그 그림이 어떻게 되었는지는 아직도 풀리지 않고 있다.

(계속)

c. I don't care what becomes **of** him.
나는 그가 어떻게 되든지 관심이 없다.

d. She died **of** breast cancer.
그녀는 유방암으로 죽었다.

다음 문장에 쓰인 동사는 타동사이고, 목적어는 of의 목적어에서 나온다.

a. May I ask a favor **of** you?
당신께 호의를 구해도 될까요?

b. The beggar begged money **of** passersby.
그 거지는 돈을 지나가는 사람들에게 구걸했다.

c. The president demands loyalty **of** his staff.
그 대통령은 충성심을 참모들에게 요구한다.

d. Much is expected **of** us.
많은 것이 우리에게서 기대된다.

위 문장에 쓰인 of 대신 from이 쓰일 수 있다.

a. The child died **of** cancer.
그 아이는 암으로 죽었다.

b. The child died **from** the wound.
그 아이는 그 상처가 원인이 되어 죽었다.

(49a) 문장에는 전치사 of가 쓰여서 암이 죽음의 직접적인 원인이 되고, (49b) 문장에는 전치사 from이 쓰여서 상처가 직접적인 원인이 아니

고 상처로부터 다른 문제가 생겨서 죽음에 이르는 관계를 나타낸다.

다음에 쓰인 of도 출발지나 기준이 된다. (50a) 문장에서 평균 키는 기준이고, of는 이 기준에서 2cm가 모자라는 관계를 나타낸다.

a. He is two centimeters short **of** the average height.
그는 평균 키에서 2cm 모자란다.

b. The arrow was wide **of** the target.
그 화살은 표적에서 멀리 벗어났다.

c. The captain steered clear **of** the rock.
그 선장은 바위를 피해서 배를 조종했다.

d. The secretary was fired 24 hours shy **of** his retirement.
그 장관은 그의 은퇴 24시간이 모자라는 시점에 파면되었다.

3.7 만듦 동사

다음 문장에는 동사 make가 타동사로 쓰였다. 이 타동사의 목적어는 of 뒤의 명사를 재료로 해서 만들어진다. (51a) 문장에서 의미(sense)의 재료는 of의 목적어이다.

a. Can you make any sense **of** what he said?
너는 그가 말한 것으로부터 어떤 의미를 만들어 낼 수 있는가?

b. He made the best **of** a bad job.
그는 나쁜 일을 최고의 것으로 만들었다.
(즉, 그는 역경에 처했지만 최선을 다했다.)

(계속)

c. We have to make the most **of** the opportunity.
우리는 그 기회를 최대한 활용해야 한다.

d. He made fun **of** my hair style.
그는 나의 머리 모양을 놀렸다.

e. Make use **of** every opportunity to practice your English.
네가 영어를 쓸 모든 기회를 이용하라.

동사 admit, approve, conceive는 타동사와 자동사로 쓰인다. 타동사가 전치사 of와 쓰이면 자동사가 된다. (52)의 두 문장을 비교해 보자. 타동사 admit은 주어가 목적어를 직접 받아들이는 과정이고, admit of는 주어의 의도와는 상관이 없다.

a. He admitted his guilt.
그는 그의 잘못을 인정했다.

b. The problem admits **of** no other solution.
그 문제는 다른 해결을 허용하지 않는다.

53

a. The Congress approved the bill.
그 의회가 그 법안을 승인했다.

b. The parents approved **of** her marriage.
그 부모님들은 그녀의 결혼을 좋다고 생각했다.

54

a. She conceived a baby.
그녀는 아기를 임신했다.

b. She conceived **of** an interesting idea.
그녀는 좋은 생각을 갖게 되었다.

20

OFF

off는 전치사와 부사로 쓰인다. 먼저 전치사 용법부터 살펴보자.

1 전치사 용법

전치사 off는 X off Y에서 X가 Y에 붙어 있다가 떨어져 나오는 관계를 나타낸다. 이것을 도식화하면 (도식 1)과 같다. 시점 1에서 X는 Y에 닿아 있고, 시점 2에서 X는 Y에 떨어져 있다.

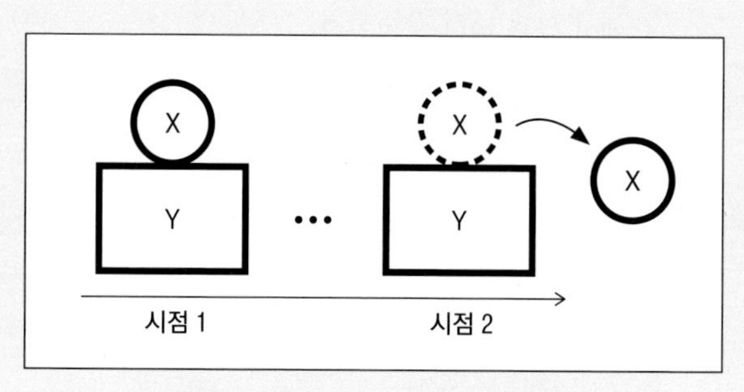

도식 1 전치사 off : X가 Y에서 떨어짐

1.1 공간관계

전치사 off는 기본적으로 공간관계를 나타내는데, 이 공간관계는 비유적으로 확대되어 쓰인다. 공간관계를 나타내는 경우, X off Y에서 X는 Y에서 떨어지는 관계이다. 이 관계를 자동사와 타동사로 나누어 살펴보자.

1.1.1 자동사

다음 문장에 쓰인 동사는 자동사이고, 주어가 전치사 off의 목적어에 닿아 있다가 분리된다. (1a) 문장에서 주어는 탁자에 닿아 있다가 뛰면서 분리된다.

a. He jumped **off** the table.
그는 그 탁자에서 뛰어내렸다.

b. He got **off** the train.
그는 그 열차에서 내렸다.

c. The truck rolled **off** the road.
그 트럭이 굴러서 그 길에서 벗어났다.

d. The rocket lifted **off** the ground.
그 로켓이 땅을 떠나 올라갔다.

e. The plane skidded **off** the runway.
그 비행기가 미끄러져서 활주로를 벗어났다.

1.1.2 타동사

다음 문장에 쓰인 동사는 타동사이고, 문장의 목적어가 Y의 목적어에서 분리된다. (2a) 문장에서 먼지는 탁자에 붙어 있다가 떨어진다.

a. He cleared the dust **off** the table.
그는 먼지를 탁자에서 닦아 내었다.

b. He wiped water **off** the window.
그는 물을 창문에서 닦아 내었다.

c. He knocked 10 percent **off** the price.
그는 10퍼센트를 가격에서 떼었다.

d. The boss took him **off** the project.
그 상사는 그를 그 기획사업에서 제거했다.

e. The gushing water lifted the lid **off** the street.
그 용솟음치는 물이 그 하수구 뚜껑을 길에서 들어올렸다.

1.2 비유적 용법

다음에서 off의 목적어는 환유적으로 쓰여서 목적어 자체를 가리키는 것이 아니라, 목적어가 가지고 있는 것이나 목적어에서 나오는 것을 가리킨다. (3a) 문장에서 his uncle은 uncle 자체를 가리키는 것이 아니라 uncle이 가진 재산이나 돈을 가리킨다.

a. He lives **off** his rich uncle.
그는 부자 삼촌에게 돈을 뜯어먹고 산다.

b. The clan survives **off** the land.
그 부족은 그 땅에서 나오는 것을 먹고 산다.

c. I read **off** the screen.
나는 스크린에 떠오르는 글을 읽는다.

1.3 과정이나 상태

다음에서 off는 주어가 과정이나 상태에서 떨어져 있는 관계를 나타낸다. (4a) 문장에서 '그'가 근무에서 떨어져 있다는 것은 그가 근무를 하지 않고 있음을 나타낸다.

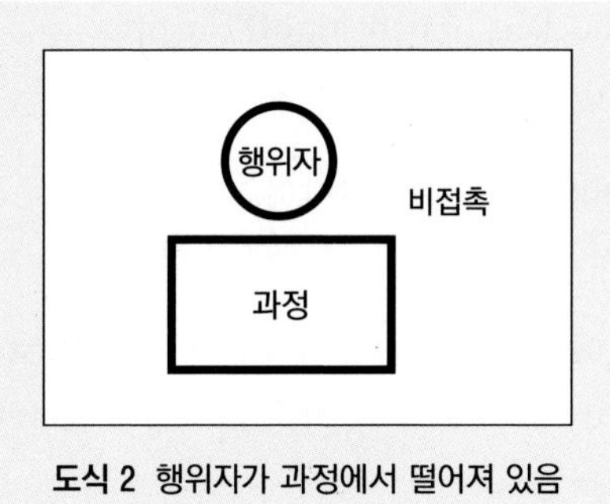

도식 2 행위자가 과정에서 떨어져 있음

1.3.1 자동사

a. He is **off** duty.
그는 비번이다.

b. He is **off** guard.
그는 경계에서 떨어져 있다. (즉, 방심하고 있다.)

c. He is **off** balance.
그는 균형을 잃고 있다.

d. She is **off** drinking.
그녀는 술을 끊고 있다.

e. I stayed **off** the TV.
나는 TV에서 떨어져 있었다. (즉, 보지 않았다.)

1.4 길에서 벗어남

다음에서 off는 사람이나 차가 큰길에서 벗어나는 관계를 나타낸다. (도식 3)은 X가 길 Y에서 벗어나는 관계를 나타낸다.

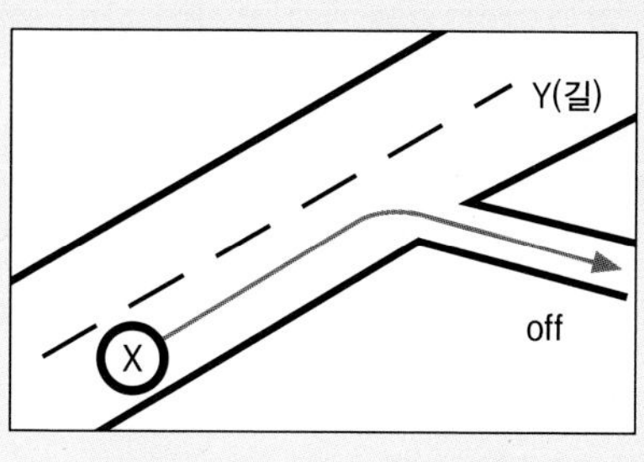

도식 3 차가 큰길에서 벗어남

⑤

a. The right lane goes **off** to the right.
그 오른쪽 도로는 오른쪽으로 벗어난다.

b. We turned **off** the highway at the last exit.
우리는 마지막 출구에서 고속도로를 벗어났다.

c. The plane veered **off** the course to the left.
그 비행기가 갑자기 항로에서 벗어나 왼쪽으로 방향을 홱 바꾸었다.

d. The road angles 40° **off** the main road.
그 길은 40° 각도로 큰길에서 벗어난다.

e. He pulled **off** the highway.
그는 고속도로를 벗어났다.

반대로 자동차 같은 이동체가 움직일 때는 도로와 접촉된다. 이 접촉을 나타내기 위해서 전치사 on이 쓰인다.

a. We drove to Busan **on** the Kyeongbu Expressway.
우리는 경부고속도로를 타고 부산에 갔다.

b. Many cars are **on** the road.
많은 차들이 도로 위에서 움직이고 있다.

2 부사 용법

전치사 off는 X off Y에서 X와 Y가 둘 다 명시되어 있으나, 부사의 경우 off는 X만 있고 Y가 나타나지 않는다.

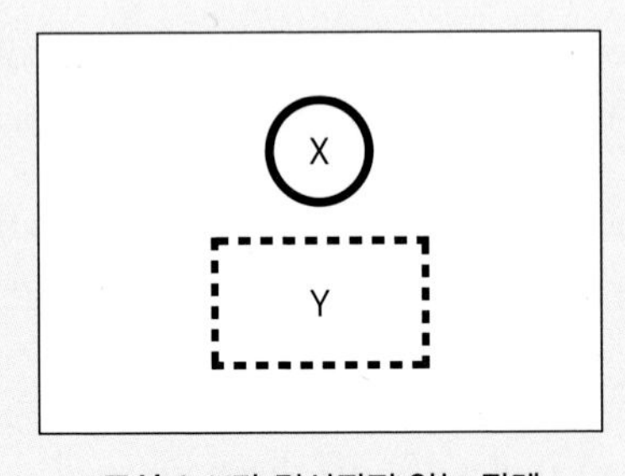

도식 4 Y가 명시되지 않는 관계

그러나 Y는 화맥이나 문맥, 세상 지식, 장면 등으로부터 추리가 가능하다. 다음에서는 Y가 생략되는 예들을 살펴보자.

2.1 전치사 목적어 생략

2.1.1 문맥에 의한 생략

a. Sharks are caught and their fins are cut **off**.
상어들이 잡혀서 그들의 지느러미가 잘렸다.

b. The skin of his feet sloughed **off**.
그의 발 살갗이 (어디에서) 벗겨졌다.

c. The poachers hacked the rhino's horn **off**.
밀렵꾼들이 코뿔소 뿔을 잘라냈다.

d. The poachers hacked the horn **off** the rhino.
밀렵꾼들이 그 뿔을 코뿔소에서 잘랐다.

위 문장에서 off는 부사로 쓰였는데, 이의 목적어는 문맥에서 추리할 수 있다. (7a) 문장에서 상어가 언급되었으므로 지느러미는 상어에서 잘려나간 것으로 볼 수 있다. 그러므로 암시된 off의 목적어는 상어이다. (7b) 문장에서 '어디에서'는 주어의 발에서 벗겨졌다는 것을 알 수 있다. (7c) 문장에서의 off는 목적어가 없으나 rhino's라는 표현이 있으므로 목적어는 rhino임을 알 수 있으며, (7d) 문장과 같이 풀이될 수 있다.

다음 문장에서도 off는 목적어가 없는 부사인데, 앞에 오리가 언급되었으므로 물이 오리에서 떨어져 나가는 것으로 볼 수 있다. 그래서 off의 목적어는 오리다.

He poured water on the duck, but the water rolled **off**.
그는 물을 오리에 부었으나 물이 떨어져 나갔다.

2.1.2 장면, 영상(footage, video clip)에 의한 생략

다음은 off의 목적어를 영상에서 파악할 수 있는 경우이다.

a. He is stripping barks **off.**
그는 (어디로부터) 껍질을 벗기고 있다.

b. His leg is hanging **off.**
그의 다리가 (어디를 벗어나서) 덜렁거리고 있다.

위 (9a) 문장에서 '어디로부터'는 화맥이나 세상 지식으로부터 추리해 낼 수 없다. 그러나 우리가 다음 장면을 영상으로 본다고 생각해 보자. 큰 나무가 있고 그 옆에 어떤 사람이 서 있는 것을 본다면 그 사람이 벗기는 껍질은 옆의 큰 나무임을 알 수 있다.

(9b) 문장에서도 off의 목적어가 없어서 다리가 어디에서 떨어졌는지 알 수 없다. 그러나 다음과 같은 영상을 본다면 off의 목적어를 알아낼 수 있다. 어느 사람이 침대에서 자고 있는데 다리 하나가 침대에서 떨어져 나와 있는 것을 보았다면 off의 목적어는 침대임을 알 수 있다.

다음 두 문장을 비교해 보자.

a. He plunged **off** the cliff into the river below.
그는 그 벼랑에서 곤두박질쳐 아래에 있는 강으로 떨어졌다.

b. He plunged **off** from the cliff into the river below.
그는 그 벼랑에서 아래에 있는 강으로 곤두박질쳐 떨어졌다.

위 (10a) 문장에서 off는 전치사이므로 the cliff가 목적어가 되고, (10b) 문장에서는 부사이므로 전치사 from의 목적어가 출발지를 표현한다.

2.1.3 세상 지식에 의한 생략

다음에서는 off의 목적어가 세상 지식으로부터 추리될 수 있는 경우를 살펴보자.

He took shirts **off**.
그는 그 셔츠를 (어디에서) 떼어 내었다. (즉, 셔츠를 벗었다.)

위 문장에서 '어디에서'는 주어의 몸임을 알 수 있다. 주어는 옷을 잡아서 자신의 몸에서 떼어 낸다. 즉, 벗는다.

2.2 부사 off의 용법

아래에서는 부사 off가 나타내는 뜻을 살펴보겠다.

2.2.1 장소 뜨기

다음에서 off는 이동동사와 쓰여 화자, 청자가 아는 장소를 떠나는 관계를 나타낸다. 다음 두 문장을 비교해 보자.

a. The helicopter lifted **off** the base.
그 헬리콥터가 그 기지를 이륙했다.

b. The helicopter lifted **off**.
그 헬리콥터가 (화자·청자가 아는 곳에서) 이륙했다.

(12a) 문장에서 off는 전치사로 쓰여서 목적어가 있고, (12b) 문장에서는 부사로 쓰여서 목적어가 없다. 목적어가 쓰이지 않았으나 여러 가지

방법으로 off 목적어를 추리할 수 있는 경우이다. 헬리콥터가 이륙하는 장소를 화자, 청자가 알고 있기 때문에 생략되었다. 이러한 전제가 없다면 (12a) 문장에서와 같이 (12b) 문장에서도 off의 목적어가 명시되어야 한다. 다음 예문에서도 off는 위와 같이 풀이할 수 있는데, 자동사와 타동사로 나누어 살펴보자.

■ 자동사

다음에서 주어는 화자와 청자가 아는 장소를 떠난다. 이때 off는 우리말 '뜨다'와 같다. 우리말에서도 '뜨다'는 자리를 뜨거나, 장소를 떠남을 의미한다.

⑬

a. He got **off**.
그는 (자리를) 떴다.

b. He went **off**.
그는 (화자가 있는 장소에서) 자리를 떴다.

c. He rode **off**.
그는 (자전거/말/자동차 등)을 타고 자리를 떴다.

d. He set **off** on a tour.
그는 여행을 시작했다.

e. They started **off**.
그들은 (어떤 지역을) 출발했다.

■ 타동사

다음 문장에 쓰인 동사는 타동사이고, 이의 목적어는 화자와 청자가 아는 장소를 떠나간다.

a. He auctioned **off** his car.
그는 그의 차를 경매로 팔았다.

b. The father married **off** his daughter to a rich old man.
그 아버지는 딸을 한 돈 많은 노인에게 시집 보내버렸다.

c. This morning, I sent **off** my resume.
오늘 아침 나는 나의 이력서를 그 회사에 보냈다.

d. The slaves were shipped **off** to the sugar plantation.
그 노예들은 사탕수수 농장에 배로 보내졌다.

2.2.2 정상 상태에서 벗어나기

다음에서 off는 무엇이 정상에서 떨어지거나 원래 상태를 벗어나는 상태를 가리킨다.

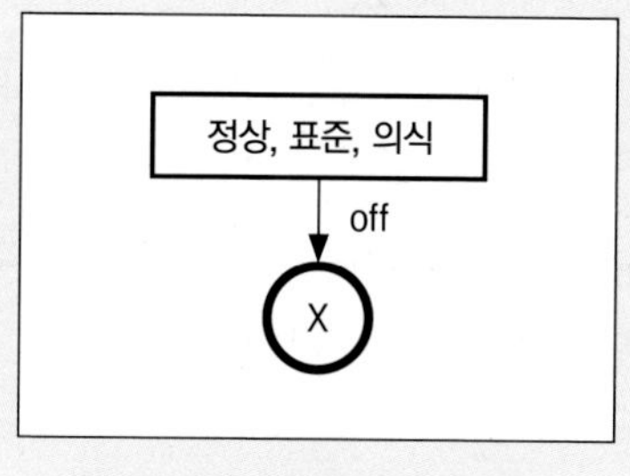

도식 5 X가 정상에서 벗어난 관계

a. We are better **off** than we used to be.
우리는 예전보다 훨씬 더 잘 산다.

b. The engine cooled **off**.
그 엔진이 (뜨거운 상태에서) 식었다.

c. Attendance in the professor's lecture fell **off** sharply.
그 교수의 강의 출석률이 급격하게 줄었다.

d. Finally, the traffic eased **off**.
마침내 교통 체증이 완화되었다.

e. The engine oil dropped **off** quickly.
엔진 오일이 급격하게 줄었다.

2.2.3 의식 상태에서 벗어나기

다음에서 off는 의식 상태에서 떠나는 관계를 나타낸다. 다음 (16a) 문장에서 주어는 의식 상태에서 수면 상태로 들어간다.

a. I usually dozed **off** at around 10.
나는 10시에 잠에 든다.

b. He was so tired that he dropped **off** to sleep.
그는 너무 피곤해서 깜빡 잠이 들었다.

c. After the second act, I nodded **off**.
제2막 후에 나는 깜박 졸았다.

2.2.4 기계에서 만들어져 나오기

다음 도식에서 off는 무엇이 연속적으로 기계에서 만들어져 떨어져 나오는 관계를 나타낸다. 다음 도식은 복사기에서 초청장이 한 장씩 찍혀서 떨어져 나오는 관계이다.

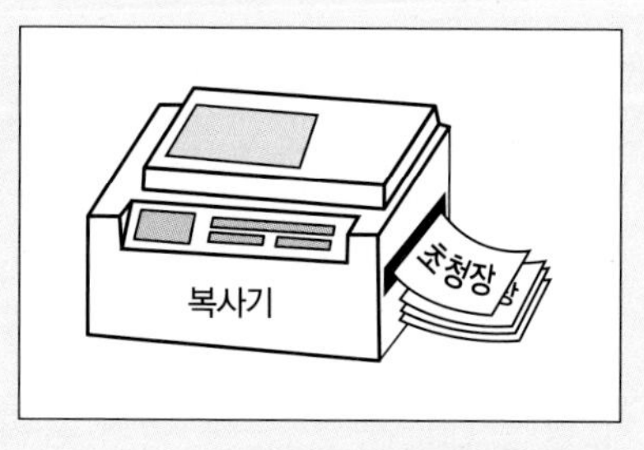

도식 6 복사기에서 복사된 것이 떨어져 나옴

■ 타동사

a. The army fired **off** artillery.
그 군대는 대포를 쏘았다.

b. He hit **off** thousands of golf balls.
그는 수천 개의 골프공을 계속 쳐냈다.

c. The writer knocks **off** familiar essays from time to time.
그 작가는 때때로 수필을 척척 써낸다.

d. He ran **off** invitation cards.
그는 초대장들을 찍어내었다.

e. He set **off** the gun.
그는 총을 쏘았다.

위 (17a) 문장에서 off는 군대의 포에서 포탄이 나가는 관계를 그린다.

▬ 자동사

a. Pencils rolled **off.**
(완성된) 연필이 기계에서 하나하나 굴러서 떨어져 나왔다.

b. The car has just come **off** (the assembly line).
그 차는 막 조립선에서 떨어져 나왔다. (즉, 만들어졌다.)

2.2.5 옷 벗기

다음에서 표현되지 않은 off 목적어는 주어의 몸이다. 옷을 벗는다는 것은 옷이 몸에서 떨어져 나오는 관계를 나타낸다. 다음 (19a) 문장에서는 모자가 몸에서 떨어져 나온다.

a. He put **off** his hat.
그는 모자를 (머리에서) 떼었다. (즉, 벗었다.)

b. He pulled **off** his pants.
그는 그의 바지를 끌어당겨 벗었다.

c. He put his shirt **off.**
그는 그의 셔츠가 (몸에서) 떨어지게 했다. (즉, 벗었다.)

d. She slipped **off** her dress.
그녀는 그녀의 옷을 급히 벗었다.

e. He threw **off** his coat.
그는 그의 코트를 훌훌 벗어 던졌다.

다음 문장에서 떨어져 나가는 것은 몸에 붙어 있다고 생각되는 감기나 숙취 등이다.

a. He shook **off** his cold.
그는 감기를 (그의 몸에서) 떨어지게 했다.

b. He slept **off** his hangover.
그는 숙취를 잠을 자서 없앴다.

c. He sweated **off** his fever.
그는 땀을 흘려서 열이 떨어지게 했다.

2.2.6 신체 일부가 떨어지기

다음에서 off는 어떤 행동으로 신체 일부가 떨어져 나가는 관계를 그린다. 다음 (21b) 문장에서 off는 소리를 많이 질러서 머리가 몸에서 떨어져 나가는 관계이다.

a. He laughed his head **off**.
그는 웃어서 머리가 떨어졌다. (즉, 너무 자지러지게 웃었다.)

b. He screamed his head **off**.
그는 고함을 너무 질러서 머리가 떨어져 나갔다.
(즉, 너무 고함을 많이 질렀다.)

c. He walked his legs **off**.
그는 걸어서 그의 다리를 떨어지게 했다.
(즉, 너무 많이 걸어 다리가 몹시 피곤하다.)

d. He worked **off** his butt.
그는 일을 해서 엉덩이가 떨어져 나갔다.
(즉, 매우 열심히 일했다.)

2.2.7 흐름의 끊김

다음에서 off는 흐름이 끊기는 관계를 나타낸다. (도식 7)에서는 전화소리가 이어지다가 어느 단계에서 끊기는 관계를 나타낸다.

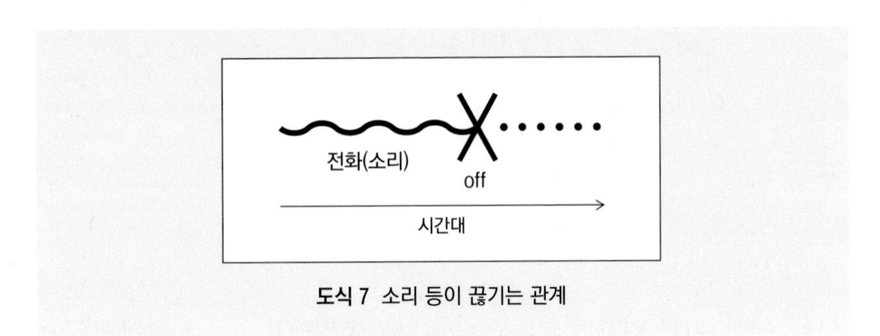

도식 7 소리 등이 끊기는 관계

이것을 자동사와 타동사로 나누어 살펴본다.

■ 자동사

22 She rang **off** on me.
그녀는 기분 나쁘게 전화를 끊었다.

■ 타동사

23 **a.** They broke **off** the talk.
그들은 그 회담을 중단했다.

b. The enemy cut **off** our supply line.
적들이 우리의 보급선을 차단했다.

c. Our conversation was cut **off**.
우리의 대화가 끊겼다.

(계속)

d. He cut me **off**.
그는 나의 말을 끊었다.

e. He shut **off** the engine.
그는 그 엔진을 껐다.

f. He switched **off** the radio.
그는 그 라디오를 껐다.

위 (23d) 문장에서 me는 환유적으로 나의 말이나 행동을 가리킨다.

2.2.8 봉쇄

다음에서 off는 길이나 어떤 영역이 차단되어 통행이 안 되는 관계를 나타낸다.

도식 8 길 등이 차단된 관계

다음 (24a) 문장에서 세종로는 봉쇄되어 통행이 안 된다.

a. Police blocked **off** Sejong-ro.
경찰이 세종로를 차단했다.

b. The path into the forest was closed **off**.
그 숲으로 들어가는 도로가 차단되었다.

c. The left lane was coned **off**.
왼쪽 차선이 원뿔형 교통표지로 차단되었다.

d. The village was cut **off** from the outside world.
그 마을은 외부세계로부터 차단되었다.

e. The room is curtained **off**.
그 방은 커튼으로 분리되어 있다.

f. You can sleep in the area that I have partitioned **off**.
제가 칸막이 한 곳에서 자면 됩니다.

2.2.9 물리치기

다음에서 off는 공격에서 물러나거나, 공격을 물리치거나 공격하려는 것을 접근하지 못하게 하는 관계를 나타낸다.

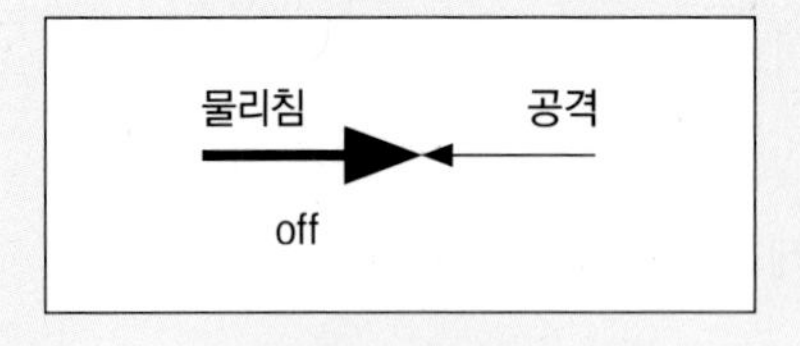

도식 9a 물리침

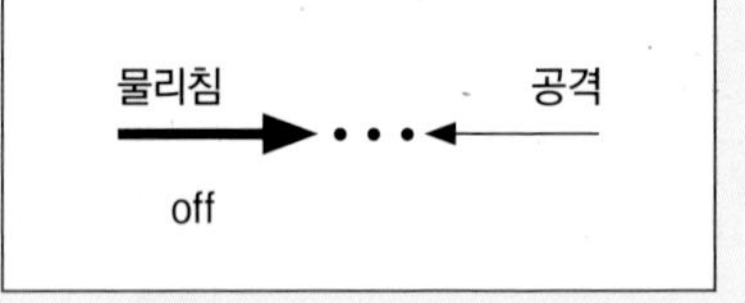

도식 9b 접근하지 못하게 함

■ 자동사

The bear backed **off**.
그 곰이 (덤비다가) 떨어져서 물러났다.

■ 타동사

a. The man called **off** the dog.
그 남자는 그 개를 불러서 (공격하는 대상에서) 떨어지게 했다.

b. We chased **off** the wild pigs.
우리는 그 멧돼지를 쫓아 버렸다.

c. He drove the flies **off**.
그는 그 파리를 몰아서 떨어져 있게 했다.

d. The police fended **off** the blows with their riot shield.
그 경찰은 그 타격들을 시위진압용 방패로 막았다.

e. He scared **off** the children.
그는 겁을 주어서 어린이들이 물러서게 했다.

f. The army stood **off** the enemy.
그 군대는 적이 떨어져 있게 했다.

다음에서는 동사 hold와 keep가 상태유지를 나타내므로 공격이나 여우가 떨어져 있는 관계를 나타낸다.

a. He held **off** the attack.
그는 공격을 막아냈다. (즉, 공격이 진행되지 못하도록 막아냈다.)

b. The fire kept **off** the foxes.
그 불이 그 여우들을 접근하지 못하게 했다.

2.2.10 차례로 점검

다음에서 off는 전체에서 하나씩 떼어내서 지우거나 헤아리는 관계를 그린다. 다음 (28a)에서 off는 이름들을 하나씩 ✔ 표시로 써서 차례로 점검하는 관계를 나타낸다.

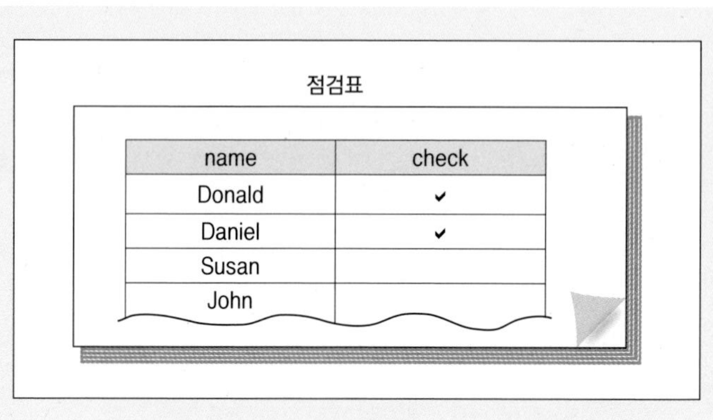

도식 10

a. He checked **off** the names of the students who were absent.
그는 결석한 학생들의 이름을 ✔ 표시로 해서 떼어내었다.

b. The teacher counted **off** the children.
그 선생님이 아이들을 하나하나 차례로 세었다.

c. The boss listed **off** names of the people who are always late.
그 팀장은 항상 늦게 오는 사람의 이름을 줄줄 외워 나갔다.

d. The soldiers numbered **off**.
군인들이 점호를 취했다.

e. The sniper picked **off** the terrorists.
그 저격수는 그 테러리스트를 한 명 한 명 쏴 죽였다.

2.2.11 부위 제거

다음에 쓰인 동사는 명사유래 동사이다. 이들이 off와 쓰이면 명사가 의미하는 부분이 잘려나가는 관계를 나타낸다. 다음 (29a) 문장에 쓰인 head는 명사유래 동사로서, 동사로 쓰이면 어느 물체의 머리 부분이 잘려나가는 관계를 그린다. 다음 예도 마찬가지로 풀이될 수 있다.

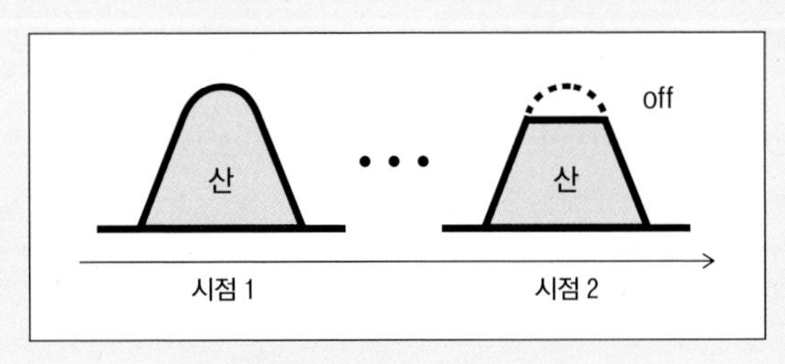

도식 11 산꼭대기 잘라내기

a. Police headed **off** the demonstration.
경찰들이 그 시위의 머리를 잘랐다.
(즉, 시위가 일어나지 못하게 했다.)

b. She poured the flour into a cup and leveled it **off**.
그녀는 밀가루를 컵에 붓고, (솟아 있는 부분은 없애고) 편편하게 했다.

c. He sided **off** the fish.
그는 그 생선의 옆 부분을 잘라 내었다.

d. Car sales tailed **off** in summer.
자동차 판매가 여름에 점점 줄어서 끊겼다.

e. He topped **off** the mountain.
그는 산머리를 잘라 내었다. (즉, 없애버렸다.)

2.2.12 완전 제거

다음에서 off는 하나하나 모두 없어지거나 점점 줄어들어 모두 없어지는 관계를 나타낸다. 이 관계를 타동사와 자동사로 나누어 살펴보자.

▬ 타동사

a. The pesticide killed **off** the wild life in the area.
그 살충제가 그 지역의 야생동물을 모두 죽였다.

b. He paid **off** all his debts.
그는 그의 빚을 모두 청산했다.

▬ 자동사

a. Old people died **off** and young people moved into the village.
노인들이 한 명 한 명 다 죽고 없어서, 젊은이들이 그 마을로 들어갔다.

b. The number of the applicants for teaching posts is tapering **off**.
교사직에 대한 지원자들의 수가 점점 줄어들고 있다.

c. The scene shaded **off**.
그 장면이 차차 흐려졌다.

d. The path tailed **off** into the woods.
그 오솔길은 점점 좁아져 그 숲 속으로 사라졌다.

e. His voice trailed **off** to nothing.
그의 목소리는 차츰 잦아들어 안 들리게 되었다.

2.2.13 과정의 시작

다음에 쓰인 off를 살펴보자. 이동동사와 off가 쓰이면 어떤 자리를 떠나는 관계를 나타낸다.

a. He walked **off** to a bench.
그는 어떤 자리를 떠나 긴 의자에 걸어갔다.

b. He went **off** to a market.
그는 (집을) 떠나 시장에 갔다.

위에 쓰인 off는 다음과 같이 도식화할 수 있다.

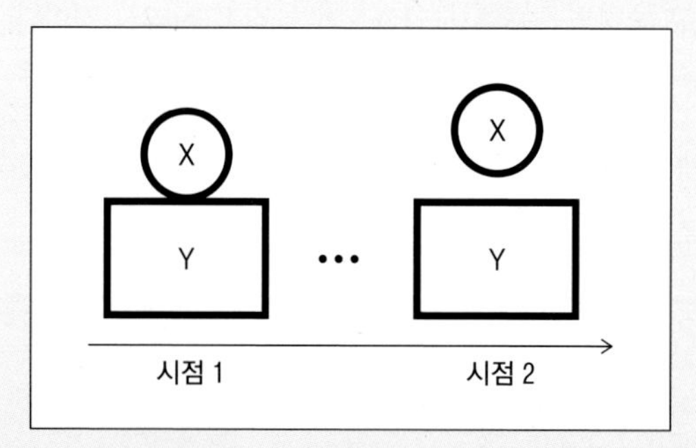

도식 12 X는 시점 1에서는 Y에 붙어 있으나 시점 2에서는 떨어져 있음

시점 1에서는 누가 어떤 자리에 있고, 자리에 있을 때는 접촉과 정지 상태에 있다. 자리를 뜨면 정지 상태가 끝나고 활동 상태에 들어간다. 여기서 off는 과정이나 활동이 시작되거나 시작하는 의미를 갖는다. 이 관계를 자동사와 타동사로 나누어 살펴보자.

■ 자동사

a. The festival went **off** without a hitch.
그 축제는 문제없이 잘 진행되었다.

b. The arrangement went **off** nicely.
그 준비는 잘 되었다.

c. The bomb went **off**.
폭탄이 터졌다.

d. The rock concert led **off** at 6 pm.
그 록 콘서트는 저녁 6시에 시작되었다.

e. The celebration will tee **off** with a round of wine.
그 축하연은 포도주를 한 번 돌리고 시작할 것이다.

(33c) 문장에서 off는 폭탄이 정지 상태에 있다가 활동 상태에 들어감을 의미한다. 즉, 터짐을 나타낸다.

■ 타동사

다음 (34a) 문장에서 off는 10회전이 시작됨을 나타낸다.

a. The player led **off** the 10th inning with a homerun.
그 선수는 홈런으로 10번째 이닝을 시작했다.

b. He kicked **off** the discussion with a few statistics.
그는 몇 개의 통계를 가지고 그 토의를 시작했다.

c. The minister's speech sparked **off** the civil right movement.
그 목사님의 연설이 민권운동을 시작하게 했다.

(계속)

d. We started **off** the dinner with a prayer.
우리는 기도로 정찬을 시작했다.

e. The small incident touched **off** a wave of rioting.
그 작은 사건이 일련의 폭동을 일어나게 했다.

다음 (35a) 문장의 주어 he는 환유적으로 쓰인 경우로, 몸이 아니라 화가 터진다는 뜻이다.

a. He went **off** when I told him I don't like him anymore.
그는 내가 더 이상 그를 좋아하지 않는다고 말하자 화를 냈다.

b. He has been nagging me and it really ticks me **off**.
그는 나에게 잔소리를 해댔고 그것은 정말로 짜증이 난다.

2.2.14 과정의 마침

위에서 우리는 off가 움직임이 없는 상태에서 움직임으로 들어가는 상태를 살펴보았다. 이와는 달리, 움직임 상태에서 움직임이 없는 상태로의 변화도 off로 표현됨을 알 수 있다. 이것을 도식화하면 다음과 같다.

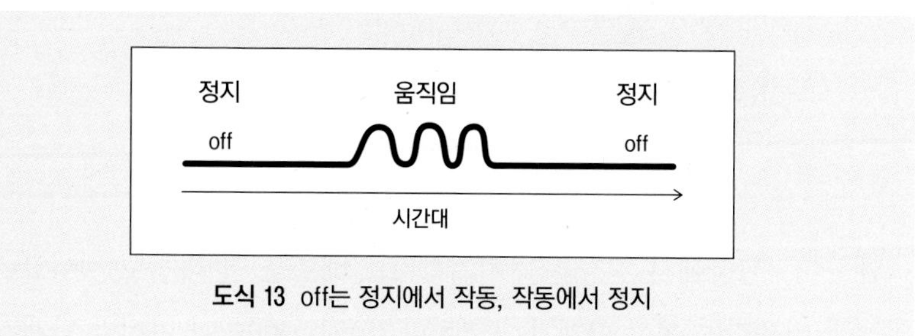

도식 13 off는 정지에서 작동, 작동에서 정지

마침을 나타내는 off를 자동사와 타동사로 나누어 살펴보자.

■ 자동사

I've been thinking of going abroad to study, but it will never come **off**.
나는 해외 유학을 가는 것을 생각해왔지만, 그것은 이루어지지 않을 것이다.

■ 타동사

a. The work must be capped **off** at noon.
그 일은 반드시 정오에 끝나야 한다.

b. He was asked to pose as a Korean, and he carried it **off**.
그는 한국인으로 행세하도록 부탁받았고 그것을 잘 해냈다.

c. They rounded **off** the meal with some dessert.
그들은 그 식사를 디저트를 먹고 잘 끝냈다.

d. He polished **off** the shopping.
그는 재빨리 쇼핑을 끝냈다.

e. It was a difficult role, but the actor managed to pull it **off**.
그것은 어려운 배역이었지만, 그 배우는 가까스로 그것을 잘 해냈다.

f. She finished **off** the kimchi.
그녀는 김치를 마쳤다.

위 (37f) 문장에서 김장을 마치기까지는 배추를 잘 다듬고 절이고 씻고 양념에 버무리는 여러 단계가 포함된다. finish off는 이 마지막 단계가 끝났음을 가리킨다.

2.2.15 대치

다음에서 off는 서로 거리를 두고 대치하거나 대립하는 관계를 나타낸다. (38a) 문장에서는 한국과 러시아가 대치한다.

a. Korea and Russia faced **off** in the final.
한국과 러시아는 결승전에서 대립했다.

b. Poland met **off** with Bolivia.
폴란드는 볼리비아와 맞서 싸웠다.

c. Nigeria and Colombia squared **off**.
나이지리아와 콜롬비아가 대립했다.

d. Police stood **off** with the demonstrators.
경찰이 시위대들과 대치했다.

2.2.16 돋보임

다음에서 off는 무엇이 배경에서 떨어져서 돋보이는 관계를 나타낸다. 무엇이 배경에서 떨어져 나오면 돋보이게 된다.

a. The gold-rimmed glasses set **off** her face.
그 금테 안경이 그녀의 얼굴을 돋보이게 했다.

b. Tight jeans show **off** her slim figure.
딱 붙는 청바지가 그녀의 날씬한 몸매를 돋보이게 했다.

2.2.17 일에서 떨어지기

영어에서 사람이 일한다는 것은 사람이 일에 닿아 있거나 근처에 있는 것으로 개념화된다. 다음을 살펴보자.

a. He is at work.
그는 일을 하는 중이다.

b. He goes about his business.
그는 그의 일의 주위에 있다. (즉, 종사하고 있다.)

c. He is on the job.
그는 그 일을 하고 있다.

반대로, 일을 안 한다는 것은 일에서 떨어져 있는 것으로 개념화된다.

a. I am **off** today.
나는 오늘 쉬고 있다.

b. I took two days **off**.
나는 이틀을 쉬었다.

c. I am going to have the weekend **off**.
나는 주말에 쉴 예정이다.

3 거리 표시

부사 off는 어떤 지점에 붙어 있다가 떨어져서 다른 지점으로 가는 관계를 나타낸다. 이 두 지점 사이는 거리로 표현될 수 있다.

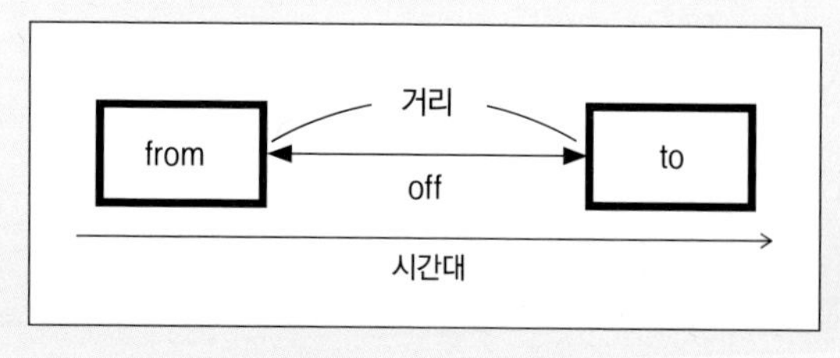

도식 14 off의 거리 표시

a. He went far **off** to sea.
그는 멀리 바다로 갔다.

b. The island is 20km **off** the coast.
그 섬은 그 해안에서 20km 떨어져 있다.

c. The plane skidded 20m **off** the runway.
그 비행기가 활주로에서 20m 미끄러져 벗어났다.

4 off와 다른 불변사

전치사 off는 X off Y에서 X가 Y에서 떨어져 나가 있는 관계를 나타낸다. 이때 Y가 쓰이지 않으면 off는 부사이다. 부사 off는 X가 어느 한 지점에서 떨어져 있는 관계를 나타낸다. 그러므로, 출발지와 도착지가 명시될 수 있다.

4.1 출발지 : off from

4.1.1 타동사

a. The village was cut **off from** the outside world.
그 마을은 바깥 세계로부터 차단되어 있었다.

b. He is set **off from** others.
그는 다른 사람들로부터 떨어져 있다.

c. Draw the fluid **off from** the wound.
그 상처에서 그 액을 다 빨아내어라.

d. North Korea is cut **off from** the rest of the world.
북한은 나머지 세계로부터 고립되어 있다.

e. The castle was walled **off from** the village.
그 성은 마을로부터 벽으로 차단되었다.

4.1.2 자동사

a. The company spun **off from** the SS Group.
그 회사는 SS 그룹에서 분리되어 떨어져 나왔다.

b. A helicopter took **off from** the military base.
헬리콥터가 군사기지에서 이륙했다.

c. He bounced **off from** the pain.
그는 그 고통에서 훌쩍 뛰쳐나왔다.

4.2 도착지 : off to, off into, off with

4.2.1 자동사와 off to

a. In summer, the animal moves **off** the grass on **to** the beach.
여름에 그 동물은 그 풀밭을 떠나 바닷가로 간다.

b. He ran **off to** a bar.
그는 (어떤 자리를 떠나) 술집에 급히 갔다.

c. The pig rushed **off to** the bush.
그 돼지는 (자리를 떠나) 덤불로 갔다.

d. He was sleepy and stumbled **off to** bed.
그는 잠이 와서 (있던 자리를 떠나) 비틀거리며 잠자리에 갔다.

e. The week took **off to** a good start.
이 주가 시작되어 좋은 출발을 했다.

f. We set **off to** Alaska.
우리는 (어떤 자리를 떠나) 알래스카로 갔다.

4.2.2 타동사와 off to

a. We sent our children **off to** their grandmother.
우리는 아이들을 (집에서) 할머니에게로 보냈다.

b. They took him **off to** execution.
그들은 그를 (어떤 장소에서) 데리고 가서 처형했다.

c. He took himself **off to** Korea.
그는 (어떤 자리를 떠나) 한국으로 갔다.

4.2.3 off into

a. He darted **off into** the forest.
그는 재빨리 (그 장소를 떠나) 숲 속으로 들어갔다.

b. They headed **off into** the jungle.
그들은 (있던 장소를 떠나) 밀림 속으로 들어갔다.

c. The rocket launched **off into** space.
그 로켓이 발사대를 떠나 우주로 들어갔다.

d. He ran **off into** the crowd.
그는 (자리를 떠나) 그 군중 속으로 들어갔다.

e. He walked **off into** the night.
그는 (자리를 떠나) 밤 속으로 걸어 들어갔다.

4.2.4 off with

a. The management and the union are facing **off with** the wage.
경영진과 노동조합이 임금 문제로 대치하고 있다.

b. He got **off with** the camera.
그는 그 카메라를 가지고 (자리를) 떠났다. (즉, 도망갔다.)

c. He went **off with** $5,000.
그는 5천 달러를 가지고 도망갔다.

d. He made **off with** the jewel.
그는 그 보석을 가지고 도망갔다.

e. He ran **off with** the girl.
그는 여자와 함께 (자리를) 떠났다. (즉, 도망갔다.)

5 on과 off 비교

off와 on은 많은 경우 반대의 관계를 나타낸다. 여기서는 이 둘을 비교해보자. 이 두 불변사는 전치사와 부사로 쓰인다. 먼저 불변사의 전치사 용법부터 비교하여 보자.

5.1 전치사 on과 off 비교

전치사는 X on Y에서 X가 Y에 닿아 있는 관계이다. 반대로 전치사 off는 X off Y에서 X가 Y에서 떨어져 있는 관계이다. 이 두 관계를 도식으로 나타내면 다음과 같다.

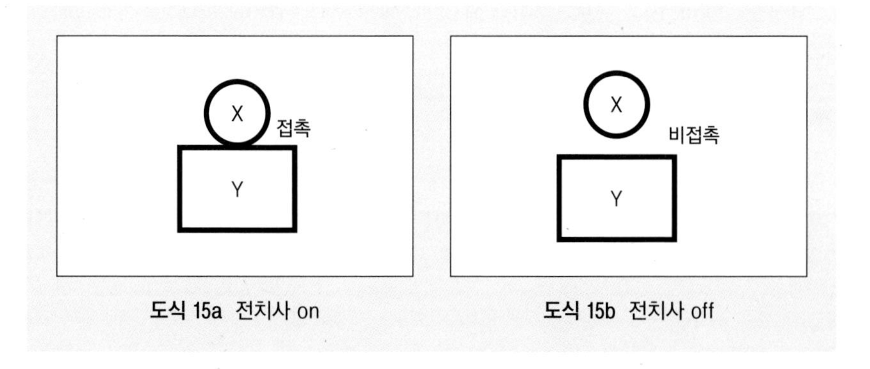

도식 15a 전치사 on

도식 15b 전치사 off

다음 표현들을 비교해 보자. (49~52)의 (a) 표현에서는 on이 쓰였고 (b) 표현에는 off가 쓰였다.

49
a. a soldier **on** duty 근무 중인 군인
b. a soldier **off** duty 비번인 군인

50 **a.** a soldier **on** guard 경계 중인 군인
b. a soldier **off** guard 경계나 주의를 안하고 있는 군인

51 **a.** buy things **on** line 인터넷에서 물건을 사다.
b. buy things **off** line. 오프라인에서 물건을 사다.

52 **a.** stay **on** the road 도로를 타고 있다.
b. stay **off** the road 도로를 벗어나 있다.

5.2 부사 on과 off 비교

5.2.1 옷 입고 벗기

접촉을 나타내는 on은 옷을 입는 관계를 나타낸다. 옷을 입으면, 옷이 몸에 닿는다. 분리를 나타내는 off는 옷을 벗는 관계를 나타낸다. 즉, 옷을 벗으면 옷이 몸에서 떨어진다.

53 **a.** He put **on** a hat. 그는 모자를 썼다.
b. He took **off** the hat. 그는 그 모자를 벗었다.

5.2.2 과정의 계속과 마침

다음에서 on은 과정의 계속을 나타내고 off는 과정이 끝남을 나타낸다.

54 **a.** He carried **on** his father's business.
그는 아버지의 사업을 이어서 운영하고 있다.

b. He carried **off** the difficult task.
그는 그 어려운 일을 마쳤다.

ON

on은 전치사, 부사로 쓰인다. 먼저 전치사 용법부터 살펴보자.

1 전치사 용법

전치사 on은 X on Y에서 X가 Y에 닿아 있거나 연결되어 있는 관계를 나타낸다. X는 Y의 위, 아래, 옆 등에 닿아 있을 수 있다. 이것을 도식화하면 (도식 1)과 같다.

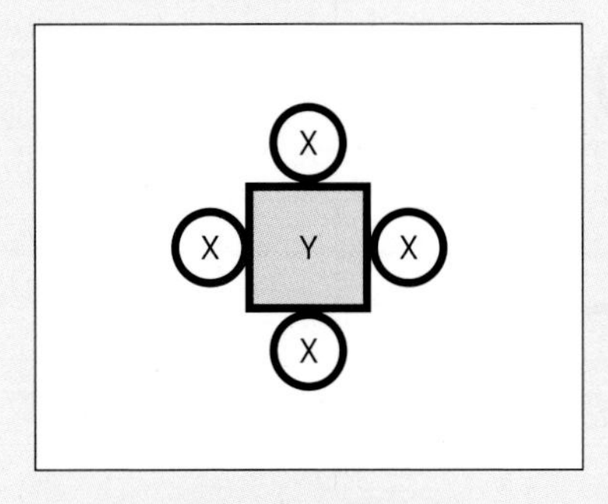

도식 1a X가 Y에 접촉

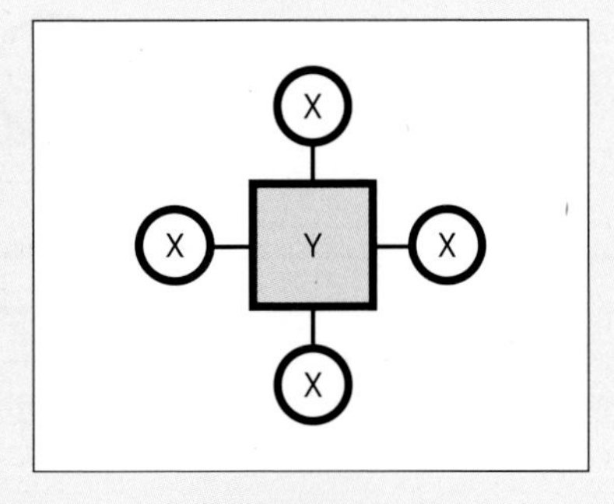

도식 1b X가 Y에 연결

a. a coffee cup **on** the table
탁자 위의 커피 잔

b. apples **on** the tree
나무에 달려 있는 사과

c. rain drops **on** the window
창문에 맺혀 있는 빗방울

d. climbing up **on** the vertical wall
수직 벽을 기어오르기

X가 Y에 닿아 있을 수 있는 장소는 다양하다. 그 가운데 X가 Y 위에 닿아 있는 것이 전형적이다. 이런 전형적인 관계가 성립하기 위해서는 세 가지 요건이 필요하다.

첫째, Y가 X와 닿아 있어야 하고(접촉), 둘째, Y가 X를 떠받치고 있어야 하며(의존), X가 Y에 힘을 전달해야 한다(영향). 이것을 도식화하면 (도식 2)와 같다.

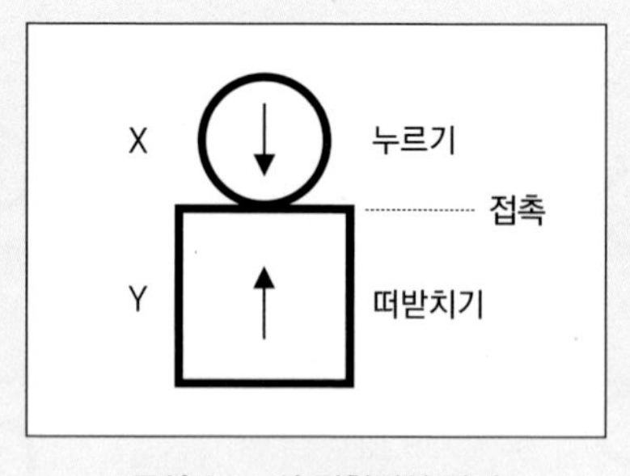

도식 2 on의 전형적인 관계

그렇다면 전치사 on의 세 가지 뜻을 각각 살펴보자.

1.1 접촉

1.1.1 땅

접촉의 전형적인 예는 땅과 접촉하지 않을 수 없는 동물과 사람이다. 다음 예문에서 주어는 전치사 on의 목적어와 접촉된다.

a. The lion is an apex predator **on** the African Savanna.
사자는 아프리카에서 제일 가는 포식자이다.

b. Buffaloes roam **on** the great plain.
들소들은 대평원에서 돌아다닌다.

c. The lizard lives **on** the desert.
그 도마뱀은 사막에서 산다.

d. The animals spend most of their time **on** the ground.
그 동물은 그들의 대부분 시간을 땅에서 보낸다.

다음 예문에서도 사람인 주어는 몸이 전치사 on의 목적어에 닿는다. 다음 (3a) 문장에서는 주어의 몸이 의자에 닿는다.

a. He is sitting **on** a chair/a stool/a bench.
그는 의자에 앉아 있다.

b. The baby is standing **on** the balcony.
아기가 발코니에 서 있다.

c. He is lying **on** the ground.
그는 바닥에 누워 있다.

d. He lives **on** the second floor.
그는 2층에 산다.

1.1.2 이동체(탈 것)

다음에서 on의 목적어는 탈것이다. 사람이 차나 배에 타면 접촉이 된다. 사람 몸이 탈것에 접촉되지 않고 탈 수는 없다.

a. He went to Gwangju **on** a plane.
그는 비행기를 타고 광주에 갔다.

b. He goes to work **on** the subway.
그는 지하철을 타고 직장에 간다.

c. We put our grandma **on** a train.
우리는 할머님을 기차에 태웠다.

d. He travels around **on** a bus.
그는 버스를 타고 이리저리 다닌다.

e. He came **on** a Korean airline.
그는 한국 여객기를 타고 왔다.

f. He rode **on** the horse.
그는 말을 탔다.

1.1.3 길

다음에서 전치사 on의 목적어는 걷거나 차를 타고 가는 길이다. 차가 길의 접촉 없이 움직일 수는 없다. 다음 (5a) 문장에서 그가 어디에 갈 때는 길과 접촉된다.

a. He is **on** his way to work.
그는 일터에 가는 중이다.

b. I drove down to Busan **on** the Kyeongbu Expressway.
나는 경부고속도로를 타고 부산에 내려갔다.

(계속)

c. People are marching **on** the street.
사람들은 그 길에서 행진을 하고 있다.

d. They are **on** a campaign trail.
그들은 유세 길에 나가 있다.

e. The two countries are **on** a collision course.
그 두 나라는 충돌 길에 들어서 있다.

X on Y에서 X는 이동체이고 Y는 관사가 없이 쓰인 추상적인 길이다.

a. He's **on** track to promotion.
그는 진급선 상에 있다.

b. They put the talk back **on** track.
그들은 그 회담을 다시 궤도에 올려 놓았다.

c. The company is **on** course for profits.
그 회사는 이익을 얻게 되어 있다.

d. Some experts say Korea is **on** course to overtake Japan.
몇몇 전문가들은 한국이 일본을 앞지를 과정에 있다고 말한다.

참고로, 교통수단을 나타내는 또 한 가지 방법은 전치사 in을 쓰는 것이다. 전치사 in이 쓰일 때에 탈것은 승용차와 같이 일단 안에 들어가면 이리저리 움직일 수 없는 작은 차다.

a. He moved around **in** a compact car.
그는 소형차를 타고 이리저리 다녔다.

b. He went to the station **in** a taxi.
그는 택시를 타고 역에 갔다.

1.1.4 구성원과 집합체

X on Y에서 X는 구성원이고 Y는 이들로 이루어진 집합체이다. 구성원이 집합체에 닿아 있다는 것은 X가 Y의 구성원임을 나타낸다.

a. He is **on** the board of directors.
그는 이사회의 임원이다.

b. He served **on** the jury.
그는 그 배심원단에서 일했다.

c. He is **on** the national basketball team.
그는 국가대표 농구팀에 소속되어 있다.

1.1.5 표면

X on Y에서 X는 그림, 글씨, 도표 등이고 Y는 이들이 나타나는 지면이나 표면이다. on은 이 둘이 닿아 있음을 나타낸다.

다음 예에서 on의 목적어는 종이, 캔버스, 필름, 테이프 등이다. on은 이들 위에 그림, 영상, 소리 등이 붙게 됨을 나타낸다.

a. His name is **on** the list.
그의 이름이 명단에 있다.

b. The painter captured the scene **on** canvas.
그 화가는 그 전경을 화폭에 담았다.

c. He wrote down the address **on** a piece of paper.
그는 그 주소를 종이 위에 적었다.

d. The village is not **on** the map.
그 마을은 지도 위에 나타나 있지 않다.

e. He is the fastest runner **on** record.
그는 기록상 가장 빠른 선수이다.

1.1.6 매체

■ 영상 on 매체

X on Y에서 X는 영상이고 Y는 매체이다. on은 영상이 매체에 닿아 있음을 나타낸다.

a. The thief was captured **on** camera.
그 도둑이 카메라에 포착되었다.

b. He printed out the design **on** film.
그는 그 디자인을 필름에 출력했다.

c. He recorded her song **on** tape.
그는 그녀의 노래를 테이프에 녹음했다.

d. The music is taped **on** video.
그 음악은 비디오에 녹음되어 있다.

다음 X on Y에서 X는 Y에 나타난 영상이나 그림 등이다.

a. images **on** the screen
그 스크린에 나타난 영상들

b. figures **on** the graph
그 그래프에 있는 숫자들

c. a man **on** the CCTV monitor
감시카메라 모니터에 있는 어느 남자

d. the graphs **on** the chart
그 차트에 있는 그래프들

▬ 소리 on 매체

X on Y에서 X는 소리이고 Y는 매체이다. on은 소리가 매체에 닿아 있음을 나타낸다.

a. The song was recorded **on** compact disc.
그 노래는 콤팩트 디스크에 녹음되었다.

b. He put the song **on** cassette tape.
그는 그 노래를 카세트 테이프에 담았다.

▬ 방송매체

X on Y에서 X는 사람이고, Y는 방송매체이다. on은 사람이 매체에 등장하는 관계를 나타낸다.

a. He was **on** 'Meet the Press'.
그는 '기자회견'에 참석했다.

b. She was **on** the Oprah Winfrey show.
그는 오프라 윈프리 쇼에 나갔다.

c. Thank you for coming **on** the show.
방송 쇼에 나와주셔서 감사합니다.

d. They are **on** broadcast.
그들은 방송 중이다.

e. Stream us **on** multiple platforms.
여러 플랫폼으로 우리 방송을 청취하세요.

f. He spoke out against racism **on** TV.
그는 인종주의에 대해 TV에서 과감하게 말했다.

■ 사회매체

다음 X on Y에서 Y는 사회매체이다. on은 사람인 X가 매체에 접속되거나 이용하는 관계를 나타낸다.

a. He put the picture **on** his blog.
그는 그 사진들을 그의 블로그에 올렸다.

b. I got in touch with him **on** Facebook.
나는 그와 페이스북에서 접촉하게 되었다.

c. The issue is hot **on** the Internet.
그 쟁점은 인터넷에서 뜨겁다.

d. The story is circulating **on**line.
그 이야기는 온라인에 돌고 있다.

e. The president fired the director **on** Twitter.
대통령은 그 국장을 트위터에서 파면했다.

f. I listened to his lecture **on** YouTube.
나는 그의 강의를 유튜브에서 들었다.

1.1.7 악기나 도구

X on Y에서 X는 연주 혹은 연주자이고 Y는 악기이다. on은 이 둘이 닿아 있음을 나타낸다. 연주를 할 때 사람의 몸이 악기에 닿는다.

a. He played the tune **on** the piano.
그는 그 곡을 피아노로 연주했다.

(계속)

b. He played the Arirang **on** the gayageum.
그는 가야금으로 아리랑을 연주했다.

c. Jascha Heifetz was **on** the violin.
야사 하이페츠가 바이올린 연주자였다.

X on Y에서 X는 이용자이고 Y는 기기이다. on은 이 둘이 닿아 있음을 나타낸다. 사람이 기기를 사용할 때 손이 기기에 닿지 않을 수는 없다.

a. He's **on** the telephone.
그는 전화를 하고 있다.

b. He keyed in the data **on** the keyboard.
그는 키보드를 사용해서 자료를 입력했다.

c. He checks his balance **on** his smartphone.
그는 그의 스마트폰을 사용해서 잔고를 확인한다.

d. He is checking the information **on** the computer.
그는 그 정보를 컴퓨터에서 찾고 있다.

e. I am doing my homework **on** my laptop.
나는 노트북 컴퓨터를 사용해서 내 숙제를 하고 있다.

1.1.8 방문, 여행

X on Y에서 X는 사람이고 Y는 방문, 여행 같은 것이다. on은 이 둘이 닿아 있음을 나타내고, 이것은 사람이 여행을 하고 있을 때에 이들과 닿아 있음을 나타낸다.

다음 on의 목적어는 휴가나 여행이다. 휴가나 여행을 가는 사람은 이들과 닿아 있는 것으로 본다.

a. He went **on** a safari.
그는 사파리 여행을 떠났다.

'on a safari' 대신에 다음과 같은 표현도 사용할 수 있다.

go on an excursion	짧은 여행을 가다
go on a picnic	소풍을 가다
go on a tour of the island	섬을 둘러보다
go on a vacation	휴가를 가다
go on an outing	야유회를 가다

b. He went **on** a mission to help the children in need.
그는 어려움에 처해 있는 아이들을 도우러 임무를 떠났다.

c. He is away **on** a trip.
그는 나가서 여행을 하고 있다.

d. He is **on** a crusade[(a) pilgrimage].
그는 순례의 길에 있다.

e. The boy is **on** an errand.
그 소년은 심부름을 가고 있다.

f. He is **on** a voyage.
그는 항해 여행 중이다.

1.1.9 계획, 시작, 계속

X on Y에서 X는 계획, 시작, 계속 등의 과정을 나타내고, on은 Y가 이들과 관련되어 있음을 나타낸다.

a. He is planning **on** travelling to New Zealand.
그는 뉴질랜드로의 여행을 계획 중이다.

b. The baby started **on** solid food last week.
그 아기는 지난주에 이유식을 시작했다.

1.1.10 관련

X가 Y에 닿아 있는 접촉관계는 X가 Y에 관련되는 관계를 나타낸다. 다음 X on Y에서 X와 Y는 직접적인 관련이 있다.

ban **on** travel	여행 금지
details **on** the change	그 변화에 대한 세부사항
knowledge **on** the country	그 나라의 지식
policy **on** China	중국 정책
press conference **on** the outcome	그 결과에 대한 기자회견
promise **on** denuclearization	비핵화 약속
proposal **on** tariffs	관세 제안
referendum **on** the president	그 대통령에 대한 국민 투표
report **on** the meeting	그 회담 보고서
statistics **on** death	사망 통계

전치사 on은 대화나 담화의 주제를 도입하는 데 쓰인다. 이때, 같은 역할을 하는 about과는 구별된다. 다음을 살펴보자. about이 쓰이면 주어

가 어떤 주제에 대해서 가볍게 이것저것 이야기함을, 그리고 on이 쓰이면 주어진 주제에 진지하게 이야기함을 나타낸다.

a. He spoke **about** the Korean War.
그는 한국전쟁의 이것저것에 대해 연설했다.

b. He spoke **on** the Korean War.
그는 한국전쟁을 진지하게 강연했다.

1.1.11 돈을 쓰는 대상

X on Y에서 X는 돈을 벌거나 쓰는 과정이고, Y는 이들과 관계가 있는 개체이다.

a. He spends a lot of money **on** clothes.
그는 많은 돈을 옷을 사는 데 썼다.

b. He lost a lot of money **on** stocks.
그는 많은 돈을 주식에 잃었다.

c. He wasted lots of money **on** gambling.
그는 많은 돈을 노름에 탕진했다.

1.1.12 관련

접촉은 관련의 의미로 확대된다. X on Y에서 X는 과정이고 Y는 구체적인 물건이다. on은 과정이 구체적인 명사와 관계가 있음을 나타낸다. 다음 문장에서 넘어짐과 나무 뿌리는 관계가 있다.

a. He tripped **on** a root of a tree.
그는 나무 뿌리에 걸려 넘어졌다.

b. He cut a finger **on** a knife.
그는 칼에 손가락을 베었다.

c. He burned his hand **on** an iron.
그는 다리미에 손을 데였다.

d. He choked **on** a chunk of meat.
그는 고깃덩어리에 목이 메었다.

e. How did you do **on** your English exam?
영어시험을 잘 보았니?

f. He wished **on** the moon.
그는 달에 대고 소원을 빌었다.

이 관계는 우리의 세상 지식으로부터 그가 나무 뿌리에 걸려 넘어지는 것으로 풀이된다. 다음 문장도 마찬가지로 풀이된다.

X on Y에서 X는 과정이고 Y는 추상적 개념이다. 이때 on은 이 둘이 관계가 있음을 나타낸다. 다음 (22a) 문장에서 on은 그가 두바이로 간 것이 사업과 관계가 있음을 나타낸다. 그 아래의 문장들도 마찬가지의 의미로 풀이된다.

a. He went to Dubai **on** business.
그는 사업차 두바이를 갔다.

b. He broke the glass **on** purpose.
그는 일부러 유리잔을 깼다.

(계속)

c. He is released **on** bail.
그는 보석으로 풀려나 있다.

d. He bought the stock **on** impulse.
그는 그 상품을 충동적으로 샀다.

e. He acts **on** instinct.
그는 본능적으로 행동한다.

1.1.13 시선, 주의가 닿는 곳

X on(upon) Y에서 X는 시선이나 마음이고, 이 둘이 Y에 가 닿는 관계는 이들을 발견함을 나타낸다. 다음 문장 (23a)에서 주어의 마음이 on의 목적어에 가 닿는다.

a. He hit **upon** a good idea.
그는 좋은 생각을 떠올렸다.

b. I came **upon** an old friend.
나는 옛 친구와 만나게 되었다.

c. He stumbled **on** the solution by accident.
그는 그 해결책을 우연히 발견했다.

다음에서 X는 빛이고 이것이 가 닿는 곳은 전치사 on으로 명시된다.

a. He put a lantern **on** the problem.
그는 등불을 그 문제에 비추었다. (즉, 그 문제를 밝혀 주었다.)

b. His explanation sheds light **on** the fact.
그의 설명이 그 사실에 빛을 비추어 주다.
(즉, 그 사실이 분명하게 되다.)

시선의 집중은 주의의 집중으로 확대된다.

a. Please keep your eyes **on** the children.
시선을 아이들에게 놓으세요.

b. Try to concentrate **on** your work.
너의 일에 주의를 집중하도록 노력해라.

c. He is bent **on** mastering Korean.
그는 한국어를 통달하는 데 주의를 집중하고 있다.

d. Please keep an eye **on** the baby.
그 애를 집중해서 잘 살피세요.
(사격을 할 때는 집중하기 위해 한쪽 눈은 감고 다른 한쪽 눈으로 과녁을 응시한다. 그래서 an eye가 쓰인다.)

1.2 의존

다음 X on Y에서 X가 Y에 의존하고 Y는 X를 떠받치는 관계이다. 도식에서 Y의 굵은 화살표는 Y가 X를 떠받친다는 것을 부각시킨다.

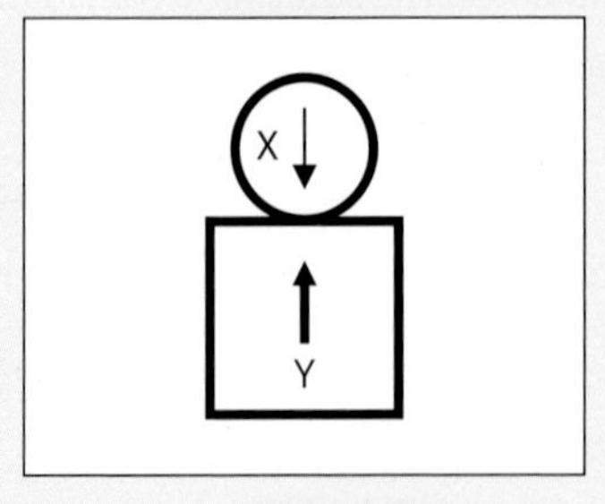

도식 3 on : Y가 X를 떠받치는 관계

다음 예를 살펴보자.

a. I count **on** him to support me.
나는 그가 나를 도와주기를 기대한다.

b. Success depends **on** our effort.
성공은 우리의 노력에 달려 있다.

c. We stumbled **on** the solution by accident.
우리는 우연히 그 해결책을 찾았다.

d. My whole life may hang **on** the result of the test.
내 전체 인생이 그 시험의 결과에 달려 있을지도 모른다.

e. We rely **on** their help.
우리는 그들의 도움에 의존한다.

1.2.1 자세

X on Y에서 X는 Y에 의존하여 어떤 자세를 취한다.

a. He is standing **on** his right leg.
그는 그의 오른 다리를 딛고 서 있다.

b. He is laying **on** his stomach/back.
그는 배를 깔고/등을 대고 누워 있다.

다음과 같은 표현도 사용할 수 있다.

on his feet 발을 딛고 on his hands and knees 손과 무릎을 대고
on his head 머리를 대고on tiptoe 발끝으로

1.2.2 먹이 섭취

다음 X on Y에서 X는 Y를 먹고 산다.

a. He feasted **on** the food.
그는 그 음식을 잘 먹었다.

b. Sheep feed **on** grass.
양들은 풀을 먹고 산다.

c. They live **on** handouts from relatives.
그들은 친척들이 주는 도움으로 먹고 산다.

d. He gorged **on** the food.
그는 그 음식을 게걸스럽게 먹었다.

e. Lions prey **on** small animals.
사자들은 작은 동물을 먹이로 한다.

1.3 영향

다음 X on Y에서는 X가 Y 위에 닿아 X가 Y에 영향을 주는 관계를 나타낸다. 이것을 도식으로 나타내면 다음과 같다. X의 굵은 화살표는 X가 Y에 주는 영향이 부각됨을 나타낸다. 이 관계를 타동사와 자동사로 나누어 살펴보자.

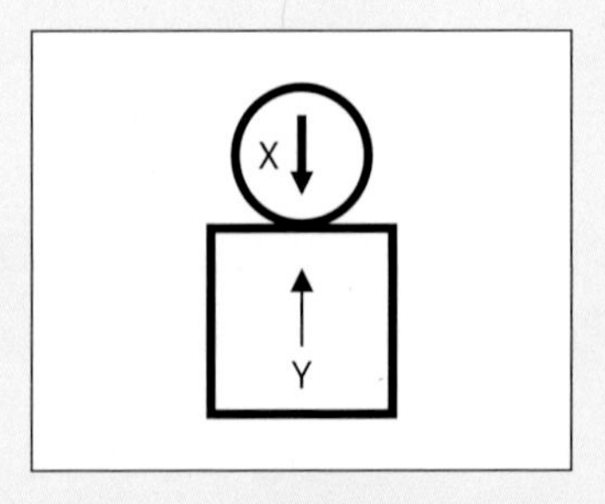

도식 4 on : X가 영향을 주는 관계

1.3.1 타동사

다음 예문에서는 on이 타동사와 쓰여서 전치사 on의 목적어가 영향을 받는 관계를 나타낸다.

a. He pinned blame **on** me.
그는 내게 잘못을 물었다.

b. He pressed drinks **on** me.
그는 내게 술을 강요했다.

c. He took revenge **on** her.
그는 그녀에게 복수를 했다.

d. My boss piled too much work **on** me.
내 상사는 나에게 너무 많은 일을 맡겼다.

e. He plans to spring his wedding **on** his family.
그는 그의 결혼 소식을 가족들에게 갑자기 알릴 계획이다.

다음 두 문장을 비교해 보자.

a. Flies spread diseases **on**/*to us.
파리가 우리에게 질병을 전파한다.

b. He passed the book to/***on** me.
그는 그 책을 내게 주었다.

(30a) 문장에서는 on이 쓰이고 to가 쓰일 수 없다. on의 목적어가 질병의 영향을 받기 때문이다. (30b) 문장에서는 to가 쓰이고 on이 쓰일 수 없다. 목적어가 영향을 받지 않기 때문이다. 다음 두 문장도 비교해 보자.

a. He turned his back **on** me.
그는 나에게 등을 돌렸다. (즉, 배반했다.)

b. He turned his back **to** me.
그는 나에게 등을 보였다.

a. Sara is off and it fell **on** me to arrange the meeting.
사라가 자리에 없어서, 그 회의를 준비하는 일은 내게 떨어졌다.

b. The job fell **to** him.
그 일은 그에게 떨어졌다.

위 문장 (31a)의 on은 그가 등을 돌림으로써 내가 영향을 받는 관계를 나타내고, (31b)의 to는 그의 등이 내 쪽으로 향하는 관계를 나타낸다.

1.3.2 자동사

다음에서는 자동사가 쓰였고, on의 목적어는 영향을 받는다.

a. The lunch is **on** me.
점심은 내가 부담한다.

b. The bully fell **upon** the young boy.
그 골목대장이 그 어린아이에게 달려들었다.

c. He jumped **on** Tom.
그가 톰에게 뛰어 덤벼들었다.

d. They turned **on** us.
그들은 갑자기 우리에게 덤벼들었다.

e. He hung up **on** me.
그는 내가 기분 나쁘게 전화를 끊었다.

f. The puppy peed/pooed **on** me.
그 강아지가 내게 오줌을/똥을 쌌다.

1.3.3 타동사와 자동사 비교

타동사는 전치사 on과 쓰여서 자동사로 쓰이는 예가 있다. 아래 예에서 두 문장을 비교하여 보자. (34a) 문장에서는 동사가 타동사이므로 주어가 목적어에 직접적으로 영향을 주고, (34b) 문장에서는 동사가 자동사이므로 주어는 on의 목적어와 간접적으로 관련된 일을 수행한다. 다음 (34a) 문장은 그가 내 몸을 직접 조사하는 것이나, (34b) 문장은 나와 관련된 것을 조사하는 것이다.

a. He checked me up.
그는 내 몸 전체를 조사했다.

b. He checked up **on** me.
그는 나에 관한 정보를 철저하게 조사했다.

a. He picked up the sound.
그는 그 소리를 들었다.

b. He picked up **on** her boredom.
그는 그녀의 지루함을 눈치 챘다.

1.4 과정 on 과정

X on Y에서 X, Y는 둘 다 과정이고 on은 이 둘이 닿아 있음을 나타낸다. 즉, 이 둘 사이에 빈틈이 없음을 나타낸다. 이때에 on은 upon으로 대치되어 쓰이기도 한다.

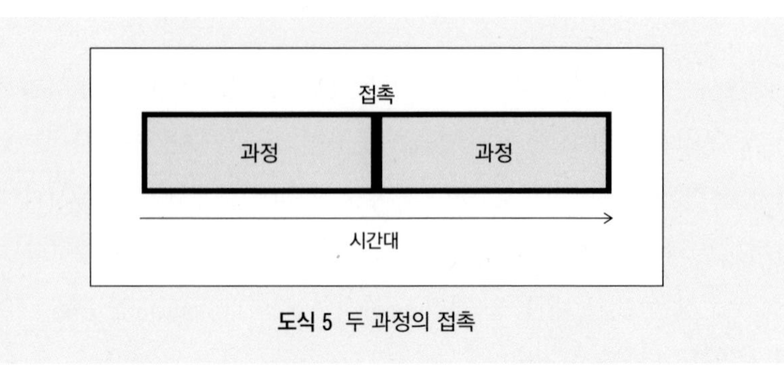

도식 5 두 과정의 접촉

다음에서는 두 과정이 시간상 닿아 있다. 이것은 두 과정이 동시에 일어난다는 의미이다. 다음 문장 (36a)에서는 나를 보는 것과 내게 뛰어옴이 닿아 있기 때문에 on으로 나타낸다.

a. **On** seeing me, he ran to me.
그는 나를 보자마자 내게 뛰어왔다.

b. **Upon/On** arrival, refugees were finger-printed.
도착하자마자, 피난민들은 지문이 채취되었다.

c. The fighter jet crashed **on** a training mission.
그 제트 전투기는 훈련 비행 중 추락했다.

d. The helicopter went down **on** its first flight.
그 헬리콥터는 첫 비행 때 추락했다.

e. Snowflakes melt **on** contact.
눈 설편은 접촉되면 녹는다.

1.5 동사유래 명사

이동동사는 정관사 the와 같이 쓰여서 명사로 쓰인다. 예를 들어 동사 run은 정관사 the와 함께 쓰여서 명사로 쓰인다(the run). 이 명사 앞에

on이 쓰이면 on은 이동체가 이동과 연결되어 있음을 나타낸다. 이것은 이동체가 움직이고 있음을 나타낸다.

a. He's **on** the run.
그는 달리고 있다. (즉, 도망 중이다.)

b. Prices are **on** the increase/decrease.
가격이 오르고/내리고 있다.

c. The troops are **on** the move.
그 군인들은 이동 중이다.

d. The lions are **on** the hunt.
그 사자들이 사냥을 하고 있는 중이다.

e. The predator is **on** the prowl.
그 포식동물이 먹이를 찾아 다니고 있다.

f. The animals are **on** the lookout for food.
그 동물들이 먹이를 찾아 다니고 있다.

1.6 시간(날짜)

시간은 추상적이므로 공간을 나타내는 전치사를 빌어서 표현된다. 전치사 on은 과정이나 행사가 일어나는 날짜나 날짜의 일부를 가리키는 때 쓰인다.

과정과 행사는 시간과 떼어놓고 생각할 수 없다. 그래서 접촉의 의미를 갖는 전치사 on이 쓰인다. 다음 도식에서 X는 행사이고 Y는 날짜이다.

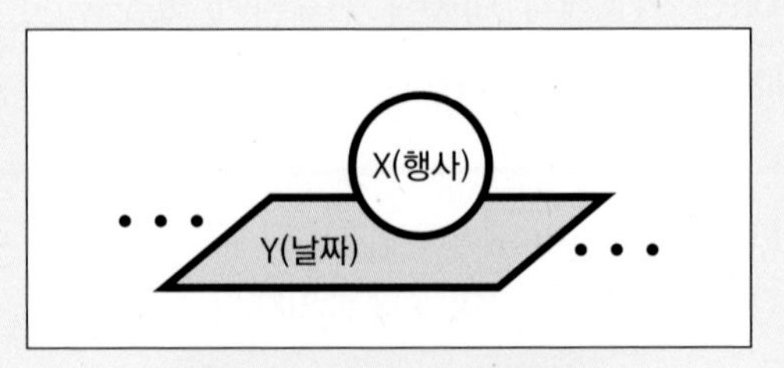

도식 6 행사가 날짜에 닿아 있음

다음에서는 on이 day와 같이 쓰인 예가 제시되어 있다.

38

a. He does not work **on** Sunday.
그는 일요일에는 일하지 않는다.

b. He was born **on** the first of November.
그는 11월의 첫 날에 태어났다.

39

a. on Monday 월요일에
b. on Tuesday 화요일에
c. on weekdays 주중에
d. on weekend 주말에

40

a. on the 25th of June, or June 25th 6월 25일
b. on the 17th of June, or June 17th 6월 17일

41

a. on a spring day 어느 봄날
b. on a rainy day 어느 비 오는 날

42

a. on the day of the election 그 선거일
b. on the last day of the festival 그 축제의 마지막 날에
c. on this day of 1919 1919년 오늘에

어느 특정한 날의 오전, 오후, 밤 등도 on과 같이 쓰인다.

a. on the morning of December 3
12월 3일 아침

b. on the afternoon of the Sunday
그 일요일 오후

c. on the evening of the X-mas
그 크리스마스 저녁에

d. on the night of the concert
그 음악회가 있던날 밤

생일, 기념일, 공휴일에 대한 예문도 살펴보자.

a. on his 70th birthday
그의 70번째 생일에

b. on the 20th anniversary of their wedding
그들의 결혼 20주년에

c. on the occasion of his birthday
그의 생일 행사 때에

45

a. on Independence Day 독립기념일에
b. on Memorial Day 현충일에
c. on Labor Day 노동일에
d. on Children's Day 어린이 날에
e. on Teachers' Day 스승의 날에

1.7 on (the) top of

다음 두 표현의 차이는 정관사 유무에 있다. (46a) 표현에는 정관사가 있고, (46b) 표현에는 정관사가 없다.

(46) **a.** a family photo **on** the top of the bookcase
그 책장의 윗면에 닿아 있는 가족 사진

b. a family photo **on** top of the bookcase
그 책장 위에 있는 가족 사진

(47) **a.** a lamp **on** the top of his desk
그의 책상 위에 닿아 있는 램프

b. a lamp **on** top of his desk
그의 책상 위쪽에 있는 램프

on top of는 다음과 같이 추상적인 견해에도 쓰인다.

(48) **a.** My washer went wrong **on** top of all these problems.
내 세탁기가 이 모든 문제 위에 더해져 고장이 났다.

b. He got **on** top of his work in a few days.
그는 며칠 안에 자신의 일 위에 섰다.
(즉, 일을 처리할 수 있었다.)

on the top of his desk는 책상의 윗면을 가리키고, on top of his desk는 책상의 윗부분을 가리킨다. 이것을 도식화하면 다음과 같다.

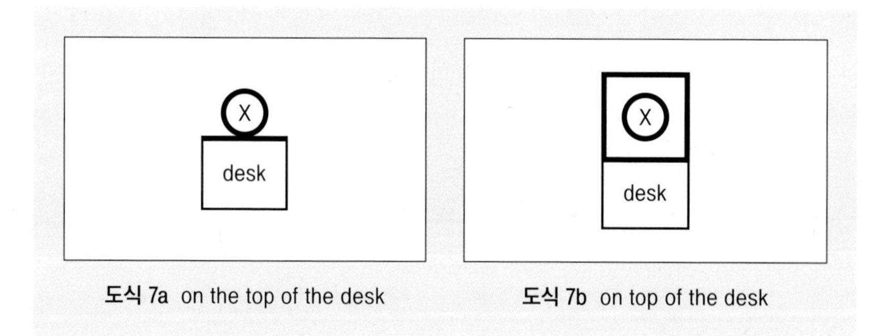

도식 7a on the top of the desk

도식 7b on top of the desk

2 부사 용법

X on Y에서 Y가 쓰이지 않으면 on은 부사이다.

전치사 : X on Y
부 사 : X on ◌

이 두 관계를 도식으로 나타내면 다음과 같다.

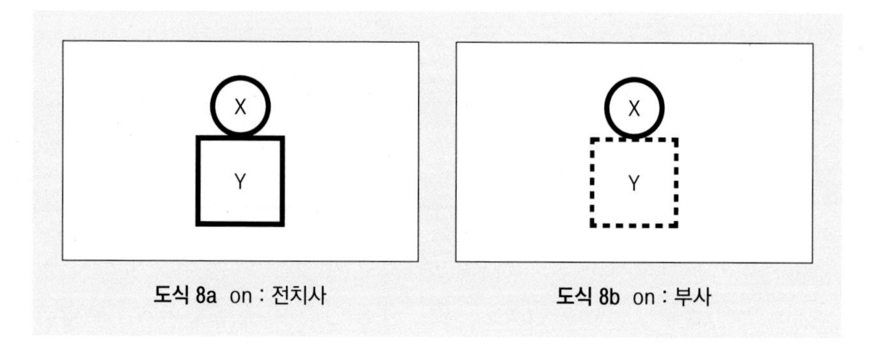

도식 8a on : 전치사

도식 8b on : 부사

위 도식에서 부사의 경우 Y는 드러나지 않고 점선으로 표시되어 있다. 이것은 표현에 나타나지 않으나, 실체가 있음을 의미한다. Y의 정체가 문맥, 화맥, 세상 지식으로부터 추리될 수 있는 경우 Y가 쓰이지 않는다. Y가 쓰이지 않는 경우를 간략하게 살펴보자.

2.1 Y가 쓰이지 않는 경우

2.1.1 문맥

다음 경우 문맥으로부터 Y의 정체를 추리할 수 있다.

The train has come in. Let's jump **on**.
기차가 도착했다. 뛰어 올라탑시다.

위 문장에서는 on의 목적어가 쓰이지 않았다. 그러나 앞부분에 기차가 언급되었으므로, on의 목적어가 기차임을 알 수 있다.

2.1.2 화맥

다음과 같은 경우를 생각해 보자. 어느 버스 정류장에서 두 사람이 버스를 기다리고 있다. 그 때 버스가 도착한 것을 두 사람이 모두 보았다고 전제하고 다음 문장을 살펴보자.

a. Let's get **on**. (버스를) 탑시다.
b. Let's get **on** the bus. 버스를 탑시다.

위 (50a) 문장에서는 '탑시다'라고만 하고 무엇을 타는지는 말하지 않았지만, 두 사람 모두 버스가 도착하는 것을 보았기 때문에 (50a) 문장만으로도 무엇을 타는지 알 수 있다. 두 사람이 버스를 보았다는 전제가 없을 때는 (50b)의 문장이 쓰인다.

2.1.3 세상 지식

다음은 통상 구동사로서 그대로 덩어리를 외워야 한다고 지금까지 알려져 왔다. 그러나 잘 살펴보면 put과 on은 각각의 뜻을 가지고 있어서 분석이 가능함을 알 수 있다. 다음 예문을 살펴보자.

a. He put his hat **on**.
그는 모자를 썼다.

b. He put his hat **on** the table.
그는 그 모자를 탁자에 놓았다.

모자는 머리에 쓰는 것이므로 (51a) 문장에서는 일부러 his head를 명시할 필요가 없다. 머리가 아닌 다른 장소에 모자를 놓는다면 이 장소는 명시되어야 하므로, (51b) 문장에는 table이 명시되었다. 모자 외에도 화장이나 마스크는 얼굴에, 옷은 몸에, 신이나 양말은 발에 신으므로 신체 부위를 일부러 명시할 필요가 없다.

a. He put his mask **on**. 그는 마스크를 썼다.
b. He put his shirt **on**. 그는 셔츠를 입었다.
c. He put his shoes **on**. 그는 신을 신었다.
d. He put his socks **on**. 그는 양말을 신었다.

이 현상은 우리말을 살펴보면 더 분명해진다. 모자를 쓰는 과정을 묘사하는데, 머리는 특별한 경우가 아니면 명시하지 않는다.

a. 그는 모자를 썼다.
b. 그는 모자를 머리에 썼다.
c. 그는 큰 머리에 작은 모자를 썼다.

모자는 머리에 쓰는 것이므로 (53a) 문장에서처럼 우리말에도 머리를 명시할 필요가 없다. 그래서 (53a) 문장은 어색하지 않지만, (53b) 문장은 머리가 언급되어서 어색하다. (53c) 문장과 같이 특별한 경우에는 머리가 명시될 필요가 있다.

2.2 and so on

on은 이어짐의 의미가 있는데, 다음 표현에서도 살펴볼 수 있다.

I like apples, pears, strawberries **and so on.**
나는 사과, 배, 딸기를 좋아한다(이러한 것들이 이어진다).

2.3 동사와 부사 on

전치사 on은 기본적으로 접촉을 의미한다. 이 개념은 우리말의 '대다, 닿다, 붙다, 붙이다, 매다, 달다'에 해당된다. 예를 들어, 손을 이마에 대면, 손이 이마에 닿아 접촉된다. 포스터를 벽에 붙이면 포스터가 벽에 붙어 접촉된다.

on이 부사로 쓰이면 좀 더 다른 접촉의 의미가 되는데, 우리말 '잇다'와 비슷하다. 이렇게 쓰인 예를 살펴보자.

a. 이 두 끈을 **이으**세요.
b. 그 전통은 대대로 **이어져** 내려온다.
c. 우리는 회의를 마치고 **이어서** 회식을 했다.

부사 on은 과정이 이어지는 관계를 나타낸다. 이것은 다음과 같이 크게 두 가지로 나누어 볼 수 있다. 첫째, 어느 과정이 계속되다 일시 중단된 다음에 다시 이어지는 경우이다. 둘째, 어떤 시점에서 중단이 있을 것으로 예상되나 쉼 없이 과정이 이어지는 경우이다. 이 두 가지 중 어느 경우이든 이어짐의 뜻이 담겨 있다. (도식 9a)에서는 움직임이 끊어졌다 다시 이어진다. (도식 9b)에서는 움직임이 어느 지점에서 중단되어야 하나 중단되지 않고 다시 이어진다.

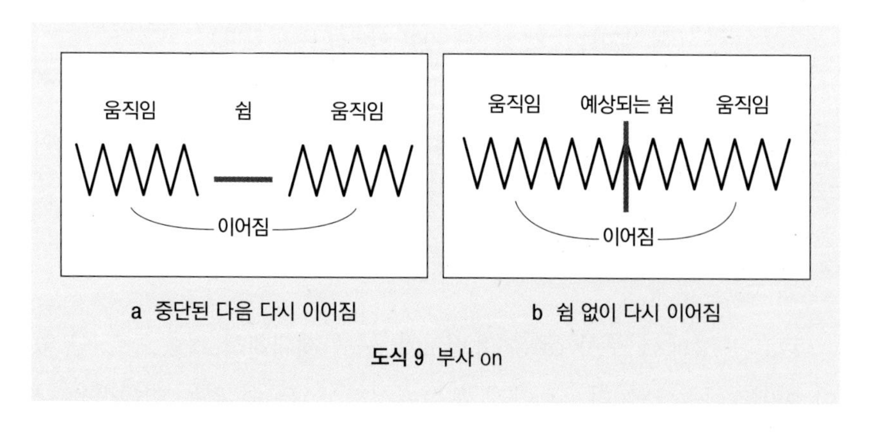

a 중단된 다음 다시 이어짐
b 쉼 없이 다시 이어짐

도식 9 부사 on

중단이 된 다음 과정이 이어지는 관계를 예를 통해 살펴보자(도식 9a 참조).

(56a) 문장은 군인들이 어느 지점까지 행군을 하고 얼마간 쉰 다음 이어서 행군함을 나타낸다.

a. The soldiers rested a while and moved **on**.
그 병사들은 잠깐 쉬었다가 이어서 이동했다.

b. He woke up and checked the time. And then he slept **on**.
그는 깨어서 시간을 확인한 다음 이어서 잤다.

c. At the sound of the siren, he woke up and after 10 minutes he slept **on**.
그 사이렌 소리에 그는 잠에서 깼다. 그러고 나서 10분 뒤에 이어서 잠이 들었다.

d. He went to Gwangju and then went **on** to Busan.
그는 광주에 갔고, 이어서 부산에 갔다.

e. Take the kids to the river now and I will follow **on**.
아이들을 강으로 데리고 가면 내가 뒤따라가겠다.
(즉, 아이들이 먼저 강에 가고 이어서 내가 간다.)

쉼이 예상되지만 과정이 끊이지 않고 계속 이어지는 경우에 on이 쓰이는 예도 자동사와 타동사로 나누어 살펴보자(도식 9b 참조).

2.3.1 자동사와 on

(57a) 문장에서 부사 on은 유전자가 부모 세대에서 자손으로 쉼 없이 이어진다는 뜻이다. 그 아래 문장에서도 on은 쉼 없는 이어짐을 나타낸다.

a. The gene lives **on** in their offspring.
그 유전자는 그들의 후손에게 이어서 살아간다.

b. The show went **on** for days.
그 쇼는 여러 날 계속되었다.

c. The war dragged **on** year in year out.
그 전쟁이 여러 해 계속되었다.

d. The meeting kept **on** for hours.
그 회의가 몇 시간 동안 지루하게 계속 되었다.

e. He kept **on** walking.
그는 계속해서 걷고 또 걸었다.

계속을 나타내는 부사 on은 다음과 같이 문장 앞에 쓰일 수 있다.

a. From then **on**, he paid a lot of attention to his health.
그 때부터 그는 건강에 많은 신경을 계속 쏟았다.

b. Early **on**, I realized our relationship would not last.
시작부터 우리의 관계가 지속되지 않을 것임을 깨달아오고 있다.

c. From now **on**, I will stay off beer.
지금부터는 맥주를 마시지 않겠다.

d. This will be discussed later **on**.
이것은 다음에 이어서 논의될 것이다.

e. Later **on**, he worked hard.
그 이후로 그는 더 열심히 일했다.

f. From there **on**, the road flattens out.
그곳에서부터 그 길이 편평하게 펼쳐진다.

(계속)

h. There was fight going **on**, but he just looked **on**.
싸움이 진행되고 있었으나 그는 (싸움을) 보기만 하고 있었다.

i. Passers-by simply looked **on** as he was being attacked.
지나가는 사람들은 그가 공격을 받고 있을 때에 (그 장면을) 보기만 했다.

다음에서 볼 수 있는 바와 같이 부사 on은 기간 표현과 같이 쓰일 수 있다.

30 years **on**, I have been studying Korean history.
30년 동안 나는 한국 역사를 공부해 오고 있다.

2.3.2 타동사와 on

다음 (60a), (60b) 문장을 비교해 보자.

a. Henry passed the ball to Tom.
헨리는 그 공을 톰에게 전했다.

b. Henry passed the ball **on** to Tom.
헨리는 그 공을 이어서 톰에게 전했다.

c. Tom sent a postcard to John, and he sent it **on** to Bill.
톰은 그 카드를 존에게 보냈고 그가 이어서 그것을 빌에게 보냈다.

부사 on은 (60a)에서는 쓰이지 않았고 (60b)에서는 쓰였다. on의 있고 없음은 의미상의 큰 차이를 가져온다. (60a) 문장은 공이 헨리에게서 톰에게 간다. 그러나 (60b) 문장은 헨리가 공을 다른 사람에게서 받고 그것을 이어서 톰에게 전한다는 뜻이다.

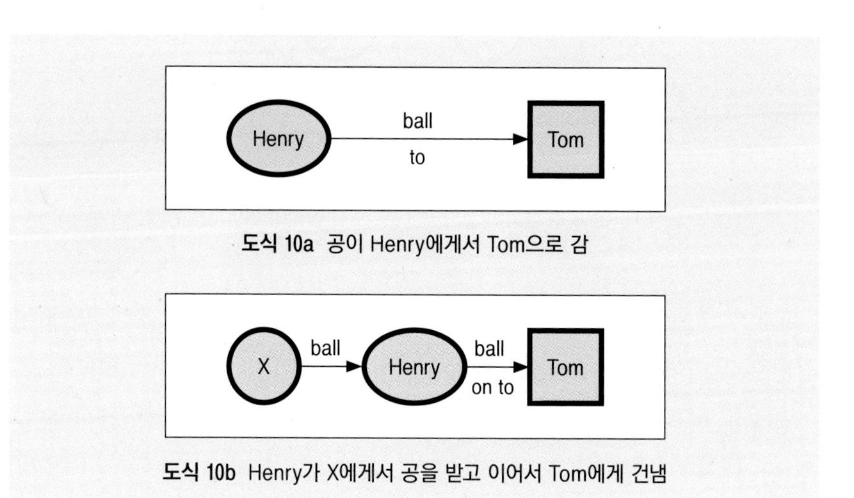

도식 10a 공이 Henry에게서 Tom으로 감

도식 10b Henry가 X에게서 공을 받고 이어서 Tom에게 건냄

2.3.3 동사 on to

관련된 여러 가지 일이 있을 경우 하나를 하고 다음으로 이어갈 때에 on to가 쓰인다. 다음 예문을 살펴보자.

a. Now let us move **on to** the Gyeongbu Expressway.
이제 이어서 경부고속도로를 살펴봅시다.

b. After that, we moved **on to** the next stage.
그 후 우리는 다음 단계로 이어갔다.

c. Let's move **on to** chapter 2.
이어서 2장으로 넘어갑시다.

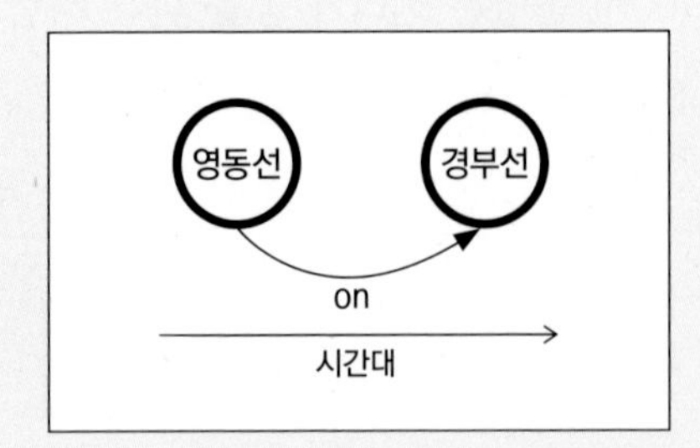

도식 11 한 도로 상황이 끝난 후 다른 도로 상황이 이어지는 관계

교통방송을 할 때 한 도로의 상황을 보고한 다음 이어서 경부고속도의 상황으로 이어갈 때 on to가 쓰인다.

경우에 따라서는 동사 go나 move 없이 on to만이 다음과 같이 쓰일 수 있다.

a. On to page 45.
이어서 45쪽으로 넘어갑시다.

b. On to question 2.
이어서 2번 문제로 넘어갑시다.

c. On to review 2.
이어서 2번 복습으로 넘어갑시다.

d. On to round 3.
이어서 3경기로 넘어갑시다.

on to 다음에는 명사뿐만 아니라 동사의 원형이 올 수 있다.

a. The winners went **on to** compete for the cup.
그 승자들은 이어서 그 컵을 위한 경쟁을 하게 된다.

(계속)

b. The article went **on to** claim that plastic is also harmful.
그 논문은 이어서 플라스틱도 유해하다는 것을 주장했다.

c. After the university, he went **on to** work for a big company.
대학 졸업 후, 그는 이어서 큰 회사에서 일을 했다.

d. An embryo split into two and went **on to** create your body.
배아가 두 개로 갈라지고 이어서 여러분의 몸을 만든다.

(63a)에 쓰인 on은 위 문장 앞에 경기가 있었고, 그 경기에서 승자가 나타났고, 이 경기에 이어서(on) 경기가 있음을 나타낸다. 위 문장에서 on 다음에 오는 to는 전치사가 아니라 부정사의 표시이다.

(63b) 문장에 on이 쓰인 것은 주어진 기사의 앞부분에 어떤 주장이 있었고, 이에 이어서 다른 주장이 있음을 나타낸다. (63c) 문장에 쓰인 on은 대학 졸업 후 이어서(on) 회사에서 일을 하는 관계를 나타낸다. (63d) 문장에 쓰인 on은 배아가 분리된 후 이어서 몸을 생성하는 관계를 나타낸다.

2.3.4 동사 over to

한 일이 끝나고 다음 일로 넘어갈 때 분야가 다른 경우에는 on 대신에 over가 쓰인다. 다음 도식은 한 부분에서 다른 부분으로 넘어가는 관계를 그린다.

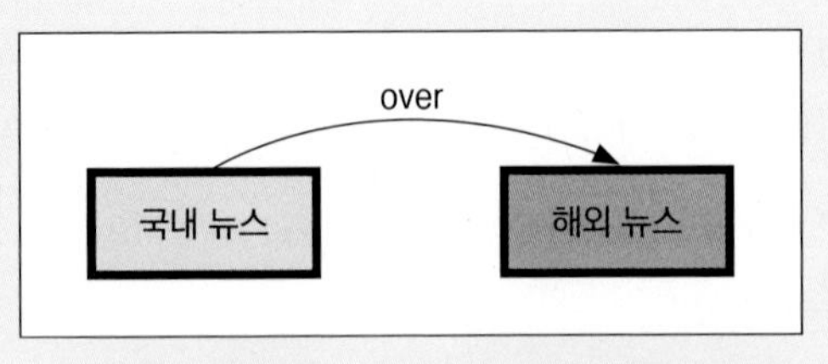

도식 12 한 영역에서 다른 영역으로 넘어가는 관계

Let's move **over to** Syria.
시리아 뉴스로 넘어갑시다.

2.4 주어가 on의 생략된 목적어가 되는 경우

다음에서 on의 목적어는 표현되지 않았다. 그러나 화맥, 문맥, 세상 지식으로부터 주어가 on의 목적어임을 알 수 있다. (65a) 문장에서 부사 on은 옷이 무엇에 가 닿는 관계를 나타내는데, 이 닿는 부분은 주어의 몸이다. 다음 예도 마찬가지로 풀이될 수 있다.

a. He put a shirt **on**.
그는 셔츠를 (그의 몸에) 놓았다. (즉, 입었다.)

b. He pulled his pants **on**.
그는 바지를 끌어당겨 입었다.

c. He threw his coat **on**.
그는 그 코트를 빨리 걸쳤다.

d. She put **on** her make-up.
그녀는 화장을 했다.

(계속)

e. He put **on** 3 kilograms.
그는 몸무게가 3킬로그램이 늘었다.

f. He doesn't take **on** too much work.
그는 너무 많은 일을 맡지 않았다.
(많은 일을 가져가는 이는 주어 자신이다.)

g. The company took **on** 50 new employees.
그 회사는 50명의 새 직원을 뽑았다.

h. The ship took **on** a cargo at the port.
그 배는 그 항구에서 짐을 실었다.

위 문장에서 on의 숨은 목적어는 주어이다. 위의 (65h) 문장에서 짐이 가 닿는 곳은 주어, 즉 배이다.

2.5 부추겨서 계속하기

이어짐의 또 다른 형태는 격려나 부추김이다. 다음에서 on은 부추기거나 다그치고 또는 격려하여 어떤 목적을 위해서 계속해서 일을 하게 하는 관계를 그린다.

a. He egged me **on** to a crime.
그는 나를 부추겨서 죄를 짓게 했다.

b. He urged his horse **on** with his heels.
그는 자신의 발로 그 말을 차서 계속해서 나아가게 했다.

c. He cheered the runner **on.**
그는 그 주자를 격려하여 계속 뛰게 했다.

(계속)

d. The crowd spurred the runners **on** through the race.
그 군중들은 그 주자들을 격려하여 계속해서 그 경주를 끝까지 뛰게 했다.

e. We need to press **on** to finish the work.
우리는 그 일을 끝내기 위해 계속 분발해야 한다.

2.6 작동 상태

다음에서 on은 어떤 기계가 작동하거나 흐름이 이어지거나 계속됨을 나타낸다.

a. Put **on** the candles. 촛불을 켜라.
b. Turn **on** the air conditioner. 에어컨을 켜라.
c. Switch **on** the TV. TV를 켜라.
d. Power came back **on**. 전기가 다시 들어왔다.
e. He started the engine and flipped the radio **on**.
그는 엔진을 가동시키고 라디오를 탁 켰다.

2.7 부사 on과 다른 전치사

부사 on은 비접촉 상태에서 접촉 상태로 움직임을 나타내므로 출발지와 도착지가 전치사 from과 to로 각각 표현된다. 이것을 도식화하면 (도식 13)과 같다.

2.7.1 출발지 : on from

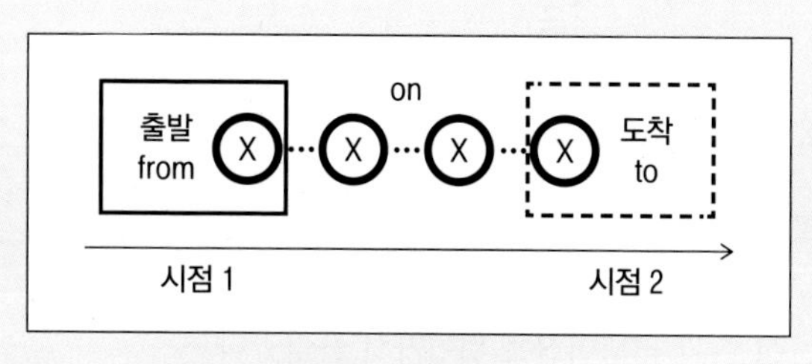

도식 13 on의 출발지

a. They moved **on from** the terrible event.
그들은 그 끔찍한 사건에서부터 계속 나아갔다.

b. The gene lives **on from** generation to generation.
그 유전자가 한 세대에서 다음 세대로 이어져 산다.

c. They went **on from** Incheon.
그들은 인천에서 계속 나아갔다.

d. The discussion follows **on from** the previous one.
그 논의가 이전의 논의로부터 이어진다.

2.7.2 도착지 : onto

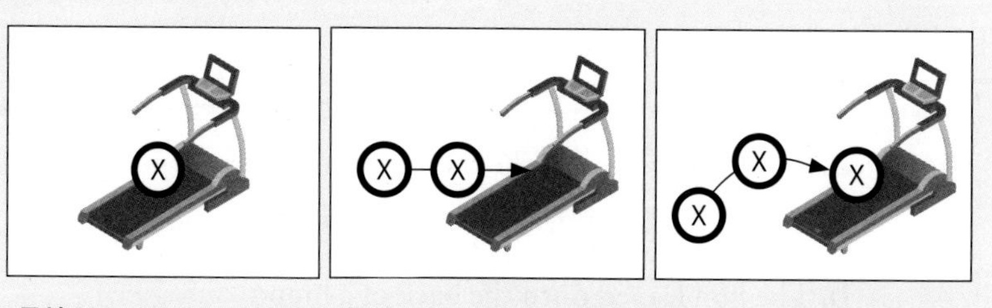

도식 14a on the treadmill **도식 14b** to the treadmill **도식 14c** onto the treadmill

위 도식은 어떤 개체가 어느 물체에 다가가서 붙는 관계를 나타낸다.

a. He is running **on** the treadmill.
그는 그 러닝머신 위에서 뛰고 있다.

b. He ran **to** the treadmill.
그는 그 러닝머신으로 뛰어 갔다.

c. He ran **onto** the treadmill.
그는 그 러닝머신에 뛰어가서 올라갔다.

(69a) 문장에서는 on이 쓰여서 주어가 러닝머신 위에서 뛰는 관계를 나타내고, (69b) 문장에서는 to가 쓰여서 주어가 러닝머신으로 뛰어가는 관계를, 그리고 (69c) 문장에서는 onto가 쓰여서 주어가 러닝머신으로 뛰어가서 그 위로 올라가는 관계를 나타낸다.

a. The police shot a tracker **to** a runaway car.
경찰이 추적 장치를 그 도주 차량에 대고 쐈다.

b. The police shot a tracker **onto** a car.
경찰이 추적 장치를 그 차에 쏘아서 붙게 했다.

(70a) 문장에서는 to만 쓰였고, (70b) 문장에서는 onto가 쓰였다. 즉, to는 도착지만 가리키고, onto는 도착지의 표면에 가 닿는 관계를 나타낸다. 다음 몇 개의 예들을 더 살펴보자.

a. Passengers fell **onto** the tracks from the platform.
승객들이 승강장에서 선로 위로 떨어졌다.

b. The lion leaped **onto** the back of a hippo.
그 사자가 하마의 등에 뛰어 올라 탔다.

(계속)

c. They squeezed **onto** the train.
그들은 그 기차에 비집고 들어가 탔다.

d. His eyes are glued **onto** the TV.
그의 눈은 TV에 붙어 있었다.

e. He got **onto** the boat.
그는 그 배에 가서 탔다.

f. He loaded the packages **onto** the truck.
그는 그 꾸러미들을 트럭에 옮겨 실었다.

ONTO

X onto Y에서 X는 Y에 다가가서(to) 붙는(on) 관계를 나타낸다.

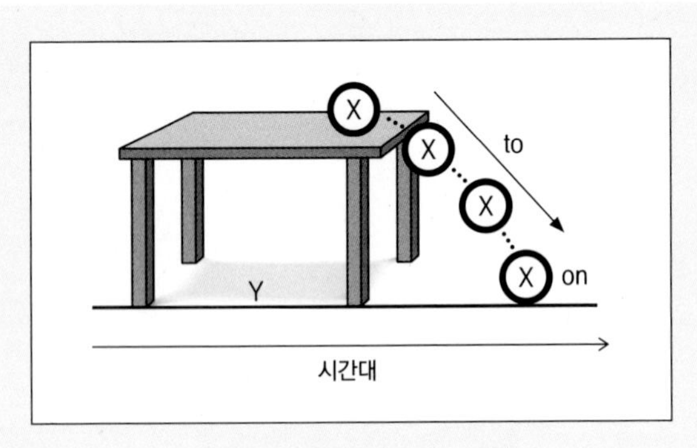

도식 1 X가 Y에 다가가서 접촉

1 전치사 용법

전치사 onto는 부사 on과 전치사 to가 합쳐져서 이루어진다. 전치사 on은 X가 Y에 닿아 있는 관계를 나타낸다(도식 2a 참조). 전치사 to는 X가 Y를 목표로 삼고 있는 관계를 나타낸다. 이 두 표현이 결합되기 위해서는 대응점이 있어야 한다. 대응점은 다음과 같다. on의 X와 Y가 to의 X와 Y에 각각 대응된다. 이 대응관계는 점선으로 연결되어 있다. (도식 2b)를 대응선에 따라 (도식 2a)에 포개면 (도식 2c), 즉 onto가 나온다.

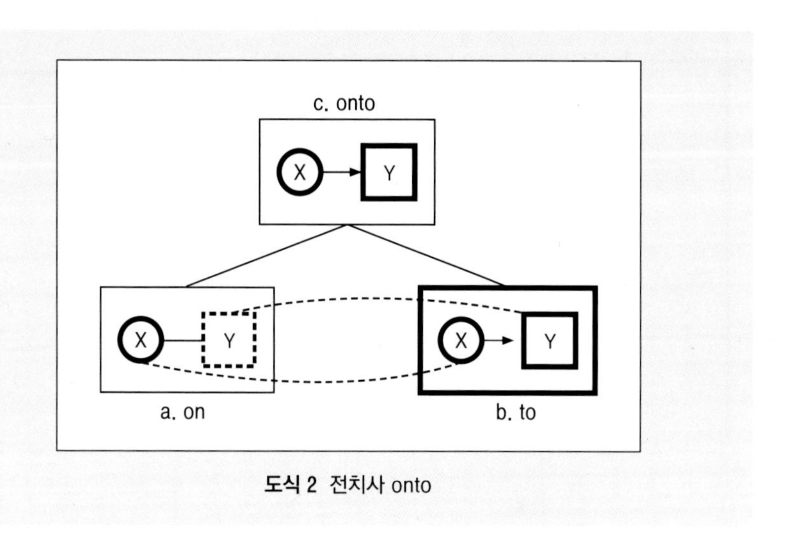

도식 2 전치사 onto

다음 세 문장을 비교해 보자.

a. The glass fell **to** the floor.
그 잔이 바닥으로 떨어졌다.

b. The glass fell **on** the floor.
그 잔이 바닥에 떨어져 (닿아) 있었다.

c. The glass fell **onto** the floor from the table.
그 잔이 식탁에서 떨어져 바닥에 닿았다.

(1c) 문장의 onto에는 식탁에서 마루까지의 이동(to)이 포함되어 있다. 다음으로 전치사 onto를 타동사와 자동사로 나누어 살펴보자.

1.1 타동사

a. He lifted the load **onto** the horse.
그는 그 짐을 들어다 말에 실었다.

b. His eyes are glued **onto** the TV.
그의 눈은 TV에 가서 붙어 있었다.

c. He fixed a stamp **onto** the envelop.
그는 우표를 그 봉투에 가져다 붙였다.

d. The tenants were turned out **onto** the streets.
그 세입자들이 그 길거리 위로 쫓겨났다.

e. The gardener sprayed pesticide **onto** the trees.
그 정원사는 살충제를 그 나무에 뿌렸다.

1.2 자동사

a. The dolphin came up **onto** the beach.
그 돌고래는 해변 위로 올라왔다.

b. They squeezed **onto** the train.
그들은 그 기차에 비집고 들어가 탔다.

c. He got **onto** the boat.
그는 그 배에 가서 탔다.

(계속)

d. Hold **onto** the rail. It is steep.
난간을 (손을 뻗어) 잡으세요. 길이 가파릅니다.

e. They held **onto** each other.
그들은 손을 내뻗어 서로를 껴안았다.

1.3 onto와 '잡다' 동사

다음에 쓰인 동사는 '잡다'의 뜻을 갖는다. 이들 동사가 onto와 쓰이면 무엇을 계속 잡는다는 뜻이다.

a. Hang **onto** that rope and don't let go.
이 줄을 계속 잡고 놓치지 마세요.

b. We must hang **onto** the basic principles.
우리는 기본 원칙을 계속 지켜야 한다.

c. The cat grabbed **onto** the prey.
그 고양이가 앞발을 뻗어 그 먹이를 잡았다.

d. He tried to hold **onto** the branch of the tree.
그는 그 나무의 가지를 손을 뻗어 잡으려 했다.

e. He managed to hold **onto** his job.
그는 그의 일자리를 계속 잡고 있었다.

f. He clutched **onto** a railing.
그는 계속 난간을 잡았다.

X onto Y에서 Y의 정체가 화맥, 문맥 등에서 추리될 수 있으면 on만 쓰인다. (5a) 문장에서 hang on은 hang onto Y의 뜻이고, Y는 화맥에서 추리될 수 있는 손잡이 등이다.

a. Hang **on**. The road is bumpy.
(난간 등을) 계속 꽉 잡으세요. 길이 울퉁불퉁합니다.

b. When the kid comes back, grab **on**.
그 아이가 돌아오면 그를 꽉 잡으세요.

c. Hold **on**, even if the stick is hot.
막대기가 뜨겁더라도 그것을 꽉 잡고 있어라.

(5c)에서 hold on Y의 Y는 막대기임을 알 수 있다.

1.4 onto와 시선

다음에 쓰인 동사는 시선과 관계가 있다. (6a) 문장에서 집과 언덕 사이의 관계를 파악하기 위해서 관찰자의 시선이 집에서 언덕으로 가서 닿는다.

a. The house backs **onto** the hill.
그 집은 뒤쪽으로 보면 산에 이른다.

b. The windows open **onto** the open sea.
그 창문들은 확 트인 바다로 열린다.

(6b) 문장에서는 화자의 시선이 창문에서 확 트인 바다에 가 닿는 관계이다.

1.5 onto와 이해동사

다음 표현들은 '이해하다'와 관계가 있다. onto가 쓰이면 이해하는 데 시간이 소요됨을 의미한다.

a. He cottoned **onto** the fact.
그는 그 사실을 간접적으로 이해했다.

b. Finally, I latched **onto** what was happening.
마침내 나는 무엇이 일어났는지 이해하게 되었다.

c. It took me a while to catch **onto** what he was saying.
나는 그의 말을 이해하는 데에 조금 시간이 걸렸다.

위의 예에서 to의 목적어가 화맥, 문맥 등에 의해 추리될 수 있으면 다음과 같이 on만 쓰인다.

a. I will sneak out of the room so that the children cannot catch **on** (to the fact that I am sneaking out).
나는 아이들이 (내가 방을 빠져나가고 있는 것을) 알아채지 못하도록 몰래 방을 빠져나갈 것이다.

b. Then the fourth time it happens, but still nobody cottons **on.**
그 일이 네 번이나 일어났지만, 여전히 아무도 눈치 채지 못하고 있다.

c. It was a difficult concept to grasp, but I soon latched **on.**
그것은 파악하기 힘든 개념이었지만, 나는 곧 알아들었다.

2 on과 onto의 비교

on과 onto의 차이를 알아보기 전에 in과 into의 차이를 살펴보자.

a. The professor went **into** the office.
그 교수님이 그 연구실에 들어갔다.

b. When the door of the office was opened, the professor went **in**.
그 연구실 문이 열리자, 그 교수님은 (어디에) 들어갔다.

(9a) 문장에는 교수가 들어간 장소가 명시되어 있다. 그러나 (9b) 문장에는 앞에 the door of the office라는 말이 있으므로 교수가 들어간 곳이 연구실임을 알 수 있다. 즉, 들어간 도착지는 앞 문장의 문맥으로 추리할 수 있다. 이런 경우 to가 쓰이지 않는다.

on과 onto의 차이도 마찬가지이다. on의 도착지가 문맥, 화맥 등에서 파악될 수 있으면 to는 쓰이지 않는다. 다음을 살펴보자.

a. I tried to pull the stick away from the dog, but it held **on**.
나는 그 막대기를 그 개에게서 당겨내려고 했으나 그 개가 그것을 꽉 물고 있었다.

b. When I tried to explain the reason for the accident, he quickly caught **on**.
내가 그 사고의 원인을 설명하려고 하자 그는 (그것을) 곧 이해했다.

c. The teacher explained about gravity, and he quickly caught **on**.
그 선생님이 중력에 대해 설명했는데 그가 곧 이해했다.

(10a) 문장에서는 on의 뒤에 to the stick이 생략되었음을 알 수 있다.

2.1 into vs. in/onto vs. on

다음 두 문장을 비교하여 보자.

a. She went **into** the kitchen.
그녀는 그 부엌에 들어갔다.

b. She went **in.**
그녀는 (어디에) 들어갔다.

위 (11a) 문장에는 그녀가 들어간 곳이 명시되어 있다. 들어가는 곳을 명시하지 않아도 들어가는 곳이 어디인지 청자가 알 수 있다고 판단할 때에는 into의 in만 쓰인다.

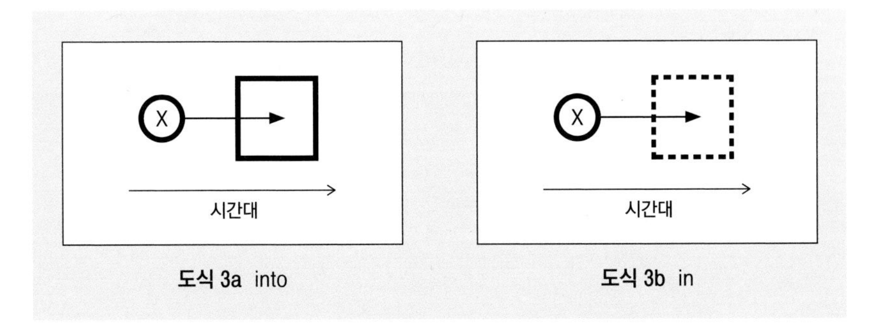

도식 3a into　　**도식 3b** in

onto와 on의 관계도 마찬가지이다. 다음 문장을 살펴보자.

a. He caught **onto** the fact.
그는 그 사실을 알게 되었다.

b. He caught **on.**
그는 (무엇을) 알게 되었다.

위 (12a) 문장에서 그가 이해하게 되는 것이 onto the fact로 표현되어 있다. 그러나 이해하게 된 사실을 언급할 필요가 없을 때에는 onto가 아니라 on이 쓰인다.

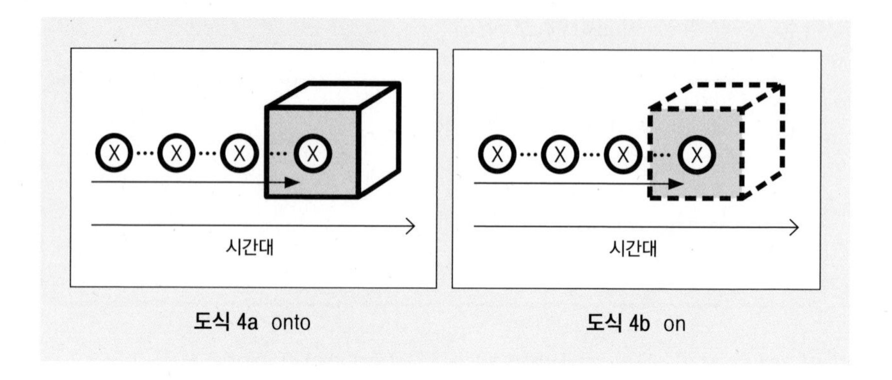

도식 4a onto　　**도식 4b** on

OUT

out은 전치사와 부사로 쓰인다. 먼저 전치사 용법부터 살펴보자.

1 전치사 용법

전치사 out은 X out Y에서 X가 Y를 통해 밖으로 나가는 관계를 그린다. 이를 도식화하면 다음과 같다.

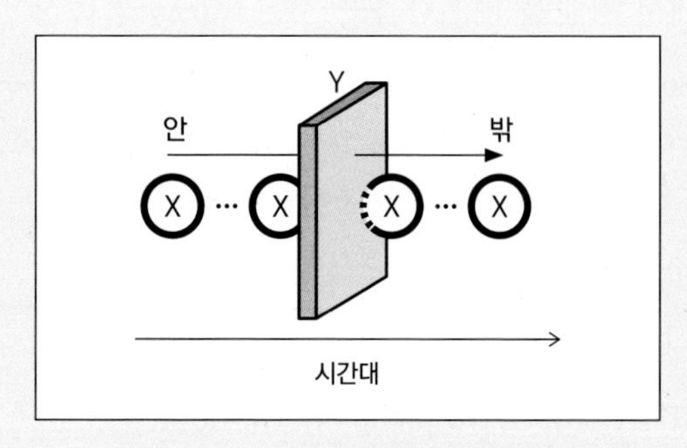

도식 1 전치사 out : X가 Y를 통과하는 관계

out의 전치사 용법을 자동사와 타동사로 나누어 살펴보자.

1.1 자동사와 out

a. He walked **out** the door.
그는 그 문을 통해 나갔다.

b. The bird flew **out** the window.
그 새가 그 창문을 통해 날아 나갔다.

c. The stray dog went **out** the gate.
그 길 잃은 개가 그 문을 통해 나갔다.

d. He looked **out** the window.
그는 창문을 통해 밖을 내다보았다.

e. He yelled **out** the window.
그는 창 밖으로 소리를 질렀다.

1.2 타동사와 out

다음 문장에서는 타동사가 쓰였고, 목적어가 out의 목적어로 빠져나간다. (2a) 문장에서 창문을 빠져나가는 것은 throw의 목적어인 공이다.

a. He threw the ball **out** the window.
그는 그 공을 그 창문을 통해 내던졌다.

b. The child flew a paper plane **out** the window.
그 아이는 종이비행기를 창문을 통해 날려 보냈다.

c. They pushed the piano **out** the door.
그들은 그 피아노를 문 밖으로 밀어 내었다.

d. We drove the wild pig **out** the gate.
우리는 그 야생 돼지를 몰아서 대문 밖으로 나가게 했다.

2 부사 용법

out은 부사로도 쓰인다. 부사 out은 이동체가 어떤 영역에서 밖으로 나가는 관계를 나타낸다. 이때 안이나 속은 명시되어 있지 않다. 이것을 명시하고 싶을 때는 out of Y로 쓰인다.

이 부사 용법을 도식화하면 다음과 같다.

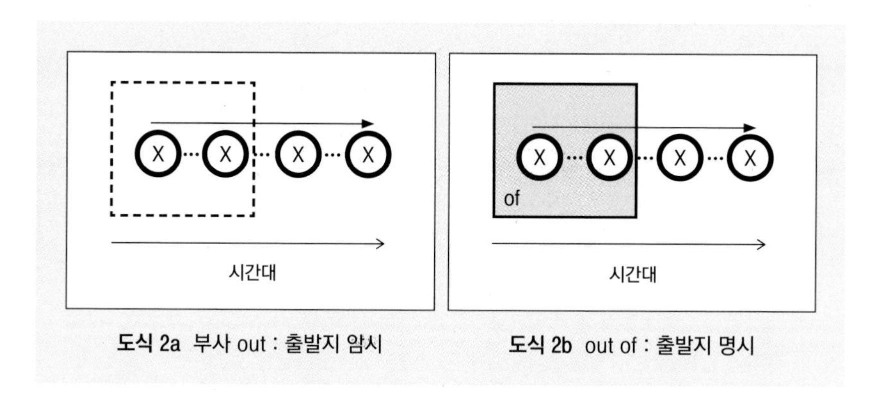

도식 2a 부사 out : 출발지 암시

도식 2b out of : 출발지 명시

out이 of Y가 없이 단독으로 쓰이는 경우에는 화맥, 문맥, 세상 지식에 의해서 Y의 정체를 알 수 있기 때문이다. 다음 두 문장을 비교해 보자.

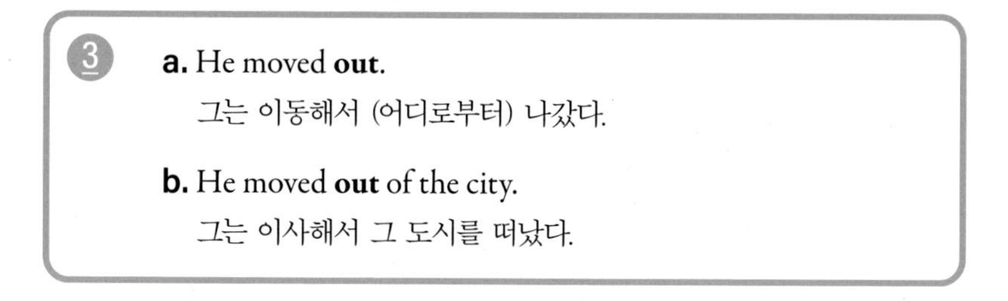

③ **a.** He moved **out**.
그는 이동해서 (어디로부터) 나갔다.

b. He moved **out** of the city.
그는 이사해서 그 도시를 떠났다.

(3a) 문장에서는 of Y가 쓰이지 않았다. 이때 of Y가 쓰이지 않은 것은 화맥, 문맥, 세상 지식으로부터 파악될 수 있기 때문이다. 아래에서 Y가 생략될 수 있는 몇 가지 상황을 살펴보겠다.

2.1 'X out of Y에서 of Y의 생략

2.1.1 화맥

다음에서 Y의 정체는 화맥에서 파악할 수 있다. 즉, 화자나 청자의 위치로부터 이를 파악할 수 있다. 다음 (4a) 문장에서 명령을 하는 화자는 명령을 받은 청자가 어디에서 나오는지를 알 수 있는 경우이다.

a. Get **out**!
(그곳에서) 나가!

b. Come **out**!
(그곳에서) 나와!

c. The electronic radiator put **out** a lot of heat.
그 전기 방열기는 많은 열을 내어 놓는다.

2.1.2 세상 지식

다음에서 Y는 세상 지식으로부터 파악될 수 있다. (5a) 문장에서는 병아리가 알에서 깨어 나온다는 지식만 있다면 Y는 알껍데기라는 것을 곧 알 수 있다. 그 다음 예도 모두 X out of Y에서 of Y를 세상 지식으로부터 알아낼 수 있는 경우이다.

a. The chicken hatched **out** (of a shell).
그 병아리가 (알껍데기에서) 깨어났다.

b. The child stuck **out** his tongue (of his mouth).
그 아이가 혀를 (그의 입에서) 쑥 내밀었다.

(계속)

c. He spat the gum **out** (of his mouth).
그는 그 껌을 (입에서) 내뱉었다.

d. He vomited **out** his breakfast (of his mouth).
그는 아침에 먹은 것을 (입에서) 게워 냈다.

e. He had two teeth pulled **out** (of his gum ridge).
그는 이 두 개를 (잇몸에서) 뽑게 했다.

(5b), (5c) 문장에는 of가 쓰이지 않았으나, 사람이나 동물이 혀를 내밀거나 침이나 독을 내뱉는 신체 부위가 입이라는 것을 상식적으로 알고 있으므로 이것을 구태여 명시할 필요가 없다.

다음에서도 우리는 쓰레기가 어디에서 나가는지를 알 수 있다.

a. I put **out** the trash (of the house).
나는 쓰레기를 (집에서) 밖에 내놓았다.

b. We threw **out** lots of stuff when we moved house.
우리는 이사를 할 때, 많은 물건을 내다 버렸다.

2.1.3 문맥

다음은 문맥으로 Y의 정체를 파악할 수 있는 경우이다. (7a) 문장에서는 문장 앞 부분에 the house가 언급되어 있으므로 그가 나온 곳이 집이라는 것을 쉽게 추리할 수 있다.

a. He went into the house, and came **out** soon after.
그는 그 집에 들어갔다가 그 후 곧 나왔다.

b. He put his smartphone into his pocket. Then it rang and he took it **out**.
그는 그 스마트폰을 호주머니에 넣었다. 그 때 전화가 울려서 그는 그것을 꺼냈다.

(7b) 문장에서도 스마트폰이 나온 곳은 호주머니임을 곧 추리할 수 있다. 다음 예문도 모두 out of Y에서 of Y를 문맥에서 파악할 수 있는 경우이다.

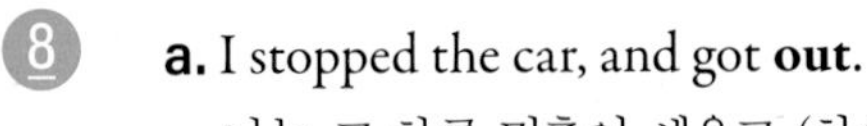

a. I stopped the car, and got **out**.
나는 그 차를 멈추어 세우고 (차에서) 나갔다.

b. After being in the navy for ten years, I decided to get **out**.
나는 10년 동안 해군에서 복무한 후에 (해군에서) 나오기로 결심했다.

c. He put his hand in the pocket, and took **out** his wallet.
그는 자기 손을 호주머니에 넣어 지갑을 꺼냈다.

d. When I opened the cage, the bird flew **out**.
내가 그 새장을 열자 그 새가 (그 새장에서) 날아갔다.

e. He has lived in the village for ten years and he hates to move **out**.
그는 이 마을에서 10년간 살아왔기에 (이 마을을) 떠나 이사 가기를 싫어한다.

다음에서도 out은 안이나 속에 있던 것이 빠져나가는 관계를 나타낸다. 이 관계도 세상 지식으로 파악할 수 있다.

a. He pressed **out** the juice.
그는 그 주스를 눌러 짜내었다.

b. He squeezed **out** water.
그는 물을 짜내었다.

c. The storm blew **out** the window.
그 폭풍이 창문을 창틀에서 떨어져 나가게 했다.

d. The rebel smashed **out** the door.
그 반군들이 문을 세차게 쳐서 떨어져 나가게 했다.

2.1.4 영상(footage)

다음에서 Y의 정체는 화맥, 문맥, 세상 지식으로부터 파악할 수 없는 경우이다. 다음 (10a) 문장에서 그들이 어디에서 물을 퍼내는지는 화맥, 문맥, 세상 지식으로도 알아낼 수 없다. 물은 땅, 지하실, 탱크 등에서 퍼낼 수 있다. 그러면 어떻게 이런 표현이 쓰일 수 있는가?

a. They are pumping **out** water.
그들은 물을 (어디에서) 펌프로 퍼내고 있다.

b. They are drawing **out** water.
그들은 물을 (어디에서) 끌어내고 있다.

c. The shark jumped **out**.
그 상어가 뛰어나왔다.

(10a)에서는 우리가 TV 장면을 보고 있다고 생각하면 쉽게 풀린다. TV 장면에 배가 있고 사람들이 이 배에서 물을 퍼내고 있다면, 물이 퍼내어지는 곳은 배임을 곧 알 수 있다.

(10c)에서 TV 화면에서 상어가 물에서 뛰어나오는 것을 보면, out의 출발지는 water임을 알 수 있다.

다음에서 out은 시선이나 팔이 앞으로 나가는 관계를 나타낸다.

a. He looked **out** at the sea.
그는 바다를 내다보았다.

b. He reached **out** to the poor.
그는 가난한 사람들에게 손을 내뻗었다.

c. He lashed **out** at him.
그는 손을 내뻗어 그를 쳤다.

d. I hit **out** in all directions.
나는 사방으로 손을 뻗어 공격을 했다.

e. He lost his temper and struck **out**.
그는 성질을 내며 손을 내뻗어 쳤다.

2.2 환유적 용법

다음에서 목적어는 환유적 표현으로 쓰여서 목적어 자체가 아니라 목적어와 관련된 무엇을 가리킨다. 다음 (12a) 문장에서 attic은 다락방 자체를 가리키는 것이 아니라, 다락방에 들어 있는 물건을 가리킨다.

a. He cleaned **out** the attic.
그는 그 다락에 있는 물건들을 치워내었다.

b. He emptied **out** his pocket.
그는 호주머니 안에 있는 것을 비워냈다.

c. Please rinse **out** the vase.
그 화분의 속을 헹궈내세요.

d. Please wash **out** the pan with a detergent.
그 냄비의 안을 세제로 씻어내세요.

e. She turned **out** the cupboard.
그녀는 찬장 안에 있는 것을 들어내었다.

2.3 비유적 용법

위에서 살펴본 out의 공간적 의미는 여러 가지로 확대되어 쓰인다. 다음에서는 부사 out의 비유적인 뜻을 살펴보겠다.

2.3.1 튀어 나오기

다음 문장에서 out은 물체가 어떤 테두리에서 벗어나거나 튀어나와 있는 관계를 나타낸다.

a. The peninsula juts **out** into the sea.
그 반도가 그 바다로 툭 튀어나와 있다.

b. His nose juts **out** sharply.
그의 코가 뾰족 튀어나와 있다.

(계속)

c. His eyes pops **out**.
그는 눈이 튀어나와 있다.

d. His stomach bulges **out**.
그의 배가 불룩 나와 있다.

e. His ears stick **out**.
그의 귀가 밖으로 뻗어 나와 있다.

f. The gills of the shark hang **out**.
그 상어의 아가미가 밖으로 나와 있다.

g. Rocks croped **out** from the ocean.
바위들이 바다에서 불쑥 튀어나왔다.

2.3.2 두드러짐

다음에서 out은 주위 개체보다 빼어나거나 두드러짐을 나타낸다. 다음 도식은 한 개체가 다른 개체보다 더 커서 현저한 관계를 나타낸다.

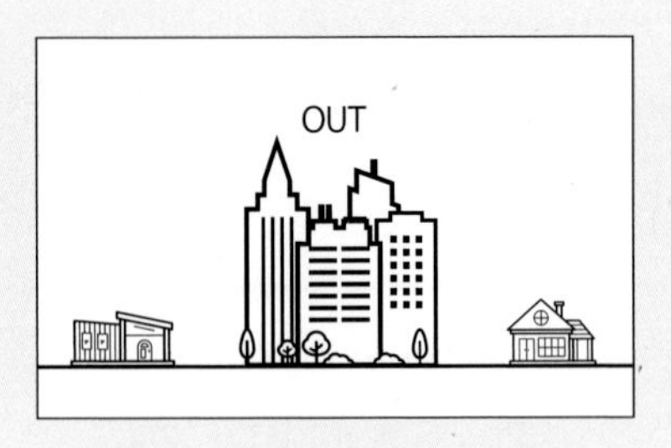

도식 3 X가 잘 보이거나 뛰어남

⑭ **a.** He stood **out** among his classmates.
그는 급우들 중에 뛰어났다.

b. He shone **out** as the best performer.
그는 최고의 연주자로서 빛을 발했다.

c. His athletic figure marks him **out**.
그의 건장한 체구가 그를 빼어나 보이게 한다.

d. The notice sticks **out**.
그 알림이 눈에 띈다.

2.3.3 가려내기

다음에서 out은 여러 가지 가운데 골라내는 관계를 나타낸다. 즉, 여럿 가운데서 하나가 뽑히는 관계를 나타낸다.

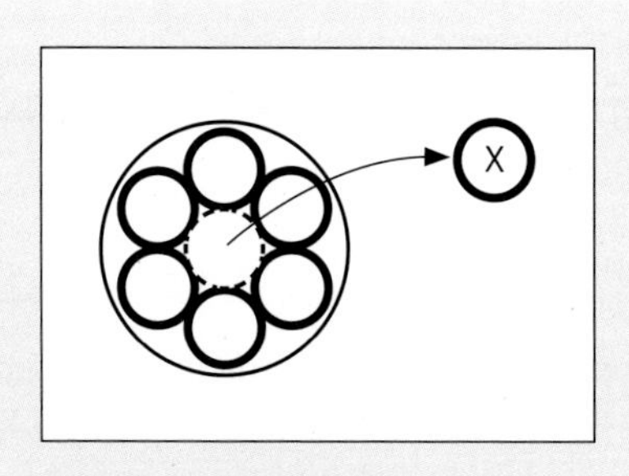

도식 4 X가 여럿 가운데서 하나로 뽑힘

다음 (15a) 문장에서는 예쁜 드레스가 여럿 가운데 그녀에게 뽑히게 된다.

a. She picked **out** a pretty dress.
그녀는 예쁜 드레스를 골라내었다.

b. He singled **out** her name.
그는 그녀의 이름을 뽑아내었다.

c. The farmer sorted **out** bruised pears.
그 농부는 상한 배를 분류해서 가려냈다.

d. We automatically screen **out** applicants who do not meet our criteria.
우리는 우리의 기준에 미치지 못하는 지원자들을 자동으로 가려낸다.

e. The dogs are trained to smell **out** drugs.
그 개들은 마약을 냄새로 찾아내도록 훈련되어 있다.

2.3.4 경기 등에서 빠지기

다음에서 out은 경기 등에서 탈락하는 관계를 나타낸다.

■ 자동사

a. We went **out** of the tournament in the second round.
우리는 2라운드에서 토너먼트에서 탈락했다.

b. Germany crashed **out** of the World Cup after embarking defeat by South Korea.
독일은 남한에게 참패를 당한 다음 월드컵에서 탈락했다.

■ 타동사

a. He beat **out** his rival in the race.
그는 경주에서 자신의 경쟁자를 물리쳐 내었다.

b. Japan was knocked **out** of the World Cup.
일본은 월드컵 경기에서 탈락되었다.

c. The pitcher struck **out** the first batter.
그 투수는 1번 타자를 삼진 아웃시켰다.

d. He counted **out** three players in the first inning.
그는 1회전에서 3명의 선수를 퇴장시켰다.

2.3.5 습관 등에서 벗어나기

a. She has not aged **out** yet.
그 여자는 나이가 들어서도 아직 (마약 같은 습관에서) 벗어나지 못했다.

b. He grew **out** of his bed wetting.
그는 자라서 오줌을 싸지 않게 되었다.

2.3.6 약속 등에서 빠져 나오기

다음에서 out은 약속 등에서 빠져 나오는 관계를 나타낸다.

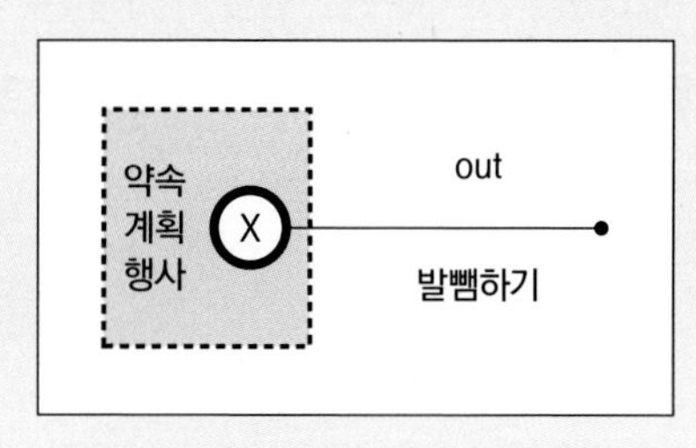

도식 5 약속 등에서 빠져 나오는 관계

a. He backed **out** at the last moment.
그는 마지막 순간에 뒷걸음질쳐서 약속 등에서 빠져 나왔다.

b. He chickened **out**.
그는 겁이 나서 꽁무니를 뺐다.

c. We wanted to have a picnic, but it rained and we copped **out**.
우리는 소풍을 가려고 했으나 비가 와서 포기했다.

d. He opted **out** and sat around.
그는 일에서 빠져 나와 빈둥거리며 앉아 있었다.

e. He finked **out** on me.
그가 발뺌을 해서 내가 곤란하게 되었다.

f. They counted me **out** because I was too weak.
그들은 내가 너무 힘이 약해서 (어떤 계약 등에서) 나를 뺐다.

2.3.7 out의 중의성

다음 문장에서 out은 시간에 따라 안 보이던 것이 보이게 되거나, 보이던 것이 안 보이게 되는 관계를 나타낸다.

Stars are **out**. **a.** 별들이 나왔다. (밤)
b. 별들이 나갔다. (새벽)

위 문장의 번역문 (20a)는 안 보이던 별들이 보이게 되고, 번역문 (20b)는 보이던 별들이 안 보이게 되는 관계를 나타낸다. 이것을 도식화하면 다음과 같다.

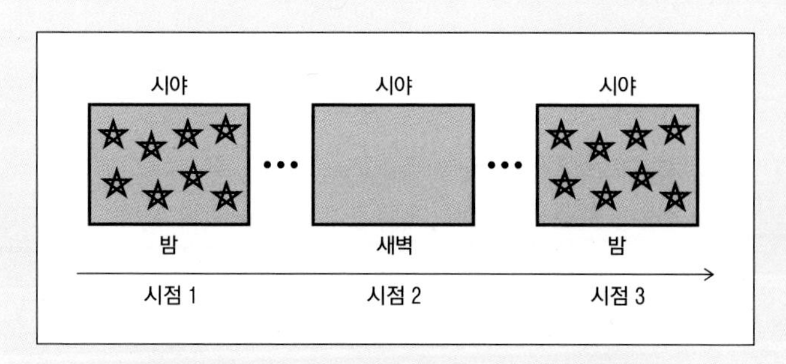

도식 6 out의 두 가지 뜻 : 별이 보이다 안 보이게 됨

위 도식에서 시점 1이 밤이라면 안 보이던 별이 보이게 되고, 시간이 지나 시점 2에 이르면 새벽이 되어 별이 보이지 않게 되다가 시점 3이 되면 다시 밤이 되어 별이 보이게 된다. 여기서 out은 보이던 것이 안 보이게 되는 것과, 안 보이던 것이 보이게 되는 것을 동시에 묘사할 수 있다. 이와 같이, 위에서 살펴본 out은 중의적이다. 그러나 이 중의성은 시간을 고려하면 아무런 문제없이 이해된다.

2.3.8 있던 것이 없어짐

보이던 것이 안 보이게 되는 관계는 있던 것이 아예 없어지는 관계에도 적용된다.

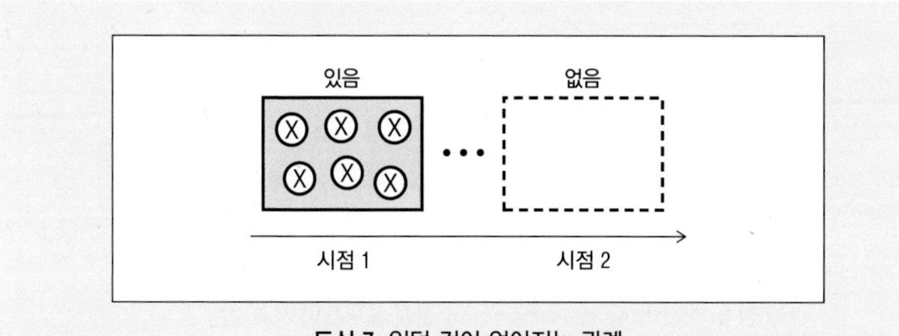

도식 7 있던 것이 없어지는 관계

a. The scene faded **out**.
그 장면이 점차 사라졌다.

b. She ironed **out** the wrinkles.
그녀는 다림질을 해서 그 주름들을 없어지게 했다.

c. He straightened **out** the difficulties.
그는 일을 바로 잡아 그 어려움이 없어지게 했다.

d. The area was bombed **out**.
그 지역은 폭탄이 터져 없어졌다.

e. The flood wiped **out** the village.
그 홍수가 그 마을을 휩쓸어 없어지게 했다.

f. He rubbed **out** his phone number.
그는 그의 전화번호를 문질러서 없앴다.

2.3.9 다 없어짐

out은 그릇에 있던 것이 다 빠져나가는 관계를 나타내기도 한다. 다음 도식의 시점 1에서는 잔에 물이 차 있으나 시간이 지나면서 물이 점점 줄어들어 없어진다. 이 관계를 자동사와 타동사로 나누어 살펴보자.

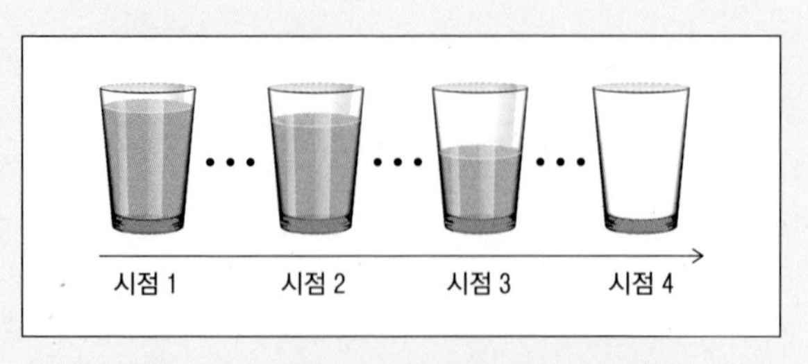

도식 8 시간이 지나면서 잔의 물이 점점 줄어들어 사라지는 관계

자동사

a. We ran **out** of sugar.
우리는 설탕이 다 떨어졌다.

b. Battery ran **out** of power.
배터리의 전지가 다 나갔다.

c. The cheese sold **out**.
그 치즈가 다 팔려나갔다.

d. He bled **out**.
그의 피가 다 빠져나갔다.

e. His voice gave **out**.
그의 목소리가 힘이 빠져서 나오지 않았다.

타동사

a. He is stressed **out**.
그는 긴장해서 기운이 다 빠졌다.

b. He was tired **out**.
그는 피곤해서 기운이 다 빠졌다.

c. The marathon played him **out**.
그 마라톤 경기가 그의 기운을 다 빠지게 했다.

d. He was worn **out**.
그는 피곤해서 기운이 다 빠졌다.

e. Don't work too hard, or you'll burn yourself **out**.
너무 열심히 일하지 마라, 그렇지 않으면 기운이 다 소진될 것이다.

2.3.10 의식 잃기

다음에서 out은 사람이 의식이 나가서 무의식 상태가 되는 변화를 그린다. (도식 9)를 살펴보면 어느 사람이 시점 1에서는 의식이 있으나 시점 2에서는 의식이 없다. 이 관계를 자동사와 타동사로 나누어 살펴보자.

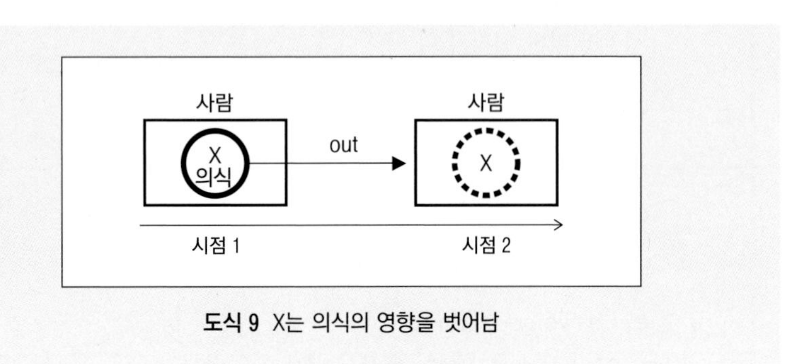

도식 9 X는 의식의 영향을 벗어남

■ 자동사

다음 문장에서는 주어가 의식을 잃는다.

24

a. Last night he drank too much and he passed **out**.
어제 그는 술을 너무 많이 마셔서 의식을 잃었다.

b. The bus driver blacked **out** at the wheel.
그 버스 운전기사는 운전 중에 잠시 의식을 잃었다.

c. The drunken man is nodding **out**.
술 취한 사람이 꾸벅꾸벅 졸고 있다.

d. During the lecture, I spaced **out**.
강의를 듣는 동안 나는 멍해 있었다.

e. When the lecture dragged on, I zoned **out**.
그 강의가 질질 길어지면서 나는 정신이 멍해졌다.

■ 타동사

다음 문장에서는 목적어가 의식을 잃는다.

a. He knocked his opponent **out**.
그는 상대를 쳐서 의식을 잃게 했다.

b. He practically laid the man **out** with his umbrella.
그는 우산을 가지고 (쳐서) 그 남자의 의식을 거의 잃게 했다.

c. The doctor put her **out** before the operation.
그 의사는 그 수술 전에 그녀를 마취시켜 의식을 잃게 했다.

d. He punched **out** the thief.
그는 그 도둑을 주먹으로 쳐서 의식을 잃게 했다.

2.3.11 없던 것이 생겨남

안 보이던 것이 보이게 되는 관계는 없던 것이 생겨나는 관계에 적용된다.

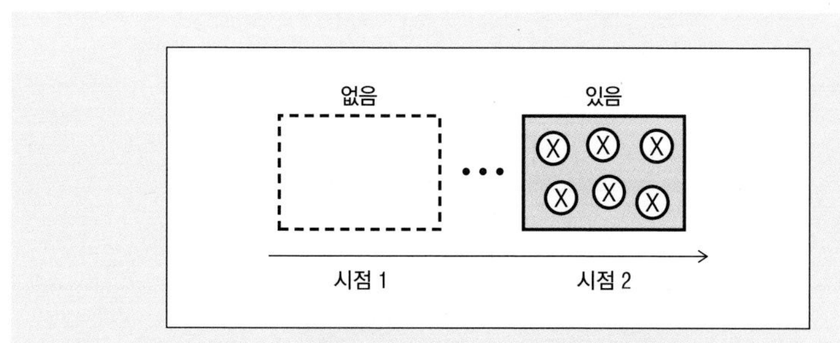

도식 10 안 보이던 것이 보이게 되거나, 없던 것이 생겨나는 관계

다음 예문을 살펴보자. (26a) 문장에서는 인형이 조각되어 생겨난다.

a. He carved **out** a doll.
그는 조각을 해서 인형을 만들어 냈다.

b. He typed **out** a poem.
그는 타이프를 쳐서 시 한 편을 만들어 냈다.

c. He drew **out** a plan for the future.
그는 미래에 대한 계획을 만들어 냈다.

d. The writer churned **out** short stories.
그 작가는 단편 소설을 잇달아 써냈다.

e. The machine rolls **out** smart chopsticks.
그 기계는 똑똑한 젓가락을 만들어 낸다.

f. The mint house stamps **out** coins.
그 조폐공사는 동전을 찍어 낸다.

2.3.12 공간 다 채우기

다음에서 out은 공간이나 시간을 다 채우는 관계를 나타낸다.

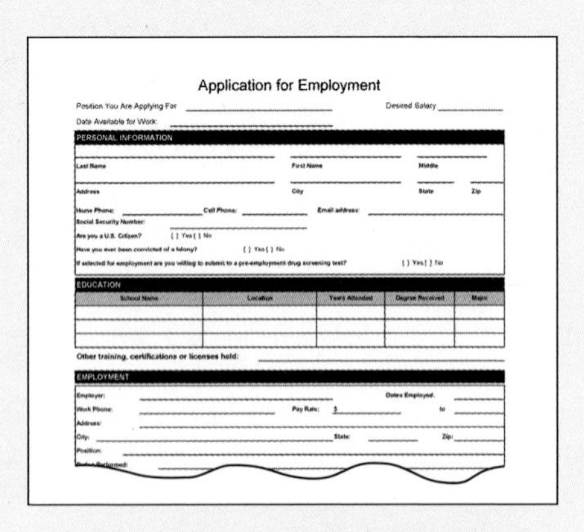

Application for Employment

Position You Are Applying For ______ Desired Salary ______
Date Available for Work: ______

PERSONAL INFORMATION

Last Name ______ First Name ______ Middle ______
Address ______ City ______ State ______ Zip ______
Home Phone: ______ Cell Phone: ______ Email address: ______
Social Security Number: ______
Are you a U.S. Citizen? [ ] Yes [ ] No
Have you ever been convicted of a felony? [ ] Yes [ ] No
If selected for employment are you willing to submit to a pre-employment drug screening test? [ ] Yes [ ] No

EDUCATION

School Name	Location	Years Attended	Degree Received	Major

Other training, certifications or licenses held: ______

EMPLOYMENT

Employer: ______ Dates Employed: ______
Work Phone: ______ Pay Rate: $ ______ to ______
Address: ______
City: ______ State: ______ Zip: ______
Position: ______

도식 11 X가 시간이 지나면서 채워지는 관계

위 도식에서 out은 여러 개의 빈칸을 모두 채우는 관계이다. 다음 예문을 살펴보자.

a. She filled **out** the application form.
그녀는 그 지원서의 모든 빈칸을 다 채웠다.

b. He filled **out** the blanks.
그는 그 빈칸들을 다 채웠다.

c. The ice cream rounded **out** our dinner.
그 아이스크림이 우리의 정찬을 완전하게 만들었다.

d. He maxed **out** his credit card.
그는 신용카드를 최대한 다 썼다.

e. He padded **out** his essay with trifle information.
그는 자기 논문을 쓸데없는 정보로 부풀렸다.

f. I tried to bulk **out** my essay with a few more paragraphs.
나는 몇 개의 단락을 더 써서 논문의 부피를 더 크게 하려고 노력했다.

2.3.13 펼치기

다음에서 out은 뭉쳐 있던 것들이 펼쳐지는 관계를 나타낸다. (도식 13)은 시점 1에서는 쌓여 있던 물건들이 시점 2에서는 이들이 펼쳐지는 관계를 out이 나타낸다.

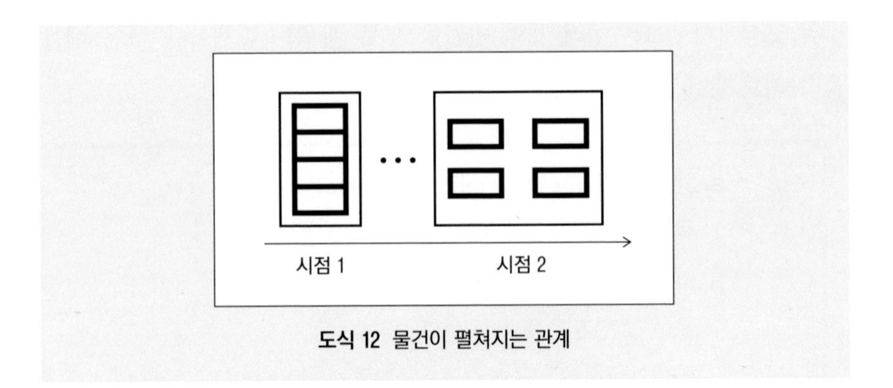

도식 12 물건이 펼쳐지는 관계

다음 (28a) 문장에서는 도구가 탁자에 펼쳐진다.

a. He laid **out** his tools on the table.
그는 그 연장들을 그 탁자 위에 펼쳐 놓았다.

b. The merchants set **out** the merchandise.
그 상인들이 그 상품들을 펼쳐 놓았다.

다음 도식은 물결 등이 넓게 펼쳐지는 관계를 나타낸다. 다음 (29a) 문장에서 out은 물결이 점점 크게 퍼져 나가는 관계를 그린다.

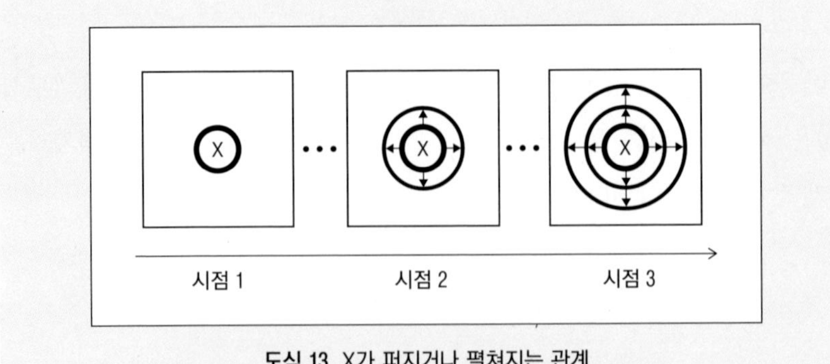

도식 13 X가 퍼지거나 펼쳐지는 관계

a. He threw a stone in the pond, and waves spread **out**.
그가 돌 하나를 그 연못에 던졌더니 물결이 번져 나왔다.

b. The ripples moved **out**.
파문이 퍼져 나갔다.

c. Soldiers fanned **out** and searched for the dog.
군인들이 사방으로 부채 같이 펼쳐져서 그 개를 수색했다.

d. The rumor spread **out** quickly.
그 소문은 재빨리 사방으로 퍼져 나갔다.

e. He rolled **out** the dough.
그는 반죽을 밀어서 퍼지게 했다.

f. He pressed the dough **out**.
그는 그 반죽을 눌러서 펴냈다.

2.3.14 상세하게 만들기

여러 개의 물건을 펼쳐 놓는 관계는 무엇을 상술하는 관계를 나타낸다(도식 12 참조). 이것은 쌓여 있던 물건을 펼쳐 놓은 것과 같은 관계이다.

a. He spelled **out** his plan.
그는 자신의 계획을 상세하게 제시했다.

b. He mapped **out** his trip to Busan.
그는 부산까지 가는 자신의 여행 계획을 상세하게 묘사했다.

c. He planned **out** his wedding.
그는 그의 결혼을 세심히 계획했다.

(계속)

d. He plotted **out** the attack.
그는 그 공격을 상세하게 설계했다.

e. It's important to write this strategy **out**.
이 전략을 상세하게 쓰는 것이 중요하다.

f. He laid **out** his schedule for the vacation.
그가 휴가 계획을 상세히 제시했다.

2.3.15 소리, 빛, 주의 등의 퍼짐

out은 소리, 빛, 주의 등이 사방으로 퍼지는 관계를 나타낸다.

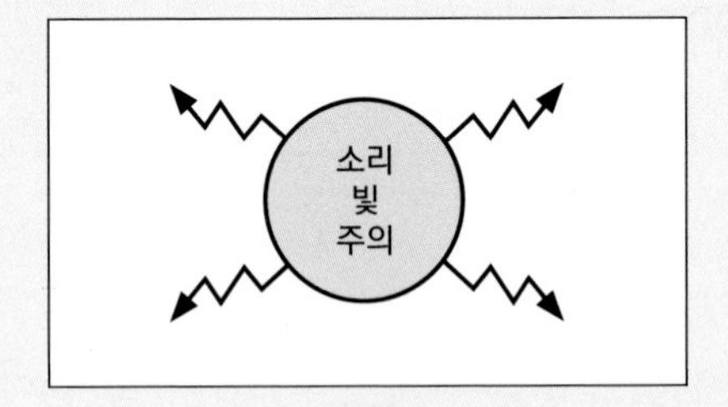

도식 14 소리, 빛, 주의 등이 퍼지는 관계

다음 문장에서 out은 소리가 사방으로 퍼지는 관계를 나타낸다. 그래서 이 out은 loud와 같이 쓰일 수 있다.

31 **a.** He cried **out** in pain.
그는 고통 속에 소리를 크게 질렀다.

b. He let **out** a cry.
그는 소리를 내질렀다.

(계속)

c. He shouted **out** loud.
그는 크게 사방으로 외쳤다.

d. He spoke **out** about his stance.
그는 자신의 입장에 대해 공개적으로 과감하게 말했다.

e. He yelled **out** loud.
그는 고함을 크게 질렀다.

f. He read **out** the poem.
그는 그 시를 소리 내어 읽었다.

다음 예문에서 out은 시선이나 주의를 사방으로 내보내는 관계를 나타낸다(도식 14 참조). (32a) 문장은 응시가 사방으로 퍼짐을 나타낸다.

a. He gazed **out.**
그는 사방으로 응시했다.

b. He watched **out.**
그는 사방을 주시했다.

c. He listened **out** for the footsteps.
그는 발자국 소리를 귀담아 들었다.

d. We are looking **out** for the missing boy.
우리는 그 실종 소년을 사방으로 찾고 있는 중이다.

2.3.16 시간의 연장

밀가루 반죽이 넓게 펼쳐질 수 있듯이 out은 시간이나 공간의 확장을 나타낸다. (도식 15)에서 실선은 원래의 길이이고 점선은 확장된 길이이다.

다음 (33a) 문장에서 out은 주말이 연장되는 관계를 나타낸다.

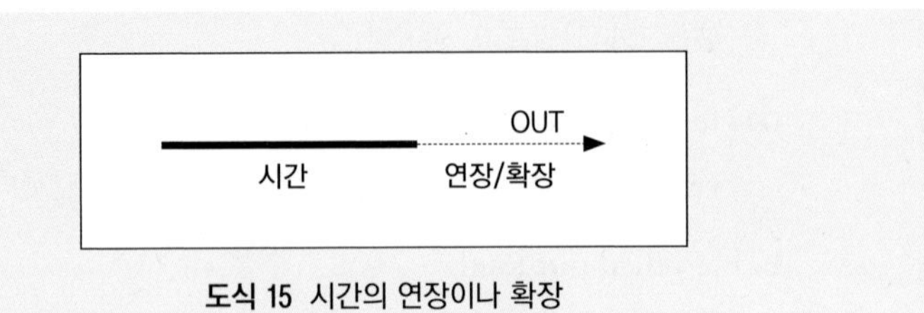

도식 15 시간의 연장이나 확장

a. He drew **out** the weekend by taking the Monday off.
그는 월요일을 쉬어서 주말을 연장했다.

b. He lengthened **out** his stride.
그는 자신의 보폭을 더 벌렸다.

c. He stretched **out** the rope.
그는 그 로프를 당겨서 더 늘렸다.

d. He strung **out** the story.
그는 그 이야기를 늘렸다.

e. Please space **out** the word.
그 낱말의 글자 사이를 넓히세요.

f. He spread **out** his legs.
그는 두 발의 간격을 넓혔다.

2.3.17 나누어 주기

out은 물건이 여러 사람들에게 주어지는 관계를 나타내기도 한다. (34a) 문장에서 out은 돈이 여러 사람에게 주어지는 관계를 나타낸다.

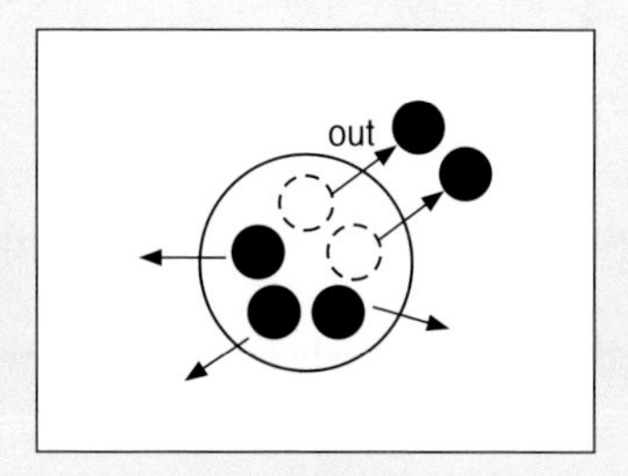

도식 16 물건을 여러 사람에게 나누어 주는 관계

a. He gave **out** his money to the poor.
그는 그의 돈을 가난한 이들에게 나누어 주었다.

b. He handed **out** the booklets.
그는 그 소책자들을 (여러 사람들에게) 주었다.

c. He served **out** dinner to the homeless.
그는 노숙자들에게 저녁을 나누어 주었다.

d. He sent **out** the invitation cards.
그는 초대장을 여러 사람들에게 보냈다.

e. He shared **out** his cookies among the children.
그는 그의 과자를 그 아이들 사이에 나누어 주었다.

2.3.18 여행이나 삶의 시작

out은 다음 예문처럼 여행 등을 나서서 시작하는 관계를 나타낸다.

a. They started **out** on a journey last week.
그들은 지난주에 여행을 떠났다.

b. They set **out** on the last leg of their journey.
그들은 여행의 마지막 구간을 시작했다.

또한 out은 삶이나 경력을 처음 시작하는 첫 단계를 나타낸다.

a. He started **out** as a page boy and ended up being a CEO.
그는 사환으로 시작해서 마침내 최고경영자가 되었다.

b. It started **out** as a drizzle but turned into a shower.
그 비는 보슬비로 시작해서 소나기가 되었다.

c. It started out at 16℃.
오늘 날씨는 16℃로 시작했다.

2.3.19 들어오는 힘에 맞서기

out은 안으로 들어오려는 힘에 맞서 들어오지 못하게 하는 관계를 나타낸다. (도식 18)에서 out은 방충망이 유해한 것이 들어오는 것을 막는 관계이다.

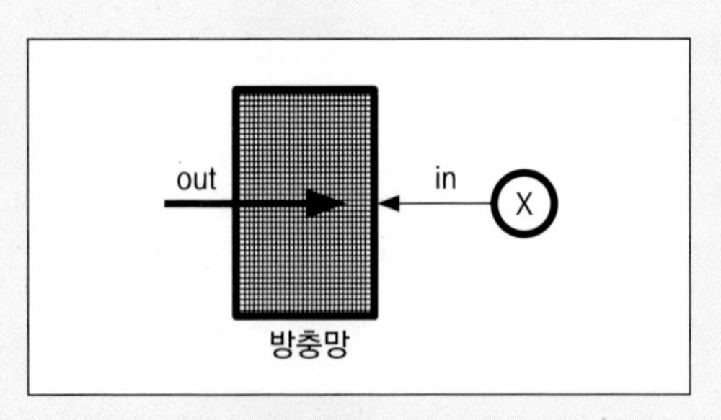

도식 17 밖에서 들어오려는 힘을 안에서 막는 관계

a. The screen keeps mosquitoes **out**.
그 방충망은 모기들이 들어오는 것을 막는다.

b. The lense blocks the harmful rays **out**.
그 렌즈는 그 유해한 광선이 들어오지 못하게 막는다.

(계속)

c. The cat is trying to come in but I pushed him **out**.
그 고양이가 들어오려고 했으나 나는 들어오지 못하게 밀었다.

d. He tried to shut **out** fears.
그는 공포가 들어오는 것을 막으려 애썼다.

e. We fenced **out** the wild animals.
우리는 울타리를 쳐서 야생 동물이 들어오지 못하게 했다.

2.3.20 알아내기

out은 모르는 상태에서 아는 상태로의 변화를 나타낸다. (도식 18)의 시점 1에서는 모르는 상태에 있으나 어떤 과정을 거쳐서 아는 상태가 된다. 다음 (38a) 문장에서는 진실이 알려지지 않은 상태에서 찾는 과정을 거쳐 진실이 알려지는 관계를 나타낸다.

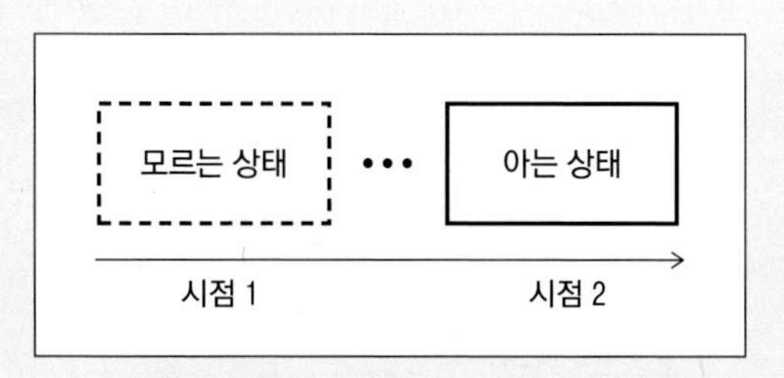

도식 18 모르는 상태에서 아는 상태로의 변화

a. He found **out** the truth.
그는 그 진실을 찾아내었다.

b. He checked **out** the car.
그는 그 자동차를 조사해서 성능 상태 등을 알아내었다.

(계속)

c. He figured **out** the cause of the accident.
그는 그 사고의 원인을 알아내었다.

d. He made **out** a figure in the fog.
그는 안개 속에서 어떤 형체를 알아냈다.

e. I worked **out** how the tool works.
나는 그 연장이 어떻게 작동하는지 알아냈다.

f. I thought **out** the solution.
나는 그 해결책을 생각해 내었다.

2.3.21 꿈, 이상 등 실현하기

out은 꿈, 이상 등이 실현됨을 나타낸다. (도식 19)를 살펴보면 시점 1에서는 어느 사람의 머리에 꿈, 이상 등이 있는데 어떤 과정을 통해서 이들이 시점 2에서 표현되거나 실현된다. 다음 (39a) 문장에서는 꿈이 연극 등으로 실현되는 관계를 나타낸다.

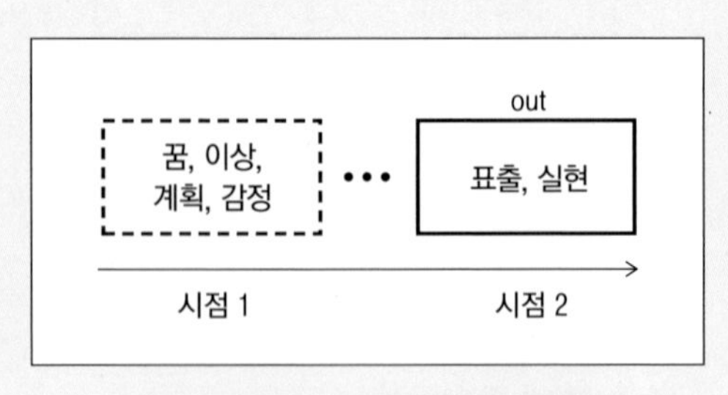

도식 19 꿈, 이상 등을 실현하는 관계

a. He acted **out** his dream.
그는 그의 꿈을 행동으로 또는 연극으로 나타내었다.

b. He played **out** his fantasy.
그는 그의 환상을 연극으로 표현했다.

c. He printed **out** the file.
그는 그 파일을 출력했다.

d. He is beating **out** a rhythm on the drum.
그는 북을 쳐서 장단을 표현하고 있다.

e. He set **out** to change the world.
그는 세상을 바꾸려는 생각을 실천했다.

2.3.22 일정한 상태 지속

다음에서 out은 어떤 변화를 겪은 다음 일정한 상태가 지속되거나 어떤 과정이 전개됨을 나타낸다. (도식 20a)는 주가 등이 하락하다가 일정한 상태를 유지하는 관계를, (도식 20b)는 주가 등이 상승하다가 일정한 관계를 유지하는 상태를 나타낸다.

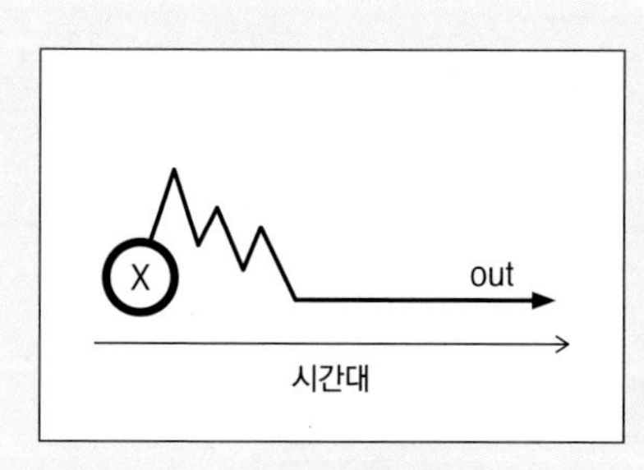

a 하락 후 지속

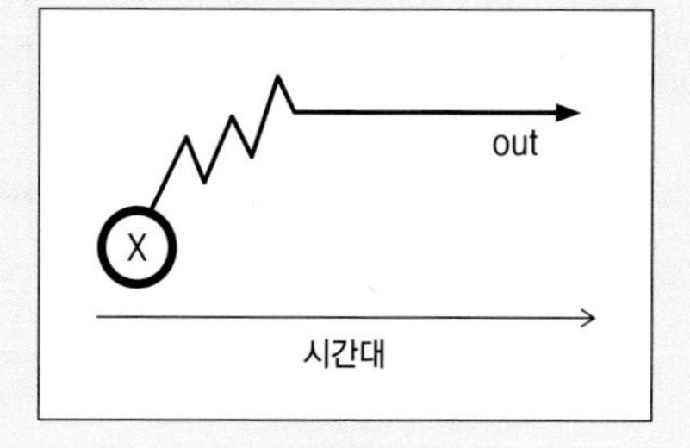

b 상승 후 지속

도식 20 out : 일정한 상태의 지속

a. After a three month's sharp fall, the stock prices bottomed **out**.
3개월의 급격한 하락 후에 주가가 최하 수준을 유지했다.

b. Car sales leveled **out** after sharp growth.
자동차 판매가 급상승한 후 일정 수준을 유지했다.

c. I hope our supplies will hold **out** until next month.
나는 우리의 보급품이 다음 달까지 버티어줄 것이라 희망한다.

d. The negotiations didn't pan **out** well.
그 협상들이 잘 진행되지 않았다.

e. I am anxious how the election will play **out**.
나는 그 선거가 어떻게 펼쳐질지 염려된다.

2.3.23 상태가 극도에 이르기

out은 감정동사와 쓰여서 감정이 극도에 이름을 나타낸다. 이를 자동사와 타동사로 나누어 살펴보자.

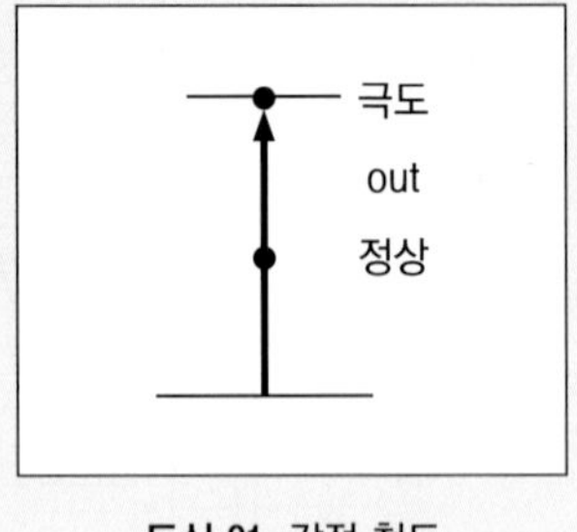

도식 21 감정 척도

■ 자동사

a. My parents freaked **out** when they saw my report card.
내 부모님은 내 성적표를 보고 몹시 놀랐다.

b. He blissed **out**.
그는 몹시 행복했다.

c. He bugged **out**.
그는 몹시 놀랐다.

d. I just bummed **out**. I'll never try the drug again.
나는 몹시 불쾌한 환각을 체험했다. 나는 다시는 그 마약을 하지 않을 것이다.

■ 타동사

a. The movie knocked me **out**.
그 영화는 나를 몹시 놀라게 했다.

b. They weirded me **out** and made me dance.
그들은 나에게 마약을 먹여 취하게 하고 춤을 추게 했다.

c. Vomits on the street gross me **out**.
길에 있는 토사물들은 나를 몹시 역겹게 했다.

2.3.24 소유 이동

out은 물건이 어떤 사람의 소유영역에서 벗어나는 관계도 나타낸다. 다음 (43a) 문장에서 out은 어느 건물이 임차되어 사용권이 빌린 사람에게 가는 관계를 나타낸다.

a. The building is leased **out** to several tenants.
그 건물은 몇몇 세입자들에게 임대되었다.

b. He rented **out** his house and went on a trip.
그는 집을 세놓고 여행을 갔다.

c. The apartment is rented **out** to students.
그 아파트는 학생들에게 임대된다.

d. The agency hires **out** care-givers to patients.
그 대행사는 요양사들을 환자들에게 돈을 받고 보낸다.

e. How much is it to hire **out** a jeep?
지프를 빌려 쓰는 데 얼마입니까?

2.3.25 돈 등을 많이 쓰기

out은 돈 등을 많이 쓰는 관계를 나타낸다.

a. He laid **out** $600 for the course fee.
그는 그 강의료로 600달러의 큰돈을 썼다.

b. I'd like to spend **out** a bit. Let's go to the hotel restaurant.
나는 돈을 좀 많이 쓰고 싶어요. 그러니 호텔 식당으로 갑시다.

c. I splurged **out** by eating out at an expensive restaurant.
나는 비싼 식당에서 식사를 해서 돈을 물 쓰듯 썼다.

d. I shelled **out** a huge amount of money on the new smart-phone.
나는 엄청난 돈을 새 스마트폰을 사는 데 썼다.

2.3.26 여유 있게 지내기

다음에서 out은 걱정 등에서 벗어나 느긋하게 지내는 관계를 나타낸다.

a. He hangs **out** with his friends in the bar.
그는 자기 친구들과 바에서 어울려 논다.

b. The band chilled **out** in the lobby after the concert.
그 밴드는 콘서트를 마치고 로비에서 편하게 쉬었다.

c. After he came home, he mellowed **out** in front of the TV.
그는 집에 돌아온 후 TV 앞에서 느긋하게 쉬었다.

d. On Sundays, he vegs **out** in front of the TV.
일요일에 그는 TV 앞에서 편하게 지낸다.

e. During the summer vacation, he lazed **out** on the beach.
그 여름방학 동안, 그는 해변에서 한가하게 보냈다.

2.3.27 밖에 나가 있기

부사 out은 이동체가 어떤 영역을 벗어나는 과정을 그린다. 그러나 다음에서와 같이 out은 이동체가 어떤 영역을 벗어나 있는 관계도 그린다. (도식 22a)는 이동체가 영역을 벗어나는 과정이고, (도식 22b)는 이동체가 영역을 벗어나 있는 관계이다.

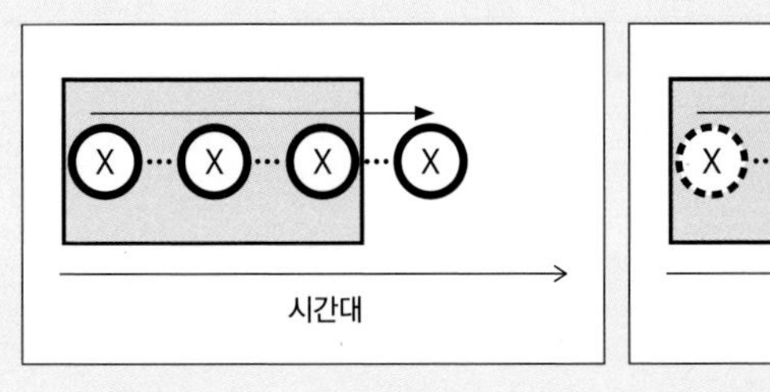

도식 22a 이동체가 밖으로 나가는 과정

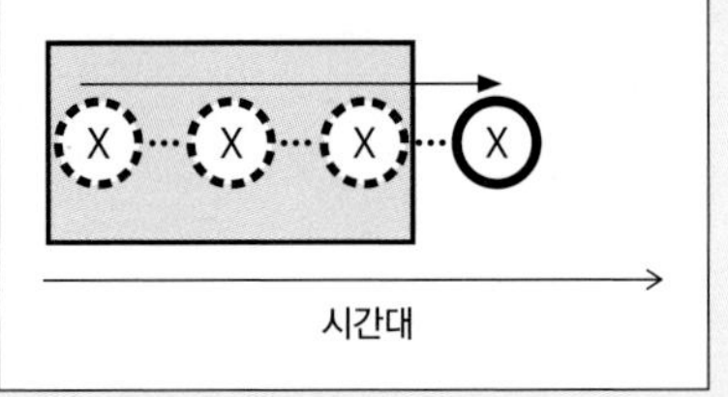

도식 22b 이동체가 밖에 나가 있는 결과

a. Last week the boy scouts camped **out**.
지난주 보이스카우트들이 밖에 나가 야영을 했다.

b. The family eat **out** every Sunday.
그 가족은 매주 일요일 외식을 한다.

c. We dine **out** twice a month.
우리는 한 달에 두 번씩 외식을 한다.

d. The student lives **out**.
그 학생은 (기숙사) 밖에서 산다.

e. He stayed **out** late last night.
그는 어제 밤늦게 밖에 나가 있었다.

f. In summer, they sleep **out** in the yard.
여름에 그들은 바깥 뜰에 나가서 잔다.

다음 문장에서 주어는 on의 목적어와 관련하여 혜택을 받지 못하는 관계이다.

a. The single people lost **out** on the welfare benefit.
독신자들은 그 복지 혜택의 범위 밖에 있다.
(즉, 혜택을 받지 못한다.)

b. He went abroad and missed **out** on Christmas fun.
그는 해외에 나가서 크리스마스 때의 즐거움을 전부 놓쳤다.

2.3.28 과정 등이 끝나기

다음에서 out은 과정이 지나가는 관계를 그린다.

a. He saw the movie **out**.
그는 그 영화를 끝까지 보았다.

b. I heard her **out**.
나는 그녀의 말을 끝까지 들었다.

c. I waited the rain **out**.
나는 그 비가 그칠 때까지 기다렸다.

d. He served **out** his sentence.
그는 감옥생활을 다 끝냈다.

e. The animal sleeps **out** the winter.
그 동물은 잠을 자면서 겨울을 보낸다.

f. He weathered **out** the storm.
그는 그 폭풍이 지날 때까지 잘 견디어 내었다.

다음 예문에서 out은 싸움, 논쟁 등이 끝까지 가는 관계를 나타낸다.

a. We fought it **out**.
우리는 끝까지 싸워냈다.

b. We battled **out**.
우리는 끝까지 전투를 했다.

c. We duked it **out**.
우리는 그것이 해결될 때까지 싸웠다.

(계속)

d. We stuck it **out**.
우리는 끝까지 참아냈다.

e. We faced it **out**.
우리는 끝까지 물러서지 않고 대면했다.

2.3.29 과정의 결과

out은 과정이 끝난 다음 생기는 결과를 나타낸다.

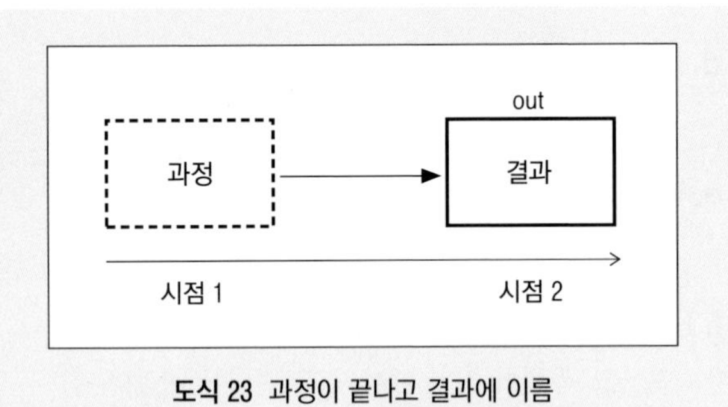

도식 23 과정이 끝나고 결과에 이름

다음 (50a) 문장에서 주어는 경기 등을 거쳐서 승자가 된다.

a. He came **out** as a winner/on top/strong.
그는 승자가/1등이/강자가 되었다.

b. How did you make **out** in the last game?
당신은 그 게임에서 어떻게 되었습니까?

c. The project did not work **out** as well as expected.
그 기획사업은 기대한 것만큼 잘 되지 않았다.

d. It turned **out** that he was lying to me.
그가 내게 거짓말을 하고 있음이 드러났다.

다음 문장에 쓰인 동사는 명사나 형용사에서 온 동사이고, out은 명사나 형용사가 가리키는 상태가 됨을 나타낸다.

a. The cost will average **out** as $10 per person.
그 비용은 평균 한 사람마다 10달러씩 부담하게 될 것이다.

b. She felt weak in her knees, but balanced **out**.
그녀는 무릎에 힘이 없어 휘청했지만 균형을 잡았다.

c. After the long hill, the road levels **out**.
그 긴 언덕을 지나자, 그 길이 평평해졌다.

d. Zero **out** your account before switching banks.
은행을 바꾸기 전에 당신의 계좌를 0으로 만드세요.

e. House prices kept rising and falling, but in the end they evened **out**.
집값이 등락을 계속하다가 마침내 안정되었다.

3 부사 out과 다른 불변사

부사 out은 안에서 밖으로 나오는 이동을 나타내므로 출발지와 도착지가 표현될 수 있다.

3.1 출발지

out의 출발지는 from으로 표현된다.

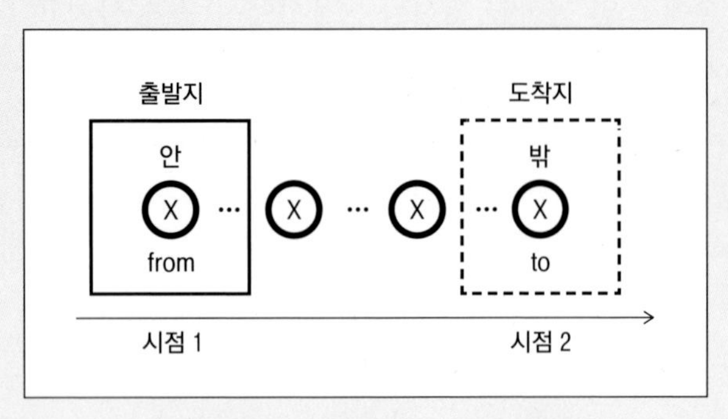

도식 24

3.1.1 out from

a. The oil oozed **out from** the barrel.
그 기름이 그 통에서 새어나갔다.

b. Grey hair is poking **out from** under her scarf.
흰머리가 스카프 아래로부터 삐져나오고 있다.

c. He tried to step **out from** his middle age shell.
그는 중년기의 껍질로부터 벗어나려고 했다.

d. A notice went **out from** the headquarters.
한 공고가 본부로부터 나갔다.

e. His shirt is peeking **out from** his coat.
그의 셔츠가 그의 겉옷으로부터 빼꼼하게 삐져나오고 있다.

3.1.2 out of

다음에서 out의 출발지는 전치사 of로 표현되어 있다.

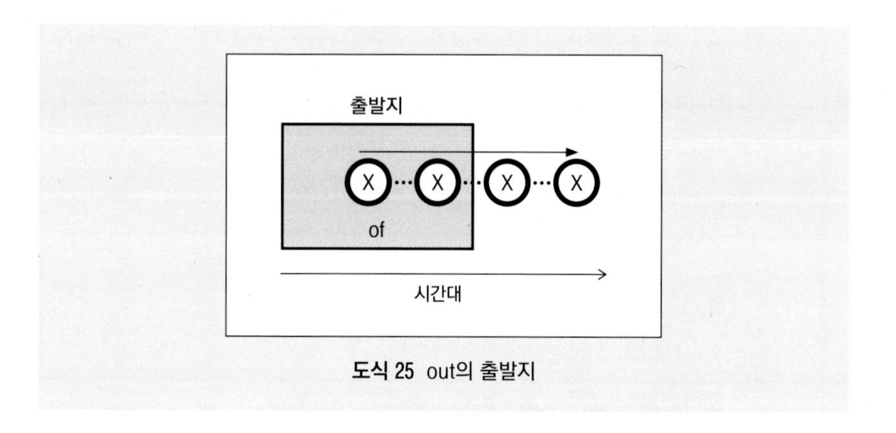

도식 25 out의 출발지

다음에서 out of의 목적어를 몇 가지로 나누어 살펴보자.

 입체적인 장소나 개체인 경우

다음에서 out of의 목적어는 입체적이다.

타동사

53

a. He squeezed some paste **out of** the tube.
그는 약간의 치약을 튜브에서 짜내었다.

b. He got the cake **out of** the box.
그는 그 케이크를 상자에서 꺼내었다.

c. He grabbed a fish **out of** the lake.
그는 물고기 한 마리를 그 호수에서 잡아내었다.

d. He stuck his head **out of** the water.
그는 머리를 물 밖으로 내밀었다.

e. Let the cat **out of** the bag.
그 고양이를 그 자루에서 나가게 하여라.

자동사

a. He rolled **out of** the cockpit.
그는 조종실에서 굴러 나갔다.

b. He managed to get **out of** the water.
그는 간신히 그 물속에서 빠져나왔다.

c. The chick broke **out of** the shell.
그 병아리가 껍질을 깨고 나왔다.

d. They ran **out of** the classroom.
그들은 그 교실에서 뛰어나갔다.

e. They moved **out of** the village.
그들은 그 마을에서 이사를 나갔다.

▬ 상태인 경우

다음에서 out of의 목적어는 상태이다.

a. He came **out of** coma.
그는 혼수상태에서 벗어났다.

b. He backed **out of** the commitment.
그는 약속에서 발뺌을 했다.

c. He broke **out of** poverty.
그는 가난을 깨고 벗어났다.

d. Finally, we got **out of** danger.
마침내 우리는 위험에서 벗어났다.

e. We have to do it **out of** necessity.
우리는 그것을 필요에 의해서 했다.

■ 과정인 경우

과정은 시작과 끝이 있다. 그러므로 과정은 그릇(container)으로 개념화된다.

a. He coaxed me **out of** helping them.
그는 나를 구슬려서 그들을 돕지 못하게 했다.

b. He persuaded me **out of** buying the secondhand computer.
그는 나를 설득해서 그 중고 컴퓨터를 못 사게 했다.

c. He forced me **out of** joining the army.
그는 강압적으로 내가 군 입대를 하지 못하게 했다.

3.2 도착지

부사 out의 도착지는 into나 to로 표현된다.

3.2.1 out into

a. He headed **out into** the forest.
그는 (어디를) 나가서 그 숲속으로 들어갔다.

b. We looked **out** far **into** space.
우리는 우주 속 멀리 내다보았다.

c. We sent him **out into** the world.
우리는 그를 세상 속으로 내보내었다.

d. The water streams **out into** the sea.
그 물은 바닷속으로 흘러나간다.

e. North Korea tried to tunnel **out into** South Korea.
북한은 굴을 남한 쪽으로 뚫어 내려고 했다.

3.2.2 out to

a. He came **out to** Korea.
그는 한국에 나왔다.

b. He put **out to** sea.
그는 출항했다.

c. They went/took/turned **out to** streets.
그들은 길로 나갔다.

d. Let's look **out to** the future.
미래를 내다보자.

e. They reached **out to** us.
그들은 우리에게 손을 내밀었다.

OUT OF

out of는 전치사로만 쓰인다. 전치사구는 X out of Y에서 X가 Y의 안이나 속에서 나오는 관계를 그린다. 이때 Y의 정체를 화맥, 문맥, 세상 지식 등으로부터 파악할 수 있는 경우에는 out만 쓰인다. 이것을 도식화하면 (도식 1a)와 같다.

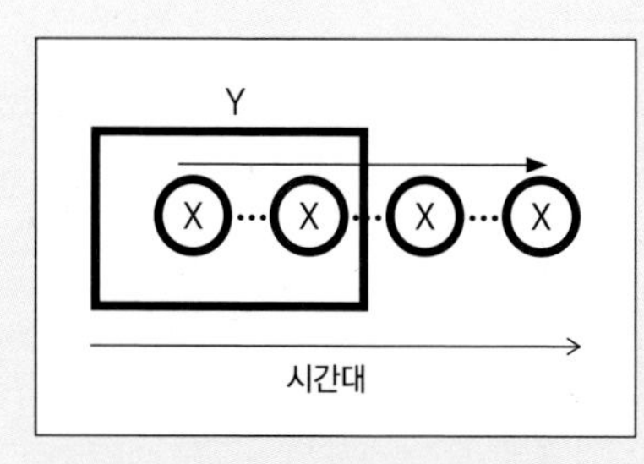

도식 1a 전치사 out of : 출발지 명시

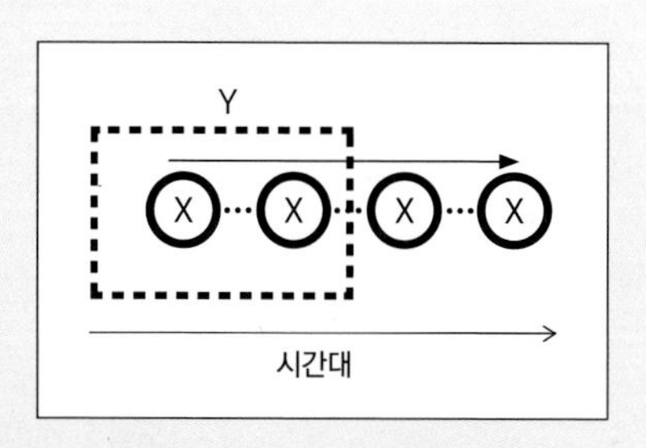

도식 1b 부사 out : 출발지 암시

(도식 1b)는 out의 도식이다. 출발지를 점선으로 표시한 것은 이것이 암시되어 있음을 의미한다. 다음에서 out이 쓰인 것은 이의 출발지를 화맥이나 문맥에서 알 수 있기 때문이다.

He went **out.**
그는 나갔다.

위 문장에서 주어는 '어디에서' 나갔는데, 구체적으로 어디에서 나갔는지를 말하지 않아도 화자와 청자가 알 수 있는 경우이다. 그렇지 않으면 out of가 쓰인다.

out of는 부사 out과 전치사 of로 이루어진다. 부사 out은 이동체가 어떤 영역을 벗어나는 관계를, 그리고 전치사 of는 X of Y에서 X가 Y와 내재적인 관계에 있음을 나타낸다.

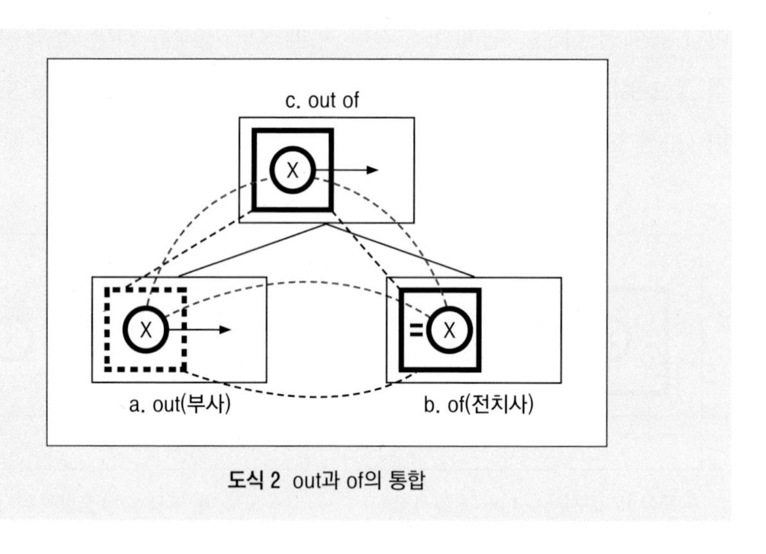

도식 2 out과 of의 통합

부사 out과 of는 다음과 같이 통합된다. 다음 (도식 2a)는 부사 out의 도식이다. 이동체 X가 어떤 영역을 벗어난다. 그러나 이 영역은 암시만 되어 있다(점선으로 표시됨). 다음 (도식 2b)는 of의 도식으로, X와 Y가 내재적 관계에 있다. X는 Y 없이는 존재할 수 없다.

이 두 요소가 통합되기 위해서는 대응점이 있어야 한다. out의 이동체 X와 of의 X가 대응된다. 이 대응관계는 점선으로 표시되어 있다. 다음으로 out의 점선 네모와 of의 실선 네모가 대응된다. 이 대응점을 따라 (도식 2b)를 (도식 2a)에 포개면 (도식 2c)가 나온다.

1 전치사 용법

1.1 장소

다음에서 X는 Y의 안이나 속에서 나온다. 이것을 자동사와 타동사로 구별해서 살펴보겠다.

1.1.1 자동사

a. A bear came **out of** a den.
곰 한 마리가 굴에서 나왔다.

b. He went **out of** the building.
그는 그 건물 안에서 밖으로 나갔다.

c. He broke **out of** the prison.
그는 그 감옥에서 탈출했다.

d. The baby bird fell **out of** the nest.
그 새끼 새가 그 둥지에서 떨어졌다.

e. The bird flew **out of** the cage.
그 새가 그 새장 안에서 밖으로 날아갔다.

f. He rushed **out of** the hall.
그는 그 강당 안에서 밖으로 뛰어나갔다.

1.1.2 타동사

다음에서 타동사의 목적어는 어디서 나오는 관계이다.

a. He wrung water **out of** the cloth.
그는 물을 그 천에서 짜내었다.

b. He pressed juice **out of** the oranges.
그는 주스를 그 오렌지에서 짜내었다.

c. He ordered me **out of** the room.
그는 나를 방에서 나오게 명령했다.

1.2 출처

X out of Y에서 Y는 X의 출처이다.

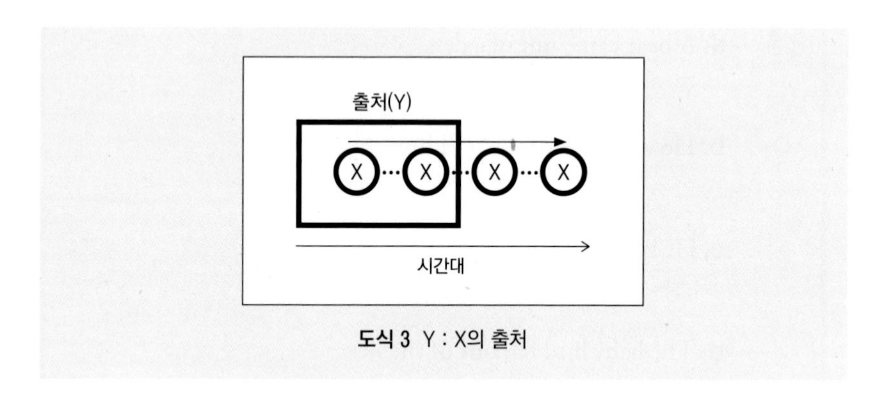

도식 3 Y : X의 출처

문장 (4a)에서 우유는 컵에서 나온다.

4

a. He drinks some milk **out of** a cup.
그는 컵으로 우유를 마신다.

b. He took a lunch **out of** the fridge.
그는 냉장고에서 점심을 꺼내 먹었다.

c. He made some money **out of** the stock.
그는 그 주식을 통해 돈을 좀 벌었다.

d. He paid for the drinks **out of** his pocket money.
그는 쌈짓돈을 꺼내 음료값을 지불했다.

e. He wheedled some money **out of** her.
그는 그녀를 구슬려서 돈을 얻어냈다.

1.3 상태에서 벗어남

다음에서 X는 상태(Y)에서 벗어난다.

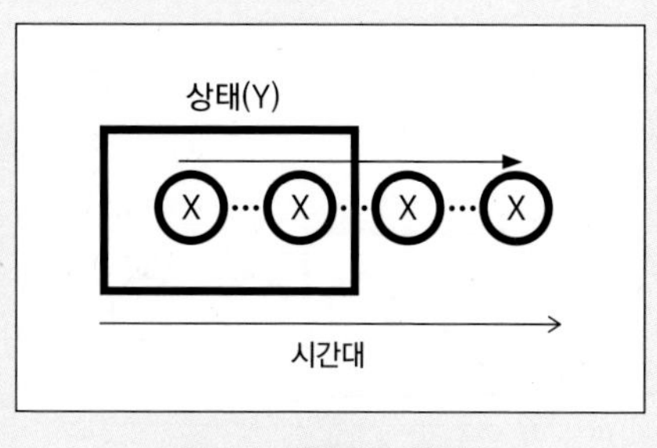

도식 4 상태에서 벗어남

(5a)에서 목적어인 그가 어려움에서 벗어난다.

a. We must get him **out of** trouble.
우리는 그를 어려움에서 건져내어야 한다.

b. The riot got **out of** control.
그 폭동은 통제를 벗어났다.

c. He fell **out of** his grace.
그는 그의 총애에서 벗어났다.

d. He managed to get **out of** debt.
그는 힘들게 빚에서 벗어났다.

e. The typewriter has got **out of** use.
타자기는 이제 사용되지 않는다.

1.4 원인

다음에서 X는 원인 Y에서 시작된다.

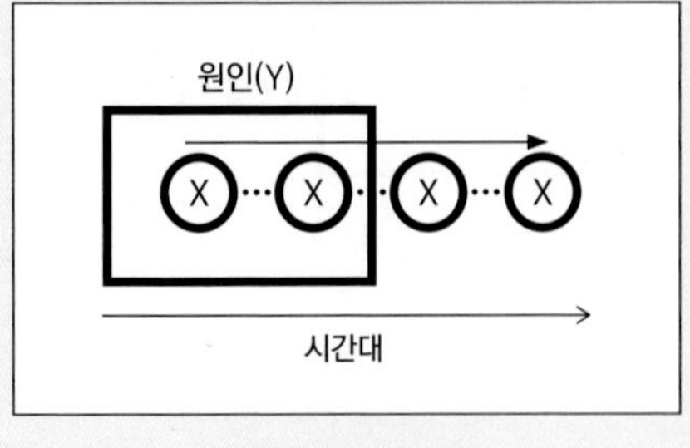

도식 5 Y : X의 원인

(6a)에서 내가 그를 본 것은 호기심에서 비롯된다.

a. I looked at him **out of** curiosity.
나는 호기심에서 그를 보았다.

b. He is working long hours **out of** necessity.
그는 필요에 의해서 장시간 일하고 있다.

c. He visits his professor every year **out of** respect.
그는 존경심에서 매년 그의 교수님을 찾아뵙는다.

d. She helps the homeless **out of** kindness.
그녀는 노숙자를 친절한 마음에서 도와준다.

e. We invited him **out of** pity.
우리는 동정심에 그를 초대했다.

1.5 소모

다음에서 X는 공급량 Y에서 벗어난다.

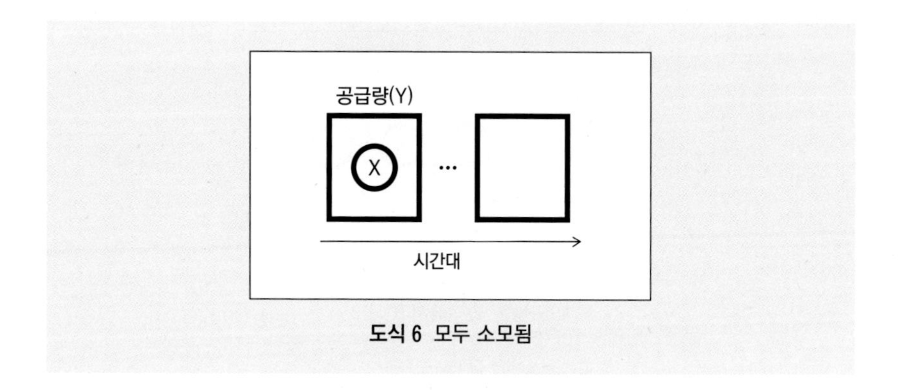

도식 6 모두 소모됨

(7a)에서 우리는 가스의 공급 상태에서 벗어난다.

a. We got **out of** gas.
우리는 휘발유가 떨어졌다.

b. We ran **out of** coffee.
우리는 커피가 떨어졌다.

c. I am **out of** food.
나는 식량이 떨어졌다.

d. We are **out of** luck.
우리는 운이 다했다.

e. After running long time, we are **out of** breath.
긴 시간 달리고 난 후 우리는 숨이 가쁘다.

1.6 과정에서 벗어남

다음에서 X는 과정 Y에서 벗어난다. 즉, X는 주어진 과정을 하지 않게 된다.

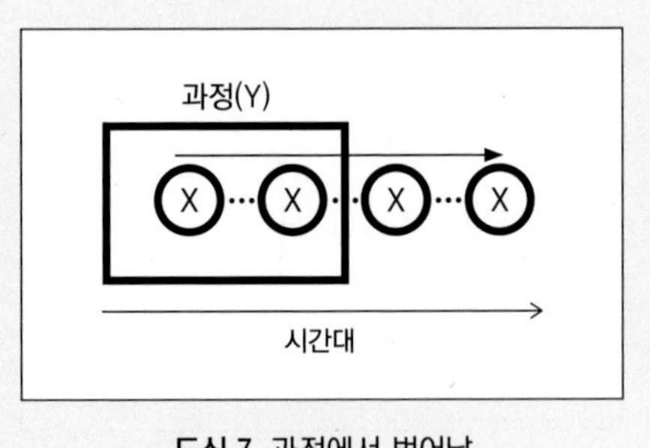

도식 7 과정에서 벗어남

8

a. Her father forced her **out of** dating John.
그녀의 아버지는 그녀를 존과 데이트하는 것을 강제로 못하게 했다.

b. He persuaded me **out of** going abroad.
그는 나를 설득하여 외국에 가지 못하게 했다.

c. He talked us **out of** buying the second-hand car.
그는 우리가 그 중고차를 사지 못하게 설득해 주었다.

1.7 범위 밖

다음에서 X는 Y의 범위 밖에 있다.

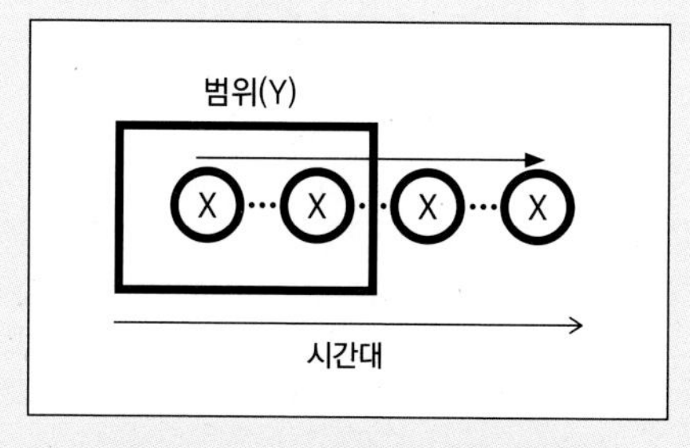

도식 8 X가 Y의 범위 밖에 있음

9

a. That's **out of** reach.
그것은 우리가 닿을 수 없다.

b. He is **out of** touch with us.
그는 우리와 접촉을 안 하고 있다.

(계속)

c. He is **out of** sight now.
그는 이제 시야에서 사라졌다.

d. We waited until he was **out of** earshot.
우리는 그가 들을 수 없는 거리에 이를 때까지 기다렸다.

1.8 재료

다음 X out of Y에서 X는 만들어진 물건이고 이것은 재료 Y로 만들어진다.

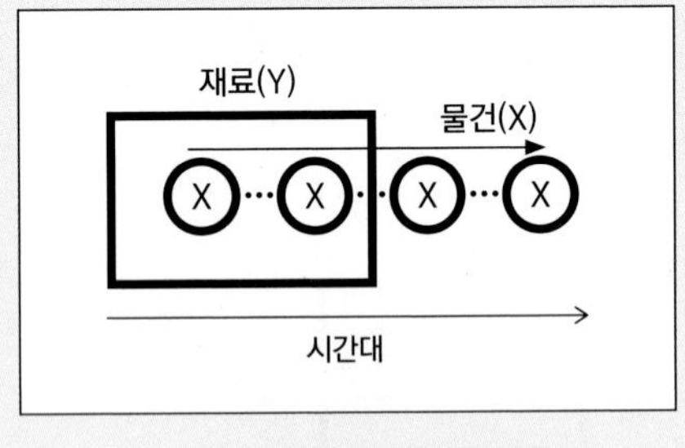

도식 9 Y : X의 재료

⑩ **a.** She made a skirt **out of** scarves.
그녀는 스카프로 치마를 만들었다.

b. The statue is carved **out of** stone.
그 동상은 돌을 깎아서 만들었다.

c. This bread is made **out of** the wholewheat flour.
이 빵은 통밀가루를 사용해서 만든다.

(계속)

d. He crafted a table **out of** twigs.
그는 나뭇가지를 이용해서 테이블을 만들었다.

e. Swallows construct their nest **out of** twigs, straws and clay.
제비는 잔가지, 지푸라기, 그리고 진흙을 이용해서 그들의 둥지를 짓는다.

1.9 일부

X out of Y에서 X는 Y의 일부이다.

a. Seven **out of** ten young people are unemployed.
열 명 중 일곱 명의 젊은이들이 미취업 상태이다.

b. Four **out of** five college students volunteered to help.
다섯 명 중 네 명의 대학생들이 자원을 했다.

1.10 자연환경에서 벗어남

다음 X out of Y에서 X는 자연환경 Y에서 벗어나 있다.

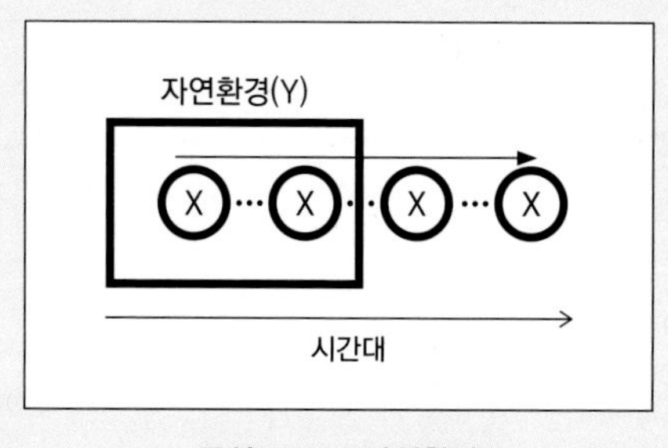

도식 10 Y : 자연환경

Come in **out of** the rain.
비를 피해 안으로 들어오세요.

the rain 대신에 다음 표현도 쓸 수 있다.

the wind 바람	the sun 햇빛
the storm 폭풍	the snow 눈

2 out of와 거리 표시

X out of Y에서 X는 Y에서 벗어나 있는 관계를 나타내므로 이 두 지점 사이의 거리를 표시할 수 있다.

a. He lives three miles **out of** town.
그는 마을에서 3마일 떨어진 곳에 산다.

b. They stopped two miles **out of** the city limit.
그들은 시계에서 2마일 떨어진 곳에서 멈추었다.

OUTSIDE

outside는 전치사와 부사로 쓰인다. 먼저 out과 side가 통합되는 과정을 살펴보자.

전치사 outside는 전치사 out과 명사 side의 합성어이다. 전치사 out은 X out Y에서 X가 Y의 범위 밖에 있는 관계를 나타낸다. 이것을 도식화하면 다음 (도식 1a)와 같다.

한편, 명사 side는 관계어이다. 주로 the side of something으로 쓰인다. 개체는 안쪽이나 바깥쪽이 있을 수 있다. 이것을 도식화하면 (도식 1b)와 같다.

(도식 1a)의 X와 (도식 1b)의 Y 바깥이 대응된다. (도식 1a)의 Y는 (도식 1b)의 안과 대응된다. 대응점을 따라 (도식 1b)를 (도식 1a)에 포개면 (도식 1c)가 나온다. 즉, X는 Y의 영역 밖에 있다.

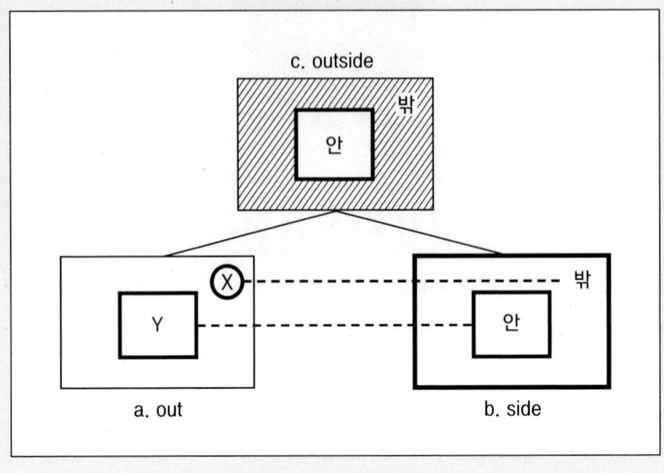

도식 1 outside의 통합

1 전치사 용법

1.1 장소

다음 X outside Y에서 X는 Y의 밖에 있다.

a. Put it **outside** the house.
그것을 집 밖에 놓아라.

b. The vase is **outside** the room.
그 화분은 방 밖에 있다.

c. Cheonan is about 100km **outside** Seoul.
천안은 서울에서 100km 밖에 있다.

d. Please step **outside** the room while we clear away the table.
우리가 탁자를 치울 동안 방 밖으로 나가 있어라.

1.2 범위

다음에서 X는 조직체나 범위의 밖에 있다.

a. Nobody **outside** our immediate family knows about the secrets.
우리의 직계 가족 범위 밖에 있는 누구도 그 비밀에 대해 알지 못한다.

b. Very few employees remained **outside** the labor union.
노동조합에 속하지 않은 직원들은 거의 없다.

c. The subject is **outside** the scope of the topic.
그 주제는 그 화제의 범위 밖에 있다.

1.3 시간

다음에서 X는 시간 범위 밖에서 일어난다.

a. Outside office hours, my time is my own.
근무 시간 이외의 것은 개인 시간이다.

b. You can see me **outside** normal office hours.
너는 나를 정규 근무 시간 이외에 만날 수 있다.

2 부사 용법

2.1 장소

X outside Y에서 Y가 쓰이지 않으면 outside는 부사이다. 화맥이나 문맥에서 Y의 정체를 추리할 수 있으면 Y는 쓰이지 않는다.

a. The cat is **outside.**
그 고양이는 (무엇의) 밖에 있다.

b. Put the flowers **outside**.
그 꽃들을 밖에 내어 놓아라.

c. He stayed **outside.**
그는 밖에서 머물렀다.

2.2 이동통로

전치사나 부사 outside는 이동동사와 쓰이면 안에서 밖으로 나가는 통로를 나타낸다.

a. He went **outside** (the office).
그는 (사무실) 밖으로 나갔다.

b. The alarm went off and people went **outside** (the building).
경보음이 울리자 사람들은 (건물) 밖으로 뛰어나갔다.

c. Come **outside** (the house) to the yard.
(집에서) 나와서 정원으로 오너라.

d. The parade moved **outside** (the square).
그 행렬은 (광장) 밖으로 진행해 나갔다.

OVER

over는 전치사와 부사로 쓰인다. 먼저 전치사 용법부터 살펴보자.

1 전치사 용법

전치사 over는 X over Y에서 X는 Y의 위에 있고 Y보다 더 크다. 이것을 도식화하면 다음과 같다. X over Y에서 Y가 쓰이지 않으면 over는 부사이다.

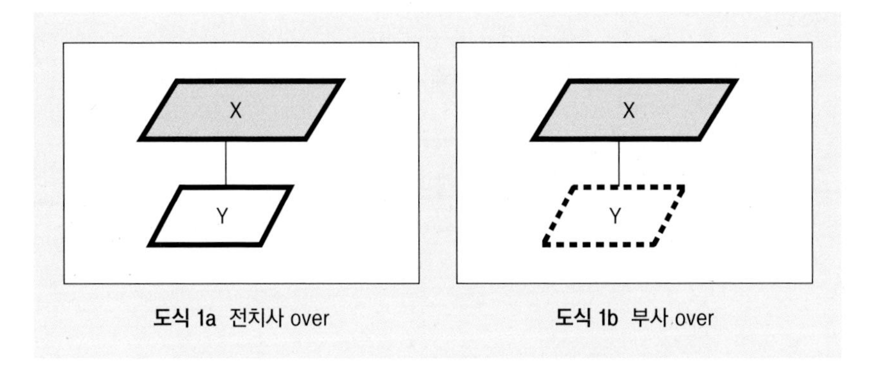

도식 1a 전치사 over

도식 1b 부사 over

1.1 X가 Y의 위를 덮고 있기

다음 X over Y에서는 X가 Y를 덮고 있는 관계를 그린다. X는 Y에 닿아 있을 수도, 떨어져 있을 수도 있다. 이 관계를 자동사와 타동사로 나누어 살펴보자.

1.1.1 자동사

다음 (1a)~(1c)는 X가 Y에서 떨어져 있다. 나머지 문장에서는 X가 Y에 닿아 있다.

a. Two helicopters are hovering **over** the area.
두 대의 헬리콥터가 그 지역 위에 선회하고 있다.

b. A hazy sky is hanging all **over** the country.
희뿌연 하늘이 전국에 걸쳐 있다.

c. The sky **over** the city is dark.
그 시를 덮고 있는 하늘이 어둡다.

d. A sense of peace flew **over** me.
평화의 느낌이 내 전체에 넘쳐 흘렀다.

e. The city sprawled **over** the plain.
그 시는 그 평원 위에 넓게 뻗쳐 있었다.

f. The kids doodled all **over** the wall.
그 꼬마들이 그 벽 전체에 낙서를 했다.

도식 2 어느 지역 위에서 선회하고 있는 두 대의 헬리콥터

1.1.2 타동사

다음 두 문장을 비교해 보자.

a. He put the blanket **over** the bed.
그는 그 담요를 침대 위에 덮었다.

b. He put the blanket **on** the bed.
그는 그 담요를 침대 위에 놓았다.

위 (2a) 문장에는 over가 쓰였고, (2b)에는 on이 쓰였다. over가 쓰인 경우 담요가 침대 전체를 덮는 관계를 나타내고(도식 3a 참조), on이 쓰인 경우 담요가 침대 위에 얹혀 있는 관계를 나타낸다(도식 3b 참조).

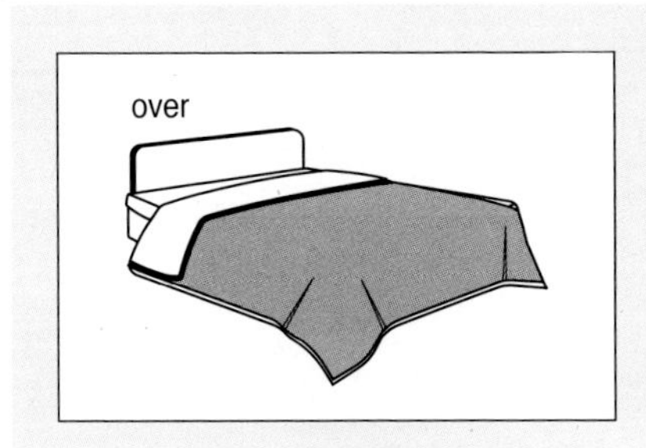

도식 3a 담요가 침대 전체를 덮는 관계

도식 3b 담요가 침대 위에 얹혀 있는 관계

다음에서 주어나 목적어는 over 목적어 전체에 걸쳐 있거나 그것을 덮는다.

a. He spread the cloth **over** the table.
그는 식탁보를 식탁 위에 덮었다.

b. He laid the blanket **over** the baby.
그는 그 담요를 아기 위에 덮었다.

c. Buffaloes roam all **over** the prairie.
들소들이 그 초원의 전 영역에 걸쳐 돌아다닌다.

d. Broken bottles are scattered all **over** the floor.
깨진 유리조각들이 마루 전체에 흩어져 있다.

e. He mucked mud all **over** the floor.
그는 진흙을 그 마루 전체에 묻혀 놓았다.

1.2 X가 Y보다 더 길거나 크기

(도식 4a)에서 X와 Y는 면적이지만 보는 각도에 따라서 이들은 선으로 나타날 수 있다. 이때 X는 Y보다 길거나 크다.

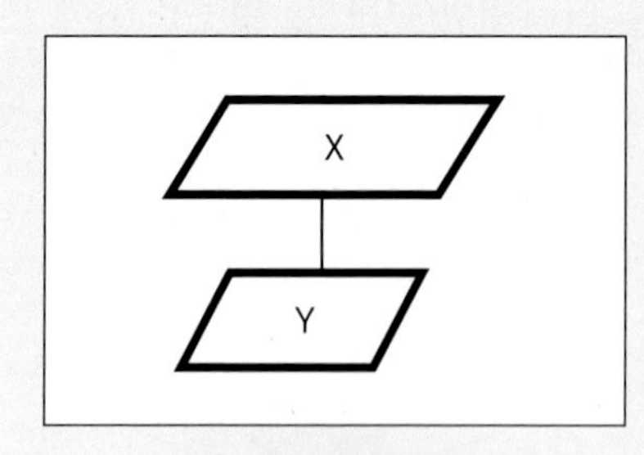

도식 4a X와 Y가 평면

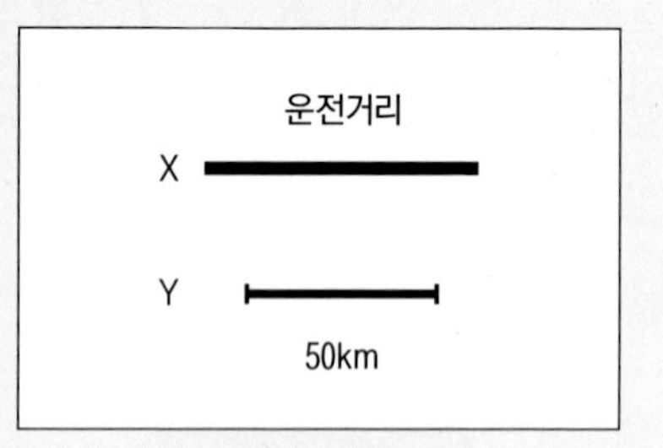

도식 4b X와 Y가 선

(4a)에서 그가 움직인 거리가 50마일보다 큼을 over가 나타낸다.

a. He covered **over** 50 miles today.
그는 오늘 50마일 이상을 운전하거나 걸었다.

b. The war lasted **over** 4 years.
그 전쟁은 4년 이상 계속되었다.

c. He lived **over** 100 years.
그는 100년이 넘도록 살았다.

d. He's **over** 60 feet tall.
그의 키는 60피트를 넘는다.

e. The temperature doesn't go **over** 40℃.
온도는 40도를 넘지 않는다.

(도식 4b)를 90° 돌리면 수직 관계가 된다. (도식 4b)를 over 관계로 인식하면 90° 정도 바뀌어도 여전히 over로 간주된다.

a. He stood **over** me.
그는 나보다 키가 크다.

b. The tall building towers **over** the small buildings below.
그 큰 건물은 작은 건물 위에 우뚝 서 있다.

c. The water at the pool was **over** my head.
그 수영장 물은 내 머리 위에 있었다.

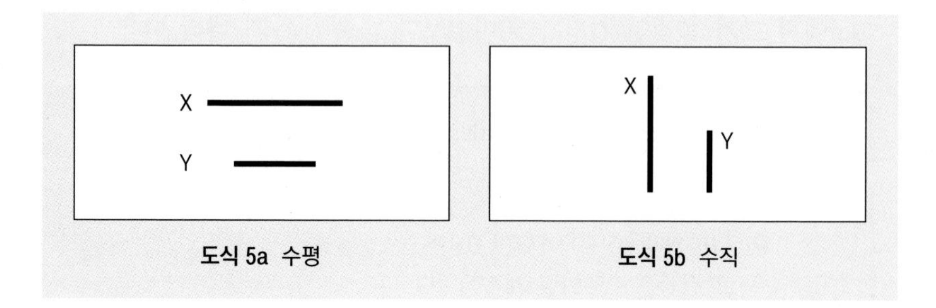

도식 5a 수평

도식 5b 수직

1.3 X가 Y에 걸쳐 있기

X over Y에서 X는 Y 위에 걸쳐 있다. 즉, X와 Y는 직선이 아니라 곡선일 수도 있다.

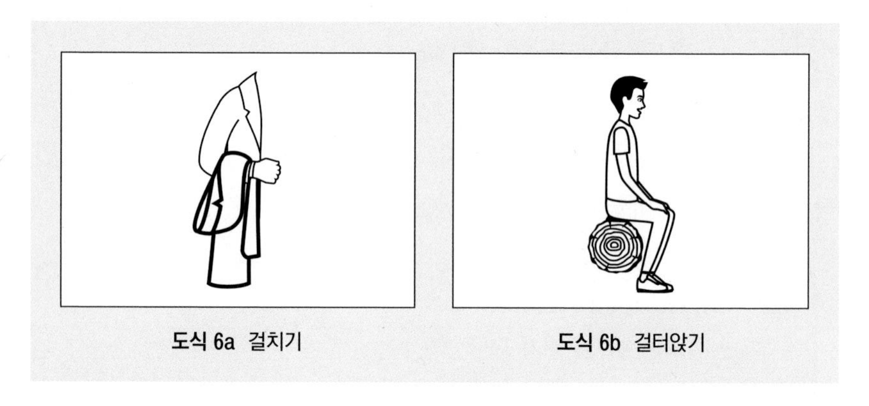

도식 6a 걸치기

도식 6b 걸터앉기

⑥ **a.** He hung his coat **over** his arm.
그는 그의 코트를 그의 팔에 걸쳤다.

b. He is sitting **over** the fence.
그는 울타리 위에 걸터앉아 있다.

(6a) 문장에서는 그가 코트를 팔에 걸치고 있고, (6b) 문장에서는 그가 울타리 위에 걸터앉아 있다.

1.4 호를 그리며 넘어지는 관계

다음에서 over는 X가 Y에 걸려서 호를 그리며 넘어지는 관계를 나타낸다.

a. He tumbled **over** the laundry basket.
그는 세탁 바구니에 걸려 넘어졌다.

b. He tripped **over** a branch and fell into a river.
그는 나뭇가지에 걸려 넘어져서 강물에 빠졌다.

c. He suddenly fell **over**.
그는 갑자기 호를 그리며 넘어졌다.

d. The books will topple **over** at any minute.
그 책들은 곧 무너질 것이다.

1.5 X가 Y를 지나가는 관계

다음에서 over는 X가 Y를 지나가서 다른 편에 있는 관계를 그린다.

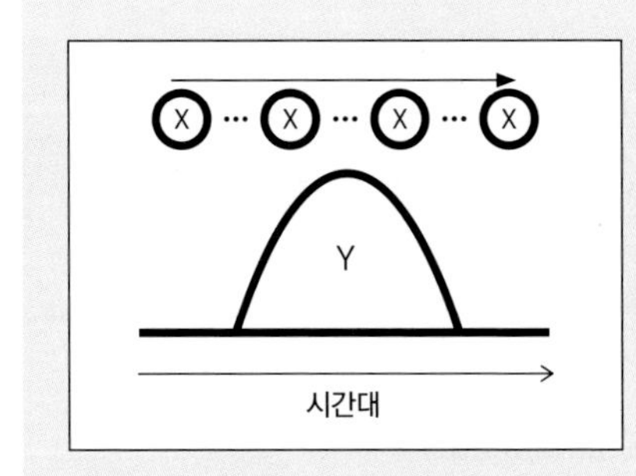

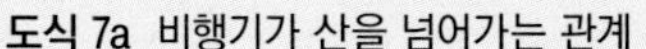
도식 7a 비행기가 산을 넘어가는 관계

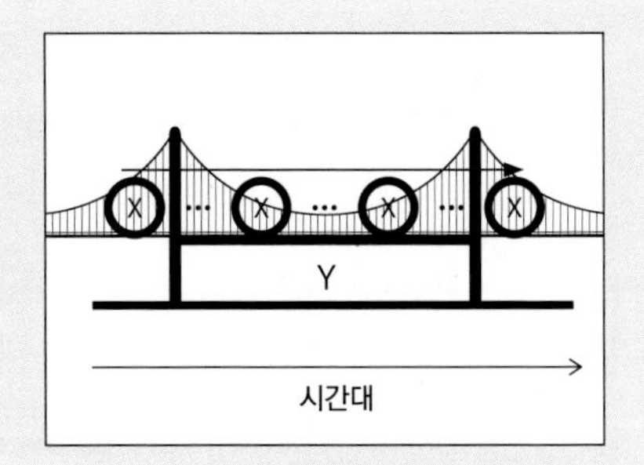

도식 7b 차가 다리를 넘어가는 관계

이 관계를 자동사와 타동사로 나누어 살펴보자.

1.5.1 자동사

다음 (8a)에서 비행기는 산 위를 지나간다.

⑧

a. The plane flew **over** the mountain.
그 비행기가 그 산을 넘어갔다.

b. We drove **over** the bridge.
우리는 그 다리를 운전하여 지났다.

c. The hurricane passed **over** the island.
그 허리케인은 그 섬을 지나갔다.

d. The boat glided **over** the water.
그 보트는 물 위를 미끄러지듯 지나갔다.

e. They crossed **over** the road.
그들은 그 도로를 가로질러 넘어갔다.

f. He biked **over** the hill.
그는 자전거를 타고 언덕 위를 지나갔다.

1.5.2 타동사

⑨

a. They fired rockets **over** our head.
그들은 로켓을 쏴서 우리 머리 위를 지나가게 했다.

b. North Korea fired missiles **over** Japan.
북한이 미사일을 쏘아서 그것이 일본 상공을 지나갔다.

c. I watched the photo **over** his shoulder.
나는 그 사진을 어깨 너머로 보았다.

d. I was next in line for promotion, but I was passed **over**.
나는 승진 차례가 되어 있었으나 지나쳐 버렸다.
(즉, 승진하지 못했다.)

1.6 가장자리로 떨어지는 관계

다음 X over Y에서 X는 Y의 가장자리를 넘어서 떨어지는 관계를 나타낸다.

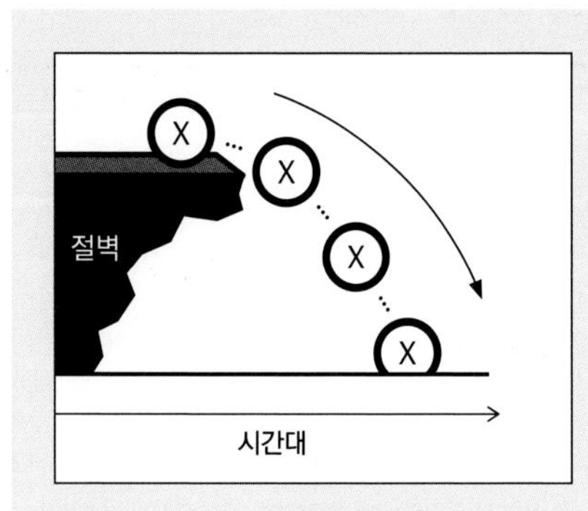

도식 8a
차가 절벽에서 떨어지는 관계

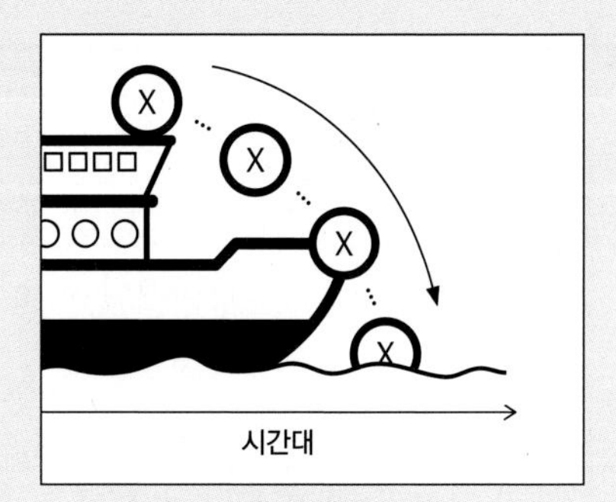

도식 8b
사람이 뱃전 너머로 떨어지는 관계

⑩ **a.** He drove **over** the cliff.
그는 차를 몰고 절벽 위로 넘어갔다.

b. He fell **over** board.
그는 뱃전 너머로 떨어졌다.

c. The car swerved **over** the cement wall into a river.
그 자동차는 시멘트벽 쪽으로 방향을 바꾸어 강으로 떨어졌다.

d. Don't dump trash **over** the bridge.
쓰레기를 다리 너머로 던지지 마라.

1.7 X가 Y를 지배하는 관계

X가 Y 위에 있고 Y보다 큰 관계는 X가 Y를 통제하는 관계에도 적용된다.

다음 (11a) 문장에서 주어는 회의를 통제하는 관계에 있다.

a. He presided **over** the meeting.
그는 그 회의의 사회를 보았다.

b. He has no control **over** his actions.
그는 자신의 행동들을 통제할 수 없었다.

c. The king ruled **over** the people for many years.
그 왕은 여러 해 동안 국민 위에 군림했다.

d. The king reigned **over** the kingdom for two decades.
그 왕은 20년 이상 그 왕국을 통치했다.

1.8 과정 X가 기간 Y에 걸쳐 있기

다음에서 over가 나타내는 공간상의 이동은 시간상의 이동에도 쓰인다. X over Y에서 X는 과정이나 상태이고, Y는 기간이다. 이것은 과정이나 상태가 어떤 기간에 걸쳐 일어남을 의미한다. 이것을 도식화하면 다음과 같다.

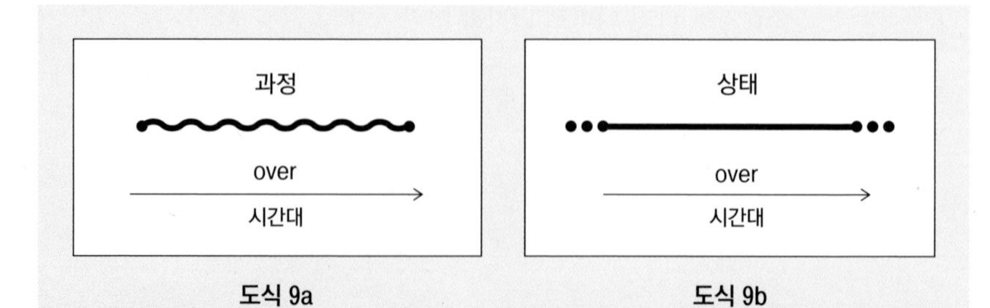

도식 9a
주어진 시간에 걸쳐 과정이 일어남

도식 9b
주어진 시간에 걸쳐 상태가 지속됨

a. He grew strong **over** the past 3 years.
그는 지난 3년 동안 건강해졌다.

b. The export will increase **over** the next 5 years.
수출이 다음 5년에 걸쳐 증가할 것이다.

c. The pipes froze **over** the weekend.
그 파이프들은 주말이 지나는 기간에 얼었다.

d. He put on some weight **over** the Lunar's New Year holiday.
그는 음력 설날 동안 몸무게가 좀 늘었다.

e. The country developed **over** the course of 5 years.
그 나라는 5년이 경과하면서 발전했다.

다음에서 dinner와 drink는 환유적으로 저녁을 먹는 시간이나 술을 마시는 시간을 가리킨다.

a. They discussed their vacation plans **over** dinner.
그들은 저녁을 먹으면서 그들의 휴가 계획을 논의했다.

b. He discussed business **over** a drink.
그는 술을 마시면서 사업에 대해 논의했다.

c. Don't talk about politics **over** breakfast.
아침을 먹으면서 정치 이야기를 하지 마세요.

1.8.1 주의나 생각 X가 Y 전체에 영향을 미침

X over Y에서 X는 생각이나 주의이고, 이것이 Y 전체에 영향을 미친다. (14a) 문장에서 X는 주어의 생각이 Y의 전반을 훑어본다. 마찬가지로 (14b) 문장에서는 주의, 생각, 살핌이 Y의 전반에 걸친다.

a. She broods **over** trifle things.
그녀는 사소한 일들을 곱씹는다.

b. I quickly browsed **over** economic news.
나는 경제 뉴스 전반을 빠르게 훑었다.

c. I checked **over** the engine.
나는 그 엔진 전부를 살펴보았다.

d. He went **over** the main points of his speech.
그는 그의 연설의 요점들 전반을 검토했다.

e. She watched **over** my child while I was away.
그녀는 내가 밖에 나가 있는 동안 감시 보호했다.

f. He looked **over** the field.
그는 그 들판 전체를 보았다.

1.8.2 over와 about의 비교

동사에 따라서 over 자리에 about도 쓰일 수 있다. 다음 예를 살펴보자.

a. We argued **about** the decision.
우리는 그 결정에 대해 이것저것 다투었다.

b. We argued **over** the decision.
우리는 그 결정의 전반에 대해 다투었다.

(15a)에서와 같이 about이 쓰이면 주어진 결정에 대해서 몇 가지를 가볍게 논의하는 것이고, (15b)에서와 같이 over가 쓰이면 주어진 결정에 대해서 전반적으로 논의하는 것이다.

1.9 감정의 원인

다음 예에는 감정동사들이 쓰였고 이들의 주어는 over의 목적어에 대해 상당히 긴 시간 동안 이 감정을 지속한다.

a. People all over the country mourned **over** the death of the president.
그 나라의 모든 사람들이 그 대통령의 죽음을 오랫동안 애도했다.

b. His friends grieved **over** his misfortune.
그의 친구들이 그의 불행을 오랫동안 비통해했다.

c. The collector drooled **over** the painting.
그 수집가는 그 그림에 대해 오랫동안 군침을 흘렸다.

d. She yearned **over** the orphan.
그녀는 그 고아를 오랫동안 그리워했다.

e. He expressed his regret **over** leaving Korea.
그는 한국을 떠난 것에 대해 유감을 표현했다.

1.10 다툼의 원인

X over Y에서 X는 다투는 과정이고, Y는 다툼의 대상이다. 즉, X는 Y를 두고 다툰다.

a. They argued **over** the day of the picnic.
그들은 소풍 날짜를 두고 다투었다.

b. He bargained **over** the car.
그는 그 자동차 판매를 두고 흥정을 했다.

(계속)

c. The politicians debated **over** the bill.
그 정치가들은 그 법안을 두고 토론을 했다.

d. The two countries are disputing **over** the island.
그 두 나라는 그 섬을 놓고 분쟁을 하고 있다.

e. The friends fell out **over** a trivial thing.
그 두 친구는 사소한 일을 두고 사이가 벌어졌다.

f. Some birds are fighting **over** the same food.
몇 마리의 새가 같은 먹이를 놓고 싸우고 있다.

1.11 이동의 결과

전치사 over는 이동체가 어떤 장애물을 넘어가는 과정과 결과를 그리는데, 경우에 따라서는 결과만 쓰인다. 다음 예를 살펴보자.

(18a) 문장에서 over는 주어가 강을 넘어가 있는 결과를 그린다. (18b) 문장에서도 교회가 강 너머에 있는 관계를 그린다.

a. They live **over** the river.
그들은 강 건너에 산다.

b. The church is **over** there.
교회는 건너편 저쪽에 있다.

다음은 수동태 문장이다. over는 주어가 얼음이나 눈으로 모두 덮이는 관계를 나타낸다.

a. The lake is iced **over.**
그 호수가 모두 얼음으로 덮였다.

b. The field is snowed **over.**
그 들판이 눈으로 완전히 덮여 있다.

c. The valley is fogged **over.**
그 계곡은 안개로 완전히 덮였다.

d. The window is frosted **over.**
그 창문이 서리로 덮였다.

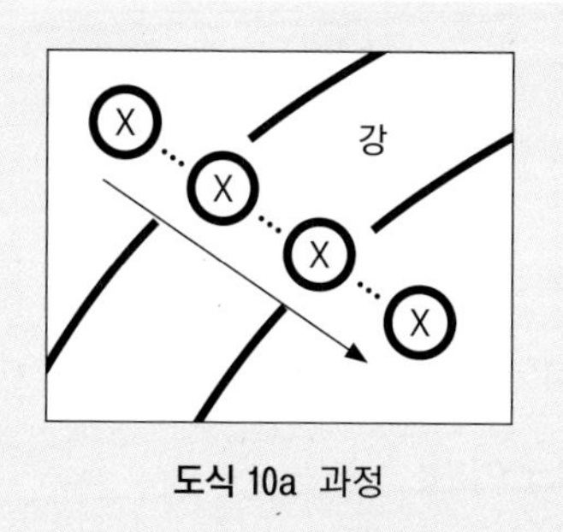

도식 10a 과정

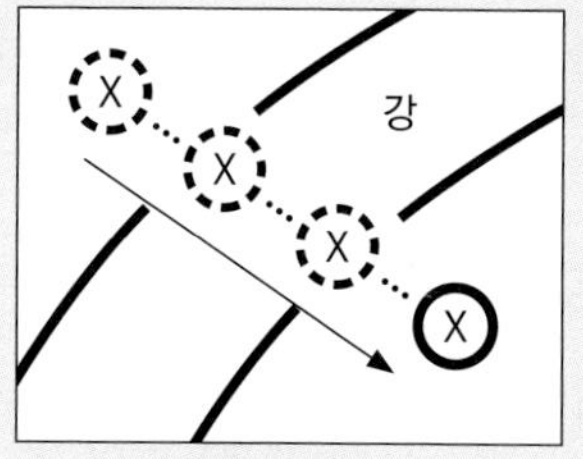

도식 10b 결과

2 부사 용법

X over Y에서 Y가 쓰이지 않으면, over는 부사이다. over의 부사 용법을 몇 가지로 나누어 살펴보자.

2.1 다른 쪽으로 넘어가는 관계

다음 (도식 11b)에서는 Y가 쓰이지 않았다. 그러나 화맥에서 무엇을 넘어가는지 알 수 있는 경우이다.

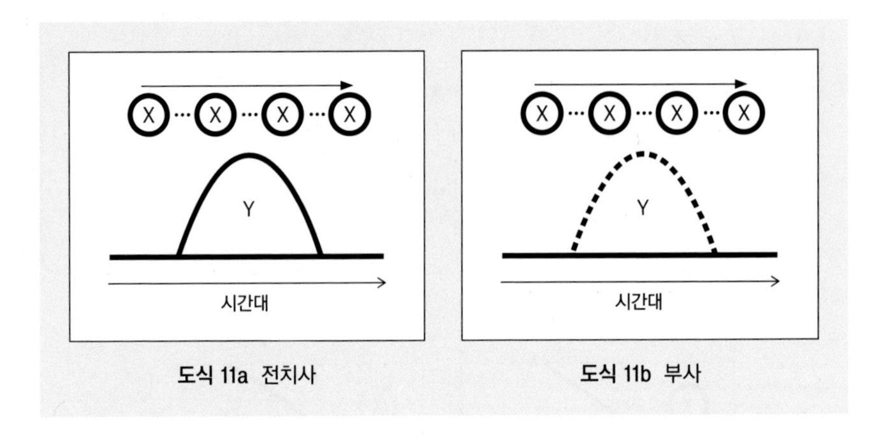

도식 11a 전치사　　도식 11b 부사

2.1.1 자동사

다음 (20a) 문장은 청자가 어떤 의자에 앉아 있는 경우로, 화자가 청자로 하여금 옆으로 움직여 달라는 요구이다.

a. Move **over.** I need some space.
그쪽으로 좀 옮겨 주세요. 저는 공간이 필요합니다.

b. Come **over,** here.
이쪽으로 넘어오세요.

c. He went **over** to the village.
그는 그 마을로 건너갔다.

d. He ran **over** to her mother.
그는 엄마에게 뛰어서 건너갔다.

2.1.2 타동사

a. I invited him **over**.
나는 그를 초대해서 건너오게 했다.

b. I summoned him **over**.
나는 그를 호출해서 건너오게 했다.

2.2 쉬어 가기

다음 도식은 주어(X)가 브라질로 가는 길에 뉴욕에서 쉬어 감을 의미한다.

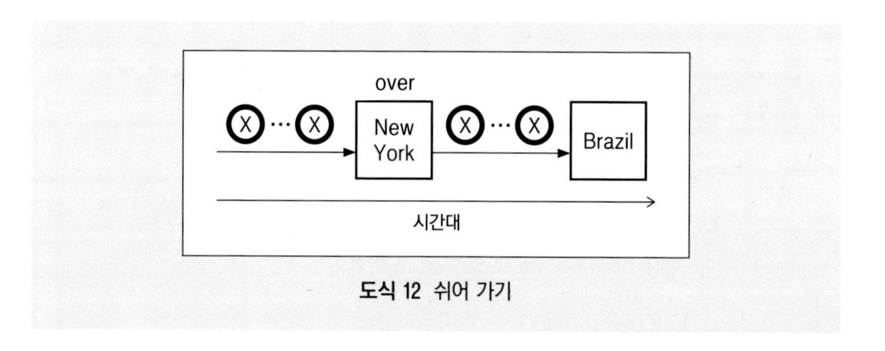

도식 12 쉬어 가기

다음에서 over는 여행 중 어느 지점에서 잠깐 쉬었다가 가는 관계를 나타낸다.

a. I stayed **over** in New York on my way to Brazil.
나는 브라질에 가는 도중에 뉴욕에서 쉬었다 갈아타고 갔다.

b. He laid **over** in Los Angeles on his way to New York.
그는 뉴욕으로 가는 도중에 로스앤젤레스에서 잠시 머물렀다.

c. I stopped **over** in Hawaii on my way to Los Angeles.
나는 로스앤젤레스로 가는 길에 하와이에서 잠시 머물렀다.

2.3 다른 영역으로 넘어가기

다음에서 X는 한 영역에서 다른 영역으로 넘어가는 관계를 나타낸다. (도식 13)은 트위터를 사용하는 사람이 페이스북으로 넘어가는 관계를 그린다.

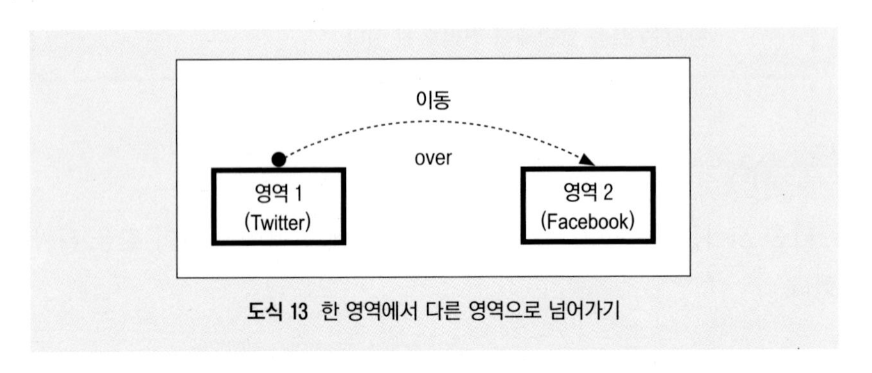

도식 13 한 영역에서 다른 영역으로 넘어가기

a. I moved **over** to Facebook.
나는 페이스북으로 바꾸었다.

b. May I turn **over** to ABC?
제가 ABC로 채널을 돌려도 될까요?

c. I changed **over** from oil to gas.
나는 기름을 때다가 가스로 바꾸었다.

d. They switched **over** to phone banking.
그들은 폰뱅킹으로 바꾸었다.

2.4 권리나 권력이 다른 사람으로 넘어오거나 넘어가기

over는 물건이나 권력이 한 사람에게서 다른 사람으로 넘어오거나 가는 관계를 나타낸다. 이 관계를 자동사와 타동사로 나누어 살펴보자.

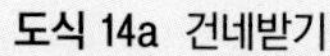
도식 14a 건네받기

도식 14b 건네주기

2.4.1 자동사

He took **over** from the predecessor.
그는 선임자로부터 (권력, 지위 등을) 넘겨받았다.

2.4.2 타동사

a. She took **over** responsibility for the office.
그녀는 그 사무실에 대한 책임을 넘겨받았다.

b. He gave his house **over** to his son.
그는 집을 그의 아들에게 넘겨주었다.

c. He handed his apartment **over** to his daughter.
그는 그의 아파트를 딸에게 넘겨주었다.

d. He signed his car **over** to his friend.
그는 그 차를 서명을 해서 친구에게 넘겨주었다.

2.5 뒤집거나 뒤집히는 관계

X over에서 X는 이동체이고, over는 이것이 뒤집히는 관계를 나타낸다. (도식 15)에서 X는 이동체이고, 이 이동체는 시간이 지나면서 회전한다. 회전 각도는 크게 보면 90, 180, 360 등 여러 각도로 나누어질 수 있다.

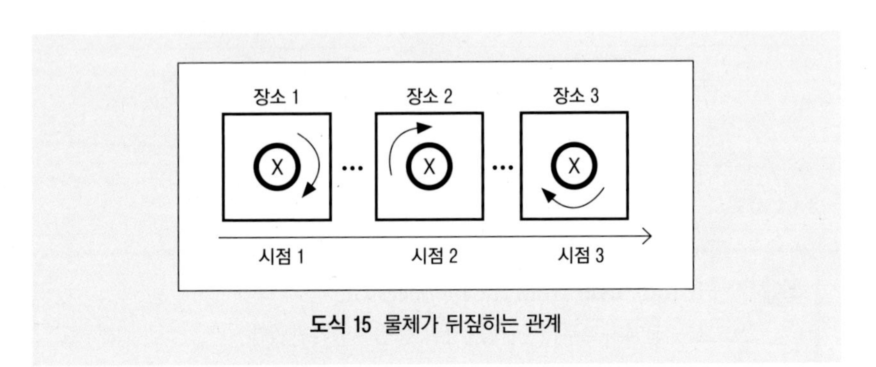

도식 15 물체가 뒤집히는 관계

이동체가 구르거나 뒤집히는 관계를 자동사와 타동사로 나누어 살펴보자.

2.5.1 자동사

다음 (26a) 문장에서는 주어인 트럭이 뒤집힌다.

a. The truck rolled **over**.
그 트럭은 굴러서 뒤집혔다.

b. The truck rolled **over** upside down.
그 트럭은 굴러서 완전히 뒤집혔다.

c. The SUV flipped **over**.
그 SUV 차량이 팔랑 굴러서 뒤집혔다.

2.5.2 타동사

다음 문장에서는 타동사의 목적어가 뒤집힌다.

a. He turned the page **over.**
그는 그 페이지를 넘겼다.

b. He flipped **over** the coin.
그는 그 동전을 휙 뒤집었다.

c. The farmer ploughed **over** his field.
그 농부는 자기의 밭을 갈아엎었다.
(위에서 field는 환유적으로 그 밭의 흙을 가리킨다.)

d. He dug the garden **over.**
그는 텃밭의 흙을 뒤집었다.
(위에서 garden은 환유적으로 텃밭의 흙을 가리킨다.)

다음에서 over는 이동체가 호를 그리며 움직이는 것을 나타낸다. 먼저 over와 down을 비교해 보자.

a. He fell **over.** 그는 (호를 그리며) 넘어졌다.
b. He fell **down.** 그는 넘어졌다.

(28a) 문장은 넘어지면서 호를 그리는 데 초점이 있고, (28b) 문장은 그가 수직으로 넘어져 있는 부분에 초점이 있다. 다음에 쓰인 over는 호 모양이나 호를 그리는 모양이다.

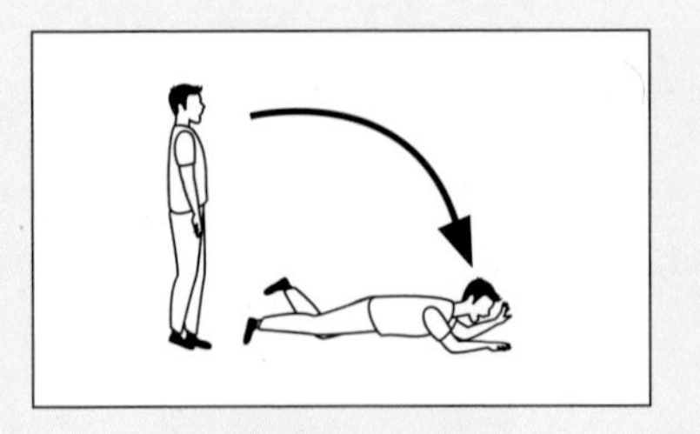

도식 16a fall over

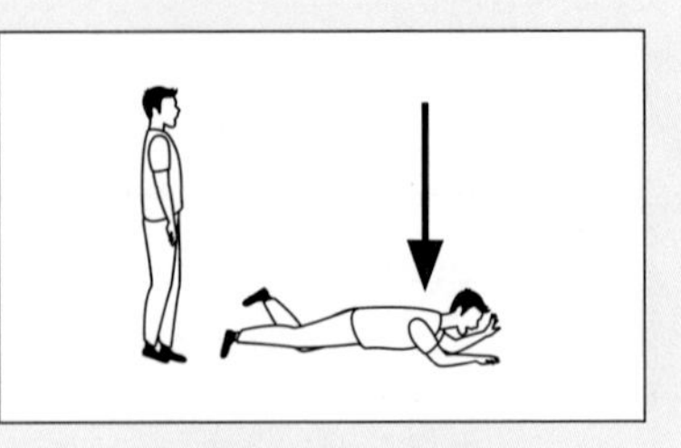

도식 16b fall down

2.5.3 자동사

a. Trees arched **over.**
나무들이 아치형으로 굽어졌다.

b. He bent **over.**
그는 허리를 굽혔다.

c. He hunched **over.**
그는 등을 굽혔다.

d. Try not to slouch **over** the keyboard while you type.
타이프를 칠 때 자판 위로 몸을 기울이지 않도록 하세요.

2.5.4 타동사

a. He pulled/pushed the pole **over.**
그는 막대를 당겨서/밀어서 넘어뜨렸다.

b. He turned the page **over.**
그는 그 페이지를 넘겼다.

2.6 반복을 나타내는 관계

부사 over는 반복을 나타내는 데에 쓰인다. (도식 17)에서 굵은 선은 어느 문장을 처음 읽는 과정이고, 그 위의 선은 이것을 반복하는 관계가 된다. 이 관계를 타동사와 자동사로 나누어 살펴보자.

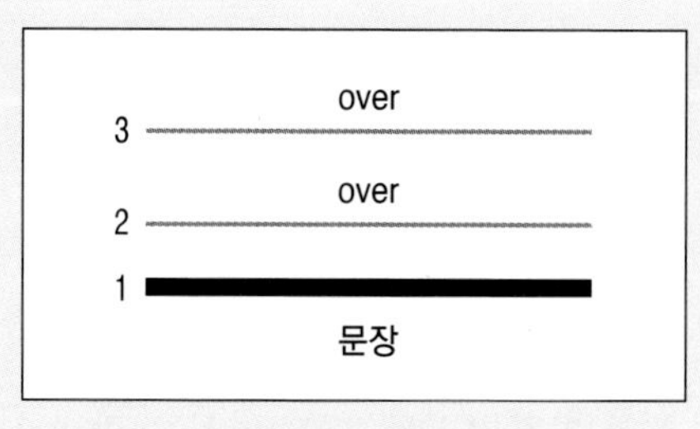

도식 17 첫 문장 1이 2, 3과 같이 반복됨

2.6.1 타동사

다음 문장에서는 목적어와 그와 관련된 과정이 반복된다.

a. He repeats the sentences **over** until he can memorize them.
그는 그 문장들을 다 외울 수 있을 때까지 반복한다.

b. He sang the song **over** and **over** again.
그는 그 노래를 반복해서 불렀다.

c. He read the poem **over** and **over** again.
그는 그 시를 반복해서 읽었다.

d. The band played the song **over** at our request.
그 밴드는 우리의 요청에 따라 그 노래를 다시 연주했다.

e. I had to do my sloppy homework **over** from scratch.
나는 엉터리 숙제를 처음부터 다시 해야 했다.

2.6.2 자동사

다음에서는 주어와 관련된 행동이나 과정이 반복된다.

a. I think we'd better start **over** from scratch.
내 생각에는 우리가 처음부터 다시 시작하는 게 나을 것 같아.

b. Return to the starting line and begin all **over** again.
출발선으로 돌아가 처음부터 다시 시작해라.

2.7 흘러 넘치는 관계

X over Y는 X가 Y의 가장자리를 흘러 넘치는 관계를 그린다.

도식 18a 우유가 끓어서 흘러 넘치는 관계

도식 18b 냄비가 끓어 넘치는 관계

다음 (33)에 제시된 문장의 주어는 액체이고 이들이 끓어 넘치고 있다. 한편 (34)에 제시된 문장의 주어는 그릇이고, 이들은 환유적으로 그 안에 든 내용물을 가리킨다. over는 이 내용물이 넘치는 관계를 나타낸다.

a. The milk is boiling **over**.
우유가 (끓어서) 넘치고 있다.

b. Oil is spilling **over** into the neighboring field.
기름이 넘쳐흘러서 곁에 있는 들판으로 흘러가고 있다.

c. The soup is bubbling **over**.
국이 끓어 거품이 흘러 넘치고 있다.

34

a. The pot is boiling **over**.
냄비가 끓어 넘치고 있다.

b. The bucket is brimming **over** with flour.
그 양동이는 밀가루로 흘러 넘쳤다.

c. The river is running **over**.
그 강물이 흘러 넘치고 있다.

(34)의 pot, bucket과 river는 환유적으로 그 안에 든 내용물을 가리킨다. 즉, bucket 자체가 흘러 넘치는 것이 아니라 이 안에 든 것이 흘러 넘친다.

3 전치사 over와 부사 over의 차이

다음에서 over는 전치사로 쓰일 때와 부사로 쓰일 때 그 뜻이 다르다. 그 차이점을 살펴보기 전에 먼저 through의 예부터 살펴보겠다.

a. He read **through** the book. (전치사)
그는 그 책을 읽어갔다.

b. He read the book **through**. (부사)
그는 그 책을 처음부터 끝까지 읽었다.

전치사 through가 쓰인 문장 (35a)는 책을 읽어 나갔으나 읽기가 끝났는지는 알 수가 없다. 반면 부사 through가 쓰인 문장 (35b)는 처음부터 끝까지 다 읽었음을 나타낸다.

문장 (35a)에는 다음과 같은 부사를 써서 읽은 정도를 나타낼 수 있다.

a. He read halfway/all the way **through** the book.
그는 그 책을 반쯤/쭉 다 읽었다.

b. *He read the book halfway **through**.
그는 책을 반쯤 읽었다.

그러나 read the book through는 halfway와 같이 쓰일 수 없다. 완독과 반은 의미 충돌이 일어나기 때문이다.

다음 over도 마찬가지이다.

a. He looked **over** the report. (전치사)
그는 그 보고서 전체를 읽어보았다.

b. He looked the report **over**. (부사)
그는 그 보고서를 다 읽고 끝냈다.

a. He read **over** the draft of his paper. (전치사)
그는 그 보고서의 초안을 전반적으로 다 읽었다.

b. He read the report **over**. (부사)
그는 그 보고서를 읽고 끝냈다.

4 부사 over와 다른 전치사

부사 over는 이동체가 한 장소에서 다른 장소로 넘어가는 관계를 나타내므로 출발지와 도착지를 전치사 from과 to로 각각 나타낼 수 있다.

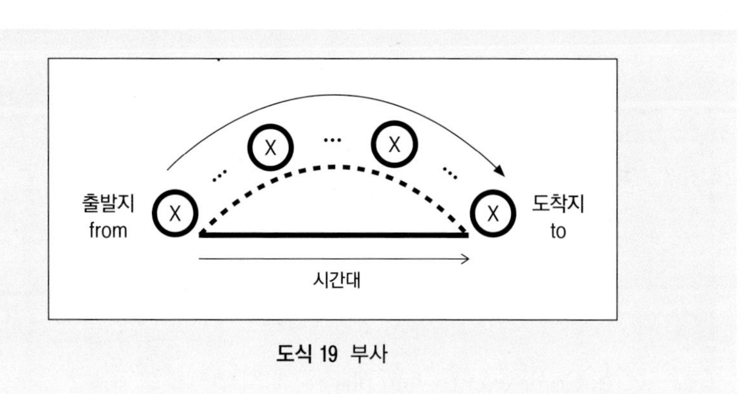

도식 19 부사

4.1 출발지 : over from

부사 over의 출발지는 전치사 from으로 표현된다.

a. He went **over** to Canada **from** Japan.
그는 일본에서 캐나다로 건너갔다.

b. He switched **over from** the bus to the subway.
그는 버스에서 지하철로 바꾸어 탔다.

c. He grew up and took **over from** his late father.
그는 성장해서 고인이 된 아버지로부터 (재산 등을) 물려받았다.

d. His parents flew **over from** Tokyo.
그의 부모님이 도쿄로부터 비행기를 타고 건너왔다.

4.2 도착지 : over to

부사 over의 도착지는 전치사 to로 표현될 수 있다.

a. The politician crossed **over to** the Democrats.
그 정치가가 민주당으로 넘어갔다.

b. She looked **over to** her right.
그녀는 오른쪽으로 넘어다 보았다.

c. We went **over to** the campus.
우리는 그 교정으로 넘어갔다.

d. He leaned **over to** the baby.
그는 그 아기 쪽으로 몸을 굽혔다.

e. Come **over to** your places.
제자리로 넘어들 오세요.

THROUGH

through는 전치사와 부사로 쓰인다.

전치사 through는 X through Y에서 X가 Y의 안이나 속을 지나가는 관계를 나타낸다. X through Y에서 Y가 쓰이지 않으면 through는 부사이다. 이것을 도식화하면 다음과 같다.

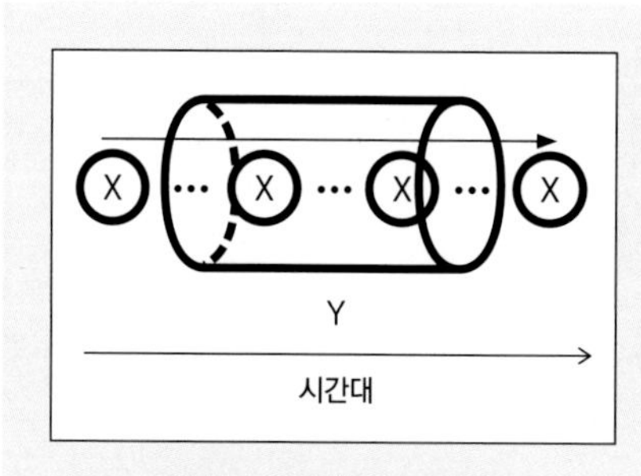

도식 1a 전치사 through

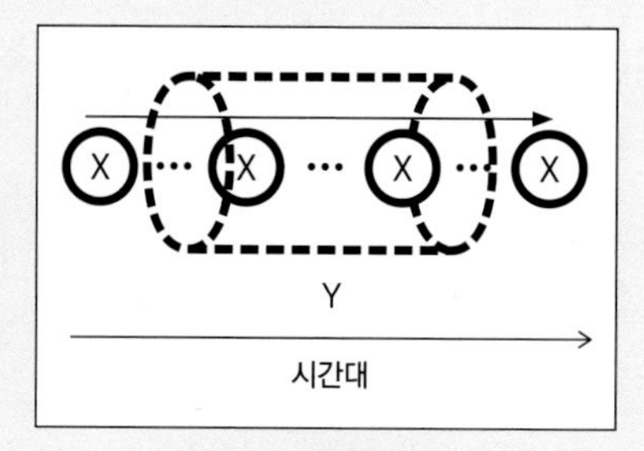

도식 1b 부사 through

1 전치사 용법

전치사 through의 목적어인 Y의 종류에 따라 전치사 through를 살펴보자.

1.1 Y가 입체적인 경우

전치사의 목적어 Y가 입체적인 경우를 자동사와 타동사로 나누어 살펴보자.

1.1.1 자동사

다음에 쓰인 through의 목적어는 입체적이다.

a. The spear pierced **through** the throat.
그 창이 목을 뚫고 들어갔다.

b. The plane spun **through** the air.
그 비행기가 회전을 하면서 공중을 지나갔다.

c. A shudder ran **through** her.
오싹함이 그녀를 지나갔다.

1.1.2 타동사

다음 문장 (2a)에서는 동사의 목적어가 입체적으로 생각되는 Y를 지나간다.

a. I squeezed a ball **through** the hole.
나는 공 하나를 그 구멍으로 억지로 쑤셔 넣었다.

b. The heart pumps blood **through** the veins.
심장은 피를 혈관을 통해 펌프질해서 보낸다.

c. The dog stuck its nose **through** the hole.
그 개가 구멍을 통해 코를 내밀었다.

1.2 Y가 평면적인 경우

다음에서 Y 자체는 평면적이지만 그 위에 사람이나 건물이 있어서 X가 이것을 지나가는 것으로 볼 수 있다. 다음 두 문장을 비교해 보자.

a. We drove **across** the bridge.
우리는 그 다리를 자동차를 타고 통과했다.

b. We drove **through** the bridge.
우리는 그 다리를 통과했다.

위 문장 (3a)에는 전치사 across가 쓰이고, (3b)에는 through가 쓰였다. 전치사 across는 평면적인 경우에 쓰이고, 전치사 through는 입체적인 경우에 쓰인다. 이에 비추어 보면 through가 쓰인 경우 다리 위에 사람들이나 차량이 많은 것으로 생각할 수 있다.

다음 문장에서도 through의 목적어는 평면적이지만, 입체적인 요소를 지니고 있다고 볼 수 있다. (4a) 문장에서 through가 쓰인 것은 도시 안에 건물들이 서 있어서 차가 그 사이를 지나가는 것으로 보았기 때문이다.

a. We drove the car **through** the city.
우리는 차를 타고 그 도시를 통과했다.

b. The storm ripped **through** the city.
그 폭풍이 그 도시를 세차게 휩쓸고 지나갔다.

1.3 Y가 장벽인 경우

다음에서 through는 주어 X가 장벽인 Y를 통과하는 관계이다.

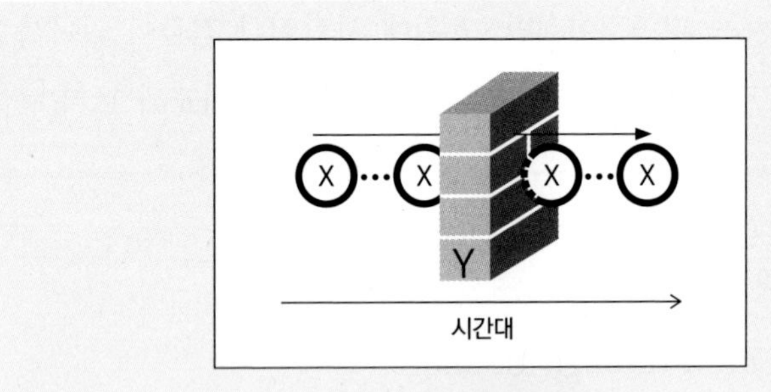

도식 2 Y가 장벽인 경우

(5a) 문장에서 through의 목적어는 장벽이나 장애물이고, 주어는 이것을 부수거나 뚫고 지나간다.

a. We managed to break **through** the barrier.
우리는 그 장벽을 뚫고 지나갈 수 있었다.

b. He drove **through** the red lights.
그는 적색 신호를 뚫고 지나갔다.

(계속)

c. The chicks cut **through** the shell.
그 병아리가 껍질을 깨고 나왔다.

d. He went **through** the security.
그는 그 보안대를 통과했다.

e. The shark hopped **through** the net.
그 상어가 그물을 획 뚫고 지나갔다.

1.4 Y가 경로나 방법인 경우

이동체 X는 through의 목적어인 Y를 지나서 출발지 P_1에서 도착지 P_2에 이른다. 이 통과의 의미는 방법의 의미로도 확대되어 쓰인다.

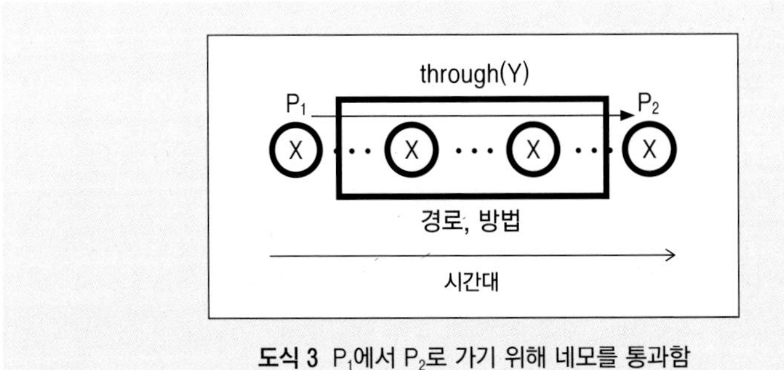

도식 3 P_1에서 P_2로 가기 위해 네모를 통과함

다음 문장에 쓰인 through는 경로를 나타낸다. (6a) 문장에서 그는 서울을 지나 동경에 이른다.

a. He went to Tokyo **through** Seoul.
그는 서울을 거쳐 동경으로 갔다.

b. We went to the other side **through** the tunnel.
그는 그 터널을 거쳐 다른 쪽으로 갔다.

c. He broke in **through** the back door.
그는 뒷문을 통해 침입해 들어왔다.

d. We traveled **through** Gimpo International Airport.
우리는 여행 중 김포국제공항을 지나갔다.

다음 문장에 쓰인 through는 방법을 나타낸다. (7a) 문장에서 through는 우리의 실패가 불행을 거쳐서 생겼다는 뜻이다.

a. We failed **through** sheer bad luck.
우리는 순전히 운이 나빠서 실패를 했다.

b. He succeeded **through** hard work.
그는 열심히 일을 해서 성공했다.

c. He settled the issue **through** a lawsuit.
그는 그 문제를 법정 소송을 통해 해결했다.

d. I met her **through** a friend of mine.
나는 그녀를 친구를 통해 만났다.

1.5 Y가 복수인 경우

다음 예에서 Y는 복수이고, 주어 X는 이들을 처음부터 차례차례 지나간다.

도식 4 책장을 넘겨 페이지가 차례차례 지나가는 관계

⑧ **a.** He flipped **through** the pages of the magazine.
그는 그 잡지의 페이지를 휙휙 넘겼다.

b. He goes **through** daily challenges.
그는 매일매일의 도전을 헤치며 간다.

c. He worked **through** some historical issues.
그는 역사적 쟁점들을 연구해나갔다.

d. He thought **through** the consequences.
그는 그 결과들에 대해 생각해나갔다.

e. He picked **through** beans and sorted out off-colored ones.
그는 콩들을 살펴보고 색깔이 이상한 것들을 골라내었다.

1.6 Y가 집합명사인 경우

다음에서 Y는 형태는 단수이지만, 여러 개체나 여러 단계로 이루어진 개체이다.

a. He is going **through** a series of tests.
그는 일련의 시험을 거치고 있다.

b. He's leafing **through** a magazine.
그는 책장을 휙휙 넘기며 잡지를 훑어보고 있다.

c. He sifted **through** the debris.
그는 잔해를 샅샅이 찾아 들어갔다.

d. He's going **through** a barrage of questions.
그는 일련의 질문을 받고 있다.

e. He went **through** the procedure.
그는 그 과정을 밟아나갔다.

1.7 Y가 양이나 수인 경우

다음에서 Y는 양이나 수이고, 이들을 지나간다는 것은 시간이 지나면서 소모된다는 것이다.

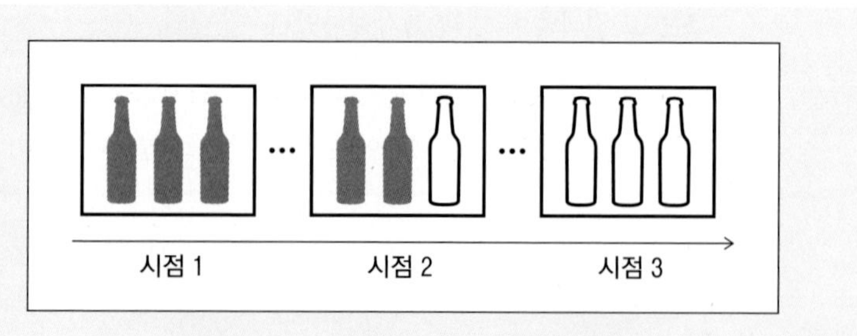

도식 5 시간이 지나면서 병이 비워지는 관계

위 도식은 세 병의 맥주가 시간이 지나면서 비워지는 관계를 나타낸다. 다음 문장 (10a)에서도 through는 맥주 6병이 시간이 지나면서 비워지는 관계이다.

a. He went **through** six bottles of beer at one sitting.
그는 한자리에서 여섯 병의 맥주를 해치웠다.

b. He got **through** all the money in a week.
그는 일주일 만에 그 돈을 다 써버렸다.

c. He ran **through** a bag of rice in a week.
그는 쌀 한 포대를 일주일 만에 다 먹었다.

d. I go **through** five diapers a day.
나는 하루에 5개의 기저귀를 쓴다.

1.8 Y가 시간인 경우

다음에서 Y는 밤과 같은 시간이고 주어인 X는 이 시간을 활동하면서 지나간다. 다음 (11a) 문장에서는 운전을 하면서 밤을 지나간다.

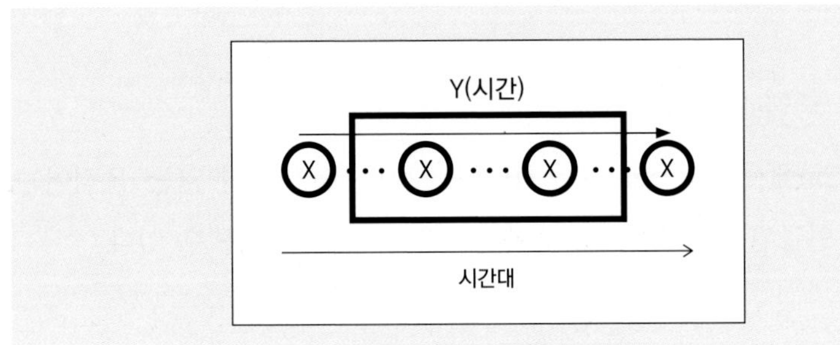

도식 6 X는 시간인 Y를 지남

a. He drove **through** the night.
그는 밤 새도록 운전을 했다.

b. He worked **through** the month of July.
그는 7월 내내 일을 계속해서 했다.

c. He went **through** the middle life crisis.
그는 중년기의 위기를 지나갔다.

d. He slept **through** 8 hours.
그는 8시간을 쭉 잤다.

e. The girls chatted all **through** the game.
그 소녀들은 경기가 진행되는 내내 잡담을 했다.

2 부사 용법

X through Y에서 Y가 쓰이지 않으면 through는 부사이다. Y가 생략된 것은 이들의 정체를 문맥, 화맥, 세상 지식으로부터 파악할 수 있기 때문이다(도식 1b 참조).

2.1 문맥·화맥에 의한 생략

다음 (12a)에서 through는 부사이다. 그러나 표현되지 않는 목적어는 앞부분에 언급된 light이다. 즉, 생략된 Y를 문맥에서 찾을 수 있다.

a. The light were red but he drove straight **through**.
빨간불이었지만 그는 차를 몰고 바로 (그 빨간불을) 지나갔다.

b. When an ambulance is behind you, pull over to the side, so it can pass **through**.
구급차가 뒤따라오면 차를 가장자리로 몰아서 구급차가 지나갈 수 있게 해라.

c. Put the coffee in the filter and let the water run **through**.
커피를 필터 안에 넣고 물을 (그 필터 사이로) 흘려보내라.

d. He leaped the fence and slipped **through**.
그는 울타리를 뛰어넘고 그 속을 미끄러지듯 지나갔다.

2.2 장면(footage)이나 동영상(비디오 클립)에 의한 생략

아래 문장 (13a)만으로는 그가 어디에 빠졌는지 알 수 없다. 그러나 우리가 영상이나 비디오 클립에서 누군가가 얼음에 빠져 들어가는 것을 보고 (13a)처럼 말한다면 through의 목적어는 얼음판임을 알 수 있다.

(13b)에서도 문장만으로 through의 목적어가 무엇인지는 알 수 없다. 그러나 어떤 사람이 군중 속을 헤치고 지나가는 것을 화면에서 본다면 through의 목적어가 군중임을 알 수 있다.

a. He fell **through**.
그는 (얼음판에) 빠져 들어갔다.

b. I am coming **through**.
나는 지나가고 있다.

2.3 세상 지식에 의한 생략

다음 문장 (14a)에서 법안은 국회와 관계가 있고 through는 국회를 통과한다는 뜻이다.

a. If the bill goes **through**, students will pay less than now.
만약 그 법안이 통과되면 학생들은 등록금을 덜 낼 것이다.

b. She has been calling them all day, but she couldn't get **through**.
그녀는 온종일 그들에게 전화를 걸었으나 전화가 연결되지 않았다.

c. The Red Cross supplies didn't come **through**, and the refugees were starving.
적십자의 구호물품이 전달되지 않아서 피난민들이 굶주리고 있었다.

d. Both of the boys had serious injuries, but they pulled **through**.
그 두 소년은 심한 상처를 입었으나, 둘 다 완치되었다.

e. He has lots of good ideas, but he never follows them **through**.
그는 많은 생각을 가지고 있었으나 그 생각들을 (생각에서) 행동으로 결코 옮기지 않는다.

f. The comedian's humor came **through** clearly.
그 코미디언의 유머는 분명히 전달되었다.

(14b)의 전화에는 전화를 거는 사람과 전화를 받는 사람이 있다. 이 둘이 연결되면 through이다. (14c)에는 적십자 구호품이 있고 피난민들이 있다. 구호품이 피난민에게 전달되면 through이다. (14d)에서 상처의 완치 과정도 through이다. (14f)는 코미디언의 유머가 청중에게 전달됨을 의미한다.

3 전치사 through와 부사 through의 차이

다음 문장에서 through는 전치사와 부사로 각각 쓰였다. 다음을 비교해보면서 전치사와 부사의 차이를 알아보자.

⑮ **a.** He read **through** the book. (전치사)
그는 그 책을 읽어나갔다.

b. He read the book **through**. (부사)
그는 그 책을 처음부터 끝까지 다 읽었다.

⑯ **a.** The spear pierced **through** the board. (전치사)
그 창이 그 판자를 뚫고 들어갔다.

b. The spear pierced the board **through**. (부사)
그 창이 그 판자를 뚫고 지나갔다.

위 (15a) 문장의 전치사 through는 X가 Y를 통과하지만, 완전히 통과한다는 의미는 없다. 한편, (15b) 문장의 through는 과정이 완전히 끝났음을 의미한다. (16)의 두 문장도 마찬가지의 차이를 갖는다.

4 through와 다른 전치사

부사 through는 이동체가 한 지점에서 다른 지점을 뚫고 통과하는 관계를 나타내므로 이 부사는 출발지와 도착지를 함께 표현할 수 있다.

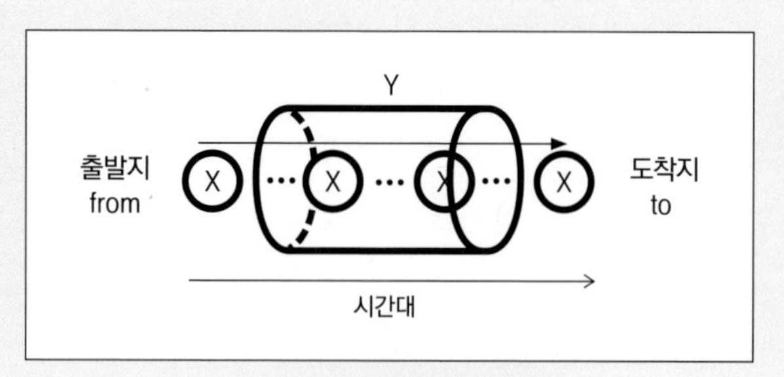

도식 7 through의 출발지와 도착지

4.1 출발지 : through from

다음 예문에서는 through의 출발점이 from으로 표현되어 있다.

a. We saw the film **through from** beginning to end.
우리는 그 영화를 처음부터 끝까지 쭉 다 보았다.

b. We drove **through from** Seoul to Busan.
우리는 서울에서부터 부산까지 쭉 운전해 갔다.

c. I paged **through** the monthly magazine **from** beginning to end.
나는 월간지를 처음부터 끝까지 쭉 훑어보았다.

4.2 도착지 : through to

through의 도착지는 to로 표현된다.

a. The team got **through to** the final.
그 팀은 (예선전, 준결승전 등을 거쳐서) 결승전에 이르렀다.

b. I cannot come **through to** the silly people.
나는 그 어리석은 사람들에게 내 뜻을 전달할 수 없었다.

c. He rushed **through to** the office.
그가 사무실로 (무엇을 지나) 급하게 뛰어갔다.

d. He made it **through to** the interview.
그가 (여러 단계를 거쳐서) 면접까지 도달해냈다.

4.3 through on

이 표현에서 전치사 on은 관계를 나타낸다. 다음을 살펴보자.

a. He has a lot of good ideas, but he never follows **through on** them.
그는 많은 생각을 가지고 있으나, 그는 그 많은 생각을 실천에 옮기지 않는다.

b. The company receives lots of complaints, but it does not seem to go **through on** them.
그 회사는 많은 불평을 듣고 있으나, 그것에 대해(on) 불평 접수에서 조치까지의 절차를 밟지 않은 것처럼 보인다.

(계속)

c. The terrorist threatened to bomb the power house, and I am wondering if he will really go **through on** the threat.
그 테러리스트는 그 발전소를 폭파시키겠다고 위협했으나 나는 그가 실제 그 위협을 실행할지 의심스러워 하고 있다.

4.4 through with

이 표현에서 with의 목적어는 주어가 어떤 과정을 거치면서 함께 가는 개체를 나타낸다.

a. I am going **through with** the novel.
나는 그 소설을 읽어가고 있다.

b. I am **through with** the book.
나는 그 책을 끝냈다. (즉, 처음부터 끝까지(through) 읽었다.)

c. The company can come **through with** cheap oil.
그 회사는 정유 과정을 거쳐서(through) 값싼 기름을 만들어 낼 수 있다.

TO

이 전치사는 X to Y에서 이동체(mover) X가 출발지를 떠나 도착지 Y에 가 닿는 관계를 나타낸다. 이 도식은 상태 변화, 시간 이동, 소유 이전 등의 관계를 나타내는 데에도 쓰인다. 이것을 도식화하면 다음과 같다.

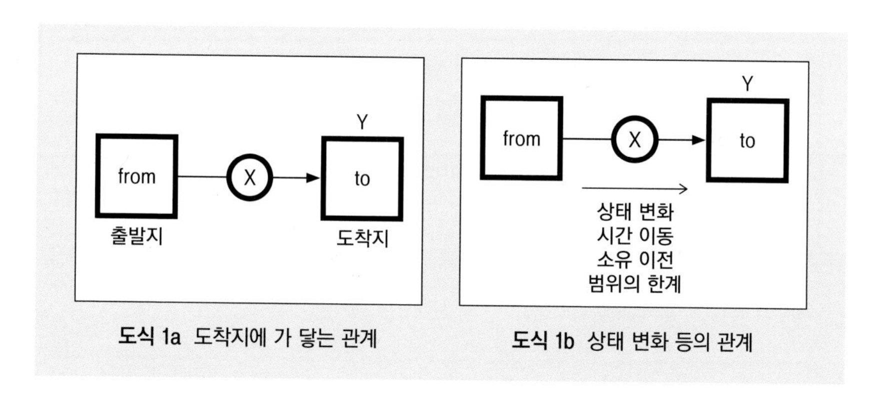

도식 1a 도착지에 가 닿는 관계

도식 1b 상태 변화 등의 관계

1 전치사 용법

다음은 움직임 동사가 쓰여서 이동체가 도착지인 to의 목적어에 이르는 관계를 나타낸다(도식 1a 참조).

1.1 도착지

1.1.1 자동사와 to

a. He went **to** China on business.
그는 업무차 중국에 갔다.

b. He flew **to** Boston.
그는 비행기로 보스턴에 갔다.

c. They moved **to** Gwangju.
그들은 광주로 이사를 갔다.

d. They got **to** Seoul before dark.
그들은 어둡기 전에 서울에 도착했다.

e. The demonstrators took **to** the street.
그 시위자들은 그 거리로 나갔다.

f. I am in trouble, but I have no one to turn **to.**
나는 고통을 당하고 있지만, 찾아갈 사람이 아무도 없다.

g. He clings (on) **to** the hope.
그는 그 희망에 매달리고 있다.

1.1.2 타동사와 to

a. He pushed the desk **to** the wall.
그는 그 책상을 그 벽에 밀었다.

b. He threw the bread **to** the dog.
그는 그 빵을 그 개에게 던졌다.

(계속)

c. He sent the letter **to** Mary.
그는 그 편지를 매리에게 보냈다.

d. We invited them **to** our apartment.
우리는 그들을 우리의 아파트로 초대했다.

e. Put your hand **to** your mouth.
너의 손을 입에 가져다 대어라.

f. Her hair is plastered **to** the head.
그녀의 머리카락은 머리에 딱 들러붙어 있다.

1.2 시간의 한계점

다음에서 전치사 to는 시간 표현과 쓰여서 시간의 한계점을 나타낸다(도식 1b 참조).

a. The store is open from 9 **to** 5 o'clock.
그 가게는 9시에서 5시까지 열려 있다.

b. The hospital opens from 8 **to** 6 o'clock.
그 병원은 8시부터 6시까지 열려 있다.

1.3 범위의 한계점

다음에서 전치사 to는 범위의 한계점을 나타낸다(도식 1b 참조).

a. The prices of computers range from $100 **to** $1,000.
그 컴퓨터의 가격은 100달러에서 1,000달러에 이른다.

b. The job may take from 2 **to** 3 weeks.
그 일은 2~3주 걸릴 것이다.

1.4 변화의 한계점

다음에서 전치사 to는 변화의 한계점을 나타낸다(도식 1b 참조).

a. The temperature rose **to** 20°C.
그 온도가 섭씨 20도까지 올랐다.

b. Oil prices jumped **to** $3 per gallon.
기름값이 갤런당 3달러까지 올랐다.

1.5 지향점

다음에서 전치사 to는 지향점을 가리키는 데 쓰인다.

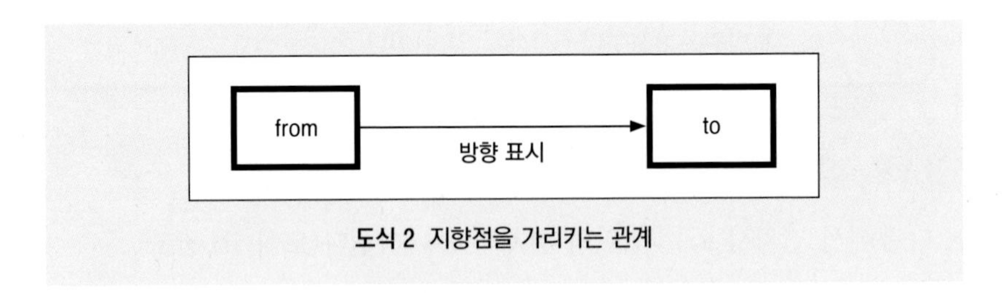

도식 2 지향점을 가리키는 관계

6

a. He pointed **to** the tall building.
그는 그 큰 건물을 가리켰다.

b. He stood with his back **to** the wall.
그는 그의 등을 벽 쪽에 향하고 서 있었다.

c. He likes to listen **to** pop songs.
그는 팝송 듣기를 좋아한다.

d. He indicated **to** me that the task will not be easy.
그는 나에게 그 일이 쉽지 않을 것임을 지적했다.

1.6 시각, 주의의 한계점

다음에서 움직이는 것은 시각, 시선, 주의, 소리 등이다. 이들이 목표에 가 닿는 관계를 전치사 to가 나타낸다.

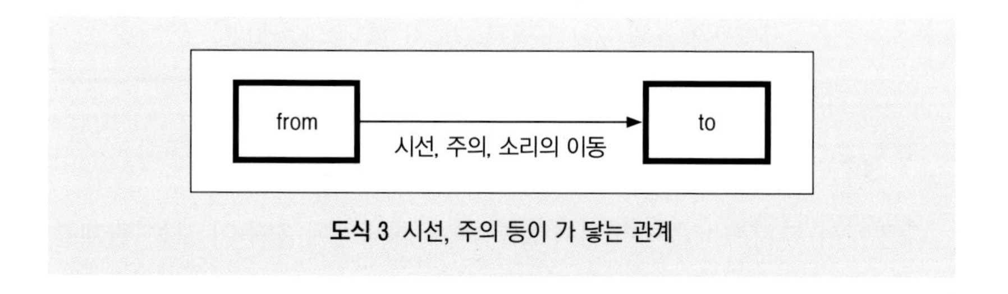

도식 3 시선, 주의 등이 가 닿는 관계

다음 (7a)에서 to는 청각이 그에게 가는 관계이다.

a. Listen **to** him carefully.
그의 말을 귀담아 들어라.

(계속)

b. He seldom spoke **to** us.
그는 우리에게 거의 말을 하지 않았다.

c. The teacher talked **to** us.
그 선생님이 우리에게 말을 하셨다.

d. Let's turn **to** Syria.
시리아에 우리의 관심을 돌립시다.

e. He is looking forward **to** coming home.
그는 귀국을 고대하고 있다.

f. He looked **to** the left.
그는 왼쪽을 바라보았다.

g. He turned **to** us for help.
그는 도움을 얻기 위해서 우리를 돌아봤다. (즉, 우리에게 의존했다.)

h. People look **to** the TV for information about shopping.
사람들은 쇼핑 정보를 얻기 위해서 TV에 의존한다.

1.7 견주어 보기

다음에서 전치사 to는 한 개체 X를 다른 개체 Y에 견주어 보는 관계를 나타낸다.

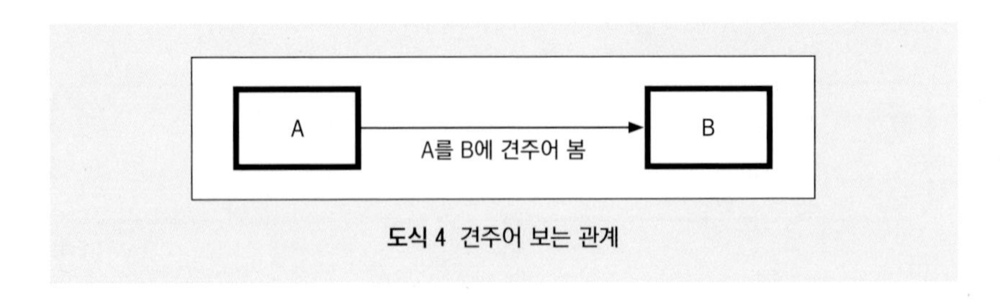

도식 4 견주어 보는 관계

a. The team won the game by 4 **to** 2.
그 팀은 그 게임을 4 대 2로 이겼다.

b. John looks similar **to** his father.
존은 그의 아버지를 닮아 보인다.

2 거리 표시

전치사 to는 이동체가 움직여서 도착지에 이르는 관계를 나타내므로, 어느 지점(시점)에서 도착지까지의 거리를 표현할 수 있다. 이것을 도식화하면 다음과 같다.

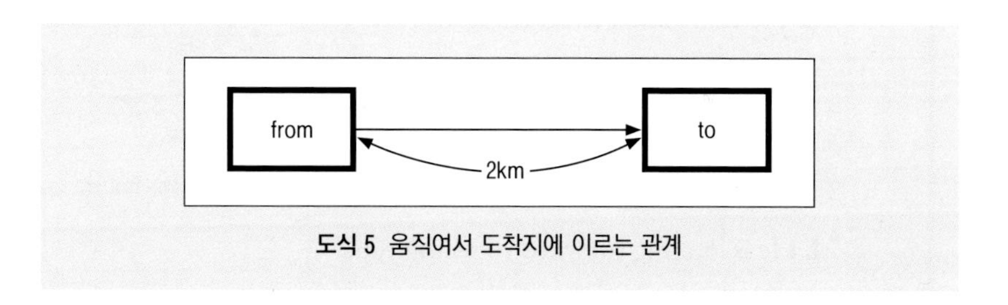

도식 5 움직여서 도착지에 이르는 관계

a. It's 2km **to** the motel.
모텔까지 2킬로미터이다.

b. It is 10 minutes **to** 9.
시간이 9시 10분 전이다.
(즉, 시간이 9시 10분 전에서 9시를 향하고 있다.)

c. We are three weeks **to** the holiday.
우리는 그 휴일 3주 전에 있다.

3 다른 불변사와 전치사 to

전치사 to가 도착 지점을 나타내면 이동의 의미를 갖는 불변사와 함께 쓰일 수 있다. 다음 예들을 살펴보자.

⑩ a. He went **across** from Korea **to** Hong Kong.
그는 한국에서 홍콩으로 건너갔다.

b. He went **ahead to** chapter 2.
그는 2장으로 나아갔다.

c. He ran **away** from home **to** Japan.
그는 집에서 일본으로 도망갔다.

d. He came **back to** Korea from France.
그는 프랑스에서 한국으로 돌아왔다.

e. He drove **down to** Los Angeles from San Francisco.
그는 샌프란시스코에서 로스앤젤레스로 자동차를 타고 내려갔다.

f. He is looking **forward to** seeing you.
그는 당신을 보기를 기대하고 있다.

g. He went **out to** sea.
그는 바다로 나갔다.

h. He handed **over** his car **to** his daughter.
그는 딸에게 그의 차를 넘겨주었다.

i. He drove **through to** California.
그는 (여러 곳을 거쳐) 캘리포니아까지 운전해갔다.

j. He walked **up to** the top of the building from the third floor.
그는 3층에서 빌딩의 꼭대기까지 걸어 올라갔다.

4 to와 on의 비교

전치사 to와 on은 모두 움직이는 개체의 도착지가 된다. 그러나 이 두 전치사의 뜻은 다르다. 다음을 비교해 보자.

11 **a.** The apple fell **to** the ground.
그 사과가 땅에 떨어졌다.

b. The apple fell **on** Tom.
그 사과가 톰에게 떨어졌다.

이 두 전치사 모두 낙하한 도착 지점을 가리킨다. 그러나 to는 단순히 도착 지점을 가리키고, on은 on의 목적어가 영향을 받거나 부담을 지는 사람임을 나타낸다. 다음 예도 마찬가지이다.

a. The job fell **to** him.
그 일이 그에게 떨어졌다. (즉, 할당되었다.)

b. The job fell **on** him.
그 일이 그에게 떨어졌다. (즉, 그가 부담을 느낀다.)

13 **a.** He passed the kimchi **to** me.
그는 그 김치를 내게 밀어주었다.

b. He pushed the kimchi **on** me.
그는 그 김치를 내게 강요했다.

문장 (13a)에서는 김치가 나에게 오는 관계이고, 문장 (13b)에서는 김치를 나에게 강제로 먹이는 관계이다.

5 to와 함께 쓰이는 동사

다음에서 전치사 to와 함께 쓰이는 동사들을 살펴보자.

5.1 자동사와 to

a. Does this dish appeal **to** you?
이 음식이 너의 입맛에 맞니?

b. Your answer does not apply **to** the question.
너의 대답은 그 질문에 맞지 않는다.

c. He does not cater **to** a man in power.
그는 권력자에 아첨하지 않는다.

d. I am happy to contribute **to** the discussion.
나는 이 토론에 기여하게 되어 기쁩니다.

e. Your opinion corresponds **to** me.
너의 견해는 나의 견해에 일치한다.

f. The road sign points **to** the town.
그 길 표시가 그 마을을 가리킨다.

g. He reacted **to** my remark.
그는 내 말에 격렬하게 반응했다.

h. Don't resort **to** violence.
폭력에 호소하지 마시오.

i. He responded **to** my email very quickly.
그는 내 이메일에 곧 대답했다.

(계속)

j. Please stick **to** your decision.
당신의 결정을 고수하기를 바랍니다.

k. Don't be afraid to admit **to** your mistakes.
자신의 실수를 인정하기를 두려워하지 마세요.

l. The empty shops testify **to** the severe recession.
빈 가게들은 심한 경기침체의 증거가 된다.

m. I can swear **to** the fact that he is innocent.
나는 그가 결백하다는 사실을 보증할 수 있다.

5.2 타동사와 to

a. Add this figure **to** the total.
이것을 총액에 더하세요.

b. He assigned the work **to** me.
그는 그 일을 내게 할당했다.

c. He attributed his success **to** good luck.
그는 자신의 성공을 행운이 따른 결과로 보았다.

d. He contributed much **to** the team.
그는 많은 것을 팀에 기여했다.

e. He donated a lot of money **to** the charity.
그는 많은 돈을 자선단체에 기부했다.

f. The bridge will link the island **to** the mainland.
그 다리는 그 섬을 본토에 연결해줄 것이다.

(계속)

g. He matched his tie **to** his suit.
그는 넥타이를 그의 양복에 맞추었다.

h. I owed my success **to** his help.
나는 그의 도움 덕택에 성공했다.

i. The dog is tied **to** a chair.
그 개가 한 의자에 묶여 있다.

6 과정과 전치사 to

6.1 정지

a. The train came **to** a halt.
그 기차가 멈추었다.

b. The meeting came **to** an end at night.
그 회의가 밤에 끝났다.

c. The festival came **to** a close.
그 축제가 끝에 이르렀다.

d. The traffic came **to** a stop.
차들이 멈추어 섰다.

e. The discussion came **to** a conclusion.
그 논의가 결론에 이르렀다.

6.2 결과

a. She brought him back **to** life.
그녀가 그를 다시 소생시켰다.

b. The deer sprang **to** life.
그 사슴이 곧 되살아났다.

c. He smashed the glasses **to** pieces.
그가 그 잔들을 깨뜨려 조각조각 내었다.

d. He tore the papers **to** shreds.
그가 그 종이를 갈기갈기 찢었다.

e. He stoned/starved/beat the animal **to** death.
그는 그 동물을 돌을 던져/굶겨서/때려서 죽였다.

6.3 감정

a. To my surprise, he came alive.
내가 놀랍게도 그는 살아났다.

위 문장에서 to는 그가 살아남이 나의 놀람에 이른다는 것을 말한다. 다음 문장도 같은 방법으로 풀이될 수 있다.

b. To my dismay, he did not show up at the meeting.
내가 당황스럽게도 그는 회의에 나타나지 않았다.

c. To my joy, he came to help me.
내가 기쁘게도 그는 나를 도우러 왔다.

29 TOGETHER

together는 부사로만 쓰인다.

1 부사 용법

부사 together는 서로 떨어져 있거나 흩어져 있던 것이 한자리에 모이는 관계를 그린다. 이것을 도식화하면 다음과 같다. 시점 1에서는 개체들이 흩어져 있지만 시점 2에서는 같은 곳에 모여 있게 된다.

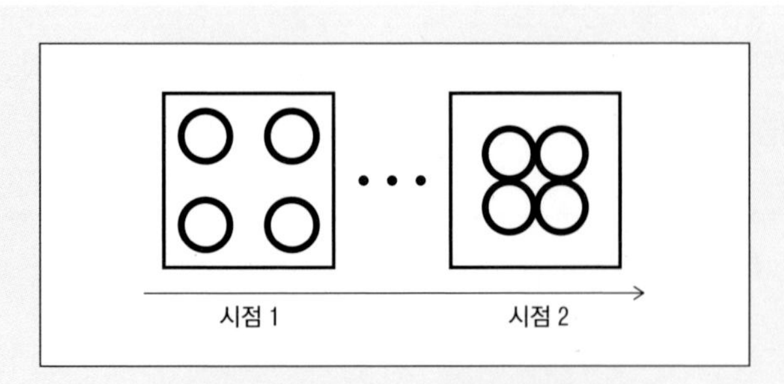

도식 1 부사 용법 : 흩어져 있던 개체들이 한자리에 모이는 관계

이 부사 together를 자동사와 타동사로 나누어 살펴보자.

1.1 자동사

a. The students bunched **together** in the plaza.
그 학생들이 그 광장에 무리 지었다.

b. Small streams come **together** to form a river.
작은 개울들이 모여서 강을 이룬다.

c. The bones fused **together**.
그 뼈들이 접합되었다.

d. Our family got **together** at the New Year's holiday.
우리 가족은 새해 휴일에 모였다.

e. The molecules join **together** to form long strings.
그 분자들은 합쳐서 긴 줄들을 형성한다.

f. They all pull **together** at a time of crisis.
그들은 위기 시에 단합한다.

1.2 타동사

타동사로 쓰일 때 목적어는 두 가지 종류가 있다. 하나는 합쳐지는 개체들이고, 다른 하나는 이들이 합쳐져서 생기는 개체이다. (도식 2a)는 합쳐지는 개체들이 부각되고, (도식 2b)는 개체가 모여서 이루어지는 단위가 부각된다.

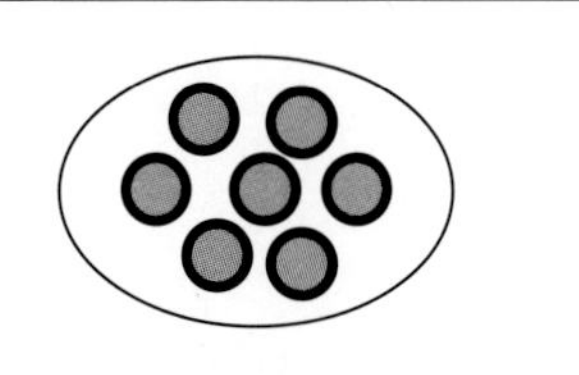

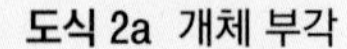

도식 2a 개체 부각

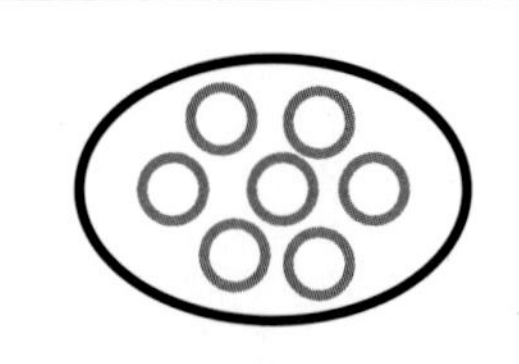

도식 2a 단위 부각

1.2.1 부분 목적어

다음 목적어는 합쳐지는 개체들이다.

a. He mixed the ingredients **together**.
그는 그 재료들을 함께 섞었다.

b. All the pieces are brought **together**.
그 모든 조각들이 함께 합쳐져 있다.

c. Glue the two boards **together**.
그 두 개의 판들을 아교로 붙여라.

d. The student governments of all the different universities are linked **together**.
각 대학별 학생회들은 서로 연계되어 있다.

e. Push **together** the scraps.
그 조각들을 밀어서 (한곳에) 모아라.

1.2.2 개체 목적어

다음에서 목적어는 합쳐져서 이루어진 단위가 된다. (3a) 문장에서는 팀이 생겨나는 관계로 나타낸다.

a. He brought a team of experts **together**.
그는 전문가팀을 구성했다.

b. He tries to hold his family **together**.
그는 자기 가족들을 흩어지지 않게 하려고 노력했다.

c. He kept the country **together**.
그는 그 나라를 흩어지지 않고 뭉쳐 있게 했다.

d. He put the puzzle **together**.
그는 퍼즐들을 맞추었다.

e. He put the evidence **together**.
그는 그 증거들을 짜맞추었다.

f. He pieced **together** a story.
그는 이야기 하나를 짜맞추었다.

30 UNDER

under는 전치사와 부사로 쓰인다.

1 전치사 용법

전치사 under는 X under Y에서 X가 Y의 아래에 있고, Y보다 크기가 작거나 양이 적은 관계를 나타낸다. 이때 Y가 쓰이지 않으면 under는 부사이다. 이것을 도식화하면 다음과 같다.

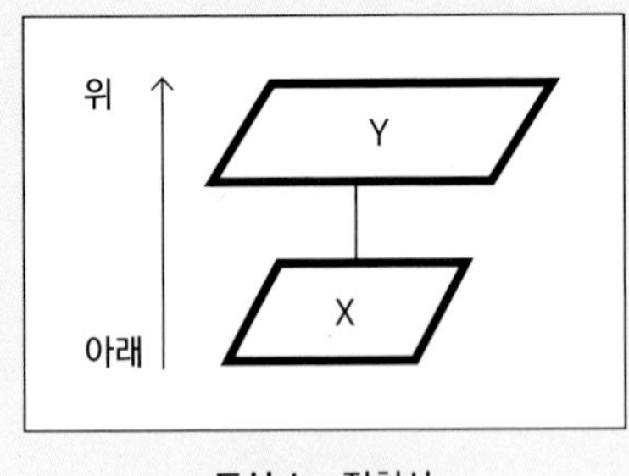

도식 1a 전치사

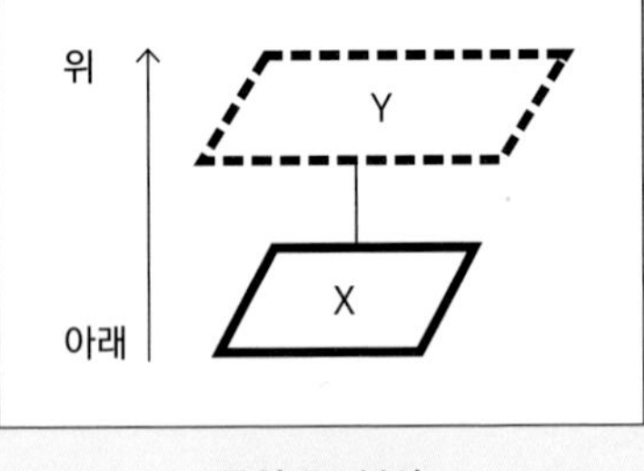

도식 1b 부사

1.1 장소

X under Y에서 X는 위치상 Y의 아래에 있다.

a. Put the box **under** the table.
그 박스를 그 탁자 밑에 놓으세요.

b. Please sign your name **under** mine.
당신의 이름을 내 이름 아래에 쓰세요.

c. Read the caption **under** the illustration.
그 삽화 밑의 제목을 읽으세요.

d. Hold your hands **under** the cold tap.
당신의 손을 찬 수돗물 꼭지 밑에 갖다 대세요.

e. The animal has its home deep **under** the earth.
그 동물은 땅 속 깊은 데 집을 가지고 있다.

1.2 수나 양

X under Y에서 X는 Y보다 작거나 적다.

a. People **under** 19 cannot go to bars.
19세 이하의 사람들은 술집에 갈 수 없다.

b. He weighed **under** 40kg when he was admitted to the hospital.
그가 병원에 입원했을 때 그는 40킬로그램 이하로 몸무게가 나갔다.

(계속)

c. The work took us **under** two hours.
그 일은 2시간이 채 안 걸렸다.

d. What can I buy **under** twenty dollars?
내가 20달러 이하로 무엇을 살 수 있나요?

1.3 영향

X under Y에서 X는 아래에 있고, Y가 X보다 크다는 것은 X가 Y의 영향 아래에 있음을 나타낸다.

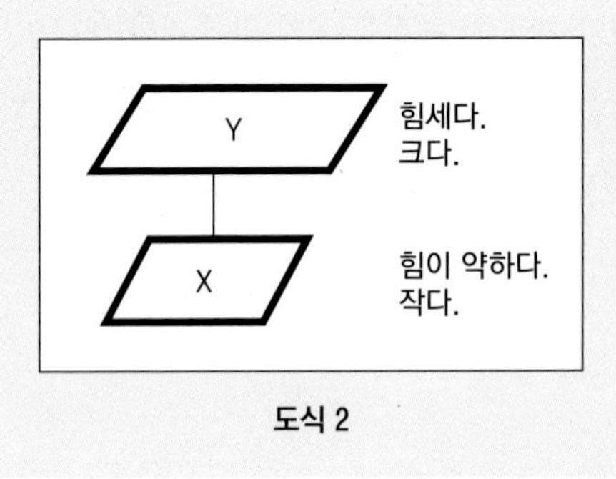

도식 2

a. She has more than 20 employees **under** her.
그녀는 그녀의 휘하에 20명의 직원들을 데리고 있다.

b. The country was **under** the German rule.
그 나라는 독일의 지배하에 놓여 있었다.

c. We are **under** pressure to sell the house.
우리는 그 집을 팔아야 하는 압력하에 있다.

(계속)

d. The militants are **under** attack.
그 반란군은 공격을 받고 있다.

e. A change of rule is **under** discussion.
규칙의 변화가 논의 중에 있다.

under는 다음과 같은 표현과 자주 쓰인다.

under command 명령하에	under consideration 고려 중에
under control 통제하에	under development 개발 중에
under fire 비난하에	under leadership 지도하에
under quarantine 격리 중에	under seizure 점령하에
under scrutiny 조사 중에	under threat 협박하에
under water 수중에	under way 진행 중에

이 관계가 be 동사와 쓰이면 관계가 시간 속에 일어나는 과정이 된다.

a. We are **under** attack.
우리는 공격받고 있다.

b. The riot is **under** control.
그 폭동은 통제되고 있다.

c. The road is **under** construction.
그 길은 건설 중이다.

d. The bill is **under** consideration.
그 법안은 논의 중이다.

e. The city is **under** seizure.
그 도시는 점령하에 있다.

1.4 분류

X under Y에서 X가 Y의 아래에 있다는 것은 X가 Y의 범주에 속함을 뜻한다.

a. Put tomatoes **under** the category of vegetables.
토마토를 채소 범주 아래 넣어라.

b. The ring can be found **under** accessories.
그 반지는 장신구 범주 아래에서 찾을 수 있다.

c. These books are classified **under** 'novel'.
이 책들은 '소설류'에 분류가 된다.

d. The information is filed **under** the 'crime'.
그 정보는 '범죄' 항목 아래에 정리 보관되어 있다.

e. Bulguksa is categorized **under** the cultural heritage site.
불국사는 문화유적지로 분류되어 있다.

다음에 쓰인 문장의 동사는 이동동사이므로 이동체가 Y 아래를 지나가는 관계이다.

a. The ball rolled **under** the table.
그 공이 탁자 밑으로 굴러 들어갔다.

b. The boat passed **under** the bridge.
그 보트는 그 다리 밑을 지나갔다.

c. The cat ran **under** a parked car.
그 고양이는 주차된 차 밑에 달려 들어갔다.

d. The tunnel goes **under** a river.
그 터널은 강 밑을 지난다.

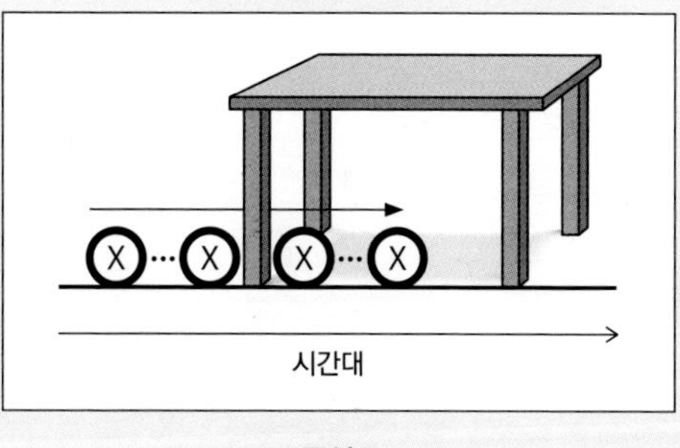

도식 3

2 부사 용법

X under Y에서 Y가 화맥, 문맥, 세상 지식으로부터 추리가 가능하면 생략된다. 이때 under는 부사이다.

a. He dived into the river and stayed **under** for three minutes.
그는 강물에 잠수해서 3분 동안 물 밑에 있었다.
(여기서 under는 under the water의 뜻이다.)

b. Children twelve and **under** must be accompanied by their parents.
12살과 12살 미만의 아이들은 그들의 부모와 동행해야 한다.
(여기서 under는 under 12의 뜻이다.)

c. He pulled up the cover and crawled **under**.
그는 그 커버를 들추고 그 밑을 기어갔다.
(여기서 under는 under the cover의 뜻이다.)

d. He felt himself going **under**.
그는 의식을 잃어간다고 느꼈다.

UNTIL

until은 전치사로만 쓰인다.

1 전치사 용법

until은 X until Y에서 X는 상태나 과정이고, 이것이 Y가 가리키는 시점까지 지속됨을 나타낸다. 이것을 도식화하면 다음과 같다.

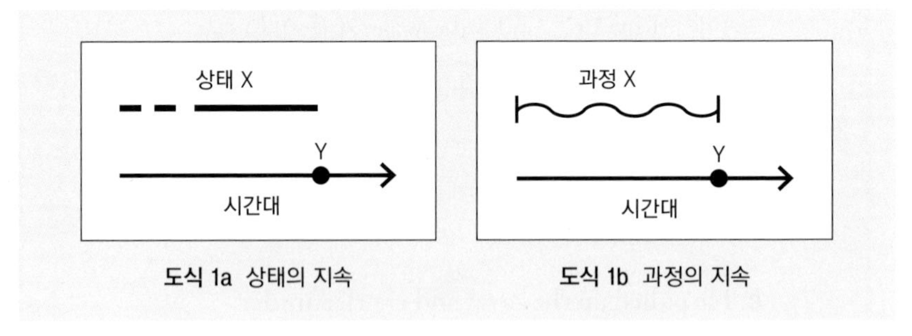

도식 1a 상태의 지속 도식 1b 과정의 지속

(도식 1a)에서 X는 선으로 표시되어 있다. 이것은 상태를 나타내는데 상태는 시작과 끝이 분명하지 않고 상태는 변화가 없으므로, 이것을 표현

하기 위해 선을 사용했다. (도식 1b)에서 X는 물결로 표시되어 있다. 이것은 과정을 나타내는데 과정은 시작과 끝이 있고 그 사이에는 변화가 있다. 이러한 관계를 물결이 나타낸다. 두 그림은 상태나 과정이 Y지점까지 지속됨을 나타낸다.

1.1 상태의 지속

a. He was sick **until** last week.
그는 지난주까지 아팠다.

b. She was poor **until** her marriage to the rich man.
그녀는 그 부자 남자와 결혼하기 전까지 가난했다.

1.2 과정의 지속

a. We are staying in Korea **until** next week.
우리는 다음 주까지 한국에 머무를 것이다.

b. He worked **until** late last night.
그는 지난 밤 늦게까지 일했다.

c. The party went on **until** well after the midnight.
그 파티는 자정 훨씬 넘어서까지 계속되었다.

2 until과 부정어

until이 부정어 no나 not과 함께 쓰이면 until이 지시하는 시점까지 아무 일이 없음을 가리킨다.

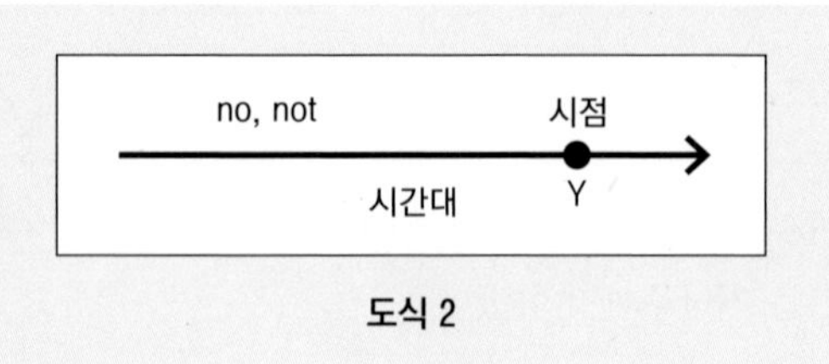

도식 2

③

a. There will be no holiday **until** December.
12월까지는 휴일이 없을 것이다.

b. He went abroad to study few years ago, and did not return **until** 2019.
그는 몇 년 전 유학을 갔고 2019년까지 돌아오지 않았다.

c. Not **until** her husband's death, did she realize how happy she was.
남편이 돌아가기 전까지 그녀는 자신이 얼마나 행복했는지 알지 못했다. (즉, 남편이 돌아가고 난 후에 깨달았다.)

d. She did not come downstairs **until** 11 am.
그녀는 오전 11시까지 아래층으로 내려오지 않았다.

3 until과 기간 표시

until은 어느 시점에서 다음 시점까지의 기간을 나타낼 수 있다.

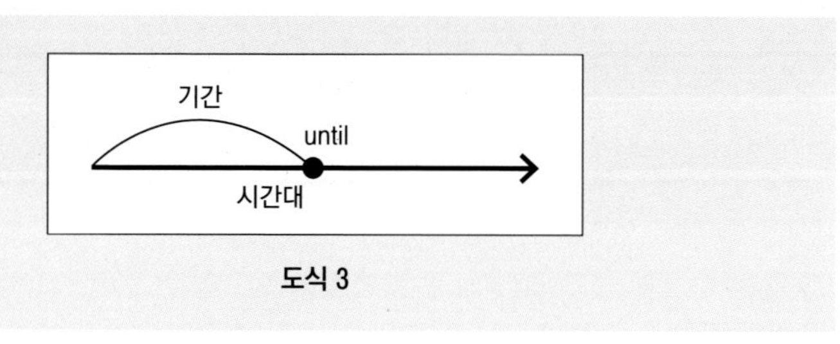

도식 3

a. It was only one month **until** the exam.
시험까지 딱 한 달이었다. (즉, 한 달이 남아 있었다.)

b. There is barely one hour **until** the departure.
출발까지 겨우 1시간이 있다. (즉, 1시간이 남아 있다.)

32

UP

up은 전치사와 부사로 쓰인다. 먼저 전치사 용법부터 살펴보자.

1 전치사 용법

전치사 up은 이동체 X가 기준이 되는 Y의 아래에서 위로 올라가는 관계를 나타낸다. 이것을 도식화하면 다음과 같다. (도식 1a)에서 이동체 X는

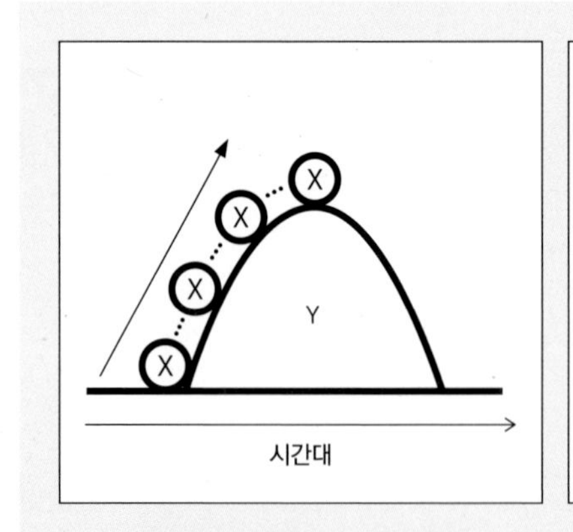

도식 1a 전치사 : 시간 고려

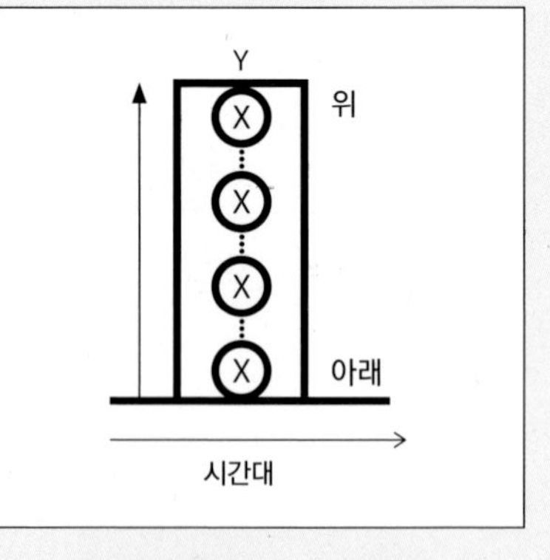

도식 1b 전치사 : 시간 배제

시간이 지나면서 그 위치가 점점 높아진다. 시간을 고려하지 않으면 (도식 1a)는 (도식 1b)로 합체될 수 있다. X up Y에서 Y가 쓰이지 않으면 up은 부사이다. up의 전치사 용법을 자동사와 타동사로 나누어 살펴보자.

1.1 자동사와 타동사

1.1.1 자동사

다음 문장에는 자동사가 쓰였고, 주어는 산 위쪽으로 움직인다.

a. He walked **up** the hill.
그는 그 산을 올라갔다.

b. The monkey climbed **up** the tree.
그 원숭이가 그 나무를 기어 올라갔다.

c. The child ran **up** the stairs.
그 아이가 그 계단을 올라갔다.

1.1.2 타동사

다음 문장에는 타동사가 쓰였다. 타동사의 목적어가 up의 목적어의 위쪽으로 옮겨간다.

a. He carried the bucket **up** the ladder.
그는 양동이를 그 사다리 위로 들어올렸다.

b. She carried the baby **up** the stairs.
그녀가 아기를 데리고 그 계단을 올라갔다.

c. He took a stone **up** the mountain.
그는 돌 하나를 그 산 위로 들고 올라갔다.

1.2 올라가 있는 관계

위에서 살펴본 전치사 up은 아래에서 위로 올라가는 과정과 결과를 그린다. 다음 (도식 2a)에서는 전 과정이 부각되어 있다. 그러나 (도식 2b)에서 up은 올라가 있는 결과만을 부각시킨다.

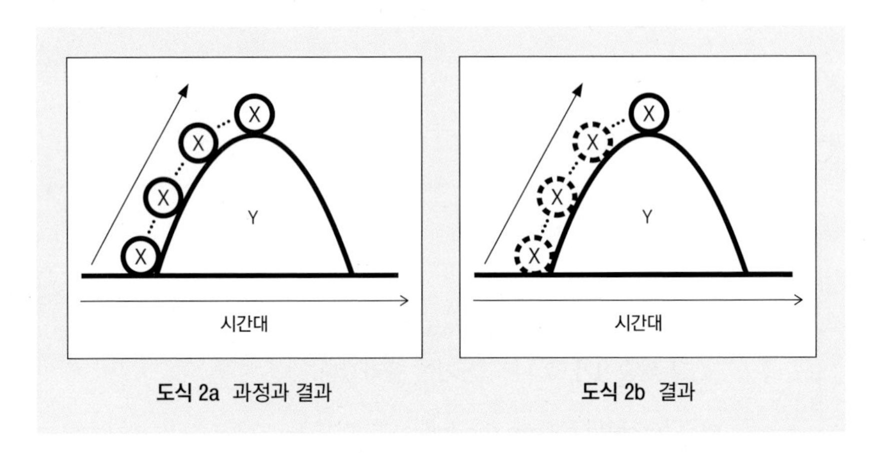

도식 2a 과정과 결과 도식 2b 결과

(도식 2b)와 같이 올라가는 과정은 부각되지 않고 마지막 결과만 부각되는 예를 살펴보자. (3a) 문장에서 up은 올라가 있는 결과의 뜻만 나타낸다.

a. The temple is **up** the hill.
그 사원은 그 산의 위쪽에 있다.

b. The university is three blocks **up** the road.
그 대학은 그 길 따라 세 구역 올라간 곳에 있다.

1.3 주관적 이동

위 문장에서 절이나 대학 건물은 움직임이 없다. 그런데도 이동성이 있는 up과 쓰였다. 정지와 운동, 이 둘은 상충된다. 그러면 왜 up이 쓰였을까? 이것은 주관적 움직임으로 절이나 대학의 위치를 확인하기 위해서는 화자의 시선이 산이나 길을 따라 올라가는 것으로 볼 수 있다. 그래서 up이 쓰인다.

2 부사 용법

X up Y에서 Y가 쓰이지 않으면 up은 부사이다. (도식 3a)는 전치사 관계이고, (도식 3b)는 부사의 관계이다. (도식 3a)에는 Y가 명시되어 있으나, (도식 3b)에는 Y가 명시되어 있지 않다. 부사 up은 기본적으로 공간상의 이동, 즉 아래에서 위로 움직이는 관계를 나타내지만, 이 관계는 우리의 경험과 결부되어 여러 가지 비유적인 뜻을 갖는다.

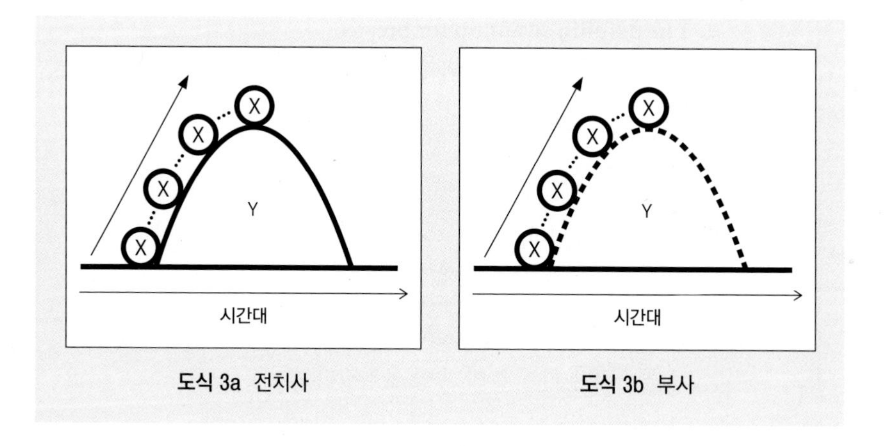

도식 3a 전치사　　도식 3b 부사

2.1 아래에서 위로 올라오는 관계

다음에서 up은 아래에서 위로 움직이는 관계를 그린다. 이 움직임은 물 밑에서 수면으로, 땅에서 공중으로, 공중에서 더 높은 곳으로의 이동이 될 수 있다. 이 관계를 자동사와 타동사로 나누어 살펴보자.

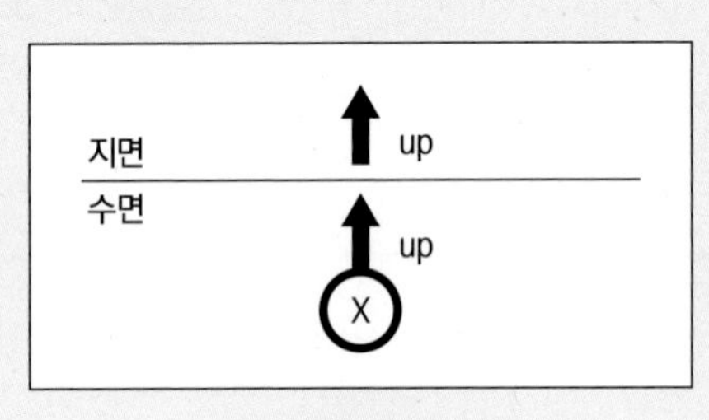

도식 4 위로의 움직임

2.1.1 자동사

다음 문장에는 자동사가 쓰였다.

a. The dolphin swam **up** for breath.
그 돌고래가 숨을 쉬기 위해서 헤엄쳐 올라왔다.

b. The sun came **up**.
태양이 올라왔다.

c. The player jumped **up** to catch the ball.
그 선수가 공을 잡기 위해서 뛰어올랐다.

d. The eagle soared **up** high into the sky.
그 독수리가 하늘 높이 솟아 올라갔다.

e. The mountaineer climbed 1,000 kilometers **up**.
그 등반가는 1,000킬로미터를 올라갔다.

2.1.2 타동사

다음에서 타동사와 쓰여서 올라가는 것은 목적어이다.

a. We ran the flag **up**.
우리는 그 국기를 올렸다.

b. We wound the window **up**.
우리는 (손잡이를) 돌려서 그 창문을 올렸다.

c. The crane lifted the container **up**.
그 기중기가 그 컨테이너를 들어올렸다.

d. He heaved **up** the heavy box.
그는 그 무거운 상자를 힘들게 올렸다.

e. He picked **up** a bucket from the floor.
그는 양동이를 마루에서 집어 올렸다.

f. The nurse hoisted **up** the patient.
그 간호사가 그 환자를 승강장치로 끌어올렸다.

2.1.3 내려오는 힘에 맞서기

다음에서 up은 위에서 내려오는 힘에 맞서는 관계를 그린다.

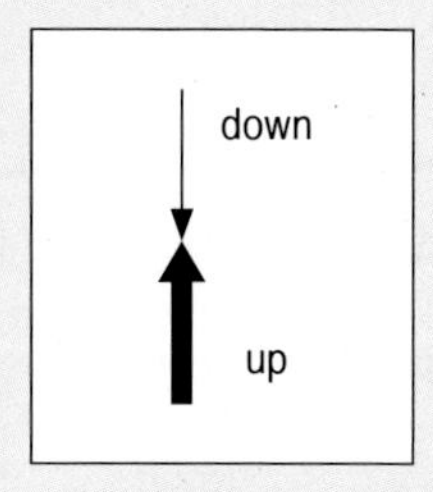

도식 5 내려오는 힘에 맞서는 관계

다음 (6a) 문장에서 벽은 내려오려 하고 있고, 이것을 떠받치는 관계를 up이 나타낸다.

a. He shored **up** the falling wall with a piece of timber.
그는 기울어지는 벽을 나무 하나로 떠받쳤다.

b. The roof is held **up** by four steel posts.
그 지붕은 네 개의 철강 기둥으로 떠받쳐진다.

c. He propped **up** his head with a few cushions.
그는 쿠션 몇 개로 자기 머리를 떠받쳤다.

d. He failed to back **up** his claim.
그는 자기 주장을 뒷받침하는 데 실패했다.

2.1.4 아래에서 위로 뒤집기

다음에서 up은 밑에 있는 것이 올라온 상태를, 그리고 이것은 또 혼란한 상태를 나타낸다.

a. The tanks churned **up** mud on the road.
그 탱크들이 그 길 위의 진흙을 뒤집어놓았다.

b. The horses kicked **up** dust.
그 말들이 먼지를 일으켰다.

c. He stirred **up** the eggs and cream.
그는 달걀과 크림을 휘저어 일게 했다.

d. She whipped **up** the cream.
그녀는 그 크림을 저어서 거품이 일게 했다.

혼란한 상태

다음에서 up은 구겨지거나 어지러운 상태를 나타낸다. (8a) 문장에서 crumple은 구기는 과정이고, up은 구겨진 상태를 나타낸다.

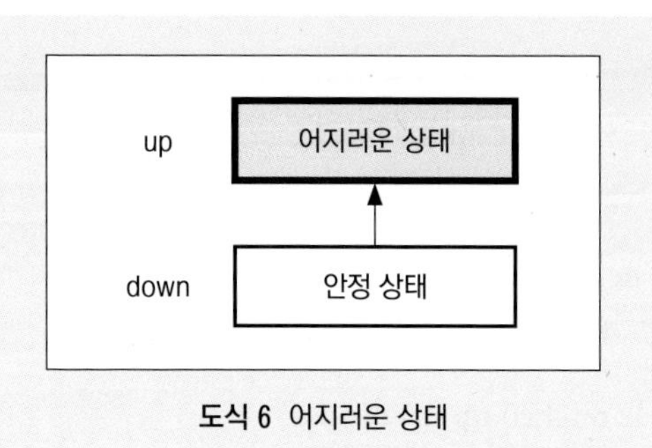

도식 6 어지러운 상태

⑧
a. He crumpled **up** his letter and threw it into the trash can.
그는 그 편지를 완전히 구겨서 쓰레기통에 버렸다.

b. The baby messed **up** his mother's hair.
그 아기가 엄마의 머리를 헝클어놓았다.

c. He screwed things **up**.
그는 일을 엉망으로 만들었다.

d. The boss shook **up** the department.
그 과장은 그 과를 확 개편했다.

e. The bad news stirred me **up**.
그 나쁜 소식이 내 마음을 흔들어 놓았다.

■ 음식이 위에서 올라오는 상태

다음에서 up은 먹은 음식을 올리는 관계를 그린다. 즉, 음식이 위에서 입으로 올라오는 관계를 그린다. 다음 (9a) 문장에서는 그가 아침에 먹은 것이 올라온 결과를 up이 나타낸다.

a. He brought **up** his breakfast.
그는 아침 먹은 것을 게워 올렸다.

b. The dog heaved **up** most of the chocolate.
그 개가 그 초콜릿의 대부분을 게워 올렸다.

c. He retched **up** his dinner.
그는 저녁에 먹은 것을 게워 올렸다.

d. He threw **up** his lunch.
그는 점심에 먹은 것을 게워 올렸다.

e. The pregnant woman vomited **up** her dinner.
그 임산부가 저녁에 먹은 것을 게워 올렸다.

■ 위로 올려 보는 상태

다음에서 up은 시선을 위로 하거나 사람을 우러러 보는 관계를 나타낸다.

a. I will leave this **up** to you.
나는 이것을 (나보다 높은) 당신에게 맡기겠습니다.

b. I look **up** to my professor.
나는 내 교수님을 우러러 본다.

(계속)

c. I offer **up** my prayer.
나는 내 기도를 (하느님께) 바친다.

d. He glanced **up** at the stranger.
그는 그 낯선 이를 힐끔 보았다.

■ 불길에 타오르는 상태

불길이 타오르고 무엇이 폭파되면 파편들이 위로 올라간다. 다음에서 up은 이러한 관계를 그린다.

a. The trees flamed **up** in the forest fire.
그 나무들은 산불에 타올랐다.

b. The house went **up** in flames.
그 집이 불길 속에 타올랐다.

c. They blew **up** the building.
그들은 그 건물을 폭파시켜 타오르게 했다.

2.2 증가하는 관계

2.2.1 늘어나거나 커지는 상태

이동체가 위로 올라가는 관계를 나타내는 up은 수나 양이 많아지는 관계를 나타낸다. 다음 도식에서 up은 시간이 지남에 따라 수나 양이 늘어나는 관계를 보여준다. 이것은 이동체가 시간이 지나면서 높이가 높아지는 관계와 같다. 이것을 자동사와 타동사로 나누어 살펴보자.

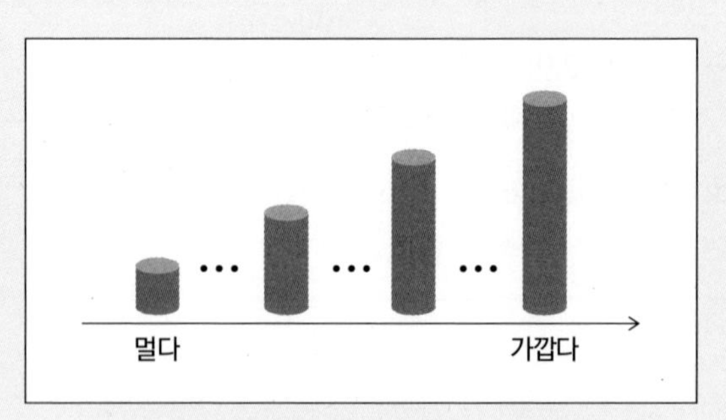

도식 7 이동체가 기준에 가까우면 커 보이는 관계

■ 자동사

a. Prices went **up**.
물가가 올라갔다.

b. The temperature came **up**.
기온이 올라갔다.

c. The snow banked **up** against the wall.
눈이 바람에 쓸려 담 쪽으로 쌓여 있었다.

d. The government urged people to stock **up** on rice.
정부가 사람들에게 쌀을 비축하라고 촉구했다.

e. He has been saving **up** on gas.
그는 자동차 기름을 절약해 오고 있다.

■ 타동사

a. She laid **up** lots of rice for the winter.
그녀는 겨울을 대비해서 쌀을 비축했다.

b. Rubbish is piled **up** along the street.
쓰레기가 그 길을 따라 쌓였다.

c. The kid is stacking **up** the Lego blocks.
그 아이가 레고 블록을 쌓아올리고 있다.

d. He scraped **up** enough money for the trip.
그는 그 여행에 충분한 돈을 긁어모았다.

e. Squirrels store **up** acorns for the winter.
다람쥐들이 겨울을 나기 위해 도토리를 비축한다.

2.2.2 모아서 크게 만드는 상태

다음에서 up은 작은 단위를 모아서 하나의 큰 단위를 만드는 관계를 그린다.

a. He added **up** the figures.
그는 그 숫자들을 합쳤다.

b. He counted **up** the scores.
그는 그 점수들을 합산했다.

c. He summed **up** the main points of the articles.
그는 그 기사의 요점들을 요약했다.

건물을 세울 때 건물은 점점 높이 올라가면서 완성된다. 다음에서 up은 없던 것이 생기는 관계를 그린다.

■ 자동사

a. A crisis is breaking **up**.
위기가 생기고 있다.

b. A crisis cropped **up**.
위기가 발생했다.

c. Coffee shops are popping **up** all over the city.
커피숍들이 그 도시 전 곳에 속속 들어서고 있다.

■ 타동사

a. He set **up** a tent.
그는 텐트를 세웠다.

b. He opened **up** a coffee shop.
그는 커피숍을 열었다.

c. He wrote **up** a book from his notes.
그는 그 노트를 써서 책을 한 권 써내었다.

d. He drew **up** a plan.
그는 계획을 작성했다.

e. He made **up** the story.
그는 그 이야기를 지어냈다.

f. I plucked **up** my courage.
나는 용기를 만들어냈다.

2.2.3 부피가 커지는 상태

다음에서 up은 사람이나 개체의 부피가 커지는 상태를 나타낸다. 다음 도식에서 주어진 물체는 시간이 지나면서 부피가 커진다. 다음 (17a) 문장에서는 그의 몸이 불어난다.

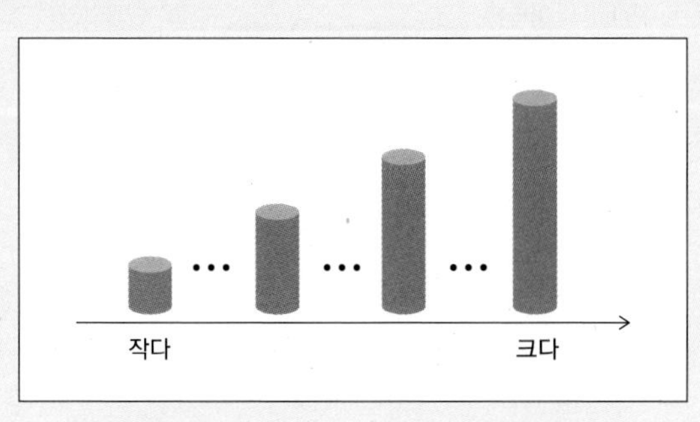

도식 8 시간이 지나면서 X의 부피가 커지는 관계

a. He bulked **up** his body.
그는 그의 몸을 늘렸다.

b. She puffed **up** her cheek.
그녀는 뺨을 볼록하게 했다.

c. He pumped **up** his tire.
그는 타이어에 바람을 넣어서 불어나게 했다.

d. His ankle swelled **up**.
그의 발목이 부풀어 올라왔다.

2.2.4 강한 쪽으로의 상태 변화

다음에서 up은 상태가 강한 쪽으로의 변화를 나타낸다. (18a) 문장에서는 방이 환해지거나 더 환해지는 관계를 up이 나타낸다.

다음 도식에서는 방이 어두운 상태에서 밝은 상태로 변한다. 방이 밝아진다는 것은 어둠이 줄어들고 밝음이 커지는 관계이고 up은 이 관계를 포착한다.

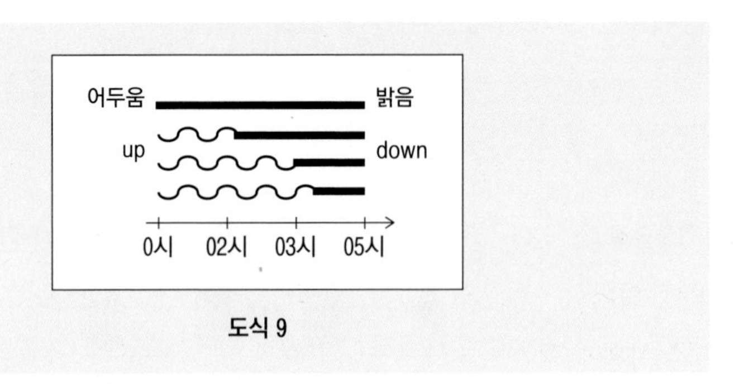

도식 9

▬ 자동사

다음 문장에는 자동사가 쓰였다.

a. After the decoration, the room brightened **up**.
그 장식을 한 후에 그 방이 (더) 환해졌다.

b. He quickened **up**.
그는 속도를 (더) 높였다.

c. The economy is picking **up**.
나라 경제가 좋아지고 있다.

▬ 타동사

a. He sharpened **up** his knife.
그는 칼날을 (더) 날카롭게 했다.

b. The trip sweetened him **up**.
그 여행이 그의 기분을 (더) 좋게 했다.

(계속)

c. He straightened **up** the iron rod.
그는 그 쇠막대기를 (더) 곧게 폈다.

d. The upcoming meeting tensed me **up**.
그 다가오는 회의가 나를 (더) 긴장시켰다.

2.2.5 좋은 쪽으로의 상태 변화나 유지

다음에서 up은 좋은 상태가 되는 관계를 그린다. 영어에서의 은유 가운데 하나는 '좋음은 높고, 나쁨은 낮다'는 은유이다. 이 은유적 표현을 자동사와 타동사로 나누어 살펴보자.

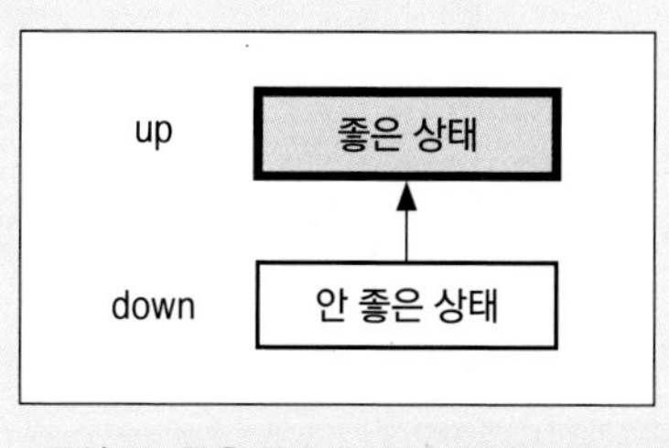

도식 10 좋은 쪽으로의 상태 변화 관계

■ 자동사

a. Things are looking **up**.
모든 일이 잘 되어 가고 있다.

b. Sales are picking **up**.
판매가 나아지고 있다.

(계속)

c. I must brush **up** on my Korean before I go to Korea.
나는 한국에 가기 전에 나의 한국어 실력을 다듬어서 되살려야 한다.

d. He kept **up** with his work.
그는 그의 일을 좋은 상태로 유지했다.

■ 타동사

a. He tuned **up** his engine.
그는 엔진을 조절해서 좋은 상태가 되었다.

b. He tidied **up** his room.
그는 자기 방을 정돈하여 깔끔하게 했다.

c. The fresh sea wind will set him **up**.
그 상쾌한 바닷바람이 그의 기분을 좋아지게 할 것이다.
(him은 환유적으로 그의 마음을 가리킨다.)

d. We cheered him **up**.
우리는 그의 기분을 북돋아 주었다.

e. A glass of cool beer will perk him **up**.
시원한 맥주 한 잔이 그의 생기를 돋우었다.

2.3 접근

어느 사람이 먼 데서 다가오면 거리가 가까워짐과 동시에 점점 크게 보인다. up은 이 두 가지 관계, 즉 가까워짐과 커짐을 나타낸다. 이것은 (도식 11a)와 같이 도식화할 수 있다.

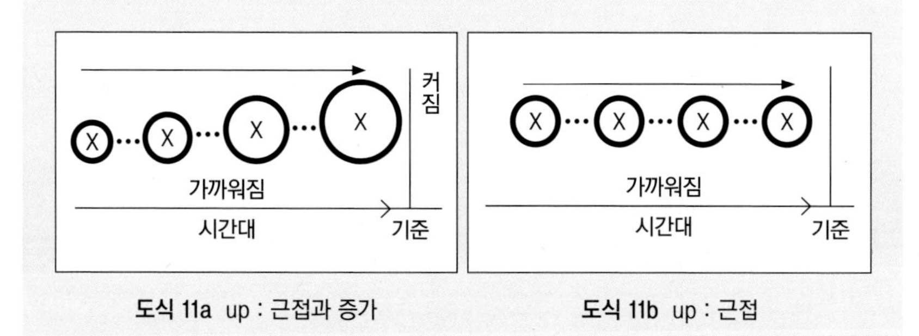

도식 11a up : 근접과 증가

도식 11b up : 근접

(도식 11a)는 부사 up의 도식이다. 멀리 있던 물체가 기준에 다가오면 이동체와 기준 사이의 거리가 가까워진다. 동시에 이동체는 커 보이게 된다.

다음에서 이 가까워짐이 부각되어 있다. (도식 11b)는 크기는 무시하고 가까워짐만 부각되어 있다. 이 up이 나타내는 관계를 자동사와 타동사로 나누어 살펴보겠다.

■ 자동사

a. He came **up** to me.
그는 내게 다가왔다.

b. The car backed **up** to me.
그 차가 뒤로 내게 다가왔다.

c. I will catch **up** with him.
나는 가까이 다가가서 그와 이야기를 나누겠다.

d. The soldiers closed **up** when a truck was coming **up**.
군인들은 트럭이 다가오자 간격을 좁혔다.

(계속)

e. He was hit in the stomach and doubled **up**.
그는 배를 맞고, 완전히 고꾸라졌다.
(즉, 머리가 구부러져서 배에 가까워진다.)

f. They met **up** at a coffee shop.
그들은 서로 다가가서 커피숍에서 만났다.

타동사

다음 문장에는 타동사가 쓰였고, (23a) 문장에서는 그의 차가 대문에 가까이 간다.

a. He pulled his car **up** to the gate.
그는 그의 차를 대문 가까이 몰고 왔다.

b. He rounded **up** the cattle.
그가 소떼를 몰아서 소들이 한곳에 모이게 했다.

c. He called **up** all his friends.
그는 자기 친구들을 다 불러 모았다.

d. He buckled **up** his seatbelt.
그는 안전벨트를 걸어 잠갔다.

다음에서 up은 두 부분이 서로 다가가서 맞닿거나 한 부분이 다른 부분에 가서 맞닿는 관계를 나타낸다.

(도식 12a)에서는 X가 Y에 가서 만나고 (도식 12b)에서는 X와 Y가 둘 다 움직여서 만난다.

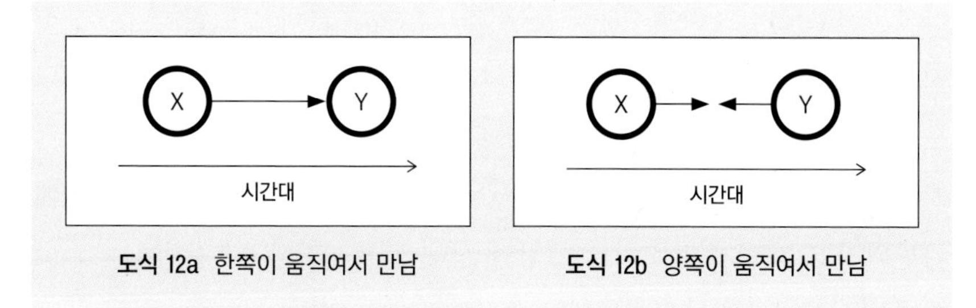

도식 12a 한쪽이 움직여서 만남

도식 12b 양쪽이 움직여서 만남

다음 (24a) 문장에서처럼 종이를 접으면 종이의 두 끝이 맞닿게 된다. 마찬가지로, 베인 곳이 아물면, 양쪽이 닿게 된다.

a. She folded **up** the paper.
그녀는 그 종이의 두 끝이 맞닿게 접었다.

b. Shut **up** your mouth.
입을 다물어라.

c. He closed **up** the window.
그는 창문을 닫았다.

d. The doctor sewed **up** the cut.
그 의사가 베인 자리를 꿰매어 맞붙게 했다.

e. The doctor stitched **up** my finger.
그 의사는 나의 손가락을 꿰매서 붙였다.

2.4 과정의 한계

up은 과정의 한계를 나타낸다. 이 뜻은 다음과 같은 우리의 경험에서 온다. 유리잔에 물을 부으면 수면이 점점 올라가서 컵의 위 가장자리에 가까워지고 가장자리에 이르면 수면은 더 이상 올라가지 않는다. 즉, 정지 상태에 들어간다. 이러한 경험에서 up은 가까워짐(2.2 참조)과 정지의 두 가지 뜻을 갖게 된다. 이 정지 상태가 과정의 완성이나 한계이다.

(도식 13)을 살펴보면 시간이 지남에 따라 수면이 용기의 가장자리에 가까워지고 가장자리에 이르면 정지 상태에 들어간다. 다음에서는 up이 과정의 완성이나 한계를 나타내는 예를 살펴보겠다.

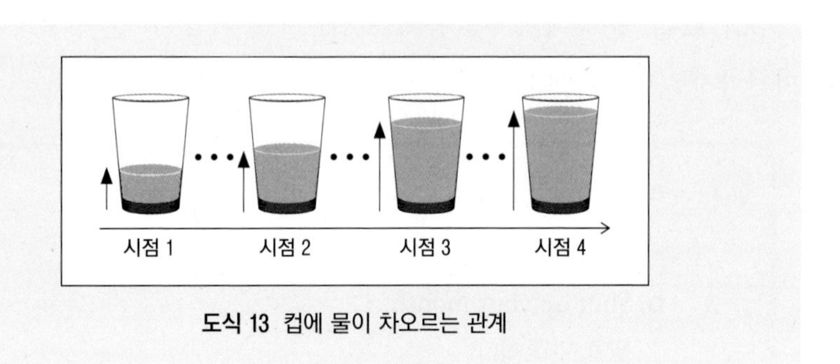

도식 13 컵에 물이 차오르는 관계

2.4.1 묶는 과정

up이 묶거나 덮는 뜻을 갖는 동사와 쓰이면 완전히 묶이거나 덮이는 결과를 나타낸다. 다음 (25a) 문장에서 그 범인은 묶여서 꼼짝 못하게 된다.

a. Police bound **up** the criminal in a leather strap.
경찰은 그 범인을 가죽 끈으로 꽁꽁 묶었다.

b. The sheriff tied the crook **up**, and took him to a cell.
그 보안관이 그 사기꾼을 꽁꽁 묶어서 감방으로 데리고 갔다.

c. The box should be taped **up** to prevent damage.
그 박스를 피해를 막기 위해서 테이프로 완전히 봉해야 한다.

2.4.2 비우는 과정

다음 (도식 14)에서는 시점 1에서 잔에 물이 가득 차 있고, 시간이 지나면서 물이 줄어들어 마지막 시점에서는 잔이 비워지는 관계를 up이 나타낸다. 잔이 완전히 비워지는 관계도 up이고, 반대로 비워진 잔이 완전히 채워지는 관계도 up이다.

도식 14 컵에 물이 비워지는 관계

■ 타동사

a. Drink **up** your milk.
너의 우유를 다 마셔라.

b. He used **up** all his money.
그는 그의 모든 돈을 다 써 버렸다.

c. She cleaned **up** her room.
그녀는 자기 방을 깨끗하게 청소했다.

d. Finish **up** your work before 6.
6시 이전에 너의 일을 다 마쳐라.

e. He bought **up** all the toys.
그는 그 장난감을 모두 샀다.

자동사

a. The sky cleared **up**.
하늘이 완전히 개었다.

b. The candle burned **up**.
양초가 다 타버렸다.

2.4.3 채우는 과정

다음에서 up은 그릇이 다 차는 관계를 나타낸다. (28a) 문장에서 up은 건전지에 전기가 가득찬 관계를 나타낸다.

타동사

a. He charged **up** his battery.
그는 건전지를 가득히 충전했다.

b. He filled **up** her glass.
그는 그녀의 잔을 가득 채웠다.

c. He loaded **up** the truck.
그는 그 트럭에 짐을 가득 실었다.

d. He packed **up** his suitcase.
그는 자신의 여행 가방을 차곡차곡 다 채웠다.

e. The onions smelled **up** the kitchen.
양파 냄새가 온 부엌을 채웠다.

자동사

29
a. He drove into a gas station, and fueled **up**.
그는 주유소로 들어가서 휘발유를 가득 채웠다.

b. Before taking a long trip, tank **up**.
장기 여행을 떠나기 전에 연료를 가득 채워라.

c. I will top **up** your glass of beer.
당신의 맥주잔을 내가 채우겠다.

d. All the flights to Hawaii were booked **up**.
하와이로 가는 비행기가 모두 예매되었다.

e. He wound his watch **up**.
그는 그의 시계의 태엽을 끝까지 감았다.

2.4.4 여러 단계로 이루어진 과정

다음에서 up은 여러 단계를 거쳐서 어떤 일이 끝나는 상태를 그린다.

자동사

30
a. He ended **up** in a bar.
그는 (이리저리 다니다) 결국 술집에 있게 되었다.

b. He wound **up** begging for food.
그는 (이런 일 저런 일을 하다) 마침내 음식을 구걸하게 되었다.

c. The incident led **up** to a war.
그 작은 사고는 (여러 관련된 사건을 거쳐서) 전쟁에 이르렀다.

d. I took a long vacation in Korea and finished **up** in Busan.
나는 긴 휴가를 가지며 한국의 이곳저곳을 돌아다니다 부산에서 여행을 끝냈다.

(계속)

e. He took the wrong bus and ended **up** in Gwangju.
그는 버스를 잘못 타서 뜻밖에도 광주에 떨어졌다.

f. He is trying to lead **up** to a question about Helen.
그는 헬렌에 대한 질문을 하려고 (여러 가지 질문들을) 하고 있다.

2.4.5 부수는 과정

다음에서 up은 부수는 뜻을 갖는 동사와 같이 쓰여서 잘게 되는 관계를 나타낸다.

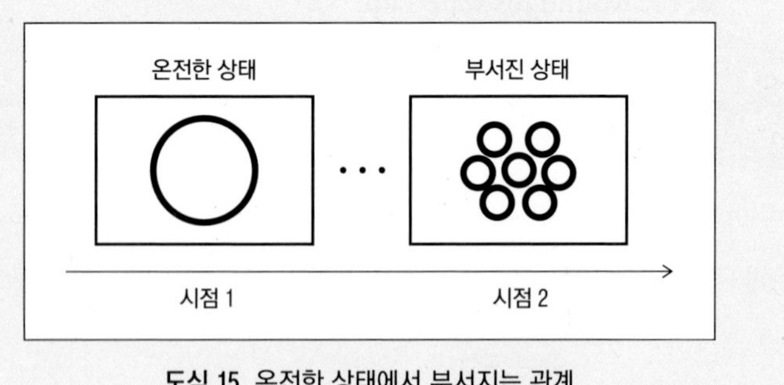

도식 15 온전한 상태에서 부서지는 관계

■ 타동사

다음 (31a) 문장에서 up은 돌이 부수어진 상태를 나타낸다.

a. He broke **up** the stone.
그는 그 돌을 잘게 부수었다.

b. He bashed **up** the door.
그는 그 문을 세게 쳐서 부수었다.

(계속)

c. He cut **up** the carrots.
그는 그 당근을 잘게 잘랐다.

d. He ground **up** the beans.
그는 그 콩들을 잘게 갈았다.

e. The gang smashed **up** the store.
그 갱이 그 상점을 때려 부수었다.

f. He cracked **up** the walnut.
그는 그 호두를 완전히 깨었다.

2.4.6 요리동사

다음에서 up이 요리동사나 그와 관련된 동사와 쓰이면 요리한 결과 음식이 먹을 수 있는 상태에 있음을 나타낸다.

a. He brewed **up** coffee.
그는 커피를 끓여서 만들었다.

b. He fixed **up** lunch.
그는 점심을 뚝딱 지었다.

c. He boiled **up** his tea.
그는 그의 차를 끓였다.

d. She is cooking **up** a dinner of rice and chicken.
그녀는 밥과 닭고기 정찬을 준비하는 중이다.

e. She fried **up** some eggs.
그녀는 몇 개의 달걀을 프라이했다.

2.4.7 평가동사

다음에서 up은 전체를 훑어보고 난 다음의 평가를 나타낸다.

a. The salesman sizes **up** customers as they come into the shop.
그 판매원은 고객들이 상점에 들어올 때 그들을 살펴보고 평가를 한다.

b. We weighed **up** the advantages and disadvantages of building a stadium in the district.
우리는 그 구역에 경기장을 짓는 것에 대한 득실을 평가했다.

2.5 의식

다음에서 up은 무엇이 의식 속에 들어온 상태를 나타낸다. 무엇이 의식 속에 들어온다는 것은 무엇이 보이고 들리며 깨어 있는 상태가 된다는 뜻이다.

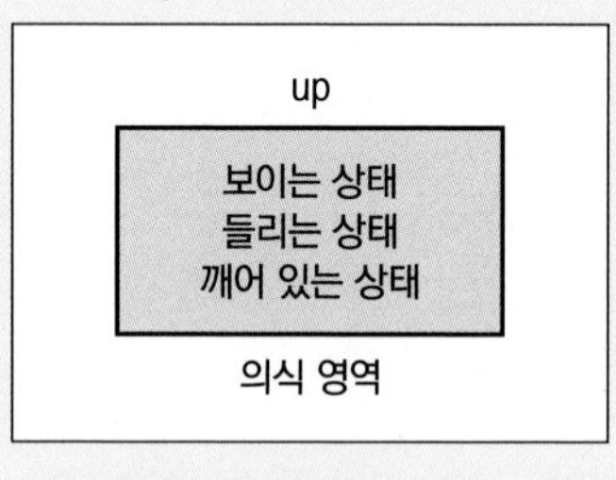

도식 16 의식 속으로 들어오는 관계

2.5.1 시각이나 청각 영역

다음 도식은 TV나 라디오에서 프로그램을 예고할 때에 쓰이는 표현이다. 이때 부사 up이 쓰인다.

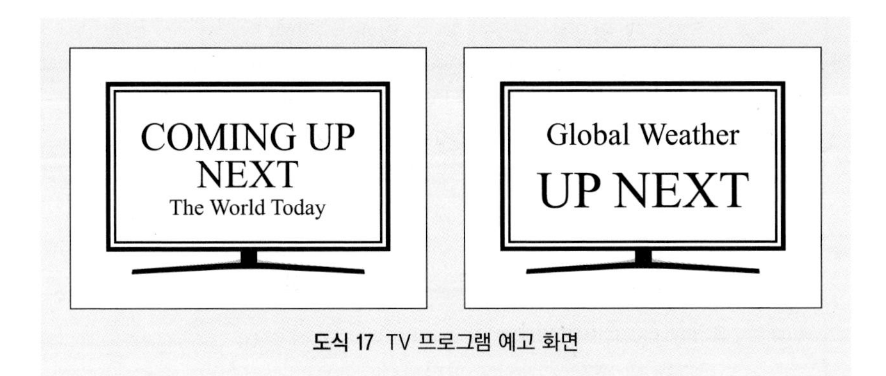

도식 17 TV 프로그램 예고 화면

coming up next는 다음 프로그램을 예고하는 것으로 'The World Today'의 프로그램이 TV 화면에 떠올라서 볼 수도 있고 들을 수도 있다는 뜻이다. 다시 말하면 up은 무엇이 시각이나 청각 속으로 들어오는 상태를 나타낸다. 이 관계를 타동사와 자동사로 나누어 살펴보자.

■ 타동사

a. He called me **up**.
그는 나에게 전화해서 (내 목소리나 모습이) 떠오르게 했다.
(즉, 전화를 했다.)

b. He looked **up** the word in the dictionary.
그는 그 낱말을 사전에서 찾아서 그것이 그의 의식에 들어오게 했다. (즉, 찾아보았다.)

(계속)

c. Who brought **up** the topic?
누가 그 화제를 꺼내서 모든 사람들의 의식에 들어오게 했느냐?

d. He pointed **up** the need.
그는 그 필요를 (모두가 볼 수 있게) 지적했다.

e. He likes to rake **up** his past.
그는 그의 과거를 회상하기를 좋아한다.

■ 자동사

a. He came **up** with a new idea.
그는 새 생각을 가지고 나타났다.
(머릿속에 떠올리게 되었다. 즉, 생각해냈다.)

b. He showed **up** late.
그는 늦게 나타났다.

c. He turned **up** at the bus station late.
그는 버스정류장에 늦게 나타났다.

2.5.2 잘 볼 수 있는 위치

다음에서 up은 무엇이 눈의 위치에 들어와서 잘 볼 수 있는 상태를 나타낸다. 다음 (36a) 문장에서 up은 간판이 눈에 띄게 세워져 있는 관계를 나타낸다.

a. He put **up** a sign.
그는 간판을 눈에 띄게 걸었다.

b. He pinned **up** a photo of his girlfriend.
그는 그의 여자친구 사진을 핀으로 꽂아 눈에 띄게 걸었다.

c. The school posted **up** the result of the examination.
그 학교는 시험 결과를 눈에 잘 보이는 곳에 게시했다.

2.5.3 눈에 띄는 기록

다음에서 up은 기록되어 눈에 보이는 관계를 나타낸다. 아래 (37a) 문장에서 up은 항해 거리 등이 기록 장치에 나타나는 관계를 나타낸다.

▬ 타동사

a. The ship logged **up** one hundred miles.
그 배는 100마일 항해를 기록했다.

b. He clocked **up** one hundred flying hours in three months.
그는 3개월 만에 항공시간 100시간을 기록했다.

c. I will book you **up** at the hotel.
내가 당신을 그 호텔에 예약해 놓겠다.

▬ 자동사

He signed **up** for the course.
그는 그 강의를 듣기 위해서 명단에 이름을 올렸다.

2.5.4 깨어 있는 상태

다음에서 up은 깨어 있는 상태를 나타낸다.

a. He woke **up** at 6.
그는 여섯 시에 깼다.

b. He stayed **up** late at night.
그는 밤늦게 깨어 있었다.

c. He waited **up**.
그는 (깨어 있는 상태로) 기다렸다.

d. He was **up** late last night.
그는 어제 저녁 늦도록 안 자고 있었다.

e. He kept me **up** for hours.
그는 나를 몇 시간 동안 깨어 있게 했다.

2.5.5 정보 받아들이기

다음에서 up은 정보가 머릿속에 들어오는 관계를 나타낸다.

a. He mugged **up** on historical dates.
그는 역사적 연대를 머릿속에 마구 집어넣었다.

b. He read **up** on the latest news.
그는 최근 뉴스를 읽어 들였다.

c. He soaked **up** as much knowledge about the dog training.
그는 개 훈련에 관한 지식을 최대한 많이 머릿속에 집어넣었다.

d. He crammed **up** on his test.
그는 시험에 벼락치기 공부를 했다.

2.6 활동 영역/비활동 영역

사람의 신체를 중심으로 활동 영역과 비활동 영역으로 나누어 볼 수 있다. 사람의 손이 있는 부분은 활동 영역이고, 다리와 머리 부분은 비활동 영역이다.

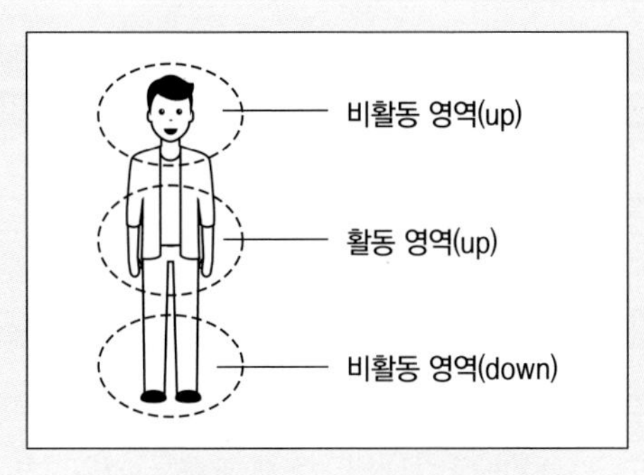

도식 18 신체 부위에 따른 활동/비활동 영역

2.6.1 활동 영역

(41a) 문장에서 무기를 집어 들었다는 것은 이것이 활동 영역에 들어온다는 뜻이다.

a. They took **up** arms.
그들은 무기를 집어 들었다.

b. He picked **up** some Korean.
그는 어느 정도의 한국어를 습득했다.

c. He started **up** the business.
그는 그 사업을 시작했다.

(계속)

d. He struck **up** a conversation.
그는 그 대화를 시작했다.

e. He fired **up** the engine.
그가 엔진을 가동시켜 그 엔진이 작동했다.

f. He powered **up** the boat.
그는 보트에 시동을 걸어서 작동했다.

2.6.2 비활동 영역

우리 몸의 머리 부분은 비활동 영역에 속한다. 위에서 우리는 up이 활동 상태를 나타내는 예를 살펴보았다. 그런데 up은 다음에서 볼 수 있는 바와 같이 비활동 상태도 나타낸다. 다음에서는 머리 부분의 up이 비활동 상태를 나타내는 예를 살펴보겠다. 다음 (42a) 문장에서는 그 사건이 방치되어 있다. 이 관계를 타동사와 자동사로 나누어 살펴보자.

타동사

a. I can no longer put the case **up**.
나는 더 이상 그 사건을 방치할 수 없다.

b. They put **up** at the motel.
그들은 그 모텔에 머물렀다.

c. He was laid **up**.
그는 병상에 누워 꼼짝 못하게 되었다.

d. He passed **up** the opportunity.
그는 그 기회를 잡지 않고 놓아버렸다.

e. He gave **up** gambling.
그는 노름을 그만두었다.

■ 자동사

a. The rain let **up**.
비가 그쳤다.

b. I got so nervous that I froze **up**.
나는 너무 긴장되어서 완전히 얼었다.

c. He worked so hard lifting the boxes and his arms seized **up**.
그는 상자를 들어올리는 일을 너무 열심히 해서 팔이 움직이지 않았다.

다음에서 up은 꽉 막혀서 움직이지 못하는 관계를 나타낸다. 이 뜻을 가진 예들을 타동사와 자동사로 나누어 살펴보자.

■ 타동사

a. He was caught **up** in a storm.
그는 폭풍에 꼼짝을 못했다.

b. He got stuck **up** with the task.
그는 그 일로 꼼짝을 할 수 없었다.

c. Traffic was jammed **up**.
차들이 밀려서 꼼짝을 못했다.

d. I am completely stuffed **up**.
내 코가 완전히 막혔다.

자동사

a. The toilet backed **up**.
그 변기가 꽉 막혔다.

b. The drain clogged **up**.
그 배수구가 꽉 막혔다.

c. After 5, traffic begins to back **up**.
5시 이후에는 차들이 밀리기 시작한다.

2.7 명사유래동사

명사 가운데 부사 up과 같이 쓰여서 구동사로 쓰이는 경우가 있다. 다음에서 이들을 살펴본다.

2.7.1 닭장, 우리

명사 가운데 up과 같이 쓰여서 구동사로 쓰이는 것이 있다. 다음에는 닭장이나 우리를 나타내는 명사가 동사로 쓰였다. 이러한 경우 up은 사람이나 동물이 움직이지 못하고 갇혀 있는 상태를 나타낸다. 아래에서 이들 명사가 구동사로 쓰인 예를 살펴보겠다.

a. He was cooped **up** in his room.
그는 방 안에서 꼼짝하지 않고 갇혀 있었다.

b. He was caged **up** in a small room.
그는 작은 방에 꼼짝 없이 갇혀 있었다.

(계속)

c. The army was boxed **up** in the valley.
그 군은 그 계곡에 완전히 포위되어 꼼짝할 수 없었다.

d. The bull was wild and dangerous and had to be penned **up**.
그 수소는 너무 난폭하고 위험해서 우리에 갇혀야 했다.

2.7.2 짝이나 팀

다음 문장에 쓰인 동사도 명사에서 온 것이다.

up이 이러한 동사와 쓰이면 이들이 만들어지거나 이루어지는 관계를 나타낸다.

a. They buddied **up** to make the trip.
여행을 하기 위해 그들은 짝을 지었다.

b. The kids ganged **up** on me.
그 아이들이 무리를 지어서 나를 공격했다.

c. I paired **up** with John for the game.
나는 그 게임을 위해서 존과 짝을 이루었다.

d. We teamed **up** for the project.
우리는 그 프로젝트를 위해서 팀을 이루었다.

2.7.3 선이나 형태

다음에서는 형태를 가리키는 명사가 동사로 쓰였다. up은 동작의 결과로 원래 명사가 의미하는 형태가 드러남을 나타낸다.

a. Lots of people lined **up** in front of the theatre to buy the tickets.
많은 사람들이 그 표를 사기 위해 그 극장 앞에 줄을 서 있었다.

b. The snake coiled **up**.
그 뱀이 사리를 쳤다.

c. The cat curled **up** into a ball.
그 고양이가 웅크려서 공 모양이 되었다.

d. He listed **up** the names of the candidates.
그는 후보자들의 명단을 만들었다.

(48a)에서 up은 사람들이 한 줄로 늘어서서 줄이 생긴 상태를 나타낸다.

2.7.4 다발이나 뭉치

다음 문장에서 쓰인 동사는 다발이나 뭉치와 관련된다. up은 여러 개의 개체가 모여서 크게 되는 상태를 그린다. (49a) 문장에서 꽃들을 한데 모으면 꽃들 사이의 거리가 좁혀지고, 부피는 커진다.

a. He bunched **up** the flowers.
그는 그 꽃을 다발로 만들었다.

b. He bundled **up** the old books.
그는 그 오래된 책을 꾸려서 꾸러미를 만들었다.

c. He packed **up** a few things.
그는 몇 개의 물건을 싸서 소포를 만들었다.

(계속)

d. We parceled **up** the books.
우리는 책들을 쌌다.

e. He wrapped **up** the gift.
그는 선물을 포장했다.

2.7.5 안개나 서리

다음 문장에서 up은 안개나 서리가 전면을 덮는 관계를 나타낸다.

a. The windows fogged **up**.
그 창문들이 안개로 덮였다.

b. The glass misted **up**.
그 유리가 엷은 안개로 완전히 덮였다.

c. My windshield iced **up**.
내 차의 앞 유리가 얼음으로 덮였다.

d. Our breath steamed **up** the windows.
우리 숨결이 그 창문을 증기로 완전히 덮었다.

3 부사 up과 다른 불변사

부사 up은 아래에서 위로의 움직임을 나타낸다. 그러므로 출발지와 도착지가 표현될 수 있다. 출발지는 from, 도착지는 against, on, to 등으로 표현된다.

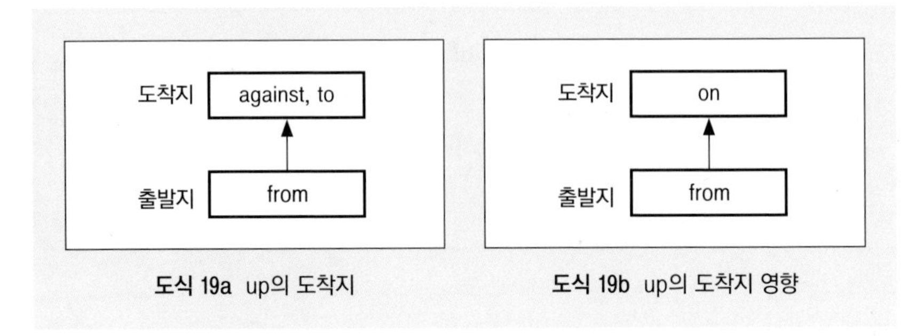

도식 19a up의 도착지 도식 19b up의 도착지 영향

3.1 up from : 출발지

다음 문장에서 up의 출발지는 from으로 표현된다.

a. He came **up from** Australia.
그는 오스트레일리아에서 올라왔다.

b. Oil prices went **up from** recent lows.
유가가 최근 저가에서 올라갔다.

3.2 up against : 도착지

다음에서 up은 against의 목적어에 다가가거나 일어나 맞서는 관계를 나타낸다. (52a) 문장에서 새끼 사자는 어미에 다가가서(up) 비벼댄다.

a. The lion cub is rubbing **up against** its mom
그 새끼 사자가 어미에게 다가가서 비벼대고 있다.

b. We stood **up against** the enemy.
우리는 일어서서 그 적에 대항했다.

(계속)

c. Women often have to bump **up against** the glass ceiling.
여자들은 보통 승진의 상한선에 부딪혀야 한다.

d. The dog came and nuzzled **up against** me.
그 개가 나에게 와서 코를 비볐다.

3.3 up to : 도착지, 최대/최고, 접근

up to 표현은 크게 세 가지 뜻으로 쓰인다. 첫째, 수, 양, 정도 표현과 같이 쓰여서 최고/최대의 뜻을 나타낸다. 둘째, 위에 있는 기준점까지의 이동을 나타내거나 높이에 관계없이 기준점에 다가가는 관계를 나타낸다. 셋째, 이동성이 없는 동사도 up to와 같이 쓰일 수 있다.

3.3.1 도착지

다음에서 up의 도착지를 나타내는 것은 전치사 to이다.

a. He went **up to** Seoul.
그는 서울로 올라갔다.

b. The bill came **up to** $100.
그 청구 금액은 (모두 합쳐) 100달러에 이르렀다.

c. The baby cuddled **up to** her mother.
아기가 엄마에게 살갑게 다가가서 껴안겼다.

d. The baby nestled **up to** her mother.
아기가 엄마에게 바싹 파고들었다.

3.3.2 최대/최고

다음에서 up to는 최대, 최고의 뜻을 나타낸다.

a. The elephant weighs **up to** two tons.
코끼리는 최대 2톤까지 무게가 나간다.

b. The shark can grow **up to** three meters.
상어는 최대 3미터까지 자란다.

3.3.3 접근

다음에서 up to는 위쪽에 있는 기준점에 접근하는 관계를 나타낸다.

a. He ran **up to** the top of the mountain.
그는 그 산의 꼭대기까지 올라갔다.

b. He came **up to** the second floor.
그는 2층에 올라왔다.

다음에서 up to는 높이에 관계없이 기준점에 가까워지는 관계를 나타낸다. 아래 문장 (56a)는 그가 높이에 관계없이 현관 가까이에 가는 관계를 나타내고, 문장 (56b)는 자동차가 높이에 관계없이 나에게 다가오는 관계를 나타낸다. 그러므로 위 두 문장에서 up은 '아래에서 위로'의 뜻이 아니라 '먼 데서 가까워지는' 관계를 나타낸다.

a. He went **up to** the front door.
그는 그 현관문으로 다가갔다.

b. The car pulled **up to** me.
그 차가 내게 다가왔다.

3.4 비이동동사와 up to

다음 문장에 쓰인 동사는 비이동성이지만 up to와 같이 쓰였다.

a. He tries to live **up to** his father's expectation.
그는 그의 아버지의 기대에 걸맞게 살려고 노력한다.

b. He faced **up to** the challenge.
그는 그 도전에 (굽히지 않고) 맞섰다.

c. He doesn't measure **up to** the standard.
그는 그 표준에 이르지 못한다.

d. He looks **up to** him.
그는 그를 우러러본다.

e. The manager sucked **up to** the new CEO.
부장은 새로 온 최고경영자에게 아첨했다.

f. He was charming and could butter **up to** any women.
그는 멋있어서 어떤 여자의 환심도 살 수 있다.

3.5 up for

다음에 쓰인 up은 공중에 떠 있거나 또는 아직도 결정되지 않은 관계를 나타낸다.

a. The bill is **up for** approval.
그 법안은 승인을 기다리고 있다.

b. The prize is **up for** grabs.
그 상은 누구나 차지할 수 있다.

3.6 up in

다음에 쓰인 in은 마지막 상태를 나타낸다.

a. He ended **up in** a hospital.
그는 결국 병원 신세를 지게 되었다.

b. He landed **up in** Korea.
그는 (어디를 돌아다니다가) 한국에 도착했다.

c. He wound **up in** prison.
그는 결국 감옥살이를 하게 되었다.

3.7 up into

다음에 쓰인 전치사 into는 속이나 안으로의 상태 변화를 가리킨다.

a. He looked/gazed **up into** the sky.
그는 하늘을 쳐다보았다/응시했다.

b. He sent the rocket **up into** space.
그는 그 로켓을 우주로 올려 보냈다.

c. She cut the turnips **up into** kkakttuki sizes.
그녀는 무를 깍두기 크기로 잘게 잘랐다.

3.8 up on : 장소, 피영향자, 관련성

up과 같이 쓰이는 on은 크게 세 가지로 나눌 수 있다. 목적어가 첫째, 장소인 경우, 둘째, 영향을 받는 사람인 경우, 셋째, 관련성을 나타내는 경우로 나누어 볼 수 있다.

3.8.1 장소

a. He climbed **up on** the top of hill.
그는 그 산꼭대기에 올라갔다.

b. He stood **up on** the bank of the river.
그는 그 강둑에 올라섰다.

c. He crawled **up on** the wood pile.
그는 그 장작더미 위에 기어올랐다.

d. A dolphin is washed **up on** the shore.
돌고래 한 마리가 그 해변에 밀려 올라와 있다.

3.8.2 피영향자

전치사 on의 목적어가 사람이면, 이 목적어는 영향을 받는 관계를 나타낸다. 다음 문장에서 on의 목적어는 거미가 기어와서 징그러움이나 소름이 돋는 것과 같은 영향을 받음을 나타낸다.

a. The spider crawled **up on** me.
그 거미가 내게 기어서 다가왔다. (즉, 그래서 내가 놀랐다.)

b. The worm crept **up on** me.
그 벌레가 징그럽게 내게 다가왔다.

c. He sneaked **up on** me.
그는 내게 몰래 살금살금 다가왔다.

d. The cat slinked **up on** me.
그 고양이가 살금살금 내게 다가왔다.

3.8.3 관련성

다음 (63a) 문장은 타동사 구동사고, (63b) 문장은 자동사 구동사로 on과 같이 쓰였다. 타동사의 경우, 주어가 목적어에 직접적인 영향을 주는 관계이고, 자동사의 경우, 주어가 on의 목적어에 관련된 일을 하는 관계이다. (63a) 문장에서 우리는 그의 몸 자체를 수색하여 조사하는 것이고, (63b) 문장에서는 그와 관련된 말이나 상태를 조사한다.

63
a. We checked him **up**.
우리는 그의 몸을 철저하게 조사했다.

b. We checked **up on** him.
우리는 그에 관련된 사실들을 철저하게 조사했다.

64
a. We followed him **up**.
우리는 그를 끝까지 따라갔다.

b. We followed **up on** him.
우리는 그에 관련된 사실을 추적하고 있다.

65
a. I gave him **up**.
나는 그를 포기했다.

b. I gave **up** on him.
우리는 그에 대한 희망을 포기했다.

66
a. I read the facts **up**.
나는 그 사실들을 읽어서 머릿속에 넣었다.

b. I read **up** on Korea.
나는 한국에 관한 사실들을 읽어두었다.

3.9 up with

a. He is trying to catch **up with** the increasing demand.
그는 증가하는 수요에 따라가려고 한다.

b. He came **up with** a new idea.
그는 새로운 생각을 가지고 나타났다.

c. He keeps **up with** his good work.
그는 자신의 훌륭한 일을 좋은 상태로 유지한다.

d. I matched **up with** him.
나는 그와 짝을 이루었다.

e. The K car company has linked **up with** the T car company.
K 자동차 회사가 T 자동차 회사와 완전히 통합했다.

3.10 up under

The theory stood **up under** the various criticism.
그 이론은 여러 가지의 비판에도 무너지지 않았다.

WITH

with은 전치사로만 쓰인다.

1 전치사 용법

전치사 with은 X with Y에서 X와 Y가 어떤 영역에서 서로 관계가 있음을 나타낸다. 이것은 (도식 1)과 같이 도식화할 수 있다. 이러한 관계에 대해 구체적으로 살펴보자.

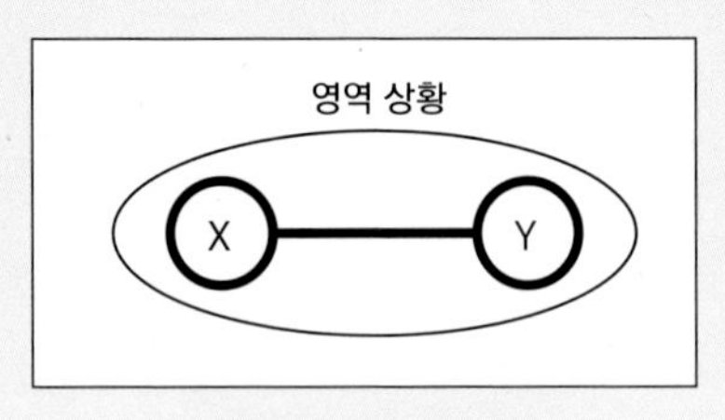

도식 1 한자리에 같이

1.1 동석

다음 X with Y에서 X와 Y는 한자리에 같이 있는 사람들을 의미한다.

a. The son still lives **with** his parents.
그 아들은 아직 부모님과 같이 산다.

b. He sat down **with** the reporter for a talk.
그는 이야기를 하기 위해서 그 기자와 자리를 같이 했다.

c. I am planning to stay **with** them for the weekend.
나는 주말에 그들과 머물 예정이다.

d. I am **with** you.
나는 너와 같은 생각이다. (즉, 네 편이다.)

다음에서 with의 목적어는 사람이 아니라 회사나 단체이다.

a. I have been **with** the company for years.
나는 그 회사와 여러 해 관계를 맺어 왔다.

b. The girl group signed **with** the Oscar Studio.
그 걸그룹은 오스카와 계약을 맺었다.

c. She still sings **with** the choir.
그녀는 아직도 그 합창단과 같이 노래한다.

d. He stayed **with** his job.
그는 그 일자리를 버리지 않았다.

1.2 도구

도구는 동반자로 개념화된다. 다음 X with Y에서 X는 Y를 도구로 쓴다.

a. The child plays **with** toys.
그 아이는 장난감을 가지고 논다.

b. The farmer works **with** a tractor.
그 농부는 트랙터를 가지고 작업한다.

c. He gambled **with** his life.
그는 자신의 생명을 걸었다.

d. He threatened us **with** bombing.
그는 우리를 폭격하겠다고 위협했다.

1.3 협조, 협동

다음 X with Y에서 X와 Y는 일 등을 함께하는 관계에 있다.

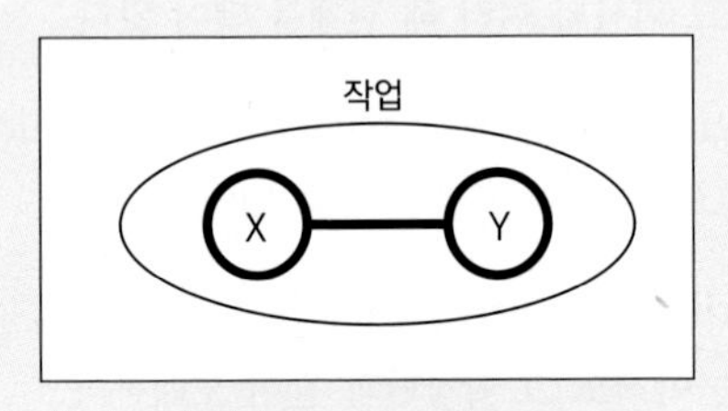

도식 2 협조, 협동의 관계

a. He met **with** the press.
그는 그 기자들과 만났다.

b. He mixes **with** bad people.
그는 나쁜 사람들과 섞여 다닌다.

c. He sided **with** Tom.
그는 톰의 편을 들었다.

d. He visited **with** his friends.
그는 친구들과 약속을 하고 만나서 이야기를 했다.

1.4 싸움 등의 상대

다음에서 X with Y는 말다툼이나 싸움에 참여하는 관계에 있다.

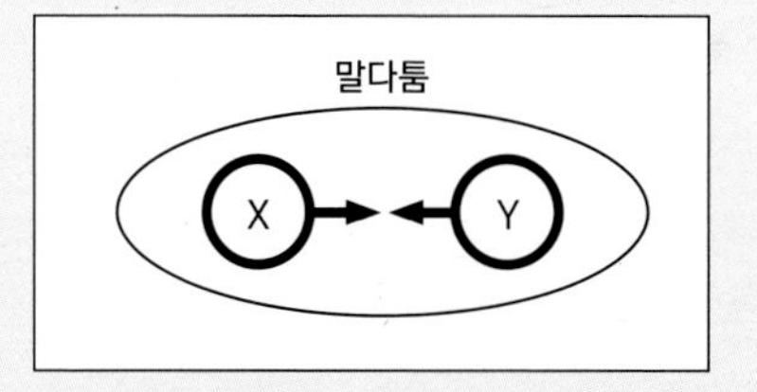

도식 3 다툼, 싸움 등에 참여하는 상대의 관계

a. He fought **with** them.
그는 그들과 싸웠다. (즉, 그와 그들이 싸움의 상대일 수도 있고, 그와 그들이 같은 편일 수도 있다.)

b. I argued **with** him about the schedule.
나는 그 스케줄에 대해서 그와 다투었다.

(계속)

c. He always quarrels **with** his sister.
그는 언제나 그의 누이와 다툰다.

d. Tonight, he is to compete **with** the champion.
오늘 저녁, 그는 선수권자와 겨룬다.

e. The demonstration clashed **with** the police.
그 시위가 경찰과 충돌했다.

f. In his prime time, he mixed **with** George Forman.
전성기에, 그는 조지 포먼과 경기를 했다.

1.5 이별, 헤어짐

다음 X with Y에서 X나 Y는 헤어지는 관계에 있다.

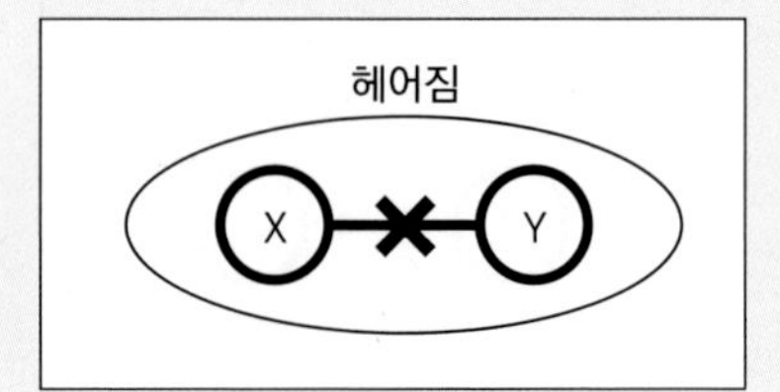

도식 4 이별, 헤어짐의 관계

6

a. She parted **with** him.
그녀는 그와 헤어졌다.

b. He broke up **with** his girlfriend.
그는 그 여자친구와 헤어졌다.

(계속)

c. He finished **with** his work.
그는 자기 일을 마쳤다.

d. I am done **with** the computer.
나는 그 컴퓨터를 다 썼다.

1.6 혼합, 섞임

다음 X with Y에서 X와 Y는 합쳐지거나 섞이는 관계에 있다.

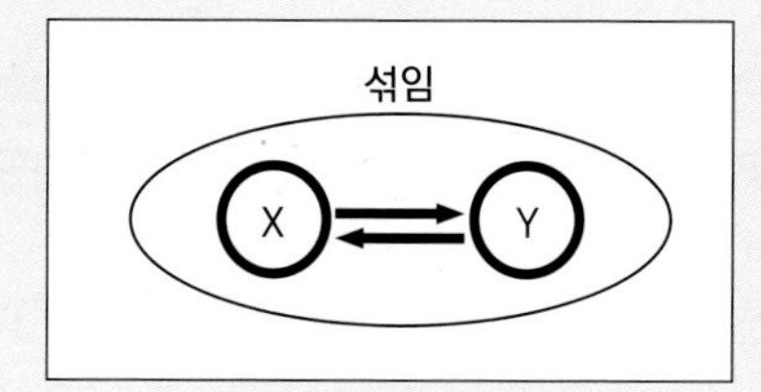

도식 5 혼합, 섞임의 관계

a. The company merged **with** another company.
그 회사는 다른 회사와 합병했다.

b. He blended the white color **with** the blue one.
그는 그 흰색을 파란색과 섞었다.

c. Mix the yellow **with** the blue to get green.
노란색과 파란색을 섞어서 초록색을 만드세요.

d. Join this one **with** the other.
이것을 그것과 연결하세요.

1.7 비교, 대조

비교나 대조에도 개체 X와 Y가 필요하다.

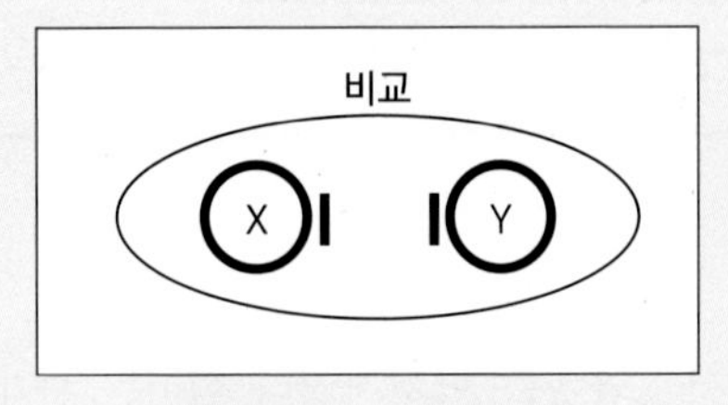

도식 6 비교, 대조의 관계

a. The president contrasted his economic achievement **with** that of the previous government.
그 대통령은 그의 경제적 업적을 전 정권의 업적과 대조했다.

b. **With** their help, I could finish the work on time.
그들의 도움으로, 나는 그 일을 시간 안에 끝낼 수 있었다.

c. **With** his fault, I still like him.
그의 결점에도 불구하고, 나는 아직도 그를 좋아한다.

(8b) 문장과 (8c) 문장에서는 대조나 대비의 표현은 없으나, X와 Y를 대비시켜서 독자나 청자가 맥락에 맞는 의미를 추리한다. (8b) 문장에서 그들의 도움과 나의 일의 완수를 대비시켜 볼 때, 그들의 도움이 있어서 내가 일을 완수할 수 있었다는 뜻이다. 다음 (8c) 문장에서 with은 그의 잘못과 나의 그에 대한 사랑을 대비시키는 관계이다. 이 관계는 일반적으로 어울리지 않는다. 그래서 대조의 뜻이 나온다.

1.8 동시 과정

다음 X with Y에서 X와 Y가 동시에 움직인다.

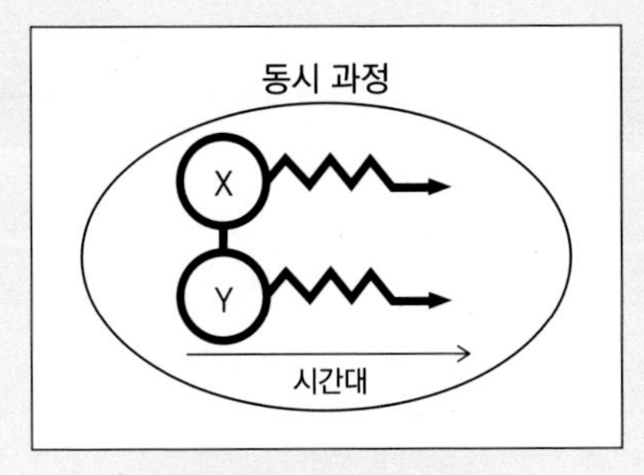

도식 7 동시 과정의 관계

9

a. The boat drifted away **with** the current.
그 배가 조류와 함께 떠내려갔다.

b. The smoke moved **with** the wind.
그 연기는 바람과 함께 움직였다.

c. Wisdom grows **with** age.
지혜는 나이와 함께 자란다.

d. **With** the coming of spring, the swallows returned.
봄이 옴과 함께, 제비가 돌아왔다.

e. **With** every step, the landscape changed.
발자국을 뗄 때마다 풍경이 바뀐다.

1.9 소유

다음 X with Y에서 X와 Y가 함께 있고, 이 관계는 X가 Y를 소유하는 관계로 풀이된다.

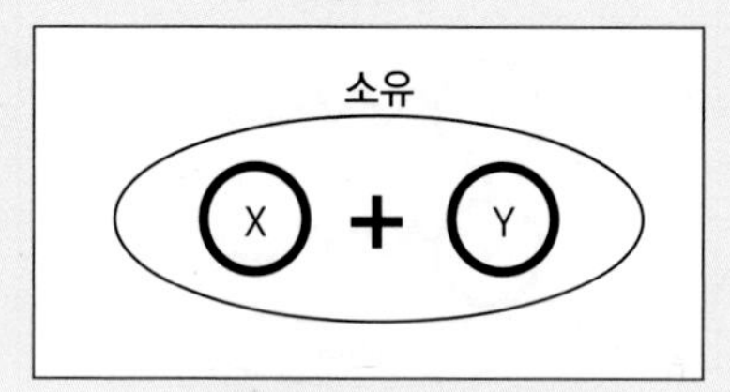

도식 8 소유의 관계

a. a man **with** a beard
수염을 가진 남자

b. a woman **with** an umbrella in her hand
손에 우산을 갖고 있는 여자

c. a house **with** a large balcony
넓은 발코니를 갖고 있는 집

d. a room **with** a view
좋은 전망을 갖고 있는 방

e. a tumbler **with** no liquor
술이 담기지 않은 텀블러

다음 X with Y에서 X는 과정이고 Y는 이 과정에 수반되는 것이다.

a. He stands there **with** a hat in his hand.
그는 손에 모자를 쥐고 서 있다.

b. He came back **with** some cake.
그는 케이크를 가지고 왔다.

c. He is in bed **with** a cold.
그는 감기로 누워 있다.

d. **With** the tip, the meal costs 10 dollars.
팁을 포함해서, 식사 비용은 10달러이다.

다음 예문들은 수동문이다. 주어는 with의 목적어가 주어져 있다.

a. The socks are stuffed **with** candies.
그 양말들은 사탕으로 채워져 있다.

b. I am satisfied **with** the result.
나는 그 결과에 만족하고 있다.

다음 X with Y에서 X는 장소이고 Y는 그곳에 담기는 물건이다.

1.9.1 자동사

a. The garden swarms **with** bees.
그 정원은 벌들로 우글거린다.

b. The lake teems **with** fish.
그 호수에는 물고기가 많이 있다.

(계속)

c. The place is bustling **with** tourists.
그곳은 관광객들로 법석거린다.

d. The foliage is dripping **with** heavy morning dews.
그 나뭇잎에는 무거운 아침 이슬이 또랑또랑 흐르고 있다.

e. The sewage is flowing **with** flood water.
그 하수가 홍수물과 함께 흐르고 있다.

다음은 수동문이고, 주 장소인 주어에 with의 목적어가 주어져 있다.

1.9.2 타동사

a. The wall is riddled **with** bullet marks.
그 벽은 총알 자국으로 뺑뺑 뚫려 있다.

b. The room is littered **with** toys.
그 방에는 장난감들이 어지럽게 흩어져 있다.

c. The place is tangled **with** weeds.
그곳은 잡초로 엉겨 있다.

d. His shoes are caked **with** mud.
그의 신발은 진흙이 말라 붙어 있다.

e. The drain is clogged **with** fallen leaves.
그 배수구는 낙엽으로 막혀 있다.

다음 동사는 각각 두 가지 구조에 쓰인다. 예문을 살펴보자.

a. The river is teeming **with** fish.
그 강은 물고기가 많다.

b. Fish are teeming **in** the river.
물고기가 그 강에 많다.

(15a) 문장은 주어가 강(그릇)이고, 이 그릇에 담기는 물고기는 전치사 with의 목적어로 표현되어 있다. (15b) 문장의 주어는 물고기이고, 이것이 담기는 그릇은 전치사 in의 목적어로 표현되어 있다. 이것은 같은 상황이라도 무엇이 부각되느냐에 따라서 표현이 달라진다. (15a) 문장은 그릇이 부각되고, (15b) 문장은 그릇 속에 든 물고기가 부각된다. 이것을 도식화하면 다음과 같다.

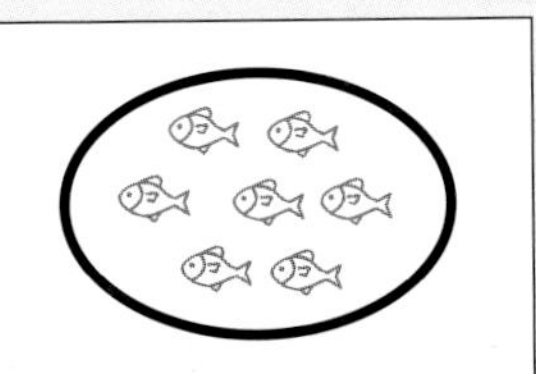

도식 9a 강 부각

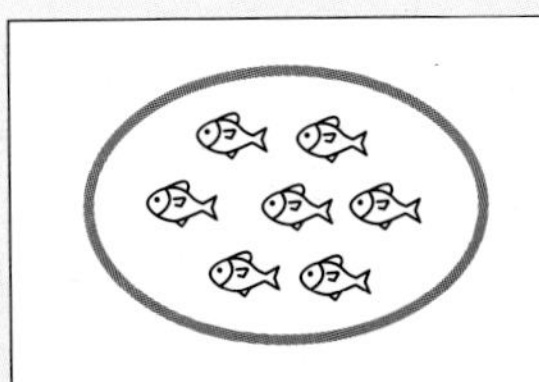

도식 9b 물고기 부각

다음 (16a), (17a)에서 부각되는 것은 그릇이고, (16b), (17b)는 그릇에 담기는 개체이다.

a. The garden is swarming **with** bees.
그 정원에는 벌들이 버글거린다.

b. Bees are swarming **in** the garden.
벌들이 정원에 떼지어 버글거리고 있다.

a. The pond is alive **with** fish.
그 연못은 물고기가 많다.

b. Fish are alive **in** the pond.
물고기들이 그 연못에는 많다.

1.10 과정과 수반사항

X with Y에서 X는 과정이고, X는 Y에 수반되는 것을 도입한다.

a. She met us **with** a smile.
그녀는 우리를 미소로 맞아 주었다.

b. He fell back **with** a scream.
그는 비명과 함께 뒤로 넘어졌다.

c. The plane landed **with** a crash.
그 비행기는 큰 소리와 함께 착륙했다.

d. The blind man went into the room **with** his arms extended.
그 맹인은 양팔을 앞으로 뻗고 그 방으로 들어갔다.

e. **With** that remark, he left.
그 말과 동시에 그는 떠났다.

2 형용사와 with

다음에서 주어는 전치사 with의 목적어가 있어서 어떤 상태에 있다. 아래 (19a) 문장에서 주어는 감기가 들어 있어서 아픈 상태에 있다.

a. He is sick **with** a cold.
그는 감기를 앓고 있다.

b. He is pale **with** a rage.
그는 분노로 창백하다.

c. He is happy **with** the gift.
그는 그 선물을 받고 행복하다.

d. The tree is heavy **with** apples.
그 나무는 사과들로 쳐져 있다.

e. The windows are thick **with** grime.
그 창문들은 때가 덕지덕지 끼어 있다.

다음에 쓰인 형용사는 과거 분사형으로 감정을 나타낸다. 이런 감정은 with의 목적어가 있어서 생긴다.

a. He is annoyed **with** the baby's constant crying.
그는 그 아기의 끊임없는 울음에 짜증이 난다.

b. I am bored **with** his lecture.
나는 그의 강의에 싫증이 난다.

c. He is pleased **with** the result.
그는 그 결과에 기쁘다.

d. I am satisfied **with** his answer.
나는 그의 대답에 만족한다.

3 자동사가 되는 타동사 + with

어떤 타동사는 전치사 with과 함께 쓰여 자동사가 된다. 이 경우 타동사는 이의 자동사 용법과는 다르다. 다음 문장을 비교해 보자.

a. He **met** us.
그는 우리를 만났다.

b. He **met with** us.
그는 우리와 만났다.

㉒ a. He **visited** us.
그는 우리를 방문했다.

b. He **visited with** us.
그는 우리와 만나서 이야기를 나눴다.

㉓ a. He **fought** George Forman.
그는 조지 포먼과 싸워 이겼다.

b. He **fought with** George Forman.
그는 조지 포먼과 싸웠다.

(21a) 문장은 주어가 자신의 마음대로 우리를 만난 것이고, with이 쓰인 (21b) 문장은 서로 약속을 하고 만나서 이야기를 나눔을 말한다. 다음 예도 마찬가지로 (22a)는 주어가 목적어를 방문하는 것이고, with이 쓰인 (22b)는 서로 만나서 이야기를 나누는 과정을 나타낸다.

(23a)는 주어가 목적어를 일방적으로 때리는 것이고, with이 쓰인 (23b)는 주어가 with의 목적어와 서로 상대가 되어 싸우는 과정을 나타낸다.

4 다른 불변사와 with

4.1 along, around, on, together

전치사 with은 다음 불변사와 같이 쓰일 수 있다. (24a) 문장의 주어는 복수(X and Y)이고, (24b) 문장에서는 X가 주어이며, Y는 전치사 with의 목적어로 표현되어 있다.

a. John and Mary are getting **along** well.
존과 메리는 잘 지내고 있다.

b. John is getting **along** well **with** Mary.
존은 메리와 잘 지내고 있다.

(25)

a. Tom and Helen are getting **around**.
톰과 헬렌은 같이 돌아다닌다.

b. Helen is getting **around with** Tom.
헬렌은 톰과 같이 돌아다닌다.

(26)

a. Fred and Susan are getting **on** nicely.
프레드와 수잔은 잘 지내고 있다.

b. Fred is getting **on** well **with** Susan.
프레드는 수잔과 잘 지내고 있다.

(27)

a. Ned and Jeff are working **together**.
네드와 제프는 함께 일하고 있다.

b. Ned is working **together with** Jeff.
네드는 제프와 함께 일하고 있다.

4.2 시작, 계속, 종료 동사

다음과 같은 상황을 생각해 보자. 어떤 토론회에 진행자와 참석자 A, B, C, D가 있다고 하자. 진행자가 토의를 시작할 때 네 사람 중 임의로 B를 선택했다고 하면 다음 예문 (28a)와 같은 문장을 쓸 수 있다. 이와 같이 시작, 계속, 마침 동사가 with과 쓰이면 with의 목적어는 여러 가지 중 임의로 선택한 것이다.

a. I will start **with** B.
나는 B 씨로부터 시작하겠습니다.

b. The close bond between them began **with** a friendship.
그들의 밀접한 유대는 우정과 함께 시작되었다.

c. They started off **with** some gentle exercise.
그들은 가벼운 운동으로 시작했다.

d. He continued **with** the project.
그는 그 프로젝트를 계속했다.

e. I finished off the day **with** a stroll along the river.
나는 그 강을 따라 산책하는 것으로 하루를 끝냈다.

34

WITHIN

within은 전치사로만 쓰인다.

1 전치사 용법

전치사 within은 X within Y에서 X가 Y의 범위 안에 있는 관계를 나타낸다. 이 전치사는 with과 in이 합쳐져서 만들어진 것으로, with은 범위를 나타내고, in은 이 범위 안을 가리킨다.

이것을 도식화하면 (도식 1)과 같다. 도식에서 with의 X와 Y가 in의 X와 Y에 대응되는데, 대응점을 따라 in의 도식을 with의 도식에 포개면 within이 된다. 즉, X는 Y의 안이나 속에 있다.

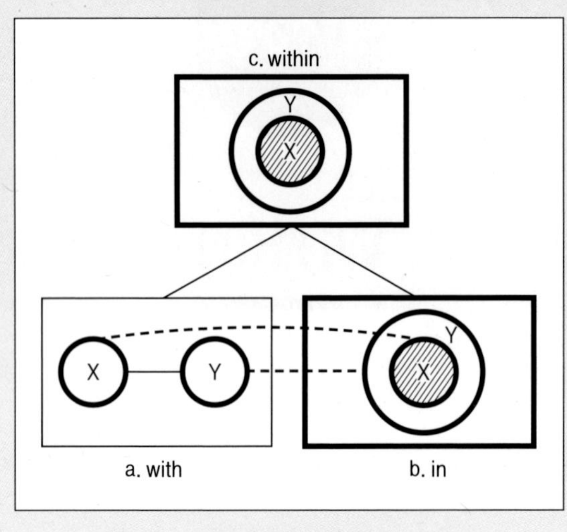

도식 1 within의 통합

1.1 범위 내(안이나 속)

다음에서 X는 Y가 가리키는 어떤 범위의 영역 안에 있다.

a. A temple was built **within** the grounds of the park.
작은 사원이 그 공원의 부지 내에 지어졌다.

b. Buildings **within** the city were not affected.
그 도시 내부의 건물들은 영향을 받지 않았다.

1.2 한계를 갖는 낱말

다음에서 X는 Y가 가리키는 범위나 한계 안에 있다.

a. The book was **within** reach, and I stretched my hand to grab it.
그 책이 내가 닿을 수 있는 위치 안에 있어서, 나는 그것을 잡으려고 손을 내뻗었다.

b. The tanks came **within** range, and we shot them.
그 탱크들이 사정거리 내에 들어와서 우리는 그들을 쐈다.

1.3 기간 내(안)

다음에서 X는 과정이고 Y는 기간 범위이다. 과정은 이 기간 범위 안에서 끝이 난다.

a. You have to finish this work **within** 5 weeks.
너는 이 작업을 5주 내에 끝내야 한다.

b. This problem should be solved **within** the near future.
이 문제는 가까운 시일 내에 해결되어야 한다.

c. They broke off their engagement **within** three months.
그들은 약혼을 3개월 안에 깨뜨렸다.

WITHOUT

without은 전치사로만 쓰인다.

1 전치사 용법

전치사 without은 X without Y에서 X가 Y의 밖에 있는 관계를 그린다. 이 관계는 동반, 소유, 활동 등이 없는 관계를 나타낸다. 이것을 도식화하면 다음과 같다.

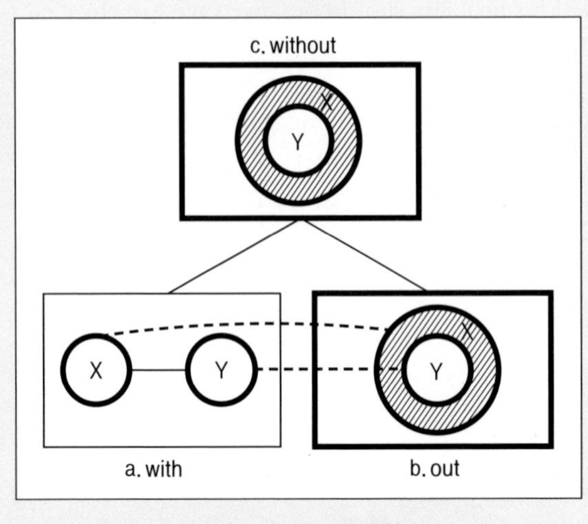

도식 1 without의 통합

(도식 1)에서 with의 X와 Y는 out의 X와 Y에 각각 대응된다. 이 대응점을 따라 out의 도식을 with의 도식에 포개면 without이 된다. X는 Y의 밖에 있다.

1.1 장소 밖의 관계

다음 X without Y에서 X는 Y의 밖에 있다.

He stood **without** the gate.
그는 그 대문 밖에 서있었다.

1.2 동반이 아닌 관계

다음 X without Y에서 X는 Y와 같이 있지 않다.

a. He came with John. 그는 존과 함께 왔다.

b. He came **without** John. 그는 존 없이 왔다.

1.3 무엇이 없는 관계

다음 X without Y에서 X는 Y가 없는 상태이다.

a. Life **without** his wife seemed meaningless.
그의 아내가 없는 인생은 무의미하게 여겨졌다.

b. Rooms **without** a shower are cheaper.
샤워 시설이 없는 방들은 더 저렴하다.

(계속)

c. We are **without** money this month.
우리는 이 달에 돈이 없다.

d. During the storm, we lived **without** electricity.
폭풍이 계속되는 동안 우리는 전기 없이 지냈다.

1.4 활동이 없는 관계

a. He went off, **without** saying good bye.
그는 인사도 없이 자리를 떴다.

b. He said good morning to her **without** smiling.
그는 미소도 짓지 않고 아침인사를 했다.

c. Can you speak **without** moving your tongue?
너는 혀를 움직이지 않고 말할 수 있니?

d. He passed the test **without** studying.
그는 공부도 하지 않고 그 시험에 합격했다.

1.5 도구를 쓰지 않는 관계

a. We did the crossword puzzle **without** a dictionary.
우리는 그 십자말 풀이를 사전을 쓰지 않고 했다.

b. I can't read **without** glasses.
나는 안경 없이는 읽을 수가 없다.

참고 문헌

Bolinger, D. (1977). *Meaning and form*. London: Longman.

Boers, Frank. (1996). *Spatial Prepositions and Metaphor: A Cognitive Semantic Journey along the Up-down and the Front-back Dimentions*. Tubingen: Gunter Narr Verlag.

Brugman, C. (1981). *Story of over* (MA thesis). University of California, Berkeley.

Cobuild, Collins (1991). *English Guides*: 1. Prepositions. London: Harper Collins Publishers.

Cobuild, Collins (1993). *Phrasal Verbs Workbook*. London : Harper Collins Publishers.

Cobuild, Collins (1994). *English Guides*: 5. Reporting. London: Harper Collins Publishers.

Dancygier, B., & Sweetser, E. (2014). *Cambridge textbooks in linguistics: Figurative language*. New York: Cambridge University Press.

Dirven, R. (1995). The construal of cause : the case of càuse prepositions. In Taylor, J. R., & MacLaury, R. E. (Eds.), *Language and the cognitive construal of the world* (pp. 95-108). Berlin: Walter de Gruyter.

Dirven, R., & Putseys, Y. (Eds.). (1989). *A user's grammar of English : word, sentence, text, interaction*. Frankfurt: Peter Lang.

Dixon, R. M. W. (1992). *A new approach to English grammar*. London : Oxford University Press.

Fraser, Bruce (1976). *The verb particle combination in English*. New York: Academic Press.

Givon, T. (1993). *English grammar: A function-based introduction*. Amsterdam: John Benjamins.

Haiman, John (1980). Dictionaries and encyclopedias. *Lingua*. 50 : 329-357.

Hill, L. A. (1968). *Prepositions and adverbial particles: an interim classification, semantic, structural and graded*. London: Oxford University Press.

Jespersen, O. (1933). Essentials of English Grammar. London: George and Unwin, Ltd.

Jespersen, O. (1940). *A modern English grammar on historical principles*. Part V. London: George and Unwin, Ltd.

Joshi, M. (2014). *Dictionary of phrasal verbs: Vocabulary building (English)*. CreateSpace Independent Publishing Platform.

Kennedy, Arthur G. (1920). The modern English verb-adverb combination. (Stanford Publications in Language and Literature. Vol. 1. No. 1.) Stanford: Stanford University Press.

King, Kevin (1999). *The Big Picture: Idioms as Metaphors*. Heinle Cengage Learning.

Kirkpatrick, B. (2007). 구동사 600개 내 언어가 쉬워진다. 서울: 뉴런.

Lakoff, G. (1980). *Metaphors we live by*. Chicago: University of Chicago Press.

Lakoff, G. (1987). *Women, fire and dangerous things*. Chicago: University of Chicago Press.

Langacker, R. W. (1990). *Concept, image and symbol: the cognitive basis of grammar*. Berlin: Mouton de Gruyter.

Langacker, R. W. (2009). *Investigations in Cognitive Grammar*. Berlin: Mouton de Gruyter.

Levin, Beth (1993). *English Verb Classes and Alternations: A Preliminary Investigation*. Chicago: The University of Chicago Press.

Linder, Sue (1983). *A lexico-semantic analysis of English verb Particle constructions with out and up*. IULC.

Linder, Sue (1982). What goes up doesn't necessarily come down: the ins and outs of opposites. *CLS*. 18: 305-323.

Lindstromberg, Seth (1998). *English Prepositions Explained*. Amsterdam: John Benjamins Publishing Company.

Live, Anna (1965). The discontinuous verb in English. *Word*. 21 : 428-451.

McCartney, M. & O'Dell, F. (2007). *English Phrasal Verbs in Use: Advanced*. New

York: Cambridge University Press.

Melvin, J. (2015). *Phrasal verbs: A unique guide*. CreateSpace Independent Publishing Platform.

Nagy, William (1974). Figurative patterns and redundancy in the lexicon. Ph.D. dissertation, University of California, San Diego.

Palmer, Frank. R. (1965). *A linguistic study of the English verb*. London: Longman.

Platt, John (1991). *Better Ways with Prepositions*. Singapore: Federal Publications Pte Ltd.

Quirk, R., Georffrey L., & Jan S. (1972). *A grammar of contemporary English*. New York: Seminar Press.

Rudzka-Ostyn, Brygida (2003). *Word Power: Phrasal Verbs and Compounds*. Berlin: Mouton de Gruyter.

Sargeant, H. (2003). *What You Need to Know about Phrasal Verbs*. Singapore: Learners Publishing Pte Ltd.

Schibsbye, K. (1970). *A modern English Grammar*. (2nd ed.). London: Oxford University Press.

Seaton, A. & Sargeant, H. (2003). *What You Need to Know about Prepositions*. Singapore: Learners Publishing Pte Ltd.

Silva, G., & Sandra A. T. (1977). On the syntax and semantics of adjectives with 'it' subjects and infinitival complements in English. *Studies in language*, 1(1), 109-126.

Talmy, Leonard (1977). Rubber-sheet cognition in language. *CLS*. 13 : 612-628.

Walter, E. & Woodford, K. (2011). *Using Phrasal Verbs for Natural English*. London: DELTA Publishing.

Wierzbicka, A. (1988). *The semantics of grammar*. Amsterdam: John Benjamins.

Wood, F. T. (1955). *Verb-adverb combination* : the position of the adverb. English Language Teaching.

강낙중 (2011). 원어민이 밥 먹듯이 쓰는 영어 구동사. 서울: 동양북스.

김상용 (2008). 기본 핵심 구동사로 공략하는 IBT TOEFL 빈출숙어 888. 서울: 제이플러스.

두형호 (2015). Do 빈출: 구동사 숙어. 서울: 북이그잼.

문단열 (2015). 문단열의 99초 구동사. 서울: 알에이치코리아.

신기명 (2013). 데일리 실용 구동사 525. 종합출판ENG.
심재경 & Choe, S. (2015). 나도 영어 잘하고 싶다. 2: 구동사(동사+전치사)편. 서울: 두앤비컨텐츠.
우공이산 외국어 연구소 (2015). 영어탈피 실력편 구동사편 세트: 영단어, 독해, 듣기, 말하기 한 방에 끝내자. 경기: 우공이산.
이기동 (1998). 영어전치사 연구: 의미와 용법. 경기: 교문사.
이기동 (2002). 인지문법에서 본 영어동사: 의미와 교체 현상. 서울: 경진문화사.
이기동 (2004). 영어구절동사: 의미와 용법. 경기: 교문사.
임지룡 & 김동환 (2015). 비유 언어: 인지언어학적 탐색. 서울: 한국문화사.
조은정 (2014). 구동사 이디엄 자판기. 서울: 에스티앤북스.
최은경 (1999). 영어 구동사의 벗. 서울: 한국문화사.

DICTIONARIES

Benson, Morton, Evelyn Benson; and Robert Ilson (1986). *The BBI combinatory Dictionary of English: a guide to word combinations. Amsterdam*: John Benjamins.
Cambridge Phrasal Verbs Dictionary: Second Edition. (2006). New York: Cambridge University Press.
Cambridge International Dictionary of Phrasal Verbs. (1997). Edinburgh: Cambridge University Press.
Cobuild, Collins (1989). *Dictionary of phrasal verbs*. Glascow: Harper Collins Publishers.
Courtney, Rosemary (1983). *Longman dictionary of phrasal verbs*. London: Longman.
Cowie, A. P. & R. Mackin (1975). *Oxford dictionary of current idiomatic English*. London: Oxford University Press.
Cowie, A. P. & R. Mackin (1993). *Oxford Dictionary of Phrasal Verbs*. London: Oxford University Press.
Dictionary of Pharasal Verbs. (1996). Edinburgh: Chambers Harrap Publishers.
Fowler, W. S. (1978). *Dictionary of idioms*. London: Nelson.
Heaton, J. B. (1968). *Prepositions and adverbial learner's current English*. London:

Oxford University Press.

Longman dictionary of contemporary English. (1978). London: Longman.

Longman dictionary of English idioms. (1978). London: Longman.

Phrasal Verbs Dictionary: for intermediate-advanced learners.(2000). London: Longman.

Spears, Richard A. (1993). *Dictionary of Pharasal Verbs and other idiomatic verbal phrases.* Chicago: NTC Publishing Group.

Spears, Richard A. (2007). *Phrasal Verbs Dictionary: Second Edition.* New York: McGraw-Hill.

Taya-Polidori, Junko (1989). *English phrasal verbs in Japanese.* London: Edward Arnold.

Turton, Neigel D. & Martin H. Manser (1985). *The student's dictionary of phrasal verbs.* London: Macmillan.

Whitford & Dixon. *Handbook of American idioms.*

Wood, Frederick (1967). *English prepositional idioms.* London: Macmillan Press Ltd.

Wood, Frederick (1964). *English verbal idioms.* Washington: Washington Square Press.

이기동 (2015). 인지 문법에서 본 영어 동사 사전. 서울: 한국문화사.

저자 소개

이기동

서울대학교 사범대학(영어교수법 학사)
University of Hawaii 대학원(영어교수법 석사)
University of Hawaii 대학원(언어학 박사)
건국대학교 문과대학 부교수 역임
연세대학교 문과대학 교수 역임
연세대학교 명예교수

저서

A Korean Grammar on sementic and pragmatic Principles
A Kusaiean Reference Grammar
A Kusaiean–English Dictionary
영어형용사와 전치사
영어 동사의 의미 上·下
인지문법에서 본 영어동사
인지문법에서 본 동사사전
영어동사의 문법
영어구절동사
영어전치사 연구
이기동의 영어 형용사 연구 BASIC·ADVANCED

역서

문법 이해론
말의 여러 모습
언어와 심리(공역)
인지언어학(공역)
말(공역)
현대 언어학(공역)
언어학개론(공역)

이 외 수 편의 번역서와 100여 편의 논문 및 고등학교 교과서를
저술한 바 있음

불변사를
철저하게 분석하여 쓴

이기동 영어 구동사 연구 3판

2016년 6월 3일 초판 발행
2019년 9월 6일 2판 발행
2020년 10월 5일 2판 3쇄 발행
2020년 12월 1일 3판 발행
2023년 9월 4일 3판 8쇄 발행

지은이 이기동
펴낸이 류원식
펴낸곳 **교문사**
편집팀장 성혜진
본문디자인 신나리

주소 (10881) 경기도 파주시 문발로 116
전화 031-955-6111
팩스 031-955-0955
홈페이지 www.gyomoon.com
E-mail genie@gyomoon.com
등록번호 1968.10.28. 제406-2006-000035호
ISBN 978-89-363-2115-4(03740)
값 26,000원